珍藏第壹佰玖拾號

孟子文獻集成

孟子文獻集成編纂委員會　編纂

山東人民出版社

图书在版编目（CIP）数据

孟子文献集成．第1卷 ／ 《孟子文献集成》编纂委员会编．— 济南 ：山东人民出版社，2016.1
ISBN 978-7-209-08919-7

Ⅰ．①孟… Ⅱ．①孟… Ⅲ．①儒家②《孟子》－研究资料－汇编 Ⅳ．①B222.55

中国版本图书馆CIP数据核字(2015)第077725号

项目统筹：胡长青
责任编辑：王　路
装帧设计：武　斌
项目完成：文化艺术编辑室

孟子文献集成（第1卷）
《孟子文献集成》编纂委员会　编

主管部门　山东出版传媒股份有限公司
出版发行　山东人民出版社
社　　址　济南市胜利大街39号
邮　　编　250001
电　　话　总编室（0531）82098914
　　　　　市场部（0531）82098027
网　　址　http://www.sd-book.com.cn
印　　装　山东新华印务有限责任公司
经　　销　新华书店

规　　格　16开（210mm×285mm）
印　　张　43
字　　数　410千字
版　　次　2016年1月第1版
印　　次　2016年1月第1次
ISBN 978-7-209-08919-7
定　　价　750.00元

《孟子文獻集成》編纂委員會

學術顧問　杜維明　張岂之　李學勤　牟鍾鑒

學術委員會

主　任　陳　來

副主任　郭齊勇　李存山

委　員　王中江　王志民　王其俊　王　傑　王鈞林　杜澤遜

李存山　李景林　徐洪興　陳　來　梁　樞　梁　濤

董洪利　曾振宇　楊朝明　鄭傑文　劉瑾輝　顔世安

顔炳罡　龔鵬程

（按姓氏筆劃排序）

組織工作委員會

名譽主任　孫守剛　馬平昌

主　任　張勝明　謝成海

委　員　朱瑞顯　趙　勇　吳　婧　趙　龍　殷延祿　邵澤水

王　川　趙瑞軍　劉　奎

編纂工作委員會

主　編　王志民

副主編　杜澤遜　梁　濤　胡長青

委　員　張志清　黄顯功　李西寧　李國慶　張　勇　趙紅彦　李梅訓　王　路　趙　龍　殷延禄　劉　晨　金曉東　李振聚

出版工作委員會

主　任　張志華

副主任　遲　雲　劉　鋒　劉　強

委　員　胡長青　王　路　武　斌　王海濤　劉　晨　楊雲雲　孫　姣　王媛媛

組織實施

孟子研究院

山東師範大學山東省齊魯文化研究院

山東人民出版社

序

《孟子文獻集成》是在孟子故里鄒城市委市政府鼎力支持下，由孟子研究院、山東省齊魯文化研究院、山東人民出版社協同合作，共同致力完成的一項大型儒家文獻集成學術工程。

一

孟子是中國歷史上偉大的思想家、教育家，是僅次於孔子的儒家學派重要代表人物。戰國時期，戰爭頻仍，『角戰英雄，六經泥蟠，百家飆駭』（《文心雕龍·時序》），孔學既黜，儒道中衰。孟子遵夫子之道，批邪說，正人心，發揚光大孔子學說，復興儒學，成爲孔子之後最重要的儒家傳人和先秦原始儒學理論體系主要奠基人。韓愈論儒家道統由堯、舜、禹、湯、文、武、周公代代相傳，言及『文、武、周公傳之孔子，孔子傳之孟軻。軻之死，不得其傳焉』（《原道》）；又說：『自孔子沒，群弟子莫不有書，獨孟軻氏之傳得其宗。』（《送王塤秀才序》）可見，後世尊孟子爲『亞聖』，稱儒學爲『孔孟之道』，實爲孟子歷史贡献使之然！

《孟子》一書，是孟子及其弟子編著的全面反映孟子思想的儒家經典著作。漢文帝時，即曾設立《孟子》學博士，全國推闡。六朝時期，玄學、佛學興盛，經學、儒學式微，《孟子》亦受冷落。唐宋以後，隨着孟子地位的大幅提升，《孟子》一書越來越受到統治者和學者文人的廣泛重視。唐代大儒韓愈倡論中國文化道統，其《原道》之説，影響甚大，已掀『孟子熱』；北宋時期，《孟子》與《論語》並列『十三經』之數，南宋朱熹作《四書章句集注》，《孟子》列『四書』之中。南宋統治者正式將其列入官方之學，設爲科舉考試科目，欽定爲必讀經典，學孟子、讀《孟子》，蔚然成社會風氣。此後，孟子地位進一步提升；元封孟子爲『亞聖公』，尊爲『百世之師』；明清兩朝更大推《四書》，地位儼然超越《五經》。《孟子》與《論語》並行，上自帝王，下至百姓，家有之，戶誦之，『所研究者惟《四書》，所辨訂者亦惟《四書》』（《四庫提要》語）。孟子思想，深入人心；《孟子》之學，遍布各地；《孟子》文獻，汗牛充棟。

根據我們的初步調查，現存歷代《孟子》文獻書目不遜兩千種之多。這些文獻，依孟子學史的發展，大致形成了以下幾個時代特徵：宋元文獻多義理闡發，以朱熹《孟子章句集注》爲代表；明代以王夫之《讀四書大全説》爲代表，多從心性之學挖掘孟子豐富的思想內涵；清代孟子學最盛，不僅產生了以乾嘉學者戴震《孟子字義疏證》、崔述《孟子事實錄》爲代表的大量考據、辨僞著作，還出現了集前人研究成果之大成的焦循《孟子正義》。大致可以説，以東漢趙岐《孟子章句》爲發端，歷代學者多所闡釋研究；宋元以來，孟學更成爲『顯學』。《孟子》文獻內容所涉注釋訓詁、義理闡發、思想論析、考證辨僞等所有方面，其對孟子及《孟子》文本的研究，無論廣度、深度皆可謂前無古人，後難有繼。尤爲重要的是，歷代學者秉持儒家人生理念，一生所繫，立德立言，以『爲往聖繼絕學』爲生命追求之本，往往傾一生之力研注一經。孟子文獻不僅真實展示了孟學及儒學發展的歷史，也留下了代代學者治學的心路，實在是應該挖掘整理面世的傳統文化瑰寶。

然而，毋庸諱言，孟子文獻的收集整理向未受到應有的重視。這固然與二十世紀以來，儒學命運多舛有關，批孔之時，孟子必受其累；孔子受熱捧之時，孟子亦未隨之而升溫。歷代孟子文獻迄未全面收集整理即是一例。據我們不完全統計，包括港、澳、臺在內的中國圖書館現存宋元到清刻本與抄本計有一千二百餘種，有百分之九十多未曾整理出版，甚至有百分之七十以上仍處於歷史塵封狀態。歷史的責任，現實的需要，未來的期盼，都在呼喚《集成》的編纂出版。

二

二〇一三年四月底，孟子研究院在孟子故里山東省鄒城市正式成立。時值一年一度的『孟母文化節』，同時進行的還有由鄒城市、《光明日報》國學版、山東師範大學山東省齊魯文化研究院共同策劃主辦的『孟子公開課』開講儀式。來自國內著名高校的部分主講學者和與會專家對孟子研究院成立后的學術規劃提出了許多建設性意見，多位專家提出了編纂《孟子文獻集成》的建議。

同年十月二十九日至三十日，孟子研究院學術委員會第二次會議在主任陳來先生主持下於鄒城召開。會議就《集成》的立項和編纂事宜進行了認真深入地討論，參閱審查了初選孟子文獻書目，形成以下四點共識：一是孟子文獻的搜集、整理向稱薄弱，絕大多數迄今未見天日，影響了孟學研究的深度和廣度。編纂《集成》，填補空白，意義重大。二是要在廣泛搜集、精心選編的基礎上，將《集成》做成收羅全、質量高、權威性强的精品工程。三是制定三年規劃，歷史階段由遠而近，文獻收集由國內到國外，穩步推進，分段完成，確保質量。四是在孟子研究院學術委員基礎上，增加部分孟子研究專家充實《集成》學術委員會；選聘孟學研究、版本目錄、館藏出版等方面專家，組建高層次、有效率的編纂委員会和工作班子，扎實有效開展工作。

在經過編纂委員会四次召開籌備會議和系列籌備工作基礎上，二〇一四年五月，在濟南召開了特邀專家選目審查論證會。來自北京大學、中國人民大學、山東大學等全國各地的十餘位孟子和孟學史專家就編纂部提供的《集成》選編總目（國內）進行了認真審查討論。這次會議的召開更堅定了編纂《集成》的信心和認識。許多專家從長期孟學研究的切身感受中充分肯定編纂《集成》的重大意義，一致認爲：這是一項立足當前急需又澤被後世學者的重大學術工程；目前編成的經典文獻集成中唯獨沒有孟子文獻，該項目是一項填補空白工程，意義重大而深遠。專家們特別指出：由山東，特別是孟子故里鄒城市支持，由孟子研究院牽頭承擔，山東省齊魯文化研究院和山東人民出版社参与共同實施這項工程，既是歷史賦予孔孟故鄉的責任，也是科研機構、高等學校、出版單位以及省内外學者協同創新的最佳组合。相信《集成》的出版，對於大力弘揚中華優秀傳統文化，促進山東文化强省建設，推動孟學研究的深入、拓展和提升，意義深遠。會議還就選目原則形成以下共識：一是《集成》應當是一部研究孟子文獻的集大成之作，所收应以獨立成書的研究《孟子》專書爲主，但要兼顧，盡量收全；對孟子文獻的含義可以放得寬一些，對書名沒有『孟子』的，也要注意在考察辨識基礎上做好，例如以『四書』『諸子』爲書名的，也要選精擇要，視同專书。总体要求是：高標準、高質量。二是《集成》應兼顧古籍的重要性與稀見性。首先要保證重要文獻不遺漏，常見文献選善本；次要兼顧稀見性，孤本、珍本盡量收，力求反映文獻的歷史全貌。三是海外孟子文獻應作爲一個工作目標。可考慮與海外學者合作，單獨規劃編纂。四是時代大致截止到清末，現代部分可作爲『附編』或單獨列編收集出版，部分難以收入文獻應附列存目。這次專家會議的主导意見，得到二〇一四年六月五日召開的孟子研究院第二次學術委員會的重視和確認。

在籌備、啟動《集成》的整個過程中，山東人民出版社主動、積極地參與了各項工作。二〇一四年八月二十八日，在山東省第五屆文博會上，省有關領導和眾多媒體記者見證了孟子研究院與山東人民出版社共同簽訂《〈孟子文獻集成〉編纂出版協議書》。

我們預祝這一重大學術工程的圓滿實現。

王志民

二〇一五年四月八日草就於山東師範大學山東省齊魯文化研究院，四月十二日定稿於孟子研究院

凡例

一、《孟子文獻集成》匯聚歷代關於《孟子》之著述。這些著作，要其旨歸，不外經學之疏證、義理之推闡、文章之批點，故舉凡注釋、析義、批點等書皆酌加收録，大致以著者時代先後爲次，不以内容高下區分。則經學之大、義理之善與文章之美，庶可由此而知。

二、《孟子文獻集成》選用底本多未經整理，或孤存海外，或秘委深閣，學者既不能徧歷中外而窺其概貌，又不能盡探二酉而知其大略。今集爲一編，俾學者循覽而知《孟子》一經之本末，歷代著述之升沉。

三、各書或得自日本、美國，或攝自國家圖書館、天津圖書館、上海圖書館、山東大學圖書館等国内名馆。底本皆經選擇，其宋元秘本，列爲首選，後出佳槧，亦資採摭。如宋孫奭《孟子音義》二卷，有宋刻本，羅振玉《吉石庵叢書》影印，已不難得，今選取清道光日照許瀚校刻本。蓋許瀚小學名家，其書以甘泉汪氏藏宋本爲底本，又精加校勘焉。

四、諸書著録書名、卷數、著者時代、姓名、撰著方式及版本，覽者便焉。

五、著者真僞，學者所重，凡有歧異，均於著者前加『題』字，略示區别。如《蘇批孟子》，疑托名蘇洵，今著録爲『題宋蘇洵撰』。

六、諸家解孟之書，或爲獨立成書者，如《孟子註疏解經》《孟子音義》；或爲總集内別裁而出者，如《常語》三卷，出於《直講李先生文集》；《疑孟》一卷，出於《溫國文正司馬公文集》。或以四書著述總題者，如《孟子集註》，乃《四書集註》之一，《孟子纂疏》乃《四書纂疏》之一。今所匯集，以能獨立析出者爲斷。其單篇零什，概所不收。

七、裁出之書，凡原有題名者，概依原題，而於版本項注其從來，如《疑孟》一卷，著錄爲『宋紹熙刻《溫國文正司馬公文集》本』。凡無獨立題名者，則仍用大題，而括注『孟子』二字，如《四書集義精要（孟子）》八卷。其不能分離者，則全書收錄，如《四書通旨》等。

八、《常語》一書開宋人疑孟之先，凡司馬光《疑孟》、余允文《尊孟辨》皆導源於此，誠爲孟學者所不可無，今特予收入。

九、宋元舊槧，或刷印有先後之別；後世傳本，則雕刻分妍媸之等。拼合難覩原貌之美，縮印不辨字畫之真。輯印排版，存真爲先，以古籍版面清晰與否，分別處理，不作統一。

十、是編博訪廣蒐，固難周徧，續有所得，輯爲補編，庶免遺珠之憾。伏望博雅君子，匡其不逮，補其未備，是所幸盼。

目録

孟子十四卷

漢 趙岐注

民國商務印書館《續古逸叢書》影印宋刻大字本

宋槧大字本孟子

續古逸叢書之一

上海涵芬樓假
内府本印行

孟子題辭　　趙氏

孟子題辭者所以題號孟子之書本末指義文辭之表也孟姓也子者男子之通稱也此書孟子之所作也故揔謂之孟子其篇目則各自有名孟子鄒人也名軻字則未聞也鄒本春秋邾子之國至孟子時改曰鄒矣國近魯後爲魯所幷又言邾爲楚所幷非魯也今鄒縣是也或曰孟子魯公

族孟孫之後故孟子仕於齊喪母而歸葬於魯也三桓子孫既以衰微分適他國孟子生有淑質夙喪其父幼被慈母三遷之教長師孔子之孫子思治儒術之道通五經尤長於詩書周衰之末戰國縱横用兵爭彊以相侵奪當世取士務先權謀以爲上賢先王大道陵遲墮廢異端並起若楊朱墨翟放蕩之言以干時惑衆者非一孟

子閔悼堯舜湯文周孔之業將遂湮微正塗壅底仁義荒怠佞僞馳騁紅紫亂朱於是則慕仲尼周流憂世遂以儒道游於諸侯思濟斯民然由不肯枉尺直尋時君咸謂之迂闊於事終莫能聽納其説孟子亦自知遭蒼姬之訖録值炎劉之未奮進不得佐興唐虞雍熙之和退不能信三代之餘風恥沒世而無聞焉是故垂憲言以詒

後人仲尼有云我欲託之空言不如載之行事之深切著明也於是退而論集所與高第弟子公孫丑萬章之徒難疑荅問又自撰其法度之言著書七篇二百六十一章三萬四千六百八十五字包羅天地揆敘萬類仁義道德性命禍福粲然靡所不載帝王公侯遵之則可以致隆平頌清廟卿大夫士蹈之則可以尊君父立忠信守

志厲操者儀之則可以崇高節抗浮雲有風人之託物二雅之正言可謂直而不倨曲而不屈命世亞聖之大才者也孔子自衛反魯然後樂正雅頌各得其所乃刪詩定書繫周易作春秋孟子退自齊梁述堯舜之道而著作焉此大賢擬聖而作者也七十子之疇會集夫子所言以爲論語論語者五經之錧鎋六藝之喉衿也孟子之

書則而象之衛靈公問陳於孔子孔子荅以俎豆梁惠王問利國孟子對以仁義宋桓魋欲害孔子孔子稱天生德於予魯臧倉毀鬲孟子孟子曰臧氏之子焉能使予不遇哉旨意合同若此者衆又有外書四篇性善辯文説孝經爲正其文不能弘深不與內篇相似似非孟子本眞後世依放而託之者也孟子既沒之後大道遂絀逮

至亡秦焚滅經術坑戮儒生孟子徒黨盡矣其書號爲諸子故篇籍得不泯絶漢興除秦虐禁開延道德孝文皇帝欲廣游學之路論語孝經孟子爾雅皆置博士後罷傳記博士獨立五經而已訖今諸經通義得引孟子以明事謂之博文孟子長於譬喻辭不迫切而意已獨至其言曰說詩者不以文害辭不以辭害志以意逆志爲得

之矣斯言殆欲使後人深求其意以解其文不但施於說詩也今諸解者往往摭取而說之其說又多乖異不同孟子以來五百餘載傳之者亦已衆多余生西京世尋丕祚有自來矣少蒙義方訓涉典文知命之際嬰戚于天遘屯離蹇詭姓遁身經營八紘之內十有餘年心勌形瘵何勤如焉嘗息肩弛檐於濟岱之間或有温故知新

雅德君子矜我劬瘁睠我皓首訪論稽古慰以大道余困吝之中精神遐漂靡所濟集聊欲係志於翰墨得以亂思遺老也惟六籍之學先覺之士釋而辯之者旣已詳矣儒家惟有孟子閎遠微妙緼奥難見宜在條理之科於是乃述已所聞證以經傳爲之章句具載本文章别其指分爲上下凡十四卷究而言之不敢以當達者施於

新學可以寤疑辯惑愚亦未能審於是非後之明者見其違闕儻改而正諸不亦宜乎

孟子卷第一

梁惠王章句上　　趙氏注

梁惠王者魏惠王也魏國名惠謚也王號也時天下有七王皆僭號者也猶春秋之時吳楚之君稱王也魏惠王居於大梁故號曰梁王聖人及大賢有道德者王公侯伯及卿大夫咸願以爲師孔子時諸侯問疑質禮若弟子之問師也魯衛之君皆尊事焉故論語或以弟子名篇而有衛靈公季氏之篇孟子亦以大儒爲諸侯所師是以梁惠王滕文公題篇與公孫丑等爲一例也

孟子見梁惠王　孟子適梁魏惠王禮請孟子見之

王曰叟不遠千里而來亦將有以利吾國乎　曰辭也叟長老之稱也猶父也孟子去齊老而之魏故王尊禮之曰父不遠千里之路而來至此亦將有可以爲寡人興利除害也

孟子對曰王何必曰利亦有仁義而已矣　孟子知王欲以富國彊兵爲利故曰王何必以利爲名乎亦惟有仁義之道者可以爲名以利爲名則有不利之患矣因爲王陳之

王曰何以利吾國大夫曰何以利吾家士庶人曰何以利吾身上下交征利而國危矣　征取也從王至庶人故言上下交爭各欲利其身必至於篡弒則國危亡矣論語曰放於利而行多怨故不欲使王以利爲名也又言交爲俱也

萬乘之國弒其君者必千乘之家　萬乘兵車萬乘謂天子也千乘兵車千乘謂諸侯也夷羿之弒夏后是以千乘取萬乘也

千乘之國弒其君者必百乘之家　天子建國諸侯立家百乘之家謂大國之卿食采邑有兵車百乘之賦者也若齊崔衛甯晉六卿等是以其終亦皆弒其君此以百乘取千乘也上千乘當言國而言家者諸侯以國爲家亦以避萬乘稱國故稱家君臣上下之辭

萬取千焉千取百焉不爲不多矣　周制君十卿祿君食萬鍾臣食千鍾亦多矣不爲不多矣

苟爲後義而先利不奪不饜　苟誠也誠令大臣皆後仁義而先自利則不篡奪君位不足自饜飽其欲

未有仁而遺其親者也未有義而後其君者也　仁者親親義者尊尊人無行仁而遺棄其親行義而忽後其君者

王亦曰仁義而已矣何必曰利　孟子復申此者重嗟歎其禍　章指言治國之道明當以仁義爲名然後上下和親君臣集穆天經地義不易之道故以建篇立始也

孟子見梁惠王王立於沼上顧鴻鴈麋鹿曰賢者亦樂此乎　沼池也王好廣苑囿大池沼與孟子遊觀顧視禽獸之衆多心以爲娛樂夸咤孟子曰賢者亦樂此乎

孟子對曰賢者而後樂此不賢者雖有此不樂也　惟有賢者然後乃得樂此耳謂脩堯舜之道國家安寧故得有此以爲樂也不賢之人亡國破家雖有此當爲人所奪故不得以爲樂也

詩云經始靈臺經之營之庶民攻之不日成之　詩大雅靈臺之篇也言文王始經營規度此臺衆民竝來治作之不與期日自來成之也

經始勿

亟庶民子來言文王不督促使之亟疾也衆民自來趣之若子來爲父使也王在靈囿麀鹿攸伏麀鹿濯濯白鳥鶴鶴麀鹿牝鹿也言文王在此囿中麀鹿懷任安其所而伏不驚動也獸肥飽則濯濯鳥肥飽則鶴鶴而澤好王在靈沼於牣魚躍文王在池沼魚乃跳躍喜樂言其德及鳥獸魚鼈也文王以民力爲臺爲沼而民歡樂之謂其臺曰靈臺謂其沼曰靈沼樂其有麋鹿魚鼈孟子爲王誦此詩因曰文王雖以民力築臺鑿池民由歡樂之謂其臺沼若神靈之所爲欲使其多禽獸以養文王者也古之人與民偕樂故能樂也偕俱也言古賢之君與民共同其所樂故能樂之湯誓曰時日害喪予及女皆亡湯誓尚書篇名也時是也時乙卯日也害大也言桀爲無道百姓皆欲與湯共伐之湯臨士衆而誓之言是日桀當大喪亡我與汝俱往亡之民欲與之皆亡雖有臺池鳥獸豈能獨樂哉孟子説詩書之義以感喻王言民皆欲與湯共亡桀雖有臺池禽獸何能復獨樂之哉復申明上言不賢者雖有此不樂也　章指言聖王之德與民共樂恩及鳥獸則忻戴其上太平化興無道之君衆怨神怒則國滅祀絶不得保守其所樂也

梁惠王曰寡人之於國也盡心焉耳矣王侯自稱孤寡言寡人於治國之政盡心欲利百姓焉耳者懇至之辭河內凶則移其

民於河東移其粟於河內河東凶亦然言凶年以此救民也魏舊在河東後爲強國兼得河內也察鄰國之政無如寡人之用心者言鄰國之君用心憂民無如己也鄰國之民不加少寡人之民不加多何也王自怪爲政有此惠而民人不增多於鄰國者何也孟子對曰王好戰請以戰喻因王好戰故以戰事喻解王意塡然鼓之兵刃既接棄甲曳兵而走或百步而後止或五十步而後止以五十步笑百步則何如塡鼓音也兵以鼓進以金退孟子問王曰今有戰者兵刃已交其負者棄甲曳兵而走五十步而止足以笑百步止者不曰不可直不百步耳是亦走也王曰不足以相笑也是人俱走直事不百步耳曰王如知此則無望民之多於鄰國也孟子曰王如知此不足以相笑王之政猶此也王雖有移民轉穀之善政其好戰殘民與鄰國同而獨望民之多何異於以五十步笑百步者乎不違農時穀不可勝食也從此已下爲王陳王道也使民得三時務農不違奪其要時則五穀饒穰不可勝食數罟不入洿池魚鼈不可勝食也數罟密網也密細之網所以捕小魚鼈者也故禁之不得用魚不滿尺不得食斧斤以時入山林材木不可勝用也時謂

草木零落之時使林木茂暢故有餘穀與魚鼈不可勝食材木
不可勝用是使民養生喪死無憾也憾恨也民
所用者足故無恨養生喪死無憾王道之始也王道先得
民心民心無恨故言王道之始五畝之宅樹之以桑五十者
可以衣帛矣廬井邑居各二畝半以爲宅冬入保城二畝半故爲五畝也樹桑牆下古
者年五十乃衣帛矣雞豚狗彘之畜無失其時七十者
可以食肉矣言孕字不失時也七十不食肉不飽百畝之田勿奪
其時數口之家可以無飢矣一夫一婦耕耨百畝百畝之田

不可以徭役奪其時功則家給人足農夫上中下所食多少各有差故揔言數口之家也謹庠序
之教申之以孝悌之義頒白者不負戴於
道路矣庠序者教化之宮也殷曰序周曰庠謹脩教化申重孝悌之義頒者斑也頭半白斑斑者
也壯者代老心各安之故斑白者不負戴也七十者衣帛食肉黎民
不飢不寒然而不王者未之有也言百姓老稚温
飽禮義脩行積之可以致王也孟子欲以風王何不行此可以王天下有率土之民何但望民多於鄰國狗
彘食人食而不知檢塗有餓莩而不知發
言人君但養犬彘使食人食不知以法度檢斂也塗道也餓死者曰莩詩曰莩有梅莩零落也道路之旁有餓

死者不知發倉廩以用振救之也人死則曰非我也歲也是何
異於刺人而殺之曰非我也兵也人死謂餓疫死
者也王政使然而曰非我殺之歲殺之也此何以異於用兵殺人而曰非我也兵自殺之也王無罪
歲斯天下之民至焉戒王無歸罪於歲責己而改行則天下之民皆可致
也 章指言王化之本在於使民養生喪死之用備足然後導之以禮義責己矜窮則斯民集矣
梁惠王曰寡人願安承教願安意承受孟子之教令孟子
對曰殺人以梃與刃有以異乎梃杖也曰無以
異也王曰杖刃殺人無以異也以刃與政有以異乎孟子欲以

決喻王曰無以異也王復曰政殺人無以異也曰庖有肥肉廄
有肥馬民有飢色野有餓莩此率獸而食
人也孟子言人君如此爲率禽獸以食人也獸相食且人惡之爲
民父母行政不免於率獸而食人惡在其
爲民父母也虎狼食禽獸人猶尚惡視之牧民爲政乃率禽獸食人安在其爲民父母
之道也仲尼曰始作俑者其無後乎爲其象
人而用之也如之何其使斯民飢而死也
俑偶人也用之送死仲尼重人類謂秦穆公時以三良殉葬本由有作俑者也夫惡其始造故曰此人其無後

嗣乎如之何其使此民飢而死邪孟子陳此以敎王愛民　章指言王者爲政之道生民爲首以政殺人人君之咎猶以白刃疾之甚也

梁惠王曰晉國天下莫強焉叟之所知也韓魏趙本晉六卿當此時號三晉故惠王言晉國天下強也及寡人之身東敗於齊長子死焉西喪地於秦七百里南辱於楚寡人恥之願比死者壹洒之如之何則可王念有此三恥求策謀於孟子孟子對曰地方百里而可以王言古聖人以百里之地以致王天下謂文王也王如施仁政於

民省刑罰薄稅斂深耕易耨壯者以暇日脩其孝悌忠信入以事其父兄出以事其長上可使制梃以撻秦楚之堅甲利兵矣易耨芸苗令簡易也制作也王如行此政可使國人作杖以捶敵國堅甲利兵何患恥之不雪也彼奪其民時使不得耕耨以養其父母父母凍餓兄弟妻子離散彼陷溺其民王往而征之夫誰與王敵彼謂齊秦楚也彼困其民願王往征之也彼失民心民不爲用夫誰與共禦王之師爲王敵乎故曰仁者無敵王請勿疑鄰國暴虐

已脩仁政則無敵矣王請行之勿有疑也　章指言以百里行仁天下歸之以政傷民民樂其亡以梃服強仁與不仁也

孟子見梁襄王出語人曰望之不似人君襄謚也魏之嗣王也望之無儼然之威儀也就之而不見所畏焉就與之言無人君操秉之威知其不足畏卒然問曰天下惡乎定卒暴問事不由其次也問天下安所定言誰能定之吾對曰定于一孟子謂仁政爲一也孰能一之言孰能一之者對曰不嗜殺人者能一之嗜猶甘也言今諸侯有不甘樂殺人者則能一之孰能與之王言誰能與不嗜殺人者乎

對曰天下莫不與也孟子曰時人皆苦虐政如有行仁天下莫不與之王知夫苗乎七八月之間旱則苗槁矣天油然作雲沛然下雨則苗浡然興之矣其如是孰能禦之以苗生喻人象也周七八月夏之五六月油然興雲之貌沛然下雨以潤槁苗則浡然已盛孰能止之今夫天下之人牧未有不嗜殺人者也如有不嗜殺人者則天下之民皆引領而望之矣誠如是也民歸之由水之就下沛然誰能禦之今天下牧民之君誠能行此仁政民皆延頸望

欲歸之如水就下沛然而來誰能止之 章指言定天下者一道而已不貪殺人人則歸之是故文王視民如傷此之謂也

齊宣王問曰齊桓晉文之事可得聞乎 宣諡也宣王問孟子欲庶幾齊桓公小白晉文公重耳孟子冀得行道故仕於齊不用而去乃適於梁建篇先梁者欲以仁義首篇因言魏事章次相從然後道齊也

孟子對曰仲尼之徒無道桓文之事者是以後世無傳焉臣未之聞也 孔子之門徒頌述宓戲以來至文武周公之法制耳雖及五霸心賤薄之是以儒家後世無欲傳道之者故曰臣未之聞也

無以則王乎 既不論三皇五帝殊無所問則尚當問王道耳不欲使王問霸事也

曰德何如則可以王矣 王曰德行當何如而可得以王乎

曰保民而王莫之能禦也 保安也禦止也言安民則惠黎民懷之若此以王無能止也

曰若寡人者可以保民乎哉 王自恐德不足以安民故問之

曰可 孟子以為如王之性可以安民也

曰何由知吾可也 王問孟子何以知吾可以安民

曰臣聞之胡齕曰王坐於堂上有牽牛而過堂下者王見之曰牛何之對曰將以釁鍾王曰舍之吾不忍其觳觫若無罪而就死地對曰然則廢釁鍾與曰何可廢也以羊易之不識有諸 胡齕王左右近臣也觳觫牛當到死地處恐貌新鑄鍾殺牲以血塗其釁郄因以祭之曰釁周禮大祝曰墮釁逆牲逆尸令鍾鼓天府上春釁寶鍾及寶器孟子曰臣受胡齕言王嘗有此仁不知誠有之否

曰有之 王曰有之

曰是心足以王矣百姓皆以王為愛也臣固知王之不忍也 愛嗇也孟子曰王推是仁心足以至於王道然百姓皆謂王嗇愛其財臣知王見牛恐懼不欲趨死不忍故易之也

王曰然誠有百姓者齊國雖褊小吾何愛一牛即不忍其觳觫若無罪而就死地故以羊易之也 王曰亦誠有百姓所言者矣吾國雖小豈愛惜一牛之財費哉即見其牛哀之釁鍾又不可廢故易之以羊耳

曰王無異於百姓之以王為愛也以小易大彼惡知之王若隱其無罪而就死地則牛羊何擇焉 異怪也隱痛也孟子言無怪百姓之謂王愛財也見王以小易大故也王如痛其無罪羊亦無罪何為獨釋牛而取羊

王笑曰是誠何心哉我非愛其財而易之以羊也宜乎百姓之謂我愛也 王自笑心不然而不能自免為百姓所非乃責己之以小易大故曰宜乎其罪我也

曰無傷也是乃仁術也見牛未見羊也君子之於禽

獸也見其生不忍見其死聞其聲不忍食其肉是以君子遠庖廚也 孟子解王自責之心曰無傷於仁是乃王爲仁之道也時未見羊羊之爲牲次於牛故用之耳是以君子遠庖廚不欲見其生食其肉也 王說曰詩云他人有心予忖度之夫子之謂也夫我乃行之反而求之不得吾心夫子言之於我心有戚戚焉此心之所以合於王者何也 詩小雅巧言之篇也王喜悅因稱是詩以嗟歎孟子忖度知己心戚戚然心有動也寡人雖有是心何能足以王也 曰有復於王者曰吾力足以舉

百鈞而不足以舉一羽明足以察秋豪之末而不見輿薪則王許之乎 復白也許信也人有白王如此王信之乎百鈞三千斤也 曰否 王曰我不信也 今恩足以及禽獸而功不至於百姓者獨何與然則一羽之不舉爲不用力焉輿薪之不見爲不用明焉百姓之不見保爲不用恩焉故王之不王不爲也非不能也 孟子言王恩及禽獸而不安百姓若不用力不用明者也不爲耳非不能也 曰不爲者與不能者之形何以異

王問其狀何以異也 曰挾大山以超北海語人曰我不能是誠不能也爲長者折枝語人曰我不能是不爲也非不能也故王之不王非挾大山以超北海之類也王之不王是折枝之類也 孟子爲王陳爲與不爲之形若是王則不折枝之類也折枝按摩折手節解罷枝也少者恥見役故不爲耳非不能也大山北海皆近齊故以爲喻也 老吾老以及人之老幼吾幼以及人之幼天下可運於掌 老猶敬也幼猶愛也敬我之老亦敬人之老愛我之幼亦愛人之幼推此心以惠民天下可轉之掌上言易也 詩云刑

于寡妻至于兄弟以御于家邦言舉斯心加諸彼而已 詩大雅思齊之篇也刑正也寡少也言文王正己適妻則八妾從以及兄弟御享也享天下國家之福但舉己心加於人耳 故推恩足以保四海不推恩無以保妻子古之人所以大過人者無他焉善推其所爲而已矣 大過人者大有爲之君也善推其心所好惡以安四海也 今恩足以及禽獸而功不至於百姓者獨何與 復申此言非王不能不爲之耳 權然後知輕重度然後知長短物皆然心爲甚王請度之

權銓衡也可以稱輕重也度丈尺也可以量長短也凡物皆當稱度乃可知心當行之乃爲仁心比於物尤當爲之甚者也欲使王度心如度物也 抑王興甲兵危士臣搆怨於諸侯然後快於心與 抑辭也孟子問王抑亦如是乃快邪 王曰否吾何快於是將以求吾所大欲也 王言不然我不快是也將欲以求我心所大欲者耳 曰王之所大欲可得聞與 孟子雖心知王意而故問者欲令王自道緣以陳之 王笑而不言 王意大而不敢正言 曰爲肥甘不足於口與輕煖不足於體與抑爲采色不足視於目與聲音不足聽於耳

與便嬖不足使令於前與王之諸臣皆足以供之而王豈爲是哉 孟子復問此五者欲以致王所欲也故發異端以問也 曰否吾不爲是也 王言我不爲是也 曰然則王之所大欲可知已欲辟土地朝秦楚莅中國而撫四夷也 莅臨也言王意欲庶幾王者莅臨中國而安四夷者也 以若所爲求若所欲猶緣木而求魚也 若順也順嚮者所爲謂搆兵諸侯之事求順今之所欲莅中國之願其不可得如緣喬木而求生魚也 王曰若是其甚與 王謂比之緣木求魚爲大甚 曰殆有甚焉緣木求魚雖不得魚無後災以若所爲求若所欲盡心力而爲之後必有災 孟子言盡心戰鬬必有殘民破國之災故曰殆有甚於緣木求魚者也 曰可得聞與 王欲知其害也 曰鄒人與楚人戰則王以爲孰勝 言鄒小楚大也 曰楚人勝 王曰楚人勝也 曰然則小固不可以敵大寡固不可以敵衆弱固不可以敵彊海內之地方千里者九齊集有其一以一服八何以異於鄒敵楚哉 固辭也言小弱固不如彊大集會齊地可方千里譬一州耳今欲以一州服八州猶鄒欲敵楚 蓋亦反其本矣 王欲服之之道蓋當反王道之本

今王發政施仁使天下仕者皆欲立於王之朝耕者皆欲耕於王之野商賈皆欲藏於王之市行旅皆欲出於王之塗天下之欲疾其君者皆欲赴愬於王其若是孰能禦之 反本道行仁政若此則天下歸之誰能止之者 王曰吾惛不能進於是矣願夫子輔吾志明以教我我雖不敏請嘗試之 王言我情思惛亂不能進行此仁政不知所當施行也欲使孟子明言其

道以教訓之我雖不敏願嘗使少行之也曰無恒產而有恒心者惟士爲能若民則無恒產因無恒心孟子爲王陳其法也恒常也產生也恒產則民常可以生之業也恒心人常有所善心也惟有學士之心者雖窮不失道不求苟得耳凡民迫於飢寒則不能守其常善之心苟無恒心放辟邪侈無不爲已及陷於罪然後從而刑之是罔民也民誠無恒心放溢辟邪侈於姦利犯罪觸刑無所不爲乃就刑之是由張羅罔以罔民者也焉有仁人在位罔民而可爲也安有仁人爲君罔陷其民是政何可爲也是故明君制民之產必使仰足以事

父母俯足以畜妻子樂歲終身飽凶年免於死亡然後驅而之善故民之從之也輕言衣食足知榮辱故民從之教化輕易也今也制民之產仰不足以事父母俯不足以畜妻子樂歲終身苦凶年不免於死亡此惟救死而恐不贍奚暇治禮義哉言今民困窮救死恐凍餓而不給何暇脩禮行義也王欲行之則盍反其本矣五畝之宅樹之以桑五十者可以衣帛矣雞豚狗彘之畜無失其時

七十者可以食肉矣百畝之田勿奪其時八口之家可以無飢矣謹庠序之教申之以孝悌之義頒白者不負戴於道路矣老者衣帛食肉黎民不飢不寒然而不王者未之有也其說與上同八口之家次上農夫也孟子所以重言此者此乃王政之本常生之道故爲齊梁之君各具陳之當章究義不嫌其重也　章指言典籍攸載帝王道純桓文之事譎正相紛撥亂反正聖意弗珍故曰後世無傳未聞仁不施人猶不成德釁鍾易牲民不被澤王請嘗試欲踐其路荅以反本惟是爲要此蓋孟子不屈道之言也

孟子卷第一

孟子卷第二

梁惠王章句下　趙氏注

莊暴見孟子曰暴見於王王語暴以好樂暴未有以對也曰好樂何如莊暴齊臣也不能決知之故無以對而問曰王好樂何如孟子曰王之好樂甚則齊國其庶幾乎王誠能大好古之樂齊國其庶幾治乎他日見於王曰王嘗語莊子以好樂有諸孟子問王有是語不王變乎色曰寡人非能好先王之樂也直好世俗之樂耳變乎色慍恚莊子道其好樂也王言我不能好先聖王之樂也直好世俗之樂謂鄭聲也曰王之好樂甚則齊其庶幾乎今之樂猶古之樂也甚大也謂大要與民同樂古今何異也曰可得聞與王問古今同樂之意寧可得聞邪曰獨樂樂與人樂樂孰樂孟子復問王獨自作樂樂邪與人共聽樂樂也曰不若與人王曰獨聽樂不如與衆共聽之樂也曰與少樂樂與衆樂樂孰樂孟子復問王與少人共聽樂樂邪與衆人共聽樂樂也曰不若與衆王言不若與衆人共聽樂樂也臣請爲王言樂孟子欲爲王陳獨樂與衆人樂之狀今王鼓樂於此百姓

聞王鍾鼓之聲管籥之音舉疾首蹙頞而相告曰吾王之好鼓樂夫何使我至於此極也父子不相見兄弟妻子離散鼓樂者樂以鼓爲節也管笙籥簫或曰籥若笛短而有三孔詩云左手執籥以節衆也疾首頭痛也蹙頞愁貌言王擊鼓作樂發賦傜役皆出於民而德不加之故使百姓愁今王田獵於此百姓聞王車馬之音見羽旄之美舉疾首蹙頞而相告曰吾王之好田獵夫何使我至於此極也父子不相見兄弟妻子離散此無他不與民同樂也田獵無節以非時取牲也羽旄之美但飾羽旄使之美好也發民驅獸供給役使不得休息故民窮極而離散奔走也今王鼓樂於此百姓聞王鍾鼓之聲管籥之音舉欣欣然有喜色而相告曰吾王庶幾無疾病與何以能鼓樂也百姓欲令王康強而鼓樂也今無賦斂於民而有惠益故欣欣然而喜也今王田獵於此百姓聞王車馬之音見羽旄之美舉欣欣然有喜色而相告曰吾王庶幾無疾病與何以能田獵也此無他與民同樂

也 王以農隙而田不妨民時有憫民之心因田獵而加撫恤之是以民悅也 今王與百姓同樂則王矣 孟子言王何故不大好樂效古賢君與民同樂則可以王天下也何惡莊子之言王好樂也 章指言人君田獵以時鐘鼓有節發政行仁民樂其事則王道之階在於此矣故曰天時不如地利地利不如人和矣

齊宣王問曰文王之囿方七十里有諸 王言聞文王苑囿方七十里寧有之 孟子對曰於傳有之 於傳文有是言 曰若是其大乎 王怪其大 曰民猶以爲小也 言文王之民尚以爲小也 曰寡人之囿方四十里民猶以爲大何也 王以爲文王在岐豐之時雖爲西伯王地尚狹而囿以大矣今我地方千里而囿小之民以爲寡人囿大何故也 曰文王之囿方七十里芻蕘者往焉雉兔者往焉與民同之民以爲小不亦宜乎 芻蕘者取芻薪之賤人也雉兔獵人取雉兔者言文王聽民往取禽獸刈其芻薪民苦其小是其宜也 臣始至於境問國之大禁然後敢入 言王之政嚴刑重也 臣聞郊關之內有囿方四十里殺其麋鹿者如殺人之罪 郊關齊四境之郊皆有關 則是方四十里爲阱於國中民以爲大不亦宜乎 設陷

阱者不過丈尺之間耳今王陷阱乃方四十里民苦其大不亦宜乎 章指言譏王廣囿專利嚴刑陷民也

齊宣王問曰交鄰國有道乎 問與鄰國交接之道 孟子對曰有 欲爲王陳古聖賢之比 惟仁者爲能以大事小是故湯事葛文王事昆夷 葛伯放而不祀湯先助之祀詩云混夷兌矣惟其喙矣謂文王也是則聖人行仁政能以大事小者也 惟智者爲能以小事大故大王事獯鬻句踐事吳 獯鬻北狄彊者今匈奴也大王去邠避獯鬻越王句踐退於會稽身自官事吳王夫差是則智者用智是故以小事大而全其國也 以大事小者樂天者也以小事大者畏天者也樂天者保天下畏天者保其國詩云畏天之威于時保之 聖人樂行天道如天無不蓋也故保天下湯文是也智者量時畏天故保其國大王句踐是也詩周頌我將之篇言成王尚畏天之威於是時故能安其大平之道也 王曰大哉言矣寡人有疾寡人好勇 王謂孟子之言大不合於其意荅之云寡人有疾疾於好勇不能行聖賢之所覆也 對曰王請無好小勇夫撫劍疾視曰彼惡敢當我哉此匹夫之勇敵一人者也 疾視惡視也撫劍瞋目曰人安敢當我哉此一夫之勇足以當一人之敵者也 王請大之詩云王赫斯怒爰整

其旅以遏徂莒以篤周祜以對于天下此
文王之勇也文王一怒而安天下之民詩大
雅皇矣之篇也言文王赫然斯怒於是整其師旅以遏
止往伐莒者以篤周家之福以揚名於天下文王一怒
而安民願王慕其大
勇無論匹夫之小勇書曰天降下民作之君作
之師惟曰其助上帝寵之四方有罪無罪
惟我在天下曷敢有越厥志書尚書逸篇也
言天生下民爲
作君爲作師以助天光寵之也四方善惡皆在
己所謂在予一人天下何敢有越其志者也一人衡
行於天下武王恥之此武王之勇也衡橫
也武

王恥天下一人有橫行
不順天道者故伐紂也而武王亦一怒而安天
下之民今王亦一怒而安天下之民民惟
恐王之不好勇也孟子言武王好勇亦則文王
一怒而安天下之民也今王
好勇亦則武王一怒而安天下之民民恐王之不好勇
耳王何爲欲小勇而自謂有疾也　章指言聖人樂天
賢者知時仁必有勇勇以討
亂而不爲暴則百姓安之
齊宣王見孟子於雪宮王曰賢者亦有此
樂乎雪宮離宮之名也宮中有苑囿臺池之飾禽獸
之饒王自多有此樂故問曰賢者亦能有此樂
乎孟子對曰有人不得則非其上矣不得

而非其上者非也爲民上而不與民同樂
者亦非也有人不得人有不得志者也不責己仁
義不自脩而責上之不用己此非君子
之道人君適情從欲獨樂其身而不
與民同樂亦非在上不驕之義也樂民之樂者民
亦樂其樂憂民之憂者民亦憂其憂言民
之所
樂君與之同故民亦樂使其君有樂也民之所憂
者君助憂之故民亦能憂君之憂爲之赴難也樂以
天下憂以天下然而不王者未之有也言古
賢君樂則以己之樂與天下同之憂則以天下之憂與
己共之如是未有不王者孟子以是荅王言雖有此
樂未能與
人共之昔者齊景公問於晏子曰吾欲觀

於轉附朝儛遵海而南放于琅邪吾何脩
而可以比於先王觀也孟子言往者齊景公嘗
問其相晏子若此也轉
附朝儛皆山名也又言朝水名也遵循也放至也循海
而南至於琅邪琅邪齊東南境上邑也當何脩治可以
比先王之觀遊乎
先王先聖之王也晏子對曰善哉問也天子適
諸侯曰巡狩巡狩者巡所守也諸侯朝於
天子曰述職述職者述所職也無非事者
春省耕而補不足秋省斂而助不給言天
子諸
侯出必因王事有所補助於民無非事而空行者
也春省耕問耒耜之不足秋省斂助其力不足也夏諺

曰吾王不遊吾何以休吾王不豫吾何以助一遊一豫爲諸侯度晏子道夏禹之世民之諺語也言王者巡狩觀民其行從容若遊若豫豫亦遊也春秋傳曰魯季氏有嘉樹晉范宣子豫焉吾王不遊我何以得見勞苦蒙休息也吾王不豫我何以得見振贍助不足也王者一遊一豫行恩布德應法而出可以爲諸侯之法度也今也不然師行而糧食飢者弗食勞者弗息睊睊胥讒民乃作慝今也者晏子言今時天下之民人君興師行軍皆遠轉糧食而食之有飢不得飽食勞者致重亦不得休息在位者又睊睊側目相視更相讒惡民由是化之而作慝惡也方命虐民飲食若流流連荒亡爲諸

侯憂方猶放也放棄不用先生之命但爲虐民之政恣意飲食若水流之無窮極也謂沈湎于酒能蹯不熟怒而殺人之類也流連荒亡皆驕君之溢行也言王道虧諸侯行霸由當相匡正故爲諸侯憂也從流下而忘反謂之流從流上而忘反謂之連從獸無厭謂之荒樂酒無厭謂之亡先王無流連之樂荒亡之行惟君所行也言驕君放遊無所不爲或浮水而下樂而忘反謂之流若齊桓與蔡姬乘舟於囿之類也連者引也使人徒引舟船上行而忘反以爲樂故謂之連書曰罔水行舟丹朱傲遊無水而行舟豈不引舟於水而上行乎此其類也從獸無厭若羿之好田獵無有厭極以亡其身故謂之荒亂也樂酒無厭若殷紂以酒喪國也故謂之亡言聖人

之行無此四者惟君所欲行也晏子之意不欲使景公空遊於琅邪而無益於民也景公說大戒於國出舍於郊於是始興發補不足景公說晏子之言也戒備也大脩戒備於國出舍於郊示憂民困始興惠政發倉廩以振貧下不足者也召大師曰爲我作君臣相說之樂蓋徵招角招是也大師樂師也徵招角招其所作樂章名也其詩曰畜君何尤畜君者好君也其詩樂詩也言臣說君謂之好君何尤者無過也孟子所以道晏子景公之事者欲以感喻宣王非其矜夸雪宮而欲以若賢者章指言與天下同憂者不爲慢遊之樂不循四溢之行是以文王不敢盤于遊田也

齊宣王問曰人皆謂我毀明堂毀諸已乎謂泰山下明堂本周天子東巡狩朝諸侯之處也齊侵地而得有之人勸宣王諸侯不用明堂可毀壞故疑而問於孟子當毀之乎已止也孟子對曰夫明堂者王者之堂也王欲行王政則勿毀之矣言王能行王道者則可無毀也王曰王政可得聞與王言王政當何施其法寧可得聞對曰昔者文王之治岐也耕者九一仕者世祿關市譏而不征澤梁無禁罪人不孥言往者文王爲西伯時始行王政使岐民脩井田八家耕八百畝其百畝者以爲公田及盧井故曰九一也紂時稅重文王復

行古法也仕者世祿賢者子孫必有土地關以譏難非常不征稅也陂池魚梁不設禁與民共之也孥妻子也詩云樂爾妻孥罪人不孥惡惡止其身不及妻子也老而無妻曰鰥老而無夫曰寡老而無子曰獨幼而無父曰孤此四者天下之窮民而無告者文王發政施仁必先斯四者言此四者皆天下之窮民文王常恤鰥寡存孤獨也詩云哿矣富人哀此煢獨詩小雅正月之篇哿可也言居今之世可矣富人但憐愍此煢獨羸弱者耳文王行政如此也王曰善哉言乎善此王政之言曰王如善之則何爲不行孟子言王如善此王政則何爲不行也王曰寡人有疾寡人好貨王言我有疾疾於好貨故不能行對曰昔者公劉好貨詩云乃積乃倉乃裹糇糧于橐于囊思戢用光弓矢斯張干戈戚揚爰方啓行故居者有積倉行者有裹囊也然後可以爰方啓行王如好貨與百姓同之於王何有詩大雅公劉之篇也乃積穀於倉乃裹盛乾食之糧於橐囊也思安民故用有寵光也戚斧揚鉞也又以武備之四方啓道路孟子言公劉好貨若此王若則之於王何有不可也王曰寡人有疾寡人好色王言我有病病好色不能行也對曰昔者

孟子二　九　閔西

大王好色愛厥妃詩云古公亶甫來朝走馬率西水滸至于岐下爰及姜女聿來胥宇當是詩也內無怨女外無曠夫王如好色與百姓同之於王何有詩大雅緜之篇也亶甫大王名也號稱古公來朝走馬遠避狄難去惡疾也率循也滸水涯也循西方水滸來至岐山下也姜女大王妃也於其與姜女俱來相土居也言大王亦好色非但與姜女俱行而已也普使一國男女無有怨曠王如則之與百姓同欲皆使無過時之思則於王之政何有不可乎　章指言夫子恂恂然善誘人誘人以進於善也齊王好貨好色孟子推以公劉大王所謂責難於君謂之恭者也

孟子二　十

孟子謂齊宣王曰王之臣有託其妻子於其友而之楚遊者假此言以爲喻比其反也則凍餒其妻子則如之何言無友道當如之何王曰棄之言當棄之絕友道也曰士師不能治士則如之何士師獄官吏也不能治獄當如之何王曰已之已之者去之也曰四境之內不治則如之何境內之事王所當理不勝其任當如之何孟子以此動王心令戒懼也王顧左右而言他王慚而左右顧視道他事無以荅此言也　章指言君臣上下各勤其任無墮其職乃安其身也

孟子見齊宣王曰所謂故國者非謂有喬木之謂也有世臣之謂也（故者舊也喬高也人所謂是舊國也者非但見其有高大樹木也當有累世脩德之臣常能輔其君以道乃爲舊國可法則也）王無親臣矣（今王無可親任之臣）昔者所進今日不知其亡也（言王取臣不詳審往日之所知今日爲惡當誅亡王無以知也）王曰吾何以識其不才而舍之（王言我當何以先知其不才而舍之不用也）曰國君進賢如不得已將使卑踰尊踈踰戚可不愼與（言國君欲進用人當留意考擇如使忽然不精心意如不得已而取備官則將使尊卑親踈相踰豈

可不重愼之）左右皆曰賢未可也諸大夫皆曰賢未可也國人皆曰賢然後察之見賢焉然後用之（謂選大臣防比周之譽核鄉原之徒論曰衆好之必察焉）左右皆曰不可勿聽諸大夫皆曰不可勿聽國人皆曰不可然後察之見不可焉然後去之（衆惡之必察焉惡直醜正寔繁有徒防其朋黨以毀忠正）左右皆曰可殺勿聽諸大夫皆曰可殺勿聽國人皆曰可殺然後察之見可殺焉然後殺之故曰國人殺之

也（言當愼行大辟之罪五聽三宥古者刑人於市與衆棄之）如此然後可以爲民父母（行此三愼之聽乃可以子畜百姓也　章指言人君進賢退惡翔而後集有世賢臣稱曰舊國則四方瞻仰之以爲則矣）

齊宣王問曰湯放桀武王伐紂有諸（有之否乎）孟子對曰於傳有之（於傳文有之矣）曰臣弑其君可乎（王問臣何以得弑其君豈可行乎）曰賊仁者謂之賊賊義者謂之殘殘賊之人謂之一夫聞誅一夫紂矣未聞弑君也（言殘賊仁義之道者雖位在王公將必降爲匹夫故謂之一夫

也但聞武王誅一夫紂耳不聞弑其君也書云獨夫紂此之謂也　章指言孟子云紂以崇惡失其尊名不得以君臣論之欲以深寤齊王垂戒于後也）

孟子謂齊宣王曰爲巨室則必使工師求大木工師得大木則王喜以爲能勝其任也匠人斲而小之則王怒以爲不勝其任矣（巨室大宮也爾雅曰宮謂之室工師主工匠之吏匠人工匠之人也將以此喻之也）夫人幼而學之壯而欲行之王曰姑舍女所學而從我則何如（姑且也謂人少學先王之正法壯大而仕欲施行其道而王止之曰且舍

（置汝所學而從我之教命此何如也）今有璞玉於此雖萬鎰必使玉人彫琢之至於治國家則曰姑舍女所學而從我則何以異於教玉人彫琢玉哉（二十兩爲鎰彫琢治飾玉也詩云彫琢其章雖有萬鎰在此言衆多也必須玉人能治之耳至於治國家而令從我是爲教玉人治玉也教人治玉不得其道則玉不得美好教人治國不以其道則何由能治者乎　章指言任賢使能不違其學則功成而不墮屈人之是從已之非則人不成道玉不成圭善惡之致可不察哉）

齊人伐燕勝之宣王問曰或謂寡人勿取或謂寡人取之以萬乘之國伐萬乘之國

五旬而舉之人力不至於此不取必有天殃取之何如（萬乘非諸侯之號時燕國皆侵地廣大僭號稱王故曰萬乘五旬五十日也書曰歲三百有六旬言五旬未久而取之非人力乃天也天與不取懼有殃咎取之何如）孟子對曰取之而燕民悅則取之古之人有行之者武王是也（武王伐紂而殷民喜悅簞厥玄黃而來迎之是以取之也）取之而燕民不悅則勿取古之人有行之者文王是也（文王以三仁尚在樂師未奔取之懼殷民不悅故未取之）以萬乘之國伐萬乘之國簞食壺漿以迎王師豈有他哉

避水火也如水益深如火益熱亦運而已矣（燕人所以持簞食壺漿來迎王師者欲避水火難耳如其所患益甚則亦運行奔走而去矣今王誠能使燕民免於水火亦若武王伐紂殷民喜悅之時則可取之　章指言征伐之道當順民心民心悅則天意得天意得然後乃可以取人之國也）

齊人伐燕取之諸侯將謀救燕宣王曰諸侯多謀伐寡人者何以待之（宣王貪燕而取之諸侯不義其事將謀伐齊救燕宣王懼而問之）孟子對曰臣聞七十里爲政於天下者湯是也未聞以千里畏人者也

（成湯脩德以七十里而得天下今齊地方千里何畏懼哉）書曰湯一征自葛始天下信之東面而征西夷怨南面而征北狄怨曰奚爲後我民望之若大旱之望雲霓也歸市者不止耕者不變誅其君而弔其民若時雨降民大悅書曰徯我后后來其蘇（此二篇皆尚書逸篇之文也言湯初征自葛從誅其君恤其民天下信湯之德面者嚮也東嚮征西夷怨者去王城四千里夷服之國也故謂之四夷言遠國思望聖化之甚也故曰何爲後我霓虹也雨則虹見故大旱而思見之徯待也后君也待我君來則我蘇息也）今燕虐其民王往

而征之民以爲將拯己於水火之中也簞食壺漿以迎王師若殺其父兄係累其子弟毀其宗廟遷其重器如之何其可也拯濟也係累猶縛結也燕民所以悅喜迎王師者謂濟救於水火之中耳今又殘之若此安可哉天下固畏齊之彊也今又倍地而不行仁政是動天下之兵也言天下諸侯素畏齊彊今復幷燕一倍之地以是行暴則多所危是動天下之兵共謀齊也王速出令反其旄倪止其重器謀於燕衆置君而後去之則猶可及止也速疾也旄老旄也倪弱小倪倪者也孟子勸王急出令先還其老小止勿徙其寶重之器與燕民謀置所欲立君而去之歸齊天下之兵猶可及其未發而止之也章指言伐惡養善無貪其富以小王大夫將何懼也

鄒與魯鬨穆公問曰吾有司死者三十三人而民莫之死也誅之則不可勝誅不誅則疾視其長上之死而不救如之何則可也鬨鬭聲也猶構兵而鬭也長上軍率也鄒穆公忿其民不赴難而問其罰當謂何也孟子對曰凶年饑歲君之民老弱轉乎溝壑壯者散而之四方者幾千人矣而君之倉廩實

府庫充有司莫以告是上慢而殘下也言往者遭凶年之阨民困如是有司諸臣無告白於君有以振救之是上驕慢以殘賊其下也曾子曰曾子有言上所戒之戒之出乎爾者反乎爾者也出善惡之命下終反之不可不戒也夫民今而後得反之也君無尤焉尤過也孟子言百姓乃今得反報諸臣不哀矜耳君無過責之也君行仁政斯民親其上死其長矣君行仁恩憂民窮困則民化而親其上死其長矣章指言上恤其下下赴其難惡出於己害及其身如影響自然也

滕文公問曰滕小國也閒於齊楚事齊乎事楚乎文公言我居齊楚之閒非其所事不能自保也孟子對曰是謀非吾所能及也無已則有一焉鑿斯池也築斯城也與民守之效死而民弗去則是可爲也孟子以二大國之君皆不由禮我不能知誰可事者也不得已有一謀焉惟施德義以養民與之堅守城池至死使民不畔去則可爲矣章指言事無禮之國不若得民心與之守死善道也滕文公問曰齊人將築薛吾甚恐如之何則可齊人幷得薛築其城以偪於滕故文公恐也孟子對曰昔者大王居邠狄人侵之去之岐山之下居焉非

擇而取之不得已也大王非好岐山之下擇而居之迫不得已困於彊暴故避之苟爲善後世子孫必有王者矣誠能爲善雖失其地後世乃可有王者若周家也君子創業垂統爲可繼也若夫成功則天也君如彼何哉強爲善而已矣君子造業垂統貴令後世可繼續而行耳又何能必有成功成功乃天助之也君豈如彼齊何乎但當自強爲善法以遺後世也章指言君子之道正己任天強暴之來非己所招謂窮則獨善其身者也

滕文公問曰滕小國也竭力以事大國則不得免焉如之何則可問免難全國於孟子孟子對曰昔者大王居邠狄人侵之事之以皮幣不得免焉事之以犬馬不得免焉事之以珠玉不得免焉皮狐貉之裘幣繒帛之貨也乃屬其耆老而告之曰狄人之所欲者吾土地也吾聞之也君子不以其所以養人者害人二三子何患乎無君我將去之去邠踰梁山邑于岐山之下居焉屬會也土地生五穀所以養人也會長老告之如此而去之邠人曰仁人也不可失也從之者如歸市言樂

隨大王如歸趨於市若將有得也或曰世守也非身之所能爲也效死勿去君請擇於斯二者或曰土地乃先人之所受也世世守之非己身所能專爲至死不可去也欲令文公擇此二者惟所行也章指言大王去邠權也效死而守業義也義權不並故曰擇而處之也

魯平公將出嬖人臧倉者請曰他日君出則必命有司所之今乘輿已駕矣有司未知所之敢請平謚也嬖人愛幸小人也公曰將見孟子平公敬孟子有德不敢請召將往就見之曰何哉君所爲輕身以先於匹夫者以爲賢乎禮義由賢者出而孟子之後喪踰前喪君無見焉匹夫一夫也臧倉言君何爲輕千乘而先匹夫乎以爲孟子賢故也賢者當行禮義而孟子前喪父約後喪母奢君無見也公曰諾諾止不出樂正子入見曰君奚爲不見孟軻也樂正姓子通稱孟子弟子也爲魯臣問公何爲不便見孟軻曰或告寡人曰孟子之後喪踰前喪是以不往見也公言以此故也曰何哉君所謂踰者前以士後以大夫前以三鼎而後以五鼎與樂正子曰君所謂踰者前者以士禮後者以大

夫禮士祭三鼎大夫祭五鼎故也曰否謂棺椁衣衾之美也公曰不謂鼎數也以其棺椁衣衾之美惡也曰非所謂踰也貧富不同也樂正子曰此非薄父厚母今母喪踰父也喪父時爲士喪母時爲大夫大夫祿重於士故使然貧富不同也樂正子見孟子曰克告於君君爲來見也嬖人有臧倉者沮君君是以不果來也克樂正子名也果能也曰克告君以孟子之賢君將欲來臧倉者沮君故君不能來也曰行或使之止或尼之行止非人所能也吾之不遇魯侯天也臧氏之子焉能使予不遇哉

尼止也孟子之意以爲魯侯欲行天使之矣及其欲止天令嬖人止之耳行止天意非人所能爲也如使吾見魯侯冀得行道天欲使濟斯民也故曰吾之不遭遇魯侯乃天所爲也臧倉小子何能使我不遇哉　章指言讒邪構賢賢者歸天不尤人也

孟子卷第二

孟子卷第三

趙氏注

公孫丑章句上

公孫丑者公孫姓丑名孟子弟子也丑有政事之才問管晏之功猶論語子路問政故以題篇

公孫丑問曰夫子當路於齊管仲晏子之功可復許乎夫子謂孟子許猶興也如使夫子得當仕路於齊而可以行道管夷吾晏嬰之功寧可復興乎孟子曰子誠齊人也知管仲晏子而已矣誠實也子實齊人也但知二子而已豈復知王者之佐乎或問乎曾西曰吾子與子路孰賢曾西蹵然曰吾先子

之所畏也曾西曾子之孫蹵然猶蹵踖也先子曾子也子路在四友故曾子畏敬之曾西不敢比曰然則吾子與管仲孰賢曾西艴然不悅曰爾何曾比予於管仲艴然慍怒色也何曾猶何乃也管仲得君如彼其專也行乎國政如彼其久也功烈如彼其卑也爾何曾比予於是曾西答或人言管仲得遇桓公使之專國政如彼行政於國其久如彼功烈卑陋如彼謂不帥齊桓公行王道而行霸道故言卑也重言何曾比我恥見比之甚也曰管仲曾西之所不爲也而子爲我願之乎孟子心狹曾西曾西尚不欲爲管仲而子爲我願之

乎非丑之言小也曰管仲以其君霸晏子以其君顯
管仲晏子猶不足為與丑曰管仲輔桓公以霸道晏子相景公以
顯名二子如此尚不可為邪曰以齊王由反手也孟子言以齊國之大而行
王道其易若反手耳故譏管晏不勉其君以王業也曰若是則弟子之惑滋
甚且以文王之德百年而後崩猶未洽於
天下武王周公繼之然後大行今言王若
易然則文王不足法與丑曰如是言則弟子惑益甚也文王尚不能及
身而王何謂王易然也若是則文王不足以為法邪曰文王何可當也由湯

至於武丁賢聖之君六七作天下歸殷久
矣久則難變也武丁朝諸侯有天下猶運
之掌也武丁高宗也孟子言文王之時難為功故言何可當也從湯以下賢聖之君六七興謂大
甲大戊盤庚等也運之掌言易也紂之去武丁未久也其故家
遺俗流風善政猶有存者又有微子微仲
王子比干箕子膠鬲皆賢人也相與輔相
之故久而後失之也尺地莫非其有也一
民莫非其臣也然而文王猶方百里起是

以難也紂得高宗餘化又多良臣故久乃亡也微仲膠鬲皆良臣也但不在三仁中耳文王當此
時故難也齊人有言曰雖有智慧不如乘勢雖
有鎡基不如待時今時則易然也齊人諺言也乘
勢居富貴之勢鎡基田器耒耜之屬待時三農時也今時易以行王化者也夏后殷周之
盛地未有過千里者也而齊有其地矣雞
鳴狗吠相聞而達乎四境而齊有其民矣
地不改辟矣民不改聚矣行仁政而王莫
之能禦也三代之盛封畿千里耳今齊地土民人已足矣不更辟土聚民也雞鳴狗吠相聞言

民室屋相望而眾多也以此行仁而王誰能止之也且王者之不作未有疏
於此時者也民之憔悴於虐政未有甚於
此時者也飢者易為食渴者易為飲孔子
曰德之流行速於置郵而傳命言王政不興久矣民
患虐政甚矣若飢者食易為美渴者飲易為甘德之流行疾於置郵傳書命也當今之時萬
乘之國行仁政民之悅之猶解倒懸也故
事半古之人功必倍之惟此時為然倒懸喻困
苦也當今所施恩惠之事半於古人而功倍之矣言今行之易也　章指言德流之速過於置郵君子得時大

行其道是以呂望覩文王而陳王圖管晏雖勤猶爲曾西所羞也

公孫丑問曰夫子加齊之卿相得行道焉雖由此霸王不異矣如此則動心否乎加猶居也丑問孟子如使夫子得居齊卿相之位行其道德雖用此臣位而輔君行之亦不異於古霸王之君矣如是寧動心畏難自恐不能行否邪丑以此爲大道不易人當畏懼之不敢欲行也孟子曰否我四十不動心孟子言禮四十強而仕我志氣已定不妄動心有所畏也曰若是則夫子過孟賁遠矣丑曰若此夫子志意堅勇過孟賁賁勇士也孟子勇於德曰是不難告子先我不動心孟子言是不難也告子之勇未四十而不動心矣

曰不動心有道乎丑問不動心之道云何曰有孟子欲爲言之北宮黝之養勇也不膚撓不目逃思以一豪挫於人若撻之於市朝不受於褐寬博亦不受於萬乘之君視刺萬乘之君若刺褐夫無嚴諸侯惡聲至必反之北宮姓黝名也人刺其肌膚不爲撓却刺其目目不轉精逃避之矣人拔一毛若見捶撻於市朝之中矣褐寬博獨夫被褐者嚴尊也無有尊嚴諸侯可敬者也以惡聲加已已必惡聲報之言所養育勇氣如是孟施舍之所養勇也曰視不勝猶勝也量敵

而後進慮勝而後會是畏三軍者也舍豈能爲必勝哉能無懼而已矣孟姓舍名也施發音也施舍自言其名則但曰舍豈能爲必勝哉要不恐懼而已也以爲量敵少而進慮勝者足勝乃會若此畏三軍之衆者耳非勇者也孟施舍似曾子北宮黝似子夏夫二子之勇未知其孰賢然而孟施舍守約也孟子以爲曾子長於孝孝百行之本子夏知道雖衆不如曾子孝之大也故以舍譬曾子黝譬子夏以施舍要之以不懼爲約要也昔者曾子謂子襄曰子好勇乎吾嘗聞大勇於夫子矣自反而不縮雖褐寬

博吾不惴焉自反而縮雖千萬人吾往矣孟施舍之守氣又不如曾子之守約也子襄曾子弟子也夫子謂孔子也縮義也惴懼也詩云惴惴其栗曾子謂子襄言孔子告我大勇之道人加惡於己己內自省有不義不直之心雖敵人被褐寬博一夫不當輒驚懼之也自省有義雖敵家千萬人我直往突之言義之強也施舍雖守勇氣不如曾子守義之爲約也曰敢問夫子之不動心與告子之不動心可得聞與丑曰不動心之勇其意豈可得聞與告子曰不得於言勿求於心不得於心勿求於氣不得於心勿求於氣可不得

於言勿求於心不可不得者不得人之善心善言也求者取也告子爲人勇而無慮不原其情人有不善之言加於已不復取其心有善也直怒之矣孟子以爲不可也告子知人之有惡心雖以善辭氣來加已亦直怒之矣孟子以爲是則可言人當以心爲正也告子非純賢其不動心之事一可用一不可用也夫志氣之帥也氣體之充也志心所念慮也氣所以充滿形體爲喜怒也志帥氣而行之度其可否也夫志至焉氣次焉志爲至要之本氣爲其次故曰持其志無暴其氣暴亂也言志所嚮氣隨之當正持其志無亂其氣妄以喜怒加人也既曰志至焉氣次焉又曰持其志無暴其氣者何也丑問暴亂其氣云何曰志

孟三　六　閔西

壹則動氣氣壹則動志也今夫蹶者趨者是氣也而反動其心孟子言壹者志氣閉而爲壹也志閉塞則氣不行氣閉塞則志不通蹶者相動今夫行而蹶者氣閉不能自持故志氣顛倒顛倒之間無不動心而恐矣則志氣之相動也敢問夫子惡乎長丑問孟子才志所長何等曰我知言我善養吾浩然之氣孟子云我聞人言能知其情所趨我能自養育我之所有浩然之大氣也敢問何謂浩然之氣丑問浩然之氣狀如何曰難言也其爲氣也至大至剛以直養而無害則塞于天地之間言此至大至剛正直之氣也然而貫

洞纖微洽於神明故言之難也養之以義不以邪事干害之則可使滋蔓塞滿天地之間布施德教無窮極也其爲氣也配義與道無是餒也重說是氣言此氣與道義相配偶俱行義謂仁義可以立德之本也道謂陰陽大道無形而生有形舒之彌六合卷之不盈握包落天地稟授羣生者也言能養此道氣而行義理常以充滿五藏若其無此則腹腸飢虛若人之餒餓也是集義所生者非義襲而取之也集雜也密聲取敵曰襲言此浩然之氣與義雜生從內而出人生受氣所自有者行有不慊於心則餒矣慊快也自省所行仁義不備干害浩氣則心腹飢餒矣我故曰告子未嘗知義以其外之也孟子曰仁義皆出於內而告子嘗以爲仁內義外故

孟三　七　閔西

言其未嘗知義也必有事焉而勿正心勿忘勿助長也言人行仁義之事必有福在其中而勿正但以爲福故爲仁義也但心勿忘其爲福而亦勿汲汲助長其福也汲汲則似宋人也無若宋人然宋人有閔其苗之不長而揠之者芒芒然歸謂其人曰今日病矣予助苗長矣其子趨而往視之苗則槁矣揠挺拔之欲亟長也病罷也芒芒罷倦之貌其人家人也其子揠苗者之子也趨走也槁乾枯也以喻人之情邀福者必有害若欲急長苗而反使之枯死也天下之不助苗長者寡矣以爲無益而舍之者不耘苗者也

助之長者揠苗者也非徒無益而又害之天下人行善皆欲速得其福恬然者少也以爲福祿在天求之無益舍置仁義不求爲善是由農夫任天不復耘治其苗也其邀福欲急得之者由此揠苗之人也非徒無益於苗乃反害之言告子外義常恐其行義欲急得其福故爲丑言人之行當内治善不當急欲求其福何謂知言丑問知言之意謂何

曰詖辭知其所蔽淫辭知其所陷邪辭知其所離遁辭知其所窮孟子曰人有險詖之言引事以褒人若賓孟言雄雞自斷其尾之事能知其欲以譽子朝蔽子猛也有淫美不信之辭若驪姬勸晉獻公與申生政能知其欲以陷害之也有邪辟不正之辭若豎牛勸仲壬賜環之事能知其欲行譖毀以離之於叔孫也有隱遁之辭若秦客之廋辭於朝能知其欲以窮晉諸大夫也若此四者之類我聞能知其所趨者也

生於其心害於其政發於其政害於其事聖人復起必從吾言矣生於其心譬若人君有好殘賊嚴酷心必妨害仁政不得行之也發於其政者若出令欲以非時田獵築作宮室必妨害民之農事使百姓有飢寒之患也吾見其端欲防而止之如使聖人復興必從我言也

宰我子貢善爲說辭冉牛閔子顏淵善言德行孔子兼之曰我於辭命則不能也言人各有能我於辭言命教則不能如二子然則夫子既聖矣乎丑見孟子但言不能辭命不言不能德行謂孟子欲自比孔子故曰夫子既已聖矣乎

曰惡是何言也昔者子貢問於孔子曰夫子聖矣乎孔子曰聖則吾不能我學不厭而教不倦也子貢曰學不厭智也教不倦仁也仁且智夫子既聖矣夫聖孔子不居是何言也惡者不安事之歎辭也孟子荅丑言往者子貢孔子相荅如此孔子尚不敢安居於聖我何敢自謂爲聖故再言是何言也

昔者竊聞之子夏子游子張皆有聖人之一體冉牛閔子顏淵則具體而微體者四肢股肱也孟子言昔日竊聞師言也丑方問欲知孟子之德故謙辭言竊聞也一體者得一肢也具體者四肢皆具微小也比聖人之體微小耳體以喻德也

敢問所安丑問孟子所安比也曰姑舍是姑且也孟子曰且置是我不願比也曰伯夷伊尹何如丑曰伯夷之行何如孟子心可願比伯夷不

非其君不事非其民不使治則進亂則退伯夷也非其君非己所好之君也非其民不以正道而得民伯夷不願使之故謂非其民也何事非君何使非民治亦進亂亦進伊尹也伊尹曰事非其君者何傷也使非其民者何傷也要欲爲天理物其得行道而已矣可以仕則仕可以止則止可以久則久可以速則速孔子也止處也久留也速疾

去也皆古聖人也吾未能有行焉乃所願則學孔子也此皆古之聖人我未能有所行若此乃言我心之所庶幾則願欲學孔子所履進退無常量時爲宜也伯夷伊尹於孔子若是班乎班齊等之貌也丑嫌伯夷伊尹與孔子相比問此三人之德班然而等乎曰否自有生民以來未有孔子也孟子曰不等也從有生民以來非純聖人則未有與孔子齊德也然則有同與丑曰然則此三人有同者邪曰有得百里之地而君之皆能以朝諸侯有天下行一不義殺一不辜而得天下皆不爲也是則同

孟子曰此二人君國皆能使鄰國諸侯尊敬其德而朝之不以其義得之皆不爲也是則孔子同之矣曰敢問其所以異丑問孔子與二人異謂何曰宰我子貢有若智足以知聖人汙不至阿其所好孟子曰宰我等三人之智足以識聖人汙下也言三人雖小汙不平亦不至於其所好以非其事阿私所愛而空譽之其言有可用者欲爲丑陳三子之道孔子也宰我曰以予觀於夫子賢於堯舜遠矣子宰我名也以爲孔子賢於堯舜以孔子但爲聖不王天下而能制作素王之道故美之如使當堯舜之處賢之遠矣子貢曰見其禮而知其政聞其樂而知其德由百世之後等百世之王莫之能違也自生民以來未有夫子也見其制作之禮知其政之可以致大平也聽聞其雅頌之樂而知其德之可與文武同也春秋外傳曰五聲昭德言五音之樂聲可以明德也從孔子後百世上推等其德於前百世之聖王無能違離孔子道者自從生民以來未能備若孔子也有若曰豈惟民哉麒麟之於走獸鳳凰之於飛鳥泰山之於丘垤河海之於行潦類也聖人之於民亦類也出於其類拔乎其萃自生民以來未有盛於孔子也垤蟻封也行潦道旁流潦也萃聚也有若以爲萬類之中各有殊異至於人類卓絕未有盛美

過於孔子者也若三子之言孔子則所以異於伯夷伊尹也夫聖人之道同符合契前聖後聖其揆一也不得相踰云生民以來無有者此三人皆孔子弟子緣孔子聖德高美而盛稱之也孟子知其言大過故貶謂之汙下但不以無爲有耳因事則褒辭在其中矣亦以明師徒之義得相褒揚也章指言義以行勇則不動心養氣順道無效宋人聖人量時賢者道偏是以孟子究言情理而歸之學孔子也

孟子曰以力假仁者霸霸必有大國以德行仁者王王不待大湯以七十里文王以百里言霸者以大國之力假仁義之道然後能霸若齊桓晉文等是也以己之德行仁政於民小國則可以致王若湯文王是也以力服人者非心服也力不

贍也以德服人者中心悅而誠服也如七十子之服孔子也贍足也以己力不足而往服就於人非心服也以己德不如彼而往服從之誠心服者也如顏淵子貢等之服於仲尼心服者也詩云自西自東自南自北無思不服此之謂也詩大雅文王有聲之篇言從四方來者無思不服武王之德此亦心服之謂也　章指言王者任德霸者兼力力服心服優劣不同故曰遠人不服脩文德以懷之

孟子曰仁則榮不仁則辱今惡辱而居不仁是猶惡濕而居下也行仁政則國昌而民安得其榮樂行不仁則國破民殘蒙其恥辱惡辱而不行仁譬若惡濕而居埤下近水泉之地也如惡之莫如貴德而尊士賢者在位能者在職諸侯如惡辱之來則當貴德以治身尊士以敬人使賢者居位官得其人能者居職人任其事也國家閒暇及是時明其政刑雖大國必畏之矣及無鄰國之虞以是閒暇之時明脩其政教審其刑罰雖天下大國必來畏服詩云迨天之未陰雨徹彼桑土綢繆牖戶今此下民或敢侮予孔子曰為此詩者其知道乎能治其國家誰敢侮之詩邠國鴟鴞之篇迨及徹取也桑土桑根也言此鴟鴞小鳥尚知及天未陰雨而取桑根之皮以纏綿牖戶人君能治其國家誰敢侮之刺邠君曾不如此鳥孔子善之故謂此詩知道也今國家閒暇及是時般樂怠敖是自求禍也禍福無不自己求之者般大也孟子傷今時之君國家適有閒暇且以大作樂怠惰敖遊不脩政刑是以見侵而不能距皆自求禍者也詩云永言配命自求多福詩大雅文王之篇永長言我也長我周家之命配當善道皆內自求責故有多福也大甲曰天作孽猶可違自作孽不可活此之謂也殷王大甲言天之妖孽尚可違避譬若高宗雊雉宋景守心之變皆可以德消去也自己作孽者若帝乙慢神震死是為不可活也　章指言國必脩政君必行仁禍福由己不專在天言當防患於未亂也

孟子曰尊賢使能俊傑在位則天下之士皆悅而願立於其朝矣俊美才出眾者也萬人者稱傑市廛而不征法而不廛則天下之商皆悅而願藏於其市矣廛市宅也古者無征衰世征之王制曰市廛而不稅周禮載師曰國宅無征法而不廛者當以什一之法征其地耳不當征其廛宅也關譏而不征則天下之旅皆悅而願出於其路矣言古之設關但譏禁異言識異服耳不征稅出入者也故王制曰古者關譏而不征周禮大宰曰九賦七曰關市之賦司關曰國凶札則無關

門之征猶譏王制謂文王以前也文王治岐關譏而不征周禮有征者謂周公以來孟子欲令復古去征使天下行旅悅之也耕者助而不稅則天下之農皆悅而願耕於其野矣助者井田什一助佐公家治公田不橫稅賦若履畝之類廛無夫里之布則天下之民皆悅而願為之氓矣里居也布錢也夫一夫也周禮載師曰宅不毛者有里布田不耕者出屋粟凡民無職事者出夫家之征孟子欲使寬獨夫去里布則人皆樂為之民矣氓民也信能行此五者則鄰國之民仰之若父母矣率其子弟攻其父母自有生民以來未有能濟者也今諸侯誠能行此五事四鄰之民仰望而愛之如父母矣鄰國之君欲將其民來伐之譬若率勉人子弟使自攻其父母生民以來何能以此濟成其所欲者也如此則無敵於天下無敵於天下者天吏也然而不王者未之有也言諸侯所行能如此者何敵之有是為天吏天吏者天使也為政當為天所使誅伐無道故謂之天吏也章指言脩古之道鄰國之民以為父母行今之政自己之民不得而子是故衆夫擾擾非所常有命曰天吏明天所使也

孟子曰人皆有不忍人之心言人人皆有不忍加惡於人之心也先王有不忍人之心斯有不忍人之政矣以不忍人之心行不忍人之政治天下可運之掌上先聖王推不忍害人之心以行不忍傷民之政以是治天下易於轉丸於掌上也所以謂人皆有不忍人之心者今人乍見孺子將入於井皆有怵惕惻隱之心非所以內交於孺子之父母也非所以要譽於鄉黨朋友也非惡其聲而然也乍暫也孺子未有知小子也所以言人皆有是心凡人暫見小小孺子將入井賢愚皆有驚駭之情情發於中非為其人也非惡有不仁之聲名故怵惕也由是觀之無惻隱之心非人也無羞惡之心非人也無辭讓之心非人也無是非之心非人也言無此四者當若禽獸非人心耳為人則有之矣凡人但不能演用為行耳惻隱之心仁之端也羞惡之心義之端也辭讓之心禮之端也是非之心智之端也端者首也人皆有仁義禮智之首可引用之人之有是四端也猶其有四體也有是四端而自謂不能者自賊者也自謂不能為善自賊害其性使不為善也謂其君不能者賊其君者也謂君不能為善而不匡正者賊其君使陷惡也凡有四端於我者知皆擴而充之矣若火之

始然泉之始達苟能充之足以保四海苟不充之不足以事父母擴廓也凡有端在於我者知皆廓而充大之若水火之始微小廣大之則無所不至以喻人之四端也人誠能充大之可保安四海之民誠不充大之內不足以事父母言無仁義禮智何以事父母也　章指言人之行當內求諸己以演大四端充廣其道上以匡君下以榮身也

孟子曰矢人豈不仁於函人哉矢人惟恐不傷人函人惟恐傷人巫匠亦然故術不可不慎也矢箭也函鎧也周禮曰函人爲甲作箭之人其性非獨不仁於作鎧之人也術使之然巫欲祝活人匠梓匠作棺欲其蚤售利在於人死也故治術當慎脩其善者也

孔子曰里仁爲美擇不處仁焉得智里居也仁最其美者也夫簡擇不處仁爲不智夫仁天之尊爵也人之安宅也莫之禦而不仁是不智也爲仁則可以長天下故曰天所以假人尊爵也居之則安無止之者而人不能知入是仁道者何得爲智乎不仁不智無禮無義人役也若此爲人所役者也人役而恥爲役由弓人而恥爲弓矢人而恥爲矢也治其事而恥其業者惑也如恥之莫如爲仁如其恥爲人役而爲仁仁則不爲役也仁者如射射者正己而後發發而不中不怨勝己者反求諸己而已矣以射喻人爲仁不得其報當反責己仁恩之未至　章指言各治其術術有善惡禍福之來隨行而作恥爲人役不若居仁治術之忌勿爲矢人也

孟子曰子路人告之以有過則喜禹聞善言則拜子路樂聞其過過而能改也尚書曰禹拜讜言大舜有大焉善與人同舍己從人樂取於人以爲善大舜虞也孔子稱曰巍巍故言大舜有大焉能舍己從人故爲大也於子路與禹同者也自耕稼陶漁以至爲帝無非取於人者取諸人以爲善是與人爲善者也故君子莫大乎與人爲善舜從耕於歷山及其陶漁皆取人之善謀而從之故曰莫大乎與人爲善　章指言大聖之君由采善於人故曰計及下者無遺策舉及衆者無廢功也

孟子曰伯夷非其君不事非其友不友不立於惡人之朝不與惡人言立於惡人之朝與惡人言如以朝衣朝冠坐於塗炭推惡惡之心思與鄉人立其冠不正望望然去之若將浼焉伯夷孤竹君之長子讓國而隱居者也塗泥炭墨也浼汙也思念也

（與鄉人立見其冠不正望望代之赧愧之貌也去之恐其汙己也）是故諸侯雖有善其辭命而至者不受也不受也者是亦不屑就已（屑絜也詩云不我屑已伯夷不絜諸侯之行故不忍就見也殷之末世諸侯多不義故不就之後乃歸西伯也）柳下惠不羞汙君不卑小官進不隱賢必以其道遺佚而不怨阨窮而不憫故曰爾為爾我為我雖袒裼裸裎於我側爾焉能浼我哉（柳下惠魯公族大夫也姓展名禽字季柳下是其號也進不隱己之賢才必欲行其道也憫懣也云善己而已惡人何能汙我也）故由由然與之偕而不自失焉援而止之而止援而止之而止者是亦不屑去已（由由浩然之貌不憚與惡人同朝並立偕俱也與之偕行於朝何傷但不失己之正心而已耳援而止之謂三黜不慙去也是柳下惠不以去為絜也）

孟子曰伯夷隘柳下惠不恭隘與不恭君子不由也（伯夷隘懼人之汙來及己故無所含容言其大隘狹也柳下惠輕忽時人禽獸畜之無欲彈正之心言其大不恭敬也聖人之道不取於此故曰君子不由也先言二人之行孟子乃平之　章指言伯夷柳下惠古之大賢猶有所闕介者必偏中和為貴純聖能然君子所由堯舜是尊）

孟子卷第三

孟三　十八

孟子卷第四

公孫丑章句下　　趙氏注

孟子曰天時不如地利地利不如人和三里之城七里之郭環而攻之而不勝夫環而攻之必有得天時者矣然而不勝者是天時不如地利也（天時謂時日支干五行王相孤虛之屬也地利險阻城池之固也人和得民心之所和樂也環城圍之必有得天時之善處者然而城有不下是不如地利）城非不高也池非不深也兵革非不堅利也米粟非不多也委而去之是地利不如人和也（有堅強如此而破之走者不得民心民不為守衛懿公之民曰君其使鶴戰若是之類也）故曰域民不以封疆之界固國不以山谿之險威天下不以兵革之利（域民居民也不以封疆之界禁之使民懷德也不依險阻之固恃仁惠也不馮兵革之威仗道德也）得道者多助失道者寡助寡助之至親戚畔之多助之至天下順之以天下之所順攻親戚之所畔故君子有不戰戰必勝矣（得道之君何嚮不平君子之道貴不戰耳如其當戰

孟四　一

戰則勝矣　章指言民和爲貴貴於天地故曰得乎丘民爲天子也

孟子將朝王王使人來曰寡人如就見者也有寒疾不可以風朝將視朝不識可使寡人得見乎孟子雖仕於齊處師賓之位以道見敬或稱以病未嘗趨朝而拜也王欲見之先朝使人往謂孟子云寡人如就見者若言就孟子之館相見也有惡寒之病不可見風儻可來朝欲力疾臨視朝因得見孟子也不知可使寡人得相見否對曰不幸而有疾不能造朝孟子不悅王之欲使朝故稱有疾明日出弔於東郭氏公孫丑曰昔者辭以病今日弔或者不可乎

東郭氏齊大夫家也昔者昨日也丑以爲不可曰昔者疾今日愈如之何不弔孟子言我昨日病今日愈我何爲不可以弔王使人問疾醫來王以孟子實病遣人將醫來且問疾也孟仲子對曰昔者有王命有采薪之憂不能造朝今病小愈趨造於朝我不識能至否乎孟仲子孟子之從昆弟學於孟子者也權辭以對如此憂病也曲禮云有負薪之憂使數人要於路曰請必無歸而造於朝仲子使數人要告孟子君命宜敬當必造朝也不得已而之景丑氏宿焉孟子迫於仲子之言不得已而心不欲至朝因之其所知齊大夫景丑之

家而宿焉具以語景子景子曰內則父子外則君臣人之大倫也父子主恩君臣主敬丑見王之敬子也未見所以敬王也景丑責孟子不敬何義也曰惡是何言也齊人無以仁義與王言者豈以仁義爲不美也其心曰是何足與言仁義也云爾則不敬莫大乎是曰惡者深嗟歎云景子之責我何言乎今人言謂王無知不足與言仁義云爾絕語之辭也人之不敬無大於是者也我非堯舜之道不敢以陳於王前故齊人莫如我敬

王也孟子言我每見王常陳堯舜之道以勸勉王齊人豈有如我敬王者邪景子曰否非此之謂也禮曰父召無諾君命召不俟駕固將朝也聞王命而遂不果宜與夫禮若不相似然景子曰非謂不陳堯舜之道謂爲臣固自當朝也今有王命而不果行果能也禮父召無諾而不至也君命召輦車就牧不坐待駕而夫子若是事宜與夫禮若不相似然乎愚竊惑焉曰豈謂是與曾子曰晉楚之富不可及也彼以其富我以吾仁彼以其爵我以吾義吾何慊乎哉夫豈不義而曾子言之是

或一道也孟子荅景丑云我豈謂是君臣召呼之閒乎謂王不禮賢下士故道曾子之言自以不慊晉楚之君慊少也曾子豈嘗言不義之事邪是或者自得道之一義欲以喻王猶晉楚我猶曾子我臣輕於王乎天下有達尊三爵一齒一德一朝廷莫如爵鄉黨莫如齒輔世長民莫如德惡得有其一以慢其二哉三者天下之所通尊也孟子謂賢者長者有德有齒人君無德但有爵耳故云何得以一慢二乎故將大有爲之君必有所不召之臣欲有謀焉則就之其尊德樂道不如是不足與有爲也言古之大聖大賢有所興爲之君必就大賢臣而謀事不敢召也王者師臣霸者友臣也故湯之於伊尹學焉而後臣之故不勞而王桓公之於管仲學焉而後臣之故不勞而霸言師臣者王桓公能師臣而管仲不勉之於王故孟子於上章陳其義譏其功烈之卑也今天下地醜德齊莫能相尚無他好臣其所教而不好臣其所受教醜類也言今天下人君土地相類德教齊等不能相絕者無他但好臣其所教敕役使之才可驕者耳不能好臣大賢可從受教者湯之於伊尹桓公之於管仲則不敢召管仲且猶不可召而況不爲管仲者

乎孟子自謂不爲管仲故非齊王之召己己是以不往也章指言人君以尊德樂義爲賢君子以守道不回爲志陳臻問曰前日於齊王餽兼金一百而不受於宋餽七十鎰而受於薛餽五十鎰而受前日之不受是則今日之受非也今日之受是則前日之不受非也夫子必居一於此矣陳臻孟子弟子兼金好金也其價兼倍於常者故謂之兼金一百百鎰也古者以一鎰爲一金鎰二十兩孟子曰皆是也當在宋也子將有遠行行者必以贐辭曰餽贐子何爲不受贐送行者贈賄之禮也時人謂之贐當在薛也子有戒心辭曰聞戒故爲兵餽之子何爲不受戒有戒備不虞之心也時有惡人欲害孟子孟子戒備薛君曰聞有戒此金可鬻以作兵備故餽之我何爲不受也若於齊則未有處也無處而餽之是貨之也焉有君子而可以貨取乎我在齊時無事於義未有所處也義無所處而餽之是以貨財取我欲使我懷惠也安有君子而以貨財見取乎章指言取與之道必得其禮於其可也雖少不辭義之無處兼金不顧

孟子之平陸謂其大夫曰子之持戟之士一日而三失伍則去之否乎平陸齊下邑也大夫治邑大夫也持戟戰士也一日三失其行伍則去之否乎去之殺之也戎昭果毅曰不待三大夫曰一失之則行罰不及待三失伍也然則子之失伍也亦多矣凶年飢歲子之民老羸轉於溝壑壯者散而之四方者幾千人矣轉轉尸於溝壑也此則子之失伍也曰此非距心之所得爲也距心大夫名曰此乃齊王之大政不肯賑窮非我所得專爲也曰今有受人之牛羊而爲之牧之者則必爲之求牧與芻矣求牧與芻而不得則反諸其人乎抑亦立而視其死與牧牧地以此喻距心不得自專何不致爲臣而去乎何爲立視民之死也曰此則距心之罪也距心自知以不去位爲罪也他日見於王曰王之爲都者臣知五人焉知其罪者惟孔距心爲王誦之王曰此則寡人之罪也孔姓也爲都治都也邑有先君之宗廟曰都誦言也爲王言所與孔距心語者也王知本之在己故受其罪　章指言人臣以道事君否則奉身以退詩云彼君子兮不素餐兮言不尸其祿也

孟子謂蚳鼃曰子之辭靈丘而請士師似也爲其可以言也今既數月矣未可以言與蚳鼃齊大夫靈丘齊下邑士師治獄官也周禮士師曰以五戒先後刑罰毋使罪麗於民孟子見蚳鼃辭外邑大夫請爲士師知其欲近王似諫正刑罰之不中者數月而不言故曰未可以言與以感責之也蚳鼃諫於王而不用致爲臣而去三諫不用致仕而去齊人曰所以爲蚳鼃則善矣所以自爲則吾不知也齊人論者譏孟子爲蚳鼃諫使之諫而去則善矣不知自諫又不去故曰我不見其自爲謀者公都子以告公都子孟子弟子以齊人語告孟子也曰吾聞之也有官守者不得其職則去有言責者不得其言則去我無官守我無言責也則吾進退豈不綽綽然有餘裕哉官守居官守職者言責獻言之責諫爭之官也孟子言人去今我居師賓之位進退自由豈不綽綽然舒緩有餘裕乎綽裕皆寬也　章指言執職者劣藉道者優是以臧武仲雨行而不息段干木偃寢而式閭

孟子爲卿於齊出弔於滕王使蓋大夫王驩爲輔行王驩朝暮見反齊滕之路未嘗與之言行事也孟子嘗爲齊卿出弔滕君蓋齊下邑也王以治蓋之大夫王驩爲輔

行輔副使也王驩齊之諂人有寵於王後爲右師孟子不悅其爲人雖與同使而行未嘗與之言行事不願與之相比也公孫丑曰齊卿之位不爲小矣齊滕之路不爲近矣反之而未嘗與言行事何也丑怪孟子不與驩議行事也曰夫既或治之予何言哉既已也或有也孟子曰夫人既自謂有治行事我將復何言哉言其專知自善不知諂於人也　章指言道不合者不相與言王驩之操與孟子殊君子處時危行言遜故不尤之但不與言至於公行之喪以禮爲解也

孟子自齊葬於魯反於齊止於嬴充虞請曰前日不知虞之不肖使虞敦匠事嚴虞

孟四　八

不敢請今願竊有請也木若以美然孟子事於齊喪母歸葬於魯嬴齊南邑充虞孟子弟子敦匠厚作棺也事嚴喪事急木若以泰美然也曰古者棺椁無度中古棺七寸椁稱之自天子達於庶人非直爲觀美也然後盡於人心孟子言古者棺椁薄厚無尺寸之度中古謂周公制禮以來棺厚七寸椁薄於棺厚薄相稱相得也從天子至於庶人厚薄皆然但重累之數牆翣之飾有異非直爲人觀視之美好也厚者難腐朽然後能盡於人心所不忍也謂一世之厚孝子更去辟世是爲人盡心也過是以往變化自其理也不得不可以爲悅無財不可以爲悅得之爲有財古之人皆用之吾何爲獨不然悅者孝子之欲厚送親得之則悅也王制所禁不得用之不可以悅心也無財以供則度而用之禮喪事不外求不可稱貸而爲悅也禮得用之財足備之古人皆用之我何爲獨不然然如是也且比化者無使土親膚於人心獨無恔乎恔快也棺椁敦厚比親體之變化且無令土親肌膚於人子之心獨不快然無所恨也吾聞之君子不以天下儉其親我聞君子之道不以天下人所得用之物儉約於其親言事親竭其力者也　章指言孝必盡心匪禮之踰論語曰生事之以禮死葬之以禮可謂孝矣

孟四　九

沈同以其私問曰燕可伐與孟子曰可子噲不得與人燕子之不得受燕於子噲沈同齊大臣自以其私情問非王命也故曰私子噲燕王也子之燕相也孟子曰可者以子噲不以天子之命而擅以國與子之子之亦不受天子之命而私受國於子噲故曰其罪可伐有仕於此而子悅之不告於王而私與之吾子之祿爵夫士也亦無王命而私受之於子則可乎何以異於是子謂沈同也孟子設此以譬燕王之罪齊人伐燕沈同以孟子言可因歸勸其王伐燕或問曰勸齊伐燕有諸有人問孟子勸齊王伐燕有之曰未也沈同問燕可伐與吾應之

曰可彼然而伐之也孟子曰我未勸王也同問可伐乎吾曰可彼然而伐之彼如曰孰可以伐之則將應之曰爲天吏則可以伐之彼如將問我曰誰可以伐之我將曰爲天吏則可以伐之天吏天所使謂王者得天意者也彼不復孰可便自往伐之今有殺人者或問之曰人可殺與則將應之曰可彼如曰孰可以殺之則將應之曰爲士師則可以殺之今以燕伐燕何爲勸之哉今有殺人者問此人可殺否將應之曰可爲士官主獄則可以殺之矣言燕雖有罪猶當王者誅之耳譬如殺人者雖當死士師乃得殺之耳今齊國之政猶燕政

也不能相踰又非天吏也我何爲當勸齊伐燕乎章指言誅不義者必須聖賢禮樂征伐自天子出王道之正也

燕人畔王曰吾甚慙於孟子燕人畔不肯歸齊齊王聞孟子與沈同言爲未勸王今竟不能有燕故慙之陳賈曰王無患焉王自以爲與周公孰仁且智陳賈齊大夫也問王曰自視何如周公仁智乎欲爲王解孟子意故曰王無患焉王曰惡是何言也王歎曰是何言言周公何可及也曰周公使管叔監殷管叔以殷畔知而使之是不仁也不知而使之是不智也仁智

周公未之盡也而況於王乎陳賈請見而解之賈欲以此說孟子也見孟子問曰周公何人也賈問之也曰古聖人也孟子曰周公古之聖人也曰使管叔監殷管叔以殷畔也有諸賈問有之否乎曰然孟子曰如是也曰周公知其將畔而使之與賈問之也曰不知也孟子曰周公不知其將畔然則聖人且有過與過謬也賈曰聖人且猶有謬誤曰周公弟也管叔兄也周公之過不亦宜乎孟子以爲周公雖知管叔不賢亦不必知其將畔周公惟管叔弟也故愛之管叔念周公兄也故望之親親之

恩也周公於此過謬不亦宜乎且古之君子過則改之今之君子過則順之古之君子其過也如日月之食民皆見之及其更也民皆仰之今之君子豈徒順之又從爲之辭古之所謂君子眞聖人賢人君子也周公雖有此過乃誅三監作大誥明敕庶國是周公改之也今之所謂君子非眞君子也順過飾非就爲之辭孟子言此以譏賈不能匡君而欲以辭解之章指言聖人親親不文其過小人順非以諂其上也

孟子致爲臣而歸辭齊卿而歸其室也王就見孟子曰前日願見而不可得謂未來仕齊也遙聞孟子之賢而不能得見之得

侍同朝甚喜
來就爲卿君臣同朝得相見故喜也
今又棄寡人而歸
今致爲臣棄寡人而歸也
不識可以繼此而得見乎
不知可以續今日之後還使寡人得相見否
對曰不敢請耳固所願也
孟子對王言不敢自請耳固心之所願也孟子意欲使王繼今當自來謀也
他日王謂時子曰我欲中國而授孟子室養弟子以萬鍾使諸大夫國人皆有所矜式子盍爲我言之
時子齊臣也王欲於國中央爲孟子築室使養教一國君臣之子弟與之萬鍾之祿中國者使學者遠近鈞也矜敬也式法也欲使諸大夫國人皆敬法其道盍何不也謂時子何不爲我言之於孟子知肯就之否
時子因陳子而以告孟子
陳子孟子弟子陳臻
陳子以時子之言告孟子孟子曰然夫時子惡知其不可也如使予欲富辭十萬而受萬是爲欲富乎
孟子曰如是夫時子安能知其不可乎時子以我爲欲富故以祿誘我我往者享十萬鍾之祿以大道不行故去耳今更當受萬鍾是爲欲富乎距時子之言也
季孫曰異哉子叔疑
二子孟子弟子也季孫知孟子意不欲而心欲使孟子就之故曰異哉弟子之所聞也子叔心疑亦以爲可就也
使己爲政不用則亦已矣又使其子弟爲卿人亦孰不欲

富貴而獨於富貴之中有私龍斷焉
孟子解二子之異意疑心曰齊王使我爲政不用則亦自止矣今又欲以其子弟故使我爲卿而與我萬鍾之祿人亦誰不欲富貴乎是猶獨於富貴之中有此私登龍斷之類也我則恥之
古之爲市也以其所有易其所無者有司者治之耳有賤丈夫焉必求龍斷而登之以左右望而罔市利人皆以爲賤故從而征之征商自此賤丈夫始矣
古者市置有司但治其爭訟不征稅也賤丈夫貪人可賤者也入市則求龍斷而登之龍斷謂堁斷而高者也左右占望見市中有利罔羅而取之人皆賤其貪也故就征取其利後世緣此遂征商人孟子言我苟貪萬鍾不恥屈道亦與此賤丈夫何異也古者謂周公以前周禮有關市之賦也
章指言君子正身行道道之不行命也不爲利回創業可繼是以君子以龍斷之人爲惡戒也
孟子去齊宿於晝有欲爲王留行者
晝齊西南近邑也孟子去齊欲歸鄒至晝而宿也齊人之知孟子者追送見之欲爲王留孟子之行
坐而言不應隱几而臥
客危坐而言留孟子之言也孟子不應荅因隱倚其几而臥也
客不悅曰弟子齊宿而後敢言夫子臥而不聽請勿復敢見矣
齊敬宿素也弟子素持敬心來言夫子慢我不受我言言而遂起退欲去請絕也
曰坐我明語子
孟子止客曰且坐我明告語子
昔

者魯繆公無人乎子思之側則不能安子思泄柳申詳無人乎繆公之側則不能安其身往者魯繆公尊禮子思子思以道不行則欲去繆公常使賢人往留之說以方且聽子爲政然則子思復留泄柳申詳亦賢者也繆公尊之不如子思二子常有賢者在繆公之側勸以復之其身乃安也子爲長者慮而不及子思子絕長者乎長者絕子乎長者老者也孟子年老故自稱長者言子爲我慮不如子思時賢人也不勸王使我得行道而但勸我留留者何爲哉此爲子絕我乎又我絕子乎何爲而愠恨也　章指言惟賢能安賢智能知微以愚喻智道之所以乖也

孟子去齊尹士語人曰不識王之不可以爲湯武則是不明也識其不可然且至則是干澤也千里而見王不遇故去三宿而後出晝是何濡滯也士則茲不悅尹士齊人也干求也澤祿也尹士與論者言之云孟子不知則爲求祿濡滯猶稽也既去近留於晝三日怪其猶久故云士於此事不悅也高子以告高子亦齊人孟子弟子以尹士之言告孟子也曰夫尹士惡知予哉千里而見王是予所欲也不遇故去豈予所欲哉予不得已也孟子曰夫尹士安能知我哉我不得已而去耳何汲汲而驅馳乎予三宿而出晝於予心猶以爲速王庶幾改之王如改諸則必反予我自謂行速疾矣冀王庶幾能反覆招還我矣夫出晝而王不予追也予然後浩然有歸志浩然心浩浩有遠志也予雖然豈舍王哉王由足用爲善王如用予則豈徒齊民安天下之民舉安王庶幾改之予日望之孟子以齊大國知其可以行善政故戀戀望王之改而反之是以安行也豈徒齊民安言君子達則兼善天下也予豈若是小丈夫然哉諫於其

君而不受則怒悻悻然見於其面去則窮日之力而後宿哉我豈若狷急小丈夫恚怒其君而去極日力而宿懼其不遠者哉論曰悻悻然小人哉言己志大在於濟一世之民不爲小節也尹士聞之曰士誠小人也尹士聞義則服　章指言大德洋洋介士察察賢者志其大者不賢者志其小者此之謂也

孟子去齊充虞路問曰夫子若有不豫色然前日虞聞諸夫子曰君子不怨天不尤人路道也於路中問也充虞謂孟子去齊有恨心顏色不悅也曰彼一時此一

時也五百年必有王者興其間必有名世者由周而來七百有餘歲矣以其數則過矣以其時考之則可矣彼前聖賢之出是有時也今此時亦是其一時也五百年有王者興有興王道者也名世次聖之才物來能名正一世者生於聖人之間也七百有餘歲謂周家王迹始興大王文王以來考驗其時則可有也夫天未欲平治天下也如欲平治天下當今之世舍我其誰也吾何爲不豫哉孟子自謂能當名世之士時又值之而不得施此乃天自未欲平治天下耳非我之愆我固不怨天何爲不悅豫乎　章指言聖賢興作與天消息天非人不因人非天不成是故知命者不憂不懼也

孟四　十六

孟子去齊居休公孫丑問曰仕而不受祿古之道乎休地名丑問古人之道仕不受祿邪怪孟子於齊不受祿也曰非也於崇吾得見王退而有去志不欲變故不受也崇齊地孟子言不受祿非古之道也於崇吾始得見齊王知其不能納善退出志欲去矣不欲即去若爲變詭見非泰甚故且宿留心欲去故不復受祿繼而有師命不可以請久於齊非我志也言我本志欲速去繼見之後有師旅之命不得請去故使我久而不受祿耳久非我本志也　章指言祿以食功志以率事無其事而食其祿君子不由也

卷末

孟子卷第五

滕文公章句上

滕文公者滕國名文謚也公者國人尊君之稱也文公尊敬孟子問以古道若弟子之問師故以題篇

趙氏注

滕文公爲世子將之楚過宋而見孟子孟子道性善言必稱堯舜文公爲世子使於楚而過宋孟子時在宋與相見也滕侯周文王之後也古紀世本録諸侯之世滕國有考公麋與文公之父定公相直其子元公弘與文公相直似後世避諱改考公爲定公以元公行文德故謂之文公也孟子與世子言人生皆有善性但當充而用之耳又言堯舜之治天下不失仁義之道欲勸勉世子也世子自楚反復見孟子從楚還復詣孟子欲重受法則也

孟子五　一

孟子曰世子疑吾言乎夫道一而已矣世子疑吾言有不盡乎天下之道一言而已惟有行善耳復何疑也成覸謂齊景公曰彼丈夫也我丈夫也吾何畏彼哉成覸勇果者也與景公言曰尊貴者與我同丈夫耳我亦能爲之我何爲畏之哉顏淵曰舜何人也予何人也有爲者亦若是言欲有所爲當若顏淵庶幾成覸不畏乃能有所成耳又以是勉世子也公明儀曰文王我師也周公豈欺我哉公明儀賢者也師文王信周公言其知所法則也今滕絶長補短將五十里也猶可以

爲善國滕雖小其境界長短相補可得大五十里子男之國也尚可以行善者也書曰

若藥不瞑眩厥疾不瘳書逸篇也瞑眩藥攻人疾先使瞑眩憒亂乃得

瘳愈也諭行仁當精熟德惠乃洽也　章指言人當上則聖人秉仁行義高山景行庶幾不倦論語曰力行近仁蓋不虛云

滕定公薨世子謂然友曰昔者孟子嘗與我言於宋於心終不忘今也不幸至於大故吾欲使子問於孟子然後行事定公文公父也然友世子之傅也大故謂大喪然友之鄒問於孟子孟子歸在鄒也

孟子曰不亦善乎親喪固所自盡也不亦者亦也問此亦其善也曾子曰生事之以禮死葬之以禮祭之以禮可謂孝矣曾子傳孔子之言孟子欲令世子如曾子之從禮也諸侯之禮吾未之學也時諸侯皆不行禮故使獨行之也雖然吾嘗聞之矣三年之喪齊疏之服飦粥之食自天子達於庶人三代共之孟子言我雖不學諸侯之禮嘗聞師言三代以來君臣皆行三年之喪齊疏齊縗也飦饘粥也然友反命定爲三年之喪父兄百官皆不欲曰吾宗國魯先君莫之行吾先君亦莫之行也至於子之身而反之不可父兄百官滕之同姓異姓諸臣也皆不欲使世子行三年滕魯同姓俱出文王魯周公之後滕叔繡之後敬聖人故宗魯者也且志曰喪祭從先祖曰吾有所受之也父兄百官且復言也志記也周禮小史掌邦國之志曰喪祭之事各從其先祖之法言我轉有所承受之不可於己身獨改更也一說吾有所受之世子言我受之於孟子也謂然友曰吾他日未嘗學問好馳馬試劍今也父兄百官不我足也恐其不能盡於大事子爲我問孟子父兄百官

見我他日所行謂我志行不足似恐我不能盡大事之禮故止我也爲我問孟子當何以服其心使信我也然友復之鄒問孟子孟子曰然不可以他求者也孔子曰君薨聽於冢宰歠粥面深墨即位而哭百官有司莫敢不哀先之也孟子言如是不可用他事求也喪上哀惟當以哀戚感之耳國君薨委政冢宰大臣嗣君但盡哀情歠粥不食顏色深墨深甚也墨黑也即喪位而哭百官有司莫敢不哀者以君先哀故也上有好者下必有甚焉者矣君子之德風也小人之德草也草尚之風必偃是在世子上之所欲下以爲俗尚加

也偃伏也以風加草莫不偃伏也是在世子以身帥之也然友反命世子曰然是誠在我世子聞之知其在身欲行之也五月居廬未有命戒百官族人可謂曰知諸侯五月而葬未葬居倚廬於中門之內也未有命戒居喪不言也異姓同姓之臣可謂曰知世子之能行禮也及至葬四方來觀之顏色之戚哭泣之哀弔者大悅四方諸侯之賓來弔會者見世子之憔悴哀戚大悅其孝行之高美也章指言事莫當於奉禮孝莫大於哀慟從善如流文公之謂也

一孟五

四

滕文公問爲國孟子曰民事不可緩也問治國之道也民事不可緩之使怠惰當以政督趣教以生產之務也詩云晝爾于茅宵爾索綯亟其乘屋其始播百穀詩邠風七月之篇言教民晝取茅草夜索以爲綯綯絞也及爾閒暇亟而乘蓋爾野外之屋春事起爾將始播百穀矣言農民之事無休已民之爲道也有恒產者有恒心無恒產者無恒心苟無恒心放辟邪侈無不爲已及陷乎罪然後從而刑之是罔民也焉有仁人在位罔民而可爲也義與上篇同孟子既爲齊宣王言之滕文公問復爲究陳其義故各自載之也是故賢君必恭儉禮下

取於民有制古之賢君身行恭儉禮下大臣賦取於民不過什一之制也陽虎曰爲富不仁矣爲仁不富矣陽虎魯季氏家臣也富者好聚仁者好施施不得聚道相反也陽虎非賢者也言有可采不以人廢言也夏后氏五十而貢殷人七十而助周人百畝而徹其實皆什一也徹者徹也助者藉也夏禹之世號夏后氏后君也禹受禪於君故夏稱后殷周順人心而征伐故言人也民耕五十畝貢上五畝耕七十畝者以七畝助公家耕百畝者徹取十畝以爲賦雖異名而多少同故曰皆什一也徹猶人徹取物也藉者借也猶人相借力助之也龍子曰治地莫善於助莫不善於貢貢者

孟五

五

校數歲之中以爲常龍子古賢人也言治土地之賦無善於助者也貢者校數歲以爲常類而上之民供奉之有易有不易故謂之莫不善也樂歲粒米狼戾多取之而不爲虐則寡取之凶年糞其田而不足則必取盈焉樂歲豐年狼戾猶狼藉也粒米粟米之粒也饒多狼藉棄捐於地是時多取於民不爲暴虐也而反以常類少取之至於凶年飢歲民人糞治其田尚無所得不足以食而公家取其稅必滿其常數焉不若從歲飢穰以爲多少與民同也爲民父母使民盻盻然將終歲勤動不得以養其父母又稱貸而益之使老稚轉乎溝壑惡在其爲

民父母也盻盻勤苦不休息之貌動作稱舉也言民勤身動作終歲不得以養食其父母公賦當畢有不足者又當擧貸子倍而益滿之至使老小轉尸溝壑安可以為民之父母也夫世祿滕固行之矣古者諸侯卿大夫士有功德則世祿賜族者也官有世功也其子雖未任居官得世食其父祿賢者子孫必有土之義也滕固知行是矣言亦當恤民之子弟閔其勤勞者也詩云雨我公田遂及我私惟助為有公田由此觀之雖周亦助也詩小雅大田之篇言大平時民悅其上願欲天之先雨公田遂以次及我私田也猶殷人助者為有公田耳此周詩也而云雨公田知雖周家時亦助也設為庠序學校以教之以學習禮教化於國庠者養也校

孟五　六

者教也序者射也夏曰校殷曰序周曰庠學則三代共之皆所以明人倫也養者養耆老教者教以禮義射者三耦四矢以達物導氣也學則三代同名皆謂之學學乎人倫人倫者人事也猶洪範曰彝倫攸敘謂常事所序也人倫明於上小民親於下有王者起必來取法是為王者師也有行三王之道而興起者當取法於有道之國也詩云周雖舊邦其命惟新文王之謂也子力行之亦以新子之國詩大雅文王之篇言周雖后稷以來舊為諸侯其受王命惟文王新復脩治禮義以致之耳以是勸勉文公欲使庶幾新其國也

使畢戰問井地畢戰滕臣也問古井田之法時諸侯各去典籍人自為政故井田之道不明也孟子曰子之君將行仁政選擇而使子子必勉之夫仁政必自經界始經界不正井地不鈞穀祿不平子畢戰也經亦界也必先正其經界勿侵鄰國乃可鈞井田平穀祿穀所以為祿也周禮小司徒曰乃經土地而井牧其田野言正其土地之界乃定受其井牧之處也是故暴君汙吏必慢其經界經界旣正分田制祿可坐而定也暴君殘虐之君汙吏貪吏也慢經界不正本也必相侵陵長爭訟也分田賦廬井也制祿以庶人在官者比上農夫轉以為差故可坐而定也

孟五　七　閔西

夫滕壤地褊小將為君子焉將為野人焉無君子莫治野人無野人莫養君子褊小謂五十里也為有也雖小國亦有君子亦有野人言足以為善政也請野九一而助國中什一使自賦九一者井田以九頃為數而供什一郊野之賦也助者殷家稅名也周亦用之龍子所謂莫善於助也時諸侯不行助法國中什一者周禮園廛二十而稅一時行重賦責之什一也而如也自從也孟子欲請使野人如助法什一而稅之國中從其本賦二十而稅一以寬之卿以下必有圭田圭田五十畝餘夫二十五畝古者卿以下至於士皆受圭田五十畝所以供祭祀圭絜也上田故謂之圭田所謂惟士無田則亦不祭言絀

士無絜田也井田之民養公田者受百畝圭田半之故五十畝餘夫者一家一人受田其餘老小尚有餘力者受二十五畝半於圭田謂之餘夫也受田者田萊多少有上中下周禮曰餘夫亦如之亦如上中下之制也王制曰夫圭田無征謂餘夫圭田皆不出征賦也時無圭田餘夫孟子欲令復古所以重祭祀利民之道也死徙無出鄉死謂葬死也徙謂爰土易居平肥磽也不出其鄉易為功也鄉田同井出入相友守望相助疾病相扶持則百姓親睦同鄉之田共井之家各相營勞也出入相友相友耦也周禮太宰曰八曰友以任得民守望相助助察姦也疾病相扶持扶持其羸弱救其困急皆所以教民相親睦之道睦和也方里而井井九百畝其中為公田八家皆私百畝同養公田公事畢然後敢治私事所以別野人也方一里者九百畝之地也為一井八家各私得百畝同共養其公田之苗稼公田八十畝其餘二十畝以為廬宅園圃家二畝半也先公後私遂及我私之義也則是野人之事所以別於士伍者也此其大略也若夫潤澤之則在君與子矣略要也其井田之大要如是而加慈惠潤澤之則在滕君與子共戮力撫循之也章指言尊賢師知釆人之善善之至也脩學校勸禮義敎民事正經界鈞井田賦什一則為國之大本也有為神農之言者許行自楚之滕踵門而告文公曰遠方之人聞君行仁政願受一

廛而為氓神農三皇之君炎帝神農氏也許姓行名也治為神農之道者踵至也廛居也自稱遠方之人願為氓氓野人之稱文公與之處其徒數十人皆衣褐捆屨織席以為食文公與之居處舍之宅也其徒學其業者也衣褐貧也捆猶叩椓也織屨欲使堅故叩之也賣屨席以供食飲也陳良之徒陳相與其弟辛負耒耜而自宋之滕曰聞君行聖人之政是亦聖人也願為聖人氓陳良儒者也陳相良之門徒也辛相弟聖人之政謂仁政也陳相見許行而大悅盡棄其學而學焉棄陳良之儒道更學許行神農之道也陳相見孟子道許行之言曰滕君則誠賢君也雖然未聞道也陳相言許行以為滕君未達至道也賢者與民並耕而食饔飧而治今也滕有倉廩府庫則是厲民而以自養也惡得賢相言許子以為古賢君當與民並耕而各自食其力饔飧熟食也朝曰饔夕曰飧當身自具其食兼治政事耳今滕賦稅有倉廩府庫之富是為厲病其民以自奉養安得為賢君乎三皇之時質樸無事故道若此也孟子曰許子必種粟而後食乎問許子必自身種粟乃食之邪曰然相曰然許子自種之許子必織布然後衣乎孟子曰許子自織布然後衣之乎

曰否許子衣褐相曰不自織布許子衣褐以毳織之若今馬衣者也或曰褐枲衣也
一曰粗布衣也許子冠乎孟子問相曰冠相曰冠也曰奚冠孟子問許子何
冠也曰冠素相曰許子冠素曰自織之與孟子曰許子自織素與曰否
以粟易之相言許子以粟易素曰許子奚爲不自織孟子曰許
子何爲不自織素乎曰害於耕相曰織妨害於耕故不自織也曰許子以釜甑
爨以鐵耕乎爨炊也孟子曰許子寧以釜甑炊食以鐵爲犁用之耕否邪曰然
相曰用之自爲之與孟子曰許子自治鐵陶瓦器邪曰否以粟易之相曰
不自作鐵瓦以粟易之也以粟易械器者不爲厲陶冶陶冶

亦以其械器易粟者豈爲厲農夫哉且許
子何不爲陶冶舍皆取諸其宮中而用之
何爲紛紛然與百工交易何許子之不憚
煩械器之揔名也厲病也以粟易器不病陶冶陶冶亦何以爲病農夫乎且許子何爲不自陶冶舍者
止也止不肯皆自取之其宮宅中而用之何爲反與百工交易紛紛爲煩也曰百工之事
固不可耕且爲也相曰百工之事固不可耕且爲故交易也然則治
天下獨可耕且爲與孟子言百工各爲其事尚不可得耕且兼之人君自
天子以下當治天下政事此反可得耕且爲邪欲以窮許行之非滕君不親耕也孟子謂五帝以來有禮義上

下之事不得復若三皇之道也言許子不知禮也有大人之事有小民
之事且一人之身而百工之所爲備如必
自爲而後用之是率天下而路也孟子言人道自
有大人之事謂人君行敎化也小人之事謂農工商也一人而備百工之所作作之乃得用之者是率導天下
人以羸路之困也故曰或勞心或勞力勞心者治人
勞力者治於人治於人者食人治人者食
於人天下之通義也勞心者君也勞力者民也君施敎以治理之民竭力
治公田以奉養其上天下通義所常行也當堯之時天下猶未平洪

水横流氾濫於天下草木暢茂禽獸繁殖
五穀不登禽獸偪人獸蹄鳥迹之道交於
中國堯獨憂之舉舜而敷治焉遭洪水故天下未平
水盛故草木暢茂草木盛故禽獸繁息衆多也登升也五穀不足升用也猛獸之迹當在山林而反交於中國
懼害人故堯獨憂念之敷治也書曰禹敷土治土也舜使益掌火益烈山
澤而焚之禽獸逃匿掌主也主火之官猶古火正也烈熾也益視山澤草
木熾盛者而焚燒之故禽獸逃匿而遠竄也禹疏九河瀹濟漯而注
諸海決汝漢排淮泗而注之江然後中國

可得而食也當是時也禹八年於外三過其門而不入雖欲耕得乎疏通也瀹治也排壅也於是水害除故中國之地可得耕而食也禹勤事於外八年之中三過其家門而不得入書曰辛壬癸甲啓呱呱而泣如此寧得耕乎后稷教民稼穡樹藝五穀五穀熟而民人育棄爲后稷也樹種藝殖也五穀謂稻黍稷麥菽也五穀所以養人也故言民人育也人之有道也飽食煖衣逸居而無教則近於禽獸聖人有憂之使契爲司徒教以人倫父子有親君臣有義夫婦有別長幼有敘朋友有信司徒主人教以人事父父子子君君臣臣夫夫婦婦兄兄弟弟朋友貴信契之教也放勳曰勞之來之匡之直之輔之翼之使自得之又從而振德之放勳堯名也遭水災恐其小民放辟邪侈故勞來之匡正直其曲心使自得其本善性然後又復從而振其羸窮加德惠也聖人之憂民如此而暇耕乎重喻陳相堯以不得舜爲己憂舜以不得禹皋陶爲己憂夫以百畝之不易爲己憂者農夫也分人以財謂之惠教人以善謂之忠爲天下得人者謂之

仁言聖人以不得賢聖之臣爲己憂農夫以百畝不治爲己憂是故以天下與人易爲天下得人難爲天下求能治天下者難得也故言以天下傳與人尚爲易也孔子曰大哉堯之爲君惟天爲大惟堯則之蕩蕩乎民無能名焉君哉舜也巍巍乎有天下而不與焉堯舜之治天下豈無所用其心哉亦不用於耕耳天道蕩蕩乎大無私生萬物而不知其所由來堯法天故民無能名堯德者也舜得人君之道哉德盛乎巍巍乎有天下之位雖貴盛不能與益舜巍巍之德言德之大大於天子位也堯舜蕩蕩巍巍如此但不用心於躬自耕也吾聞用夏變夷者未聞變於夷者也當以諸夏之禮義化變夷蠻之人耳未聞變化於夷蠻之人則其道也陳良楚產也悅周公仲尼之道北學於中國北方之學者未聞或之先也彼所謂豪傑之士也子之兄弟事之數十年師死而遂倍之陳良生於楚北游中國學者不能有先之者也可謂豪傑過人之士也子之兄弟謂陳相陳辛也數十年師事陳良良死而倍之更學於許行非之也昔者孔子沒三年之外門人治任將歸入揖於子貢相嚮而哭皆失聲然後歸子

貢反築室於場獨居三年然後歸任擔也失聲悲不能成聲場孔子冢上祭祀壇場也子貢獨於場左右築室復三年慎終追遠也他日子夏子張子游以有若似聖人欲以所事孔子事之彊曾子曾子曰不可江漢以濯之秋陽以暴之皜皜乎不可尚已有若之貌似孔子此三子者思孔子而不可復見故欲尊有若以作聖人朝夕奉事之如事孔子以慰思也曾子不肯以為聖人之絜白如濯之江漢暴之秋陽秋陽周之秋夏之五月六月盛陽也皜皜甚白也何可尚而乃欲以有若之質放聖人之坐席乎尊師道故不肯今也南蠻鴃舌之人非先王之道

子倍子之師而學之亦異於曾子矣吾聞出於幽谷遷于喬木者未聞下喬木而入於幽谷者今此許行乃南楚蠻夷其舌之惡如鴃鳥耳鴃博勞也詩云七月鳴鴃應陰而殺物者也許子託於大古非先聖王堯舜之道不務仁義而欲使君臣竝耕傷害道德惡如鴃舌與曾子之心亦異遠也人當出深谷上喬木今子反下喬木入深谷魯頌曰戎狄是膺荊舒是懲周公方且膺之子是之學亦為不善變矣詩魯頌閟宮之篇也膺擊也懲艾也周家時擊戎狄之不善者懲止荊舒之人使不敢侵陵也周公常欲擊之言南夷之人難用而子反悅是人而學其道亦為不善變更矣孟子究陳此者深以責陳

相也從許子之道則市賈不貳國中無偽雖使五尺之童適市莫之或欺布帛長短同則賈相若麻縷絲絮輕重同則賈相若五穀多寡同則賈相若屨大小同則賈相若陳相復為孟子言此如使從許子淳樸之道可使市無二賈不相偽誑不欺愚小也長短謂尺丈輕重謂斤兩多寡謂斗石大小謂尺寸皆言其同賈故曰無二賈者也曰夫物之不齊物之情也或相倍蓰或相什百或相千萬子比而同之是亂天下也巨屨小屨同賈人豈

為之哉從許子之道相率而為偽者也惡能治國家孟子曰夫萬物好醜異賈精粗異功其不齊同乃物之情性也蓰五倍也什十倍也至於千萬相倍譬若和氏之璧雖與凡玉之璧尺寸厚薄適等其賈豈可同哉子欲以大小相比而同之則使天下有爭亂之道也巨粗屨也小細屨也如使同賈而賣之人豈肯作其細者哉特許子教人偽者耳安能治國家者也

章指言神農務本教於凡民許行蔽道同之君臣陳相倍師降於幽谷不理萬情謂之敦樸是以孟子博陳堯舜上下之敘以匡之也

墨者夷之因徐辟而求見孟子夷之治墨家之道者徐辟孟子弟子也求見孟子欲以辯道也孟子曰吾固願見今吾尚病

病愈我且往見我常願見之今值我病不能見也病愈將自往見以辭却之夷子不來他日又求見孟子是日夷子聞孟子病故不來他日復往求見孟子曰吾今則可以見矣不直則道不見我且直之告徐子曰今我可以見夷之矣不直言攻之則儒家聖道不見我且欲直攻之也吾聞夷子墨者墨之治喪也以薄爲其道也夷子思以易天下豈以爲非是而不貴也然而夷子葬其親厚則是以所賤事親也我聞夷子爲墨道墨者治喪貴薄而賤厚夷子思欲以此道易天下之化使從己豈肯以薄爲非是而不貴之也如使夷子葬其父母厚也是以所賤之道奉其親也如其薄也下言上世不葬者又可鄙足爲戒也吾欲以此攻之也徐子以告夷子夷子曰儒者之道古之人若保赤子此言何謂也之則以爲愛無差等施由親始之夷子名也言儒家曰古之治民若安赤子此何謂乎之以爲當同其恩愛無有差次等級相殊也但施厚之事先從己親屬始耳若此何爲獨非墨道也徐子以告孟子孟子曰夫夷子信以爲人之親其兄之子爲若親其鄰之赤子乎彼有取爾也赤子匍匐將入井非赤子之罪

也親愛也夫夷子以爲人愛兄子與愛鄰人之子等邪彼取赤子將入井雖他人子亦驚救之故謂之愛同也此但以赤子無知非其罪惡故救之耳夷子必以此況之未盡達人情者也且天之生物也使之一本而夷子二本故也天生萬物各由一本而出今夷子以他人之親與己親等是爲二本故欲同其愛也蓋上世嘗有不葬其親者其親死則舉而委之於壑上世未制禮之時壑路傍坑壑也其父母終舉而委棄之壑中也他日過之狐狸食之蠅蚋姑嘬之其顙有泚睨而不視夫泚也非爲人泚中心達於面目蓋歸反虆梩而掩之掩之誠是也則孝子仁人之掩其親亦必有道矣嘬攢共食之也顙額也泚汗出泚泚然也見其親爲獸蟲所食形體毀敗中心慙故汗泚泚然出於額非爲他人而慙也自出其心聖人緣人心而制禮也虆梩籠臿之屬可以取土者也而掩之實是其道則孝子仁人掩其親有以也徐子以告夷子夷子憮然爲閒曰命之矣孟子言是以爲墨家薄葬不合道也徐子復以告夷子夷子憮然者猶悵然也爲閒者有頃之閒也命之猶言受命教矣

章指言聖人緣情制禮奉終墨子玄同貧而違中以直正枉憮然改容蓋其理也

孟子卷第五

孟子卷第六　　趙氏注

滕文公章句下

陳代曰不見諸侯宜若小然今一見之大則以王小則以霸且志曰枉尺而直尋宜若可爲也（陳代孟子弟子也代見諸侯有來聘請孟子孟子有所不見以爲孟子欲以是爲介故言此介得無爲狹小乎如一見之儻得行道可以輔致霸王乎志記也枉尺直尋欲使孟子屈己信道故言宜若可爲也）孟子曰昔齊景公田招虞人以旌不至將殺之（虞人守苑囿之吏也招之當以皮冠而以旌故不至也）志士不忘在溝壑勇士不忘喪其元孔子奚取焉取非其招不往也如不待其招而往何哉（志士守義者也君子固窮故常念死無棺槨沒溝壑而不恨也勇士義勇者也元首也以義則喪首不顧也孔子奚取取守死善道非禮招己則不往言虞人不得其招尚不往如何君子而不待其招直事妄見諸侯者何爲也）且夫枉尺而直尋者以利言也如以利則枉尋直尺而利亦可爲與（尺小尋大不可枉大就小而以要利也）昔者趙簡子使王良與嬖奚乘終日而不獲一禽嬖奚反命曰天下之賤工也（趙簡子晉卿也王良善御者也嬖奚簡子幸臣以不能得一禽故反命於簡子謂王良天下鄙賤之工師也）或以告王良良曰請復之（聞嬖奚賤之故請復與乘）強而後可（強嬖奚乃肯行）一朝而獲十禽嬖奚反命曰天下之良工也（以一朝得十禽故謂之良工）簡子曰我使掌與女乘（掌主也使王良主與女乘）謂王良良不可（王良不肯）曰吾爲之範我馳驅終日不獲一爲之詭遇一朝而獲十（範法也王良曰我爲之法度之御應禮之射正殺之禽不能得一橫而射之曰詭遇非禮之射則能獲十言嬖奚小人也不習於禮）詩云不失其馳舍矢

如破我不貫與小人乘請辭（詩小雅車攻之篇也言御者不失其馳驅之法則射者必中之順毛而入順毛而出一發貫臧應矢而死者如破矣此君子之射也貫習也我不習與小人乘不願掌與嬖奚同乘故請辭）御者且羞與射者比比而得禽獸雖若丘陵弗爲也如枉道而從彼何也（孟子引此以喻陳代云御者尚知羞恥此射者不欲與比子如何欲使我枉正道而從彼驕慢諸侯而見之）且子過矣枉己者未有能直人者也（謂陳代之言過謬也人當以直矯枉耳己自枉曲何能正人　章指言修禮守正非招不往枉道富貴君子不許是以諸侯雖有善其辭命伯夷亦不屑就也）

景春曰公孫衍張儀豈不誠大丈夫哉一怒而諸侯懼安居而天下熄景春孟子時人爲從横之術者公孫衍魏人也號爲犀首常佩五國相印爲從長秦王之孫故曰公孫張儀合從者也一怒則構諸侯使彊陵弱故言懼也安居不用辭說則天下兵革熄也孟子曰是焉得爲大丈夫乎子未學禮乎丈夫之冠也父命之女子之嫁也母命之往送之門戒之曰往之女家必敬必戒無違夫子以順爲正者妾婦之道也孟子以禮言之男子之道當以義匡君女子則當婉順從人耳男子之冠則命曰就爾成德今此二子從君順指行權合從無輔弼之義安得爲大丈夫也居天下之廣居立天下之正位行天下之大道得志與民由之不得志獨行其道富貴不能淫貧賤不能移威武不能屈此之謂大丈夫廣居謂天下也正位謂男子純乾正陽之位也大道仁義之道也得志行正與民共之不得志隱居獨善其身守道不回也淫亂其心也移易其行也屈挫其志也三者不惑乃可謂大丈夫　章指言以道匡君非禮不運稱大丈夫阿意用謀善戰務勝事雖有剛心歸柔順故云妾婦以况儀衍

孟六　三

周霄問曰古之君子仕乎周霄魏人問君子之道當仕否孟子

曰仕傳曰孔子三月無君則皇皇如也出疆必載質質臣所執以見君者也三月一時也物變而不佐君化故皇皇如有所求而不得公明儀曰古之人三月無君則弔公明儀賢者也而言古人三月無君則弔明當仕也三月無君則弔不以急乎周霄怪乃弔於三月無君何其急也曰士之失位也猶諸侯之失國家也禮曰諸侯耕助以供粢盛夫人蠶繅以爲衣服犧牲不成粢盛不絜衣服不備不敢以祭惟士無田則亦不祭牲殺器皿衣服不備不敢以祭則不敢以宴亦不足弔乎諸侯耕助者躬耕勸率其民收其藉助以供粢盛粢稷盛稻也夫人親織蠶繅之事以率女功衣服祭服不成不實肥腯也惟辭也言惟絀祿之士無圭田者不祭牲必特殺故曰殺皿所以覆器者也不祭則不宴猶喪人也不亦可弔乎出疆必載質何也周霄問出疆何爲復載質曰士之仕也猶農夫之耕也農夫豈爲出疆舍其耒耜哉孟子言仕之爲急若農夫不可不耕曰晉國亦仕國也未嘗聞仕如此其急仕如此其急也君子之難仕何也魏本晉也故周霄曰我晉人也亦仕而不知其急若此若此君

孟六　四

子何爲難仕君子謂孟子何爲不急仕也曰丈夫生而願爲之有室女子生而願爲之有家父母之心人皆有之不待父母之命媒妁之言鑽穴隙相窺踰牆相從則父母國人皆賤之言人不可觸情從欲須禮而行古之人未嘗不欲仕也又惡不由其道不由其道而往者與鑽穴隙之類也言古之人雖欲仕如不由其正道是與鑽穴者何異 章指言君子務仕思播其道達義行仁待禮而動苟容干祿踰牆之女人之所賤故弗爲也

彭更問曰後車數十乘從者數百人以傳食於諸侯不以泰乎泰甚也彭更孟子弟子怪孟子徒衆多而傳食於諸侯之國得無爲甚奢泰也孟子曰非其道則一簞食不可受於人如其道則舜受堯之天下不以爲泰子以爲泰乎簞笥也非以其道一笥之食不可受也子以舜受堯天下爲泰乎曰否士無事而食不可也彭更曰不以舜爲泰也謂仕無功事而虛食人者不可也曰子不通功易事以羨補不足則農有餘粟女有餘布子如通之則梓匠輪輿皆得食於子孟子言凡人當通功易事乃可各以奉其用梓匠木工也輪人輿人作車者交易則得食於子之所有矣周禮攻木之工七梓匠輪輿是其四者羨餘也於此有人焉入則孝出則悌守先王之道以待後之學者而不得食於子子何尊梓匠輪輿而輕爲仁義者哉入則事親孝出則敬長順也悌順也守先王之道上德之士可以化俗者若此不得食子之祿子何尊彼而賤此也曰梓匠輪輿其志將以求食也君子之爲道也其志亦將以求食與彭更以爲彼志於食此亦但志食也曰子何以其志爲哉其有功

於子可食而食之矣且子食志乎食功乎孟子言祿以食功子何食乎曰食志彭更以爲當食志也曰有人於此毀瓦畫墁其志將以求食也則子食之乎孟子言人但破碎瓦畫地則復墁滅之此無用之爲也然而其意反欲求食則可食乎曰否彭更曰不食也曰然則子非食志也食功也孟子曰如是子果食功也 章指言百工食力以祿養賢脩仁尚義國之所尊移風易俗其功可珍雖食諸侯不爲素餐

萬章問曰宋小國也今將行王政齊楚惡而伐之則如之何問宋當如齊楚何也孟子曰湯居亳

與葛爲鄰葛伯放而不祀湯使人問之曰何爲不祀曰無以供犧牲也湯使遺之牛羊葛伯食之又不以祀（葛夏諸侯嬴姓之國放縱無道不祀先祖）湯又使人問之曰何爲不祀曰無以供粢盛也湯使亳衆往爲之耕老弱饋食葛伯率其民要其有酒食黍稻者奪之不授者殺之有童子以黍肉餉殺而奪之書曰葛伯仇餉此之謂也（童子未成人殺之尤無狀書尚書逸篇也仇怨也言湯所以伐殺葛伯怨其害此餉也）爲其殺是童子而征之四海之內皆曰非富天下也爲匹夫匹婦復讎也（四海之民皆曰湯不貪天下富也爲一夫報仇也）湯始征自葛載十一征而無敵於天下東面而征西夷怨南面而征北夷怨曰奚爲後我民之望之若大旱之望雨也歸市者弗止芸者不變誅其君弔其民如時雨降民大悅書曰徯我后后來其無罰（載始也言湯初征從葛始也十一征而服天下一說言當作再字再十一者湯再出征十一國再十一凡征二十二國也書逸篇也民曰待我君來我則無罰矣歸市不止不以有軍來征故市者止不行也不使芸者變休也）

有攸不惟臣東征綏厥士女匪厥玄黃紹我周王見休惟臣附于大邑周其君子實玄黃于匪以迎其君子其小人簞食壺漿以迎其小人救民於水火之中取其殘而已矣（從有攸以下道周武王伐紂時也皆尚書逸篇之文攸所也言武王東征安天下士女小人各有所執往無不惟念執臣子之節匪厥玄黃謂諸侯執玄三纁二之帛願見周王望見休善使我得附就大邑周家也其君子小人各有所執以迎其類也言武王之師救殷民於水火之中討其殘賊也）大誓曰我武惟揚侵于之疆則取于殘殺伐用張于湯有光（大誓古尚書百二十篇之時大誓也我武王用武之時惟鷹揚也侵于之疆侵紂之疆界則取于殘賊者以張伐殺之功也民有簞食壺漿之獻比於湯伐桀爲有光寵美武王德優前代也今之尚書大誓篇後得以充學故不與古大誓同諸傳記引大誓皆古大誓也）不行王政云爾苟行王政四海之內皆舉首而望之欲以爲君齊楚雖大何畏焉（萬章憂宋迫於齊楚不得行政故孟子爲陳殷湯周武之事以喻之誠能行之天下思以爲君何畏齊楚焉）

章指言脩德無小暴慢無強是故夏商之末民思湯武雖欲不王末由也已

孟子謂戴不勝曰子欲子之王之善與我明告子不勝宋臣有楚大夫於此欲其子之齊語也則使齊人傅諸使楚人傅諸孟子假喻有楚大夫在此欲變其子使學齊言當使齊人傅之邪使楚人自傅相之邪曰使齊人傅之不勝曰使齊人曰一齊人傅之衆楚人咻之雖日撻而求其齊也不可得矣引而置之莊嶽之閒數年雖日撻而求其楚亦不可得矣言使一齊人傅相楚衆人咻之咻之者讙也如此雖日撻之欲使齊言不可得矣言寡不勝衆也莊嶽齊街里名也多人處之數年而自齊也

子謂薛居州善士也使之居於王所在於王所者長幼卑尊皆薛居州也王誰與爲不善孟子曰不勝常言居州宋之善士也欲使居於王所如使在王所者小大皆如居州則王誰與爲不善也在王所者長幼卑尊皆非薛居州也王誰與爲善一薛居州獨如宋王何如使在王左右者皆非居州之疇王當誰與爲善乎一薛居州獨如宋王何而能化之也周之末世列國皆僭號自稱王故曰宋王也　章指言自非聖人在所變化故諺曰白沙在涅不染自黑蓬生麻中不扶自直言輔之者衆也

公孫丑問曰不見諸侯何義丑怪孟子不肯每輒應諸侯之聘不見之於義謂何也孟子曰古者不爲臣不見古者不爲臣不肯見不義而富且貴者也段干木踰垣而辟之泄柳閉門而不內是皆已甚迫斯可以見矣孟子言魏文侯魯繆公有好善之心而此二人距之大甚迫窄則可以見之陽貨欲見孔子而惡無禮大夫有賜於士不得受於其家則往拜其門陽貨魯大夫也孔子士也陽貨矙孔子之亡也而饋孔子蒸豚孔子亦矙其亡也而往拜

之當是時陽貨先豈得不見矙視也陽貨視孔子亡而饋之者欲使孔子來荅恐其便荅拜使人也孔子矙其亡者心不欲見陽貨也論語曰饋孔子豚孟子曰蒸豚豚非大牲故用熟饋也是時陽貨先加禮豈得不往拜見之哉曾子曰脅肩諂笑病于夏畦脅肩竦體也諂笑強笑也病極也言其意苦勞極甚於仲夏之月治畦灌園之勤也子路曰未同而言觀其色赧赧然非由之所知也未同志未合也不可與言而與之言謂之失言也觀其色赧赧然面赤心不正貌也由子路名子路剛直故曰非由所知也由是觀之則君子之所養可知已矣孟子言由是觀君子子路之言以觀君子之所養志可知矣謂君子養正氣不以入邪也

章指言道異不謀迫斯強之段泄已甚矙亡得宜正己直行不納於邪赧然不接傷若夏畦也

戴盈之曰什一去關市之征今茲未能請輕之以待來年然後已如何戴盈之宋大夫問孟子欲使君去關市征稅復古行什一之賦今年未能盡去且使輕之待來年然後復古何如孟子曰今有人日攘其鄰之雞者或告之曰是非君子之道曰請損之月攘一雞以待來年然後已如知其非義斯速已矣何待來年攘取也取自來之物也孟子以此爲喻知攘之惡當即止何可損少月取一雞待來年乃止乎謂盈之之言若此類者也

章指言從善改非坐而待旦知而爲之罪重於故譬猶攘雞多少同盜變惡自新速然後可也

公都子曰外人皆稱夫子好辯敢問何也公都子孟子弟子也外人他人論議者也好辯言孟子好與揚墨之徒辯爭孟子曰予豈好辯哉予不得已也曰我不得已耳欲救正道懼爲邪說所亂故辯之也天下之生久矣一治一亂當堯之時水逆行氾濫於中國蛇龍居之民無所定下者爲巢上者爲營窟天下之生生民以來也迭有亂治非一世水生蛇龍水盛則蛇龍居民之地也民患水避之故無定居埤下者於樹上爲巢猶鳥之巢也上者高原之上也鑿岸而營度之以爲窟穴而處之書曰洚水警余洚水者洪水也尚書逸篇也水逆行洚洞無涯故曰洚水洪大也使禹治之禹掘地而注之海驅龍蛇而放之菹水由地中行江淮河漢是也險阻既遠鳥獸之害人者消然後人得平土而居之堯使禹治洪水通九州故曰掘地而注之海也菹澤生草者也今青州謂澤有草者爲菹水流行於地而去也民人下高就平土故遠險阻也水去故鳥獸害人者消盡也堯舜既沒聖人之道衰暴君代作壞宮室以爲汙池民無所安息棄田以爲園囿使民

不得衣食邪說暴行又作園囿汙池沛澤多而禽獸至暴亂也亂君更興殘壞民室屋以其處爲汙池棄五穀之田以爲園囿長逸遊而棄本業使民不得衣食有飢寒並至之厄其小人則放辟邪侈故作邪僞之說爲姦寇之行沛草木之所生也澤水也至衆也田疇不墾故禽獸衆多謂羿桀之時也及紂之身天下又大亂周公相武王誅紂伐奄三年討其君驅飛廉於海隅而戮之滅國者五十驅虎豹犀象而遠之天下大悅奄東方無道國武王伐紂至於孟津還歸二年復伐前後三年也飛廉紂諛臣驅之海隅而戮之猶舜放四罪也滅與紂共爲亂政者五十國也奄大國

故特伐之尚書多方曰王來自奄 書曰丕顯哉文王謨丕承哉武王烈佑啓我後人咸以正無缺 書尚書逸篇也丕大顯明承纘烈光也言文王大顯明王道武王大纘承天光烈佑開後人謂成康皆行正道無虧缺也此周公輔相以撥亂之功也 世衰道微邪說暴行有作臣弑其君者有之子弑其父者有之孔子懼作春秋春秋天子之事也是故孔子曰知我者其惟春秋乎罪我者其惟春秋乎 世衰道微周衰之時也孔子懼王道遂滅故作春秋因魯史記設素王之法謂天子之事也知我者謂我正王綱也罪我者謂時人見彈貶者言孔子以春秋撥亂也 聖王不作諸侯放恣處士橫議楊朱墨翟之言盈天下天下之言不歸楊則歸墨楊氏爲我是無君也墨氏兼愛是無父也無父無君是禽獸也 言孔子之後聖人之道不興戰國縱橫布衣處士游說以干諸侯若楊墨之徒無尊異君父之義而以橫議於世也 公明儀曰庖有肥肉廄有肥馬民有飢色野有餓莩此率禽獸而食人也 公明儀魯賢人言人君但崇庖廚養犬馬不恤民是爲率禽獸而食人也 楊墨之道不息孔子之道不

著是邪說誣民充塞仁義也仁義充塞則率獸食人人將相食 言仁義塞則邪說行獸食人則人相食此亂之甚也 吾爲此懼閑先聖之道距楊墨放淫辭邪說者不得作 閑習也淫放也孟子言我懼聖人之道不著爲邪說所乘故習聖人之道以距之 作於其心害於其事作於其事害於其政聖人復起不易吾言矣 說與上篇同 昔者禹抑洪水而天下平周公兼夷狄驅猛獸而百姓寧孔子成春秋而亂臣賊子懼 抑治也周公兼懷夷狄之人驅害人之猛獸也言亂臣賊子懼春秋之貶責也 詩云戎狄是膺荆舒是懲則莫我敢承 此詩已見上篇說 無父無君是周公所膺也 是周公所欲伐擊也 我亦欲正人心息邪說距詖行放淫辭以承三聖者豈好辯哉予不得已也 孟子言我亦欲正人心距險詖之行以奉禹周公孔子也不得已而與人辯耳 能言距楊墨者聖人之徒也 孟子自謂能距楊墨也徒黨也可以繼聖人之道謂名世者也 章指言夫憂世撥亂勤以濟之義以匡之是故禹稷駢蹪周公仰思仲尼皇皇墨突不及汙聖賢若是豈得不辯也

匡章曰陳仲子豈不誠廉士哉居於陵三
日不食耳無聞目無見也井上有李螬食
實者過半矣匍匐往將食之三咽然後耳
有聞目有見匡章齊人也陳仲子齊一介之士窮不苟求者是以絕糧而餓也螬蟲也
李實有蟲食之過半言仲子目不能擇也孟子曰於齊國之士吾必
以仲子爲巨擘焉雖然仲子惡能廉充仲
子之操則蚓而後可者也夫蚓上食槁壤
下飲黃泉巨擘大指也比於齊國之士吾必以仲子爲指中大者耳非大器也蚓丘蚓之
孟六　十五
蟲也充滿其操行似蚓而可行者也蚓食土飲泉極廉
矣然無心無識仲子不知仁義苟守一介亦猶蚓也
仲子所居之室伯夷之所築與抑亦盜跖
之所築與所食之粟伯夷之所樹與抑亦
盜跖之所樹與是未可知也孟子問匡章仲子豈能必使伯
夷之徒築室樹粟乃居食之邪抑亦
得盜跖之徒使作也是殆未可知也曰是何傷哉彼
身織屨妻辟纑以易之也匡章曰惡人作之何傷哉彼仲子身
目織屨妻緝纑以易食宅耳
緝績其麻曰辟練麻曰纑曰仲子齊之世家也
兄戴蓋祿萬鍾以兄之祿爲不義之祿而

不食也以兄之室爲不義之室而不居也
避兄離母處於於陵孟子言仲子齊之世卿大夫之家兄名戴爲齊卿食
采於蓋祿萬鍾仲子以爲事非其君行非其道以居富貴故不義之竄於於陵他日歸則有
饋其兄生鵝者已頻顣曰惡用是鶂鶂者
爲哉他日異日也歸省其母見兄受人之鵝而非之己仲子也頻顣不悅曰安用是鶂鶂者爲乎鶂
鶂鵝鳴之聲他日其母殺是鵝也與之食之其兄
自外至曰是鶂鶂之肉也出而哇之以母
則不食以妻則食之以兄之室則弗居以
孟六　十六
於陵則居之是尚爲能充其類也乎若仲
子者蚓而後充其操者也異日母食以鵝不知是前所頻顣者
也兄疾之告曰是鶂鶂之肉也仲子出門而哇吐之孟
子非其不食於母而食妻所作屨纑易食也不居兄室
而居於於陵人所築室也是尚能充人類乎如蚓之性
然後可以充其操也章指言聖人之道親親尚和志
士之操耿介特立可以激濁不可常
法是以孟子喻以丘蚓比諸巨擘也

孟子卷第六

孟子卷第七

趙氏注

離婁章句上

離婁者古之明目者蓋以爲黃帝時人也黃帝亡其玄珠使離朱索之離朱即離婁也能視於百步之外見秋毫之末然必須規矩乃成方員猶論語述而不作信而好古故以題篇

孟子曰離婁之明公輸子之巧不以規矩不能成方員公輸子魯班魯之巧人也或以爲魯昭公之子雖天下至巧亦猶須規矩也師曠之聰不以六律不能正五音師曠晉平公之樂大師也其聽至聰不用六律不能正五音六律陽律太蔟姑洗蕤賓夷則無射黃鍾也五音宮商角徵羽也堯舜之道不以仁政不能平治天下當行仁恩之政天下乃可平也

今有仁心仁聞而民不被其澤不可法於後世者不行先王之道也仁心性仁也仁聞仁聲遠聞也雖然猶須行先王之道使百姓被澤乃可爲後法也故曰徒善不足以爲政徒法不能以自行但有善心而不行之不足以爲政但有善法度而不施之法度亦不能獨自行也詩云不愆不忘率由舊章詩大雅嘉樂之篇愆過也所行不過差矣不可忘者以其循用舊故文章遵用先王之法度未聞有過也聖人既竭目力焉繼之以規矩準繩以爲方員平直不

可勝用也盡己目力續以四者方員平直可得而知審故用之不可勝極也既竭耳力焉繼之以六律正五音不可勝用也音須律而正也既竭心思焉繼之以不忍人之政而仁覆天下矣盡心欲行恩繼以不忍加惡於人之政則天下被覆衣之仁也故曰爲高必因丘陵爲下必因川澤爲政不因先王之道可謂智乎言因自然則用力少而成功多矣是以惟仁者宜在高位不仁而在高位是播其惡於衆也仁者能由先王之道不仁逆道則自播揚其惡於衆人也上無道揆也

下無法守也朝不信道工不信度君子犯義小人犯刑國之所存者幸也言君無道術可以揆度天意臣無法度可以守職奉命朝廷之士不信道德百工之作不信度量君子觸義之所禁謂學士當行君子之道也小人觸刑愚人罹於密網也此亡國之政然而國存者僥倖耳非其道也故曰城郭不完兵甲不多非國之災也田野不辟貨財不聚非國之害也上無禮下無學賊民興喪無日矣言君不知禮臣不學法度無以相檢制則賊民興亡在朝夕無復有期日言國無禮義必亡詩曰天之方蹶無然泄泄泄泄猶沓

沓也事君無義進退無禮言則非先王之道者猶沓沓也詩大雅板之篇天謂王者蹶動也言天方動女無敢沓沓但爲非義非禮背棄先王之道而不相匡正也故曰責難於君謂之恭陳善閉邪謂之敬吾君不能謂之賊人臣之道當進君於善責難爲之事使君勉之謂行堯舜之仁是爲恭臣陳善法以禁閉君之邪心是爲敬君言吾君不能行善因不諫正此爲賊其君也　章指言雖有巧智猶須法度國由先王禮義爲要不仁在位播越其惡誣君不諫故謂之賊明上下相須而道化行也

孟子曰規矩方員之至也聖人人倫之至

孟七　三

也至極也人事之善者莫大取法於聖人猶方員須規矩也欲爲君盡君道欲爲臣盡臣道二者皆法堯舜而已矣堯舜之爲君臣道備不以舜之所以事堯事君不敬其君者也不以堯之所以治民治民賊其民者也言舜之事堯敬之至也堯之治民愛之盡也孔子曰道二仁與不仁而已矣暴其民甚則身弑國亡不甚則身危國削名之曰幽厲雖孝子慈孫百世不能改也仁則國安不仁則國危亡甚謂桀紂不甚謂幽厲厲王流于彘幽王滅於戲可謂身危國削矣名之謂謚之也謚以幽厲以章其惡百世傳之孝子慈孫何能改也詩云殷鑒不遠在夏后之世此之謂也詩大雅蕩之篇也殷之所鑒視近在夏后之世耳以前代善惡爲明鏡也欲使周亦鑒於殷之所以亡也　章指言法則堯舜以爲規矩鑒戒桀紂避遠危殆名謚一定千載而不可改也

孟子曰三代之得天下也以仁其失天下也以不仁國之所以廢興存亡者亦然三代夏殷周國謂公侯之國存亡在仁與不仁也天子不仁不保四海諸侯不仁不保社稷卿大夫不仁不保宗廟

孟七　四

士庶人不仁不保四體今惡死亡而樂不仁是由惡醉而強酒保安也四體身之四肢彊酒則必醉也　章指言人所以安莫若爲人惡而弗去患必及身自上達下其道一焉

孟子曰愛人不親反其仁治人不治反其智禮人不荅反其敬行有不得者皆反求諸己其身正而天下歸之反其仁己仁獨未至邪反其智己智獨未足邪反其敬己敬獨未恭邪反求諸身身己正則天下歸就之服其德也詩云永言配命自求多福此詩已見上篇其義同　章指言行有不得於人一求諸身責己之道也

改行飭躬福則至矣

孟子曰人有恒言皆曰天下國家恒常也人之常語也天下謂天子之所主國謂諸侯之國家謂卿大夫之家也天下之本在國國之本在家家之本在身治天下者不得良諸侯無以爲本治其國者不得良卿大夫無以爲本治其家者不得良身無以爲本也　章指言天下國家各依其本本正則立本傾則踣雖曰常言必須敬慎也

孟子曰爲政不難不得罪於巨室巨室大家也謂賢卿大夫之家人所則效者言不難者但不使巨室罪之則善也

巨室之所慕一國慕之一國之所慕天下慕之故沛然德教溢乎四海慕思也賢卿大夫一國思隨其所善惡一國思其善政則天下思以爲君矣沛然大洽德教可以滿溢於四海之內　章指言天下傾心思慕嚮善巨室不罪咸以爲表德之流行可以充四海也

孟子曰天下有道小德役大德小賢役大賢天下無道小役大弱役強斯二者天也順天者存逆天者亡有道之世小德小賢樂爲大德大賢役服於賢德也無道之時小國弱國畏懼而役於大國強國也此二者天時所遭也當順從之不當逆也齊景公曰既不能令又不受命是絕物也涕出而女於吳齊景公齊侯景謚也言諸侯既不能令告鄰國使之進退又不能事大國往受教命是所以自絕於物物事也大國不與之通朝聘之事也吳蠻夷也時爲強國故齊侯畏而恥之泣涕而與爲婚

今也小國師大國而恥受命焉是猶弟子而恥受命於先師也今小國以大國爲師學法度焉而恥受命教不從其進退譬猶弟子不從師也如恥之莫若師文王師文王大國五年小國七年必爲政於天下矣文王行仁政以移殷民之心使皆就之今師效文王大國不過五年小國七年必得政於天下矣文王時難故百年乃洽今之時易文王由百里起今大國乃踰千里過之十倍有餘故五年足以爲政小國差之故七年

詩云商之孫子其麗不億上帝既命侯于周服侯服于周天命靡常殷士膚敏裸將于京詩大雅文王之篇麗億數也言殷帝之子孫其數雖不但億萬人天既命之惟服於周殷之美士執裸鬯之禮將事於京師若微子者膚大敏達也此天命之無常也孔子曰仁不可爲衆也夫國君好仁天下無敵孔子云行仁者天下之衆不能當也諸侯有好仁者天下無敢與之爲敵今也欲無敵於天下而不以仁是猶執熱而不以濯也詩云誰能執熱逝不以濯詩大雅桑柔之篇誰能持熱而不以水濯其手喻爲國誰能違仁而無敵也　章指言遭

衰逢亂屈服強大據國行仁天下莫敵雖有億衆無德不親執熱須濯明不可違仁也

孟子曰不仁者可與言哉安其危而利其菑樂其所以亡者不仁而可與言則何亡國敗家之有言不仁之人以其所以爲危者反以爲安必以惡見亡而樂行其惡如使其能從諫從善可與言議則天下何有亡國敗家也有孺子歌曰滄浪之水清兮可以濯我纓滄浪之水濁兮可以濯我足孔子曰小子聽之清斯濯纓濁斯濯足矣自取之也孺子童子也小子孔子弟子也清濯所用尊卑若此自取之喻人善惡見尊賤乃如此夫人必自侮然後人侮之家必自毁然後人毁之國必自伐然後人伐之人先自爲可侮慢之行故見侮慢也家先自爲可毁壞之道故見毁也國先自爲可誅伐之政故見伐也太甲曰天作孽猶可違自作孽不可活此之謂也已見上篇說同　章指言人之安危皆由於己先自毁伐人乃攻討甚於天孽敬慎而已如臨深淵戰戰恐懼也

孟七　七

孟子曰桀紂之失天下也失其民也失其民者失其心也失其民之心則天下畔之簞食壺漿以迎武王之師是也得天下有道得其民斯得天下矣得其民有道得其心斯得民矣得其心有道所欲與之聚之所惡勿施爾也欲得民心聚其所欲而與之爾近也勿施行其所惡使民近則民心可得矣民之歸仁也猶水之就下獸之走壙也故爲淵敺魚者獺也爲叢敺爵者鸇也爲湯武敺民者桀與紂也今天下之君有好仁者則諸侯皆爲之敺矣雖欲無王不可得已民之思明君猶水樂埤下獸樂廣野敺之則歸其所樂獺獱也鸇土鸇也故云諸侯好爲仁者敺民若此也湯武行之矣如有則之者雖欲不王不可得也今之欲王者猶七年之病求三年之艾也苟爲不畜終身不得苟不志於仁終身憂辱以陷於死亡今之諸侯欲行王道而不積其德如至七年病而却求三年時艾當畜之乃可得以三年時艾可以爲灸人病乾久益善故以爲喻志仁者亦久行之不行之則憂辱以陷死亡桀紂是也詩云其何能淑載胥及溺此之謂也詩大雅桑柔之篇淑善也載辭也胥相也君臣何能爲善乎但相與爲沈溺之道也章指言水性趨下民樂歸仁桀紂之敺使就其君三年之艾畜而可得一時欲仁猶將沉溺所以明鑒戒也

孟七　八

孟子曰自暴者不可與有言也自棄者不可與有爲也言非禮義謂之自暴也吾身不能居仁由義謂之自棄也言人尚自暴自棄何可與有言有爲仁人之安宅也義人之正路也曠安宅而弗居舍正路而不由哀哉曠空舍縱哀傷也弗由居是者是可哀傷哉　章指言曠仁舍義自暴棄之道也

孟子曰道在邇而求諸遠事在易而求之難人人親其親長其長而天下平邇近也道在近而患人求之遠也事在易而苦人求之難也謂不親其親不事其長故其事遠而難也　章指言親親敬長近取諸己則邇而易也

孟子曰居下位而不獲於上民不可得而治也獲於上有道不信於友弗獲於上矣信於友有道事親弗悅弗信於友矣悅親有道反身不誠不悅於親矣誠身有道不明乎善不誠其身矣言人求上之意先從己始本之於心心不正而得人意者未之有也是故誠者天之道也思誠者人之道也至誠而不動者未之有也不誠未有能動者也授人誠善之性者天也故曰天道思行其誠以奉天者人道也至誠則動金石不誠則鳥獸不可親狎故曰未有能動者也　章指言事上得君乃可臨民信友悅親本在於身是以曾子三省大雅矜矜以誠爲貴也

孟子曰伯夷辟紂居北海之濱聞文王作興曰盍歸乎來吾聞西伯善養老者伯夷讓國遭紂之世辟之隱遁北海之濱聞文王起興王道盍歸乎來歸周也大公辟紂居東海之濱聞文王作興曰盍歸乎來吾聞西伯善養老者太公呂望也亦辟紂世隱居東海曰聞西伯養老二人皆老矣往歸文王也二老者天下之大老也而歸之是天下之父歸之也天下之父歸之其子焉往此二老猶天下之父也其餘皆天下之子耳子當隨父二父往矣子將安如言皆將往也諸侯有行文王之政者七年之內必爲政於天下矣今之諸侯如有能行文王之政者七年之閒必足以爲政矣天以七紀故七年文王時難故久衰周時易故速也上章言大國五年者大國地廣人衆易以行善故五年足以治也　章指言養老尊賢國之上務文王勤之二老遠至父來子從天之順道七年爲政以勉諸侯欲使庶幾於行善也

孟子曰求也爲季氏宰無能改於其德而賦粟倍他日孔子曰求非我徒也小子鳴鼓而攻之可也求孔子弟子冉求季氏魯卿季康子宰家臣小子弟子也孔子以冉求不能改季氏使從善爲之多斂賦粟故欲使弟子鳴鼓以聲其罪而攻伐責讓之曰求非我徒疾之也由此觀之君不行仁政而富之皆棄於孔子者也況於爲之強戰爭地以戰殺人盈野爭城以戰殺人盈城此所謂率土地而食人肉罪不容於死孔子棄富不仁之君者況於爭地而殺人滿之乎此若率土地使食人肉也言其罪大死刑不足以容之故善戰者服上刑連諸侯者次之辟草萊任土地者次之孟子言天道重生戰者殺人故使善戰者服上刑上刑重刑也連諸侯合從者也罪次善戰者辟草任地不務脩德而富國者罪次合從連横之人也　章指言聚斂富君棄於孔子冉求行之同聞鳴鼓以戰殺民土食人肉罪不容死以爲大戮重人命之至也

子七　十一

孟子曰存乎人者莫良於眸子眸子不能奄其惡眸子目瞳子也存人存在人之善惡也胷中正則眸子瞭焉胷中不正則眸子眊焉瞭明也眊者蒙蒙目不明之貌聽其言也觀其眸子人焉廋哉廋匿也聽言察目言正視端人情可見安可匿哉　章指言目爲神候精之所在存而察之善惡不隱知人之道斯爲審矣

孟子曰恭者不侮人儉者不奪人侮奪人之君惟恐不順焉惡得爲恭儉爲恭敬者不侮慢人爲廉儉者不奪取人有好侮奪人之君有貪陵之性恐人不順從其所欲安得爲恭儉之行也恭儉豈可以聲音笑貌爲哉恭儉之人儼然無欲自取其名豈可以和聲諂笑之貌強爲之哉　章指言人君恭儉率下移風人臣恭儉明其廉忠侮奪之惡何由干之而錯其心

淳于髡曰男女授受不親禮與淳于髡齊人也問禮男女不相親授孟子曰禮也禮不親授曰嫂溺則援之以手乎髡曰見嫂溺水則當以手牽援之否邪曰嫂溺不援是豺狼也孟子曰人見嫂溺不援出是爲豺狼之心也男女授受不親禮也嫂溺援之以手者權也孟子告髡曰此權也權者反經而善也曰今天下溺矣夫子之不援何也髡曰今天下之道溺矣夫子何不援之曰天下溺援之以道嫂溺援之以手子欲手援天下乎孟子曰當以道援天下而道不得行子欲使我以手援天下乎　章指言權時之義嫂溺援手君子大行拯世以道道之指也

孟子七　十二

公孫丑曰君子之不教子何也問父子不親教何也孟子曰勢不行也教者必以正以正不行繼之以怒繼之以怒則反夷矣夫子教我以正夫子未出於正也則是父子相夷也父子相夷則惡矣父親教子其勢不行教以正道而不能行則責怒之夷傷也父子相責怒則傷義矣一說曰父子反自相非若夷狄也子之心責其父云夫子教我以正道而夫子之身未必自行正道也執此意則爲反夷矣故曰惡也古者易子而教之父子之閒不責善責善則離離則不祥莫大焉易子而教不欲自相責以善也父子主恩離則不祥莫大焉章指言父子至親相責離恩易子而教相成以仁教之義也

子七　十二

孟子曰事孰爲大事親爲大守孰爲大守身爲大不失其身而能事其親者吾聞之矣失其身而能事其親者吾未之聞也事親養親也守身使不陷於不義也失仁義則何能事父母乎孰不爲事事親事之本也孰不爲守守身守之本也先本後末事守乃立也曾子養曾晳必有酒肉將徹必請所與問

有餘必曰有曾晳死曾元養曾子必有酒肉將徹不請所與問有餘曰亡矣將以復進也此所謂養口體者也若曾子則可謂養志也事親若曾子者可也將徹請所與問曾晳所欲與子孫所愛者也必曰有恐違親意也故曰養志曾元曰無欲以復進曾子也不求親意故曰養口體也事親之道當如曾子之法乃爲至孝也章指言上孝養志下孝養體曾參事親可謂至矣孟子言之欲令後人則曾子也

子七　十四

孟子曰人不足與適也政不足閒也惟大人爲能格君心之非適過也詩云室人交徧讁我閒非格正也時皆小人居位不足過責也政教不足復非訧獨得大人爲輔臣乃能正君之非法度也君仁莫不仁君義莫不義君正莫不正一正君而國定矣正君之身一國定矣欲使大人正之章指言小人爲政不足閒非賢臣正君使握道機君正國定下不邪修將何閒也

孟子曰有不虞之譽有求全之毀虞度也言人之行有不度其將有名譽而得者若尾生本與婦人期於梁下不度水之卒至遂至沒溺而獲守信之譽求全之毀若陳不瞻將赴君難聞金鼓之聲失氣而死可謂欲求全其節而反有怯弱之毀者也章指言不虞獲譽不可爲戒求全受毀未足懲咎君子正行不由斯二者也

孟子曰人之易其言也無責耳矣人之輕易其言不得失言之咎責也一說人之輕易不肯諫正君者以其不在言責之位者也　章指言言出於身駟不及舌不惟其責則易之矣

孟子曰人之患在好為人師人之所患患於不知己未有可師而好為人師者惑也　章指言君子好謀而成臨事而懼時然後言畏失言也故曰師哉師哉桐子之命不慎則有患矣

樂正子從於子敖之齊樂正子見孟子魯人樂正克孟子弟子也從於齊之右師子敖子敖使而之魯樂正子隨之來之齊也孟子在齊樂正子見之也

子七　十五

孟子曰子亦來見我乎孟子見其來見遲故云亦來也曰先生何為出此言也樂正子曰先生何為非克而出此言曰子來幾日矣孟子問子來幾日乎曰昔者克曰昔者來至昔者往也謂數日之閒也曰昔者則我出此言也不亦宜乎孟子曰昔者來至而今乃來我出此言亦其宜也孟子重愛樂正子欲亟見之思深望重也曰舍館未定克曰所止舍館未定故不即來也館客舍曰子聞之也舍館定然後求見長者乎孟子曰子聞見長者之禮當須舍館定乃見之乎曰克有罪樂正子謝過服罪也　章指言尊重道敬賢事長人之大綱樂正子好善故孟子譏之責賢者備也

孟子謂樂正子曰子之從於子敖來徒餔啜也我不意子學古之道而以餔啜也子敖齊之貴人右師王驩也學而不行其道徒食飲而已謂之餔啜也樂正子本學古聖人之道而今隨從貴人無所匡正故言不意子但餔啜也　章指言學優則仕仕以行道否則隱逸免置窮處餔啜沈浮君子不與是以孟子咨嗟樂正子也

孟子曰不孝有三無後為大於禮有不孝者三事謂阿意曲從陷親不義一不孝也家貧親老不為祿仕二不孝也不娶無子絕先祖祀三不孝也三者之中無後為大舜不告而娶為無後也君子以為猶告也

子七　十六

舜懼無後故不告而娶君子知舜告焉不得而娶娶而告父母禮也舜不以告權也故曰猶告與告同也　章指言量其輕重無後不可是以大舜受堯二女夫三不孝蔽者所闇至於大聖卓然匪疑所以垂法也

孟子曰仁之實事親是也義之實從兄是也智之實知斯二者弗去是也事皆有實事親從兄仁義之實也知仁義所用而不去之則智之實也禮之實節文斯二者是也樂之實樂斯二者禮樂之實節文事親從兄使不失其節而文其禮敬之容而中心樂之也樂則生矣生則惡可已也惡可已也則不知足之蹈之手之舞之樂此事親從兄出於

中心則樂生其中矣樂生之至安可已也豈從自覺足蹈節手舞曲哉　章指言仁義之本在於孝弟孝弟之至通於神明況於歌舞不能自知蓋有諸中形於外也

孟子曰天下大悅而將歸己視天下悅而歸己猶草芥也惟舜爲然舜不以天下將歸己爲樂號泣于天不得乎親不可以爲人不順乎親不可以爲子舜盡事親之道而瞽瞍厎豫瞽瞍厎豫而天下化瞽瞍厎豫而天下之爲父子者定此之謂大孝舜以不順親意爲非人子厎致也豫樂也瞽瞍頑父也盡其孝道而頑父致樂使天下化之爲父子之道者定也　章指言以天下之貴富爲不若得意於親故能懷協頑嚚厎豫而欣天下化之父子加親故稱盛德者必百世祀無與比崇也

孟子卷第七

孟子卷第八

離婁章句下

趙氏注

孟子曰舜生於諸馮遷於負夏卒於鳴條東夷之人也生始卒終記終始也諸馮負夏鳴條皆地名負海也在東方夷服之地故曰東夷之人也文王生於岐周卒於畢郢西夷之人也岐周畢郢地名也岐山下周之舊邑近畎夷畎夷在西故曰西夷之人也書曰大子發上祭于畢下至于盟津畢文王墓近於豐鎬也地之相去也千有餘里世之相後也千有餘歲得志行乎中國若合符節先聖後聖其揆一也土地相去千有餘里以外也舜至文王千二百歲得志行政於中國謂王也如合符節節玉節也周禮有六節揆度也言聖人之度量同也　章指言聖人殊世而合其道地雖不比由通一軌故可以爲百王法也

子產聽鄭國之政以其乘輿濟人於溱洧子產鄭卿爲政聽訟也溱洧水名見人有冬涉者仁心不忍以其乘車渡之也孟子曰惠而不知爲政歲十一月徒杠成十二月輿梁成民未病涉也以爲子產有惠民之用而不知爲政當以時脩橋梁民何由病苦涉水乎周十一月夏九月可以成步渡之功周十二月夏十月可以成輿梁也君子平其政

行辟人可也焉得人人而濟之故爲政者每人而悦之日亦不足矣君子爲國家平治政事刑法使無違失其道辟除人使卑辟尊可爲也安得人人濟渡於水乎每人輒欲自加恩以悦其意則日力不足以足之也　章指言重民之道平政爲首人君由天天不家撫是故子產渡人孟子不取也

孟子告齊宣王曰君之視臣如手足則臣視君如腹心君之視臣如犬馬則臣視君如國人君之視臣如土芥則臣視君如寇讎芥草芥也臣緣君恩以爲差等其心所執若是也

王曰禮爲舊君有服何如斯可爲服矣宣王問禮舊臣爲舊君服喪服問君恩何如則可爲服

曰諫行言聽膏澤下於民有故而去則君使人導之出疆又先於其所往去三年不反然後收其田里此之謂三有禮焉如此則爲之服矣爲臣之時諫行言從德澤加民若有他故不得不行譬如華元奔晉隨會奔秦是也古之賢君遭此則使人導之出境又先至其所到之國言其賢良三年不反乃收其田萊及里居也此三者有禮則爲之服矣今也爲臣諫則不行言則不聽膏澤不下於民有故而去則君搏執之又極之於其所往去之日遂收其田里此之謂寇讎寇讎何服之有搏執其族親也極者惡而困之也遇臣若寇讎何服之有乎　章指言君臣之道以義爲表以恩爲裏表裏相應猶若影響舊君之服蓋有所興諷諭宣王勸以仁也

孟子曰無罪而殺士則大夫可以去無罪而戮民則士可以徙惡傷其類視其下等懼次及也語曰鳶鵲蒙害仁鳥曾逝此之謂也　章指言君子見幾而作故趙殺鳴犢孔子臨河而不濟也

孟子曰君仁莫不仁君義莫不義君者一國所瞻仰以爲法故必從之　章指言君以仁義率衆孰不順焉上爲下效也

孟子曰非禮之禮非義之義大人弗爲若禮而非禮陳質娶婦而長拜之也若義而非義藉交報仇是也此皆大人所不爲也　章指言禮義人之所以折中履其正者乃可爲中是以大人不行疑禮

孟子曰中也養不中才也養不才故人樂有賢父兄也中者履中和之氣所生謂之賢才者謂人之有俊才者有此賢者當以養育教誨不能進之以善故樂父兄之賢以養己也如中也棄不中才也棄不才則賢不肖之相去其間不能以寸如使

賢者棄愚不養其所當養則賢亦近愚矣如此賢不肖相覺何能分寸明不可不相訓導也　章指言父兄已賢子弟既頑教而不改乃歸自然

孟子曰人有不爲也而後可以有爲人不爲苟得乃能有讓千乘之志　章指言貴廉賤恥乃有不爲不爲非義義乃可申

孟子曰言人之不善當如後患何人之有惡惡人言之言之當如後有患難及己乎　章指言好言人惡殆非君子故曰不忮不求何用不臧

孟子曰仲尼不爲已甚者仲尼彈邪以正正斯可矣不欲其已甚泰過也　章指言論曰疾之已甚亂也故孟子譏踰牆距門者也

孟子八　四

孟子曰大人者言不必信行不必果惟義所在果能也大人杖義義有不得必信其言子爲父隱也有不能得果行其所欲行者若親在不得以其身許友也義或重於信故曰惟義所在　章指言大人之行行其重者不信不果所求合義也

孟子曰大人者不失其赤子之心者也大人謂君國君視民當如赤子不失其民心之謂也一說曰赤子嬰兒也少小之心專一未變化人能不失其赤子時心則爲貞正大人也　章指言人之所愛莫過赤子視民則然民懷之矣大人之行不過是也

孟子曰養生者不足以當大事惟送死可以當大事孝子事親致養未足以爲大事送終如禮則爲能奉大事也　章指言養生竭力人情所勉哀死送終行之高者事不違禮可謂難矣故謂之大事

孟子曰君子深造之以道欲其自得之也造致也言君子學問之法欲深致極竟之以知道意欲使已得其原本如性自有之也自得之則居之安居之安則資之深資之深則取之左右逢其原故君子欲其自得之也居之安若已所自有也資取也取之深則得其根也左右取之在所逢遇皆知其原本也故使君子欲自得之也　章指言學必根原如性自得物來能名事來不惑君子好之朝益暮習道所以臻也

孟子曰博學而詳說之將以反說約也博廣詳悉也廣學悉其微言而說之者將以約說其要意不盡知則不能要言之也　章指言廣尋道意詳說其事要約至義還反於樸說之美者也

孟子八　五　閔西

孟子曰以善服人者未有能服人者也以善養人然後能服天下天下不心服而王者未之有也以善服人之道治世謂以威力服人者也故人不心服以善養人養之以仁恩然後心服矣文王治岐是也天下不心服何由而王也　章指言五伯服人三王服心其服一也功則不同上論堯舜其是違乎

孟子曰言無實不祥不祥之實蔽賢者當

之凡言皆有實孝子之實養親是也善之實仁義是也祥善當直也不善之實何等也蔽賢之人直於不善之實也　章指言進賢受上賞蔽賢蒙顯戮故謂之不祥也

徐子曰仲尼亟稱於水曰水哉水哉何取於水也徐子徐辟也問仲尼何取於水而稱之也孟子曰原泉混混不舍晝夜盈科而後進放乎四海有本者如是是之取爾言水不舍晝夜而進盈滿科坎放至也至於四海者有原本也以況於事有本者皆如是是之取也苟爲無本七八月之間雨集溝澮皆盈其涸也可立而待也苟誠也誠令無本若周七八月夏五六月天之大雨潦水卒集大溝小澮皆滿然其涸乾可立待者無本之故也故聲聞過情君子恥之人無本行暴得善聲令聞過其情若潦水不能久也故君子恥之　章指言有本不竭無本則涸虛聲過實君子恥諸是以仲尼在川上曰逝者如斯

孟子八　六

孟子曰人之所以異於禽獸者幾希庶民去之君子存之幾希無幾也知義與不知義之間耳衆民去義君子存義也舜明於庶物察於人倫由仁義行非行仁義也倫序察識也舜明庶物之情識人事之序仁義生於內由其中而行非彊力行仁義也故道性善言必稱堯舜　章指言人與禽獸俱含天氣就利辟害其間不希衆人皆然君子則否聖人超絕識仁義之生於己也

孟子曰禹惡旨酒而好善言旨酒美酒也儀狄作酒禹飲而甘之遂踈儀狄而絕旨酒書曰禹拜讜言湯執中立賢無方執中正之道惟賢速立之不問其從何方來舉伊尹以爲相也文王視民如傷望道而未之見視民如傷者雍容不動擾也望道而未至殷錄未盡尚有賢臣道未得至故望而不致誅於紂也武王不泄邇不忘遠泄狎邇近也不泄狎近賢不遺忘遠善近謂朝臣遠謂諸侯也周公思兼三王以施四事其有不合者仰而思之夜以繼日幸而得之坐以待旦三王三代之王也四事禹湯文武所行事也不合己行有不合也仰而思之參諸天也坐而待旦言欲急施之也　章指言周公能思三王之道以輔成王大平之隆禮樂之備蓋由此也

孟子八　七　関西

孟子曰王者之迹熄而詩亡詩亡然後春秋作王者謂聖王也大平道衰王迹止熄頌聲不作故詩亡春秋撥亂作於衰世也晉之乘楚之檮杌魯之春秋一也其事則齊桓晉文其文則史孔子曰其義則丘竊取之矣此三大國史記之名異乘者興於田賦乘馬之事因以爲名檮杌者嚚凶之類興於記惡之戒因以爲名春秋以二始舉四時記萬事之名其事則五伯所理也桓文五伯之盛者故舉之其文史記之文也孔子自謂竊取之以爲素王也孔子人臣不受君命私作之故言竊亦聖人之謙辭　章指言詩可以言頌詠大平時無所詠

春秋乃興假史記之文孔子正之以匡邪也

孟子曰君子之澤五世而斬小人之澤五世而斬澤者滋潤之澤大德大凶流及後世自高祖至玄孫善惡之氣乃斷故曰五世而斬予未得爲孔子徒也予私淑諸人也予我也我未得爲孔子門徒也淑善也我私善之於賢人耳恨不得學於大聖也　章指言五世一體上下通流君子小人斬各有時企以高山跌以陷汙是以孟子恨不及乎仲尼也

孟子曰可以取可以無取取傷廉可以與可以無與與傷惠可以死可以無死死傷勇三者皆謂事可出入不至違義但傷此名亦不陷於惡也　章指言廉恵勇人之高行也喪此三名列士病諸故設斯科以進能者也

逢蒙學射於羿盡羿之道思天下惟羿爲愈己於是殺羿羿有窮后羿逢蒙羿之家衆也春秋傳曰羿將歸自田家衆殺之孟子曰是亦羿有罪焉罪羿不擇人也故以下事喻之公明儀曰宜若無罪焉曰薄乎云爾惡得無罪鄭人使子濯孺子侵衛衛使庾公之斯追之子濯孺子曰今日我疾作不可以執弓吾死矣夫孺子鄭大夫庾公衛大夫疾作瘧疾問其僕曰追我者誰也其僕曰庾公之斯也曰吾生矣僕御也孺子曰吾必生矣其僕曰庾公之斯衛之善射者也夫子曰吾生何謂也曰庾公之斯學射於尹公之他尹公之他學射於我夫尹公之他端人也其取友必端矣端人用心不邪僻知我是其道本所出必不害我也庾公之斯至曰夫子何爲不執弓曰今日我疾作不可以執弓曰小人學射於尹

公之他尹公之他學射於夫子我不忍以夫子之道反害夫子雖然今日之事君事也我不敢廢抽矢叩輪去其金發乗矢而後反庾公之斯至竟如孺子之所言而曰我不敢廢君事故叩輪去鏃使不害人乃以射孺子禮射四發而去乗四也詩云四矢反兮孟子言是以明羿之罪假使如子濯孺子之得尹公之他而教之何由有逢蒙之禍　章指言求交取友必得其人得善以全養凶獲患是故子濯濟難夷羿以殘可以鑒也

孟子曰西子蒙不絜則人皆掩鼻而過之西子古之好女西施也蒙不絜以不絜汙巾帽而蒙其頭也面雖好以蒙不絜人過之者皆掩鼻懼聞其臭也雖

有惡人齊戒沐浴則可以祀上帝惡人醜類者也面雖醜而齊戒沐浴自治絜淨可以侍上帝之祀言人當自治以仁義乃爲善也　章指言貌好行惡西子冒臭醜人絜服供事上帝明當脩飾惟義爲常也

孟子曰天下之言性也則故而已矣故者以利爲本言天下萬物之情性當順其故則利之也改戾其性則失其利矣若以杞柳爲桮棬非杞柳之性也所惡於智者爲其鑿也惡人欲用智而妄穿鑿不順物如智者若禹之行水也則無惡於智矣禹之行水也行其所無事也禹之用智決江疏河因水之性因地之宜引之就下行其空虛無事之處如智者亦行其所無事則智亦大矣如用智者不妄改作作事循理若禹行水於無事之處則爲大智也天之高也星辰之遠也苟求其故千歲之日至可坐而致也天雖高星辰雖遠誠能推求其故常之行千歲日至之日可坐知也星辰日月之會致至也知其日至在何日也　章指言能脩性守故天道可知妄智改常必與道乖性命之旨也

公行子有子之喪右師往弔入門有進而與右師言者有就右師之位而與右師言者公行子齊大夫也右師齊貴臣王驩字子敖公行之喪齊卿大夫以君命會各有位次故下云朝廷也與言者皆諂於貴人也孟子不與右師言右師不悅曰諸君子皆與驩言孟子獨不與驩言是簡驩也右師謂孟子簡其無德故不與言是以不悅也孟子聞之曰禮朝廷不歷位而相與言不踰階而相揖也我欲行禮子敖以我爲簡不亦異乎孟子聞子敖之言曰我欲行禮故不歷位而言反以我爲簡異也云以禮者心惡子敖而外順其辭也　章指言循禮而動不合時人阿意事貴脅肩所尊俗之情也是以萬物皆流而金石獨止

孟子曰君子所以異於人者以其存心也君子以仁存心以禮存心仁者愛人有禮者敬人愛人者人恒愛之敬人者人恒敬之存在也君子之在心者仁與禮也愛敬施行於人人必反之己也有人於此其待我以橫逆則君子必自反也我必不仁也必無禮也此物奚宜至哉橫逆者以暴虐之道來加我也君子反自思省謂己仁禮不至也物事也推此人何爲以此事來加我其自反而仁矣自反而有禮矣其橫逆由是也君子必自反也我必不忠君子自謂我必不忠自反而忠矣其橫

逆由是也君子曰此亦妄人也已矣如此則與禽獸奚擇哉於禽獸又何難焉（妄人妄作之人無知者與禽獸何擇異也無異於禽獸又何足難也）是故君子有終身之憂無一朝之患也乃若所憂則有之舜人也我亦人也舜爲法於天下可傳於後世我由未免爲鄉人也是則可憂也（君子之憂憂不如堯舜也）憂之如何如舜而已矣（憂之當如之何乎如舜而後可故終身憂也）若夫君子所患則亡矣非仁無爲也非禮無行也如有一朝之患則君子不患矣（君子之行本自不致意常行仁行禮如有一朝横來之患非已愆也故君子歸天不以爲患也）（章指言君子責己小人不改比之禽獸不足難矣蹈仁行禮不患其患惟不若舜可以憂也）

禹稷當平世三過其門而不入孔子賢之顏子當亂世居於陋巷一簞食一瓢飲人不堪其憂顏子不改其樂孔子賢之孟子曰禹稷顏回同道（當平世三過其門者身爲公卿憂民急也當亂世安陋巷者不用於世窮而樂道也孟子以爲憂民之道同用與不用之宜若是也故孔子俱賢之）禹思天下有溺者由己溺之稷思天下有飢者由己飢之也是以如是其急也禹稷顏子易地則皆然（禹稷急民之難若是顏子與之易地其心亦然不在其位勞佚異矣）今有同室之人鬬者救之雖被髮纓冠而救之可也鄉鄰有鬬者被髮纓冠而往救之則惑也雖閉戶可也（纓冠者以冠纓貫頭也鄉鄰同鄉也同室相救是其理也喻禹稷走赴鄉人非其事顏子所以闔戶而高枕也）（章指言上賢之士得聖一槩顏子之心有同禹稷時行則行時止則止失其節則惑矣）

公都子曰匡章通國皆稱不孝焉夫子與之遊又從而禮貌之敢問何也（匡章齊人也一國皆稱不孝問孟子何爲與之遊又禮之以顏色喜悅之貌也）孟子曰世俗所謂不孝者五惰其四支不顧父母之養一不孝也博弈好飲酒不顧父母之養二不孝也好貨財私妻子不顧父母之養三不孝也從耳目之欲以爲父母戮四不孝也好勇鬬很以危父母五不孝也章子有一於是

乎情解不作極耳目之欲以陷罪戮及父母凡此五者人所謂不孝之行章子豈有一事於是五不孝
中也夫章子子父責善而不相遇也責善朋
友之道也父子責善賊恩之大者遇得也章子子夫章
父親教相責以善不能相得父逐之也朋友切磋乃當責善耳父子相責以善賊恩之大也
子豈不欲有夫妻子母之屬哉爲得罪於
父不得近出妻屛子終身不養焉夫章子豈不欲
身有夫妻之配子有母子之屬哉但以身得罪於父不得近父故出去其妻屛遠其子終身不爲妻子所養也
其設心以爲不若是是則罪之大者是則

孟子八　十四

章子已矣章子張設其心執持此屛出妻子之意以爲人得罪於父而不若是以自責罰是則
罪益大矣是章子之行已矣何爲不可與言　章指言匡章得罪出妻屛子上不得養下以責已衆曰不孝其
實則否是以孟子禮貌之也
曾子居武城有越寇或曰寇至盍去諸盍何
不也曾子居武城有越寇將來人曰寇方至何不去之曰無寓人於我室毀
傷其薪木寇退則曰脩我牆屋我將反寓寄
也曾子欲去戒其守人曰無寄人於我室恐其傷我薪草樹木也寇退則曰治牆屋之壞者我將來反寇
退曾子反左右曰待先生如此其忠且敬

也寇至則先去以爲民望寇退則反殆於
不可左右相與非議曾子者言武城邑大夫敬曾子武城人爲曾子忠謀勸使避寇君臣忠敬如此
而先生寇至則先去使百姓瞻望而效之寇退安寧則復來還殆不可如是怪曾子何以行之也沈猶
行曰是非汝所知也昔沈猶有負芻之禍
從先生者七十人未有與焉沈猶行曾子弟子也行謂左右
之人曰先生之行非汝所能知也先生曾子也往者先生嘗從門徒七十人舍吾沈猶氏時有作亂者曰負芻
來攻沈猶氏先生率弟子去之不與其難言師賓不與臣同子思居於衛有齊
寇或曰寇至盍去諸子思曰如伋去君誰

孟子八　十五　関西

與守伋子思名也子思欲助衛君赴難孟子曰曾子子思同道
曾子師也父兄也子思臣也微也曾子子
思易地則皆然孟子以爲二人同道曾子爲武城人作師則其父兄故去留無毀子
思微少也又爲臣委質爲臣當死難故不去也子思與曾子易處同然　章指言臣當營君師有餘裕二人處
義非殊者也是故孟子紀之謂得其同
儲子曰王使人瞯夫子果有以異於人乎
儲子齊人也瞯視也果能也謂孟子曰王言賢者身貌必當有異故使人視夫子能有異於衆人之容乎孟
子曰何以異於人哉堯舜與人同耳人生同受

法於天地之形我當何以異於人哉且堯舜之貌與凡同耳其所以異乃以仁義之道在於内也　章指言人以道殊賢愚體別頭員足方善惡如一儲子之言齊王之不達也

齊人有一妻一妾而處室者其良人出則必饜酒肉而後反其妻問所與飲食者則盡富貴也良人夫也盡富貴者夫詐言其姓名也其妻告其妾曰良人出則必饜酒肉而後反問其與飲食者盡富貴也而未嘗有顯者來吾將瞷良人之所之妻疑其詐故欲視其所之蚤起施從良人之所之徧國中無與立談者卒之東郭墦間之祭者乞其餘不足又顧而之他此其為饜足之道也施者邪施而行不欲使良人覺也墦間郭外冢間也乞其祭者所餘酒肉也其妻歸告其妾曰良人者所仰望而終身也今若此與其妾訕其良人而相泣於中庭妻妾於中庭悲傷其良人相對涕泣而謗毀之而良人未之知也施施從外來驕其妻妾施施猶扁扁喜悅之貌以為妻妾不知如故驕之也由君子觀之則人之所以求富貴利達

者其妻妾不羞也而不相泣者幾希矣由用也用君子之道觀今求富貴者皆以枉曲之道昏夜乞哀而求之以驕人於白日由此良人為妻妾所羞為所泣傷也幾希者言今苟求富貴妻妾雖不羞泣者與此良人妻妾何異也　章指言小人苟得謂不見知君子觀之與正道乖妻妾猶羞况於國人著以為戒恥之甚焉

孟子卷第八

孟子卷第九

趙氏注

萬章章句上

萬章者萬姓章名孟子弟子也萬章問舜孝猶論語顔淵問仁因以題篇

萬章問曰舜往于田號泣于旻天何爲其號泣也問舜往至于田何爲號泣也謂耕於歷山之時孟子曰怨慕也言舜自怨遭父母見惡之厄而思慕也萬章曰父母愛之喜而不忘父母惡之勞而不怨然則舜怨乎言孝法當不怨如是舜何故怨曰長息問於公明高曰舜往于田則吾既得聞命矣號泣于旻天于父母則吾不知也公明高曰是非爾所知也長息公明高弟子公明高曾子弟子旻天秋也憂陰氣也故訴于旻天高非息之問不得其義故曰非爾所知夫公明高以孝子之心爲不若是恝恝無愁之貌孟子以萬章之問難自距之故爲言高息之相對如此夫公明高以爲孝子不得意於父母自當怨悲豈可恝恝然無憂哉我竭力耕田共爲子職而已矣父母之不我愛於我何哉我共人子之事而父母不我愛於我之身獨有何罪哉自求責於己而悲感焉帝使其子九男二女百官牛羊倉廩備以事舜於畎畝之中帝堯也堯使九子事舜以

爲師以二女妻舜百官致牛羊倉廩致粟米之饒備具饋禮以奉事舜於畎畝之中由是遂賜舜以倉廩牛羊使得自有之堯典曰釐降二女不見九男孟子時尚書凡百二十篇逸書有舜典之敘亡失其文孟子諸所言舜事皆堯典及逸書所載獨丹朱以胤嗣之子臣下以距堯求禪其餘八庶無事故不見於堯典猶晉獻公之子九人五人以事見於春秋其餘四子亦不復見天下之士多就之者帝將胥天下而遷之焉爲不順於父母如窮人無所歸天下之善士多就舜而悅之胥須也堯須天下悉治將遷位而禪之順愛也爲不愛於父母其爲憂愁若困窮之人無所歸往也天下之士悅之人之所欲也欲貪也而不足以解憂好色人之所欲妻帝之二女而不足以解憂富人之所欲富有天下而不足以解憂貴人之所欲貴爲天子而不足以解憂人悅之好色富貴無足以解憂者惟順於父母可以解憂言爲人所悅將見禪爲天子皆不足以解憂獨見愛於父母爲可以解己之憂人少則慕父母知好色則慕少艾有妻子則慕妻子仕則慕君不得於君則熱中慕思慕也人少年少也艾美好也不得於君失意於君也熱中心熱恐懼也是乃人之情大孝終身慕

父母五十而慕者予於大舜見之矣大孝之人終身慕父母若老萊子七十而慕衣五綵之衣爲嬰兒匍匐於父母前也我於大舜見五十而尚慕父母書曰舜生三十徵庸三十在位在位時尚慕故言五十也章指言夫孝者百行之本無物以先之雖富有天下而不能取悅於其父母莫有可也孝道明著則六合歸仁矣

萬章問曰詩云娶妻如之何必告父母信斯言也宜莫如舜舜之不告而娶何也詩齊風南山之篇言娶妻之禮必告父母舜合信此詩之言何爲違禮不告而娶也孟子曰告則不得娶男女居室人之大倫也如告則廢人之大倫以懟父母是以不告也舜父頑母嚚常欲害舜告則不聽其娶是廢人之大倫以怨懟於父母也萬章曰舜之不告而娶則吾既得聞命矣帝之妻舜而不告何也禮娶須五禮父母亢荅以辭是相告也帝謂堯也何不告舜父母也曰帝亦知告焉則不得妻也帝堯知舜大孝父母止之舜不敢違則不得妻之故亦不告萬章曰父母使舜完廩捐階瞽瞍焚廩使浚井出從而揜之完治廩倉階梯也使舜登廩屋而捐去其階焚燒其廩也一說旋階舜即旋從階下瞽瞍不知其已下故焚廩也使舜浚井舜入而即出瞽瞍不知其已出從而蓋其井以爲死矣

象曰謨蓋都君咸我績象舜異母弟謨謀蓋覆也都於也君舜也舜有牛羊倉廩之奉故謂之君咸皆績功也象言謀覆於君而殺之者皆我之功欲與父母分舜之有取其善者故引其功也牛羊父母倉廩父母欲以牛羊倉廩與其父母干戈朕琴朕弤朕二嫂使治朕棲干楯戈戟也琴舜所彈五絃琴也弤彫弓也天子曰彫弓堯禪舜天下故賜之彫弓也棲牀也二嫂娥皇女英使治牀欲以爲妻也象往入舜宮舜在牀琴象曰鬱陶思君爾忸怩象見舜生在牀鼓琴愕然反辭曰我鬱陶思君故來爾辭也忸怩而慙是其情也舜曰惟茲臣庶汝其于予治茲此也象素憎舜不至其宮也故舜見來而喜曰惟念此臣衆汝故助我治事不識舜不知象之將殺己與萬章言我不知舜不知象之將殺之與何爲好言順辭以荅象也曰奚而不知也象憂亦憂象喜亦喜奚何也孟子曰舜何爲不知象惡己也仁人愛其弟憂喜隨之象方言思君故以順辭荅之曰然則舜僞喜者與僞詐也萬章言如是則爲舜行至誠而詐喜以悅人矣曰否昔者有饋生魚於鄭子產子產使校人畜之池校人烹之反命曰始舍之圉圉焉少則洋洋焉攸然而逝子產曰得其所哉得其所哉孟子言否云舜不詐喜也因爲說子

產以喻之子產鄭子國之子公孫僑大賢人也校人主池沼小吏也圉圉魚在水羸劣之貌洋洋舒緩摇尾之貌攸然迸走水趣深處也故曰得其所哉重言之嘉得魚之志也 校人出曰孰謂子產智予既烹而食之曰得其所哉得其所哉故君子可欺以其方難罔以非其道彼以愛兄之道來故誠信而喜之奚僞焉 方類也君子可以事類欺故子產不知校人之食其魚象以其愛兄之言來向舜是亦其類也故誠信之而喜何爲僞喜也 章指言仁聖所存者大舍小從大達權之義也不告而娶守正道也

萬章問曰象日以殺舜爲事立爲天子則放之何也 怪舜放之何故 孟子曰封之也或曰放焉 舜封象于有庳或有人以爲放之 萬章曰舜流共工于幽州放驩兜于崇山殺三苗于三危殛鯀于羽山四罪而天下咸服誅不仁也象至不仁封之有庳有庳之人奚罪焉仁人固如是乎在他人則誅之在弟則封之 舜誅四佞以其惡也象惡亦甚而封之仁人用心當如是乎罪在他人當誅之在弟則封之 曰仁人之於弟也不藏怒焉不宿怨焉親愛之而已矣親之

欲其貴也愛之欲其富也封之有庳富貴之也身爲天子弟爲匹夫可謂親愛之乎 孟子言仁人於弟不問善惡親愛之而已封者欲使富貴耳身爲天子弟雖不仁豈可使爲匹夫也 敢問或曰放者何謂也 萬章問放之意 曰象不得有爲於其國天子使吏治其國而納其貢稅焉故謂之放豈得暴彼民哉 象不得施教於其國天子使吏代其治而納貢賦與之比諸見放也有庳雖不得賢君象亦不侵其民也 雖然欲常常而見之故源源而來不及貢以政接于有庳 雖不使象得豫政事舜以兄弟之恩欲常常見之無已故源源而來如流水之與源通不及貢者不待朝貢諸侯常禮乃來也其間歲歲自至京師謂若天子以政事接見有庳之君者實親親之恩也 此之謂也 此常常已下皆尚書逸篇之辭孟子以告萬章言此乃象之謂也 章指言親誠于內者則外發於事仁人之心也象爲無道極矣友于之性忘其悖逆況其仁賢乎

咸丘蒙問曰語云盛德之士君不得而臣父不得而子舜南面而立堯帥諸侯北面而朝之瞽瞍亦北面而朝之舜見瞽瞍其容有蹙孔子曰於斯時也天下殆哉岌岌

乎不識此語誠然乎哉咸丘蒙孟子弟子語者諺語也言盛德之士君不敢臣父不敢子堯與瞽瞍皆臣事舜其容有蹙踖不自安也孔子以爲君父爲臣岌岌乎不安貌也故曰殆哉不知此語實然乎孟子曰否言不然也此非君子之言齊東野人之語也東野東作田野之人所言耳咸丘蒙齊人也故聞齊野人之言書曰平秩東作謂治農事也堯老而舜攝也堯典曰二十有八載放勳乃徂落百姓如喪考妣三年四海遏密八音孟子言舜攝行事耳未爲天子也放勳堯名徂落死也如喪考妣思之如父母也遏止也密無聲也八音不作哀思甚也孔子曰天無二日民無

孟九　七　閩西

二王舜既爲天子矣又帥天下諸侯以爲堯三年喪是二天子矣曰一王一言不得竝也咸丘蒙曰舜之不臣堯則吾既得聞命矣不以堯爲臣也詩云普天之下莫非王土率土之濱莫非王臣而舜既爲天子矣敢問瞽瞍之非臣如何詩小雅北山之篇普徧率循也徧天下循土之濱無有非王者之臣而曰瞽瞍非臣如何也曰是詩也非是之謂也勞於王事而不得養父母也曰此莫非王事我獨賢勞也孟子

言此詩非舜臣父之謂也詩言皆王臣也何爲獨使我以賢才而勞苦不得養父母乎是以怨也故說詩者不以文害辭不以辭害志以意逆志是爲得之如以辭而已矣雲漢之詩曰周餘黎民靡有孑遺信斯言也是周無遺民也文詩之文章所引以興事也辭詩人所歌詠之辭志詩人志所欲之事意學者之心意也孟子言說詩者當本之不可以文害其辭文不顯乃反顯也不可以辭害其志辭曰周餘黎民靡有孑遺志在憂旱災民無孑然遺脫不遭旱災者非無民也人情不遠以己之意逆詩人之志是爲得其實矣王者有所不臣不可謂皆爲王臣謂舜臣父也孝子之至莫大乎尊親尊親之至

孟九　八　閩西

莫大乎以天下養爲天子父尊之至也以天下養養之至也尊之至瞽瞍爲天子父養之至舜以天下之富奉養其親詩曰永言孝思孝思惟則此之謂也至極也詩大雅下武之篇周武王所以長言孝道欲以爲天下法則此舜之謂也書曰祗載見瞽瞍夔夔齊栗瞽瞍亦允若是爲父不得而子也書尚書逸篇祗敬載事也夔夔齊栗敬愼戰懼貌舜既爲天子敬事嚴父戰栗以見瞽瞍瞍亦信知舜之大孝若是爲父不行而子也以是解咸丘蒙之疑

章指言孝莫大於嚴父而尊之矣行莫過於蒸蒸執子之政也此聖人之軌道無有加焉

萬章曰堯以天下與舜有諸欲知堯實以天下與舜否孟子曰否堯不與之天子不能以天下與人當與天意合之非天命者天子不能違天命也堯曰咨爾舜天之曆數在爾躬是也然則舜有天下也孰與之萬章言誰與之也曰天與之孟子言天與之天與之者諄諄然命之乎萬章言天有聲音命與之乎曰否天不言以行與事示之而已矣孟子曰天不言語但以其人之所行善惡又以其事從而示天下也曰以行與事示之者如之何萬章欲知示之之意曰天子能薦人於天不能使天與之

天下諸侯能薦人於天子不能使天子與之諸侯大夫能薦人於諸侯不能使諸侯與之大夫昔者堯薦舜於天而天受之暴之於民而民受之故曰天不言以行與事示之而已矣孟子言下能薦人於上不能令上必用之舜天人所受故得天下也曰敢問薦之於天而天受之暴之於民而民受之如何萬章言天人受之其事云何曰使之主祭而百神享之是天受之使之主事而事治百姓安之是民受之也天與之人與之故曰天子不能以天下與人百神享之祭祀得福也百姓安之民皆謳歌其德也舜相堯二十有八載非人之所能爲也天也二十八年之久非人爲也天與之也堯崩三年之喪畢舜避堯之子於南河之南天下諸侯朝覲者不之堯之子而之舜訟獄者不之堯之子而之舜謳歌者不謳歌堯之子而謳歌舜故曰天也夫然後之中國踐天子位焉而居堯

之宮逼堯之子是篡也非天與也南河之南遠地南夷也故言然後之中國堯子胤子丹朱訟獄獄不決其罪故訟之謳歌舜德也大誓曰天視自我民視天聽自我民聽此之謂也大誓尚書篇名自從也言天之視聽從人所欲也章指言德合於天則天爵歸之行歸於仁則天下與之天命不常此之謂也

萬章問曰人有言至於禹而德衰不傳於賢而傳於子有諸問禹之德衰不傳於賢而自傳於子有之否孟子曰否不然也否不也不如人所言天與賢則與賢天與子

則與子言隨天也昔者舜薦禹於天十有七年舜崩三年之喪畢禹避舜之子於陽城天下之民從之若堯崩之後不從堯之子而從舜也禹薦益於天七年禹崩三年之喪畢益避禹之子於箕山之陰朝覲訟獄者不之益而之啓曰吾君之子也謳歌者不謳歌益而謳歌啓曰吾君之子也丹朱之不肖舜之子亦不肖舜之相堯禹之相舜也

歷年多施澤於民久啓賢能敬承繼禹之道益之相禹也歷年少施澤於民未久舜薦禹禹薦益同也以啓之賢故天下歸之益又未久故也陽城箕山之陰皆嵩山下深谷之中以藏處也舜禹益相去久遠其子之賢不肖皆天也非人之所能爲也莫之爲而爲者天也莫之致而至者命也莫無也人無所欲爲而橫爲之者天使爲也人無欲致此事而此事自至者是其命祿也匹夫而有天下者德必若舜禹而又有天子薦之者故仲尼不有天下繼世

以有天下仲尼無天子之薦故不得有天下繼世之君雖無仲尼之德襲父之位非匹夫故得有天下也天之所廢必若桀紂者也故益伊尹周公不有天下益值啓之賢伊尹值大甲能改過周公值成王有德不遭桀紂故以匹夫而不有天下伊尹相湯以王於天下湯崩大丁未立外丙二年仲壬四年大甲顛覆湯之典刑伊尹放之於桐三年大甲悔過自怨自艾於桐處仁遷義三年以聽伊尹之訓己也復歸于亳大丁湯之大子未立而薨外丙立二年仲壬立四年皆大丁之弟也大甲

大丁子也伊尹以其顛覆典刑放之於桐邑處居也遷徙也居仁徙義自怨其惡行艾治也治而改過以聽伊尹之教訓己故復得歸之於亳反天子位也周公之不有天下猶益之於夏伊尹之於殷也孔子曰唐虞禪夏后殷周繼其義一也周公與益伊尹雖有聖賢之德不遭者時然孔子言禪繼其義一也章指言義於仁則四海宅心守正不足則聖位莫繼丹朱商均是也是以聖人孜孜於仁德也

萬章問曰人有言伊尹以割烹要湯有諸人言伊尹負鼎俎而干湯有之否孟子曰否不然否不是也伊尹耕於有莘之野而樂堯舜之道焉非其義也

非其道也祿之以天下弗顧也繫馬千駟弗視也非其義也非其道也一介不以與人一介不以取諸人有莘國名伊尹初隱之時耕於有莘之國樂仁義之道非仁義之道者雖以天下之祿加之不一顧而視也千駟四千匹也雖多不一眄視也一介草不以與人亦不以取於人也湯使人以幣聘之囂囂然曰我何以湯之聘幣爲哉我豈若處畎畝之中由是以樂堯舜之道哉湯聞其賢以玄纁之幣帛往聘之囂囂自得之志無欲之貌也曰豈若居畎畝之中而無憂哉樂我堯舜仁義之道湯三使往聘之既而

孟九　十三　閔西

幡然改曰與我處畎畝之中由是以樂堯舜之道吾豈若使是君爲堯舜之君哉吾豈若使是民爲堯舜之民哉吾豈若於吾身親見之哉幡反也三聘既至而後幡然改本之計欲就湯聘以行其道使君爲堯舜之君若使民爲堯舜之民天之生此民也使先知覺後知使先覺覺後覺也予天民之先覺者也予將以斯道覺斯民也非予覺之而誰也覺悟也天欲使先知之人悟後知之人我先悟覺者也我欲以此仁義之道覺悟此未知之民非我悟之將誰教乎

思天下之民匹夫匹婦有不被堯舜之澤者若己推而內之溝中其自任以天下之重如此故就湯而說之以伐夏救民伊尹思念不以仁義之道化民者如己推排內之溝壑中也自任其重如此故就湯說之伐夏桀救民之厄也吾未聞枉己而正人者也況辱己以正天下者乎枉己者尚不能以正人況於辱己之身而有正天下者也聖人之行不同也或遠或近或去或不去歸絜其身而已矣不同謂所由不同大要當同歸但殊塗耳或遠者處身遠也或近者仕者近君也或去者不屑就也或不去者

孟九　十四　閔西

云焉能浼我也歸於身絜不汙己而已吾聞其以堯舜之道要湯未聞以割烹也我聞伊尹以仁義干湯致湯爲王不聞以割烹牛羊爲道伊訓曰天誅造攻自牧宮朕載自亳伊訓尚書逸篇名牧宮桀宮朕我也謂湯也載始也亳殷都也言意欲誅伐桀造作可攻討之罪者從牧宮桀起自取之也湯曰我始與伊尹謀之於亳遂順天而誅也　章指言賢達之理世務也推正以濟時物守己直行不任道而取容期於益治而已矣

萬章問曰或謂孔子於衛主癰疽於齊主侍人瘠環有諸乎有人以孔子爲然癰疽癰疽之醫也瘠姓環名侍人也衛

君齊君之所近狎人孟子曰否不然也好事者為之也否不也不如是也好事毀人德行者為之辭也於衛主顏讎由彌子之妻與子路之妻兄弟也彌子謂子路曰孔子主我衛卿可得也子路以告孔子曰有命孔子進以禮退以義得之不得曰有命而主癰疽與侍人瘠環是無義無命也顏讎由衛賢大夫孔子以為主彌子彌子瑕也因子路欲為孔子主孔子知彌子幸於靈公不以正道故不納之而歸於命也孔子進以禮退應義必曰有天命也若主此二人是為無義無命也孔子不悅於

魯衛遭宋桓司馬將要而殺之微服而過宋是時孔子當阨主司城貞子為陳侯周臣孔子以道不合不見悅魯衛之君而去適諸侯遭宋桓魋之故乃變更微服而過宋司城貞子宋卿也雖非大賢亦無諂惡之罪故論為貞子陳侯周陳懷公子也為楚所滅故無謚但曰陳侯周是時孔子遭阨難不暇擇大賢臣而主貞子為陳侯周臣也於衛齊無阨難何為主癰疽瘠環也吾聞觀近臣以其所為主觀遠臣以其所主若孔子主癰疽與侍人瘠環何以為孔子近臣當為遠方來賢者為主遠臣自遠而至當主於在朝之臣賢者若孔子主於卑幸之臣是為凡人耳何謂孔子得見稱為聖人章

指言君子大居正以禮進退屈伸達節不違貞信故孟子辯之正其大義也

萬章問曰或曰百里奚自鬻於秦養牲者五羊之皮食牛以要秦繆公信乎人言百里奚自賣五羖羊皮為人養牛以是而要繆公之相實然不孟子曰否不然好事者為之也好事毀敗人之德行者為之設此言百里奚虞人也晉人以垂棘之璧與屈產之乘假道於虞以伐虢宮之奇諫垂棘美玉所出地名屈產地良馬所生乘四馬也皆晉國之所寶宮之奇虞之賢臣諫不欲令虞公受璧馬假晉道百里奚不諫知虞公之不

可諫而去之秦年已七十矣曾不知以食牛干秦繆公之為汙也可謂智乎不可諫而不諫可謂不智乎知虞公之將亡而先去之不可謂不智也時舉於秦知繆公之可與有行也而相之可謂不智乎相秦而顯其君於天下可傳於後世不賢而能之乎百里奚知虞公之不可諫而去之秦年七十而不知食牛干人君之為汙是為不智也欲言其不智下有三智知食牛干秦為不然也卒相秦顯其君不賢之人豈能如是言其實賢也自鬻以成其

君鄉黨自好者不爲而謂賢者爲之乎人自鬻於汙辱而以傅相成立其君鄉黨邑里自喜好名者尚不肯爲也況賢人肯辱身而爲之乎　章指言君子時行則行時舍則舍故能顯君明道不爲苟合而違正也

孟子卷第九

孟子卷第十

萬章章句下　　趙氏注

孟子曰伯夷目不視惡色耳不聽惡聲非其君不事非其民不使治則進亂則退橫政之所出橫民之所止不忍居也思與鄉人處如以朝衣朝冠坐於塗炭也當紂之時居北海之濱以待天下之清也故聞伯夷之風者頑夫廉懦夫有立志孟子反覆嗟伯夷伊尹柳下惠之德以爲足以配於聖人故數章陳之猶詩人有所誦述至於數四蓋其留意者也義見上篇矣此復言不視惡色謂行不正而有美色者若夏姬之比也耳不聽惡聲謂鄭聲也後世聞其風者頑貪之夫更思廉絜懦弱之人更思有立義之志也伊尹曰何事非君何使非民治亦進亂亦進曰天之生斯民也使先知覺後知使先覺覺後覺予天民之先覺者予將以此道覺此民也思天下之民匹夫匹婦有不與被堯舜之澤者如己推而內之溝中其自任以天下之重也說與上同柳下

惠不羞汙君不辭小官進不隱賢必以其道遺佚而不怨阨窮而不閔與鄉人處由由然不忍去也爾爲爾我爲我雖袒裼裸裎於我側爾焉能浼我哉故聞柳下惠之風者鄙夫寬薄夫敦鄙狹者更寬優薄淺者更深厚孔子之去齊接淅而行去魯曰遲遲吾行也去父母國之道也可以速而速可以久而久可以處而處可以仕而仕孔子也淅漬米也不及炊避惡亟也魯父母之國遲遲不忍去也是其道也孔子聖人故能量時宜動中權也

孟子曰伯夷聖之清者也伊尹聖之任者也柳下惠聖之和者也孔子聖之時者也孔子之謂集大成集大成也者金聲而玉振之也金聲也者始條理也玉振之也者終條理也伯夷清伊尹任柳下惠和皆得聖人之道也孔子時行則行時止則止孔子集先聖之大道以成己之聖德者也故能金聲而玉振之振揚也故如金聲之有殺振揚玉音始終如一也始條理者金從革可治之使條理終條理者玉終其聲而不細也合五德而不撓也始條理者智之事也終條理者聖之事也智者智理物聖人終始同智譬則巧也聖譬則力也由射於百步之外也其至爾力也其中非爾力也以智譬由人之有技巧也可學而益之以聖譬由力之有多少自有極限不可強增聖人受天性可庶幾而不可及也夫射遠而至爾努力也其中的者爾之巧也思改其手用巧意乃能中也　章指言聖人由力力有常也賢者由巧巧可增也仲尼天高故不可階他人丘陵丘陵由可踰所謂小同而大異者也

北宮錡問曰周室班爵祿也如之何北宮錡衞人班列也問周家班列爵祿等差謂何

孟子曰其詳不可得聞也諸侯惡其害己也而皆去其籍然而軻也嘗聞其略也詳悉也不可得備知也諸侯欲恣行憎惡其法度妨害己之所爲故滅去典籍今周禮司祿之官無其職是則諸侯皆去之故使不復存也軻孟子名略麤也言嘗聞其大綱如此矣今考之禮記王制則合也天子一位公一位侯一位子男同一位凡五等也公謂上公九命及二王後也自天子以下列尊卑之位凡五等君一位卿一位大夫一位上士一位中士一位下士一位凡六等諸侯法天子臣名亦有此六等從君下至於士也天子之制地方千里公侯皆方百里伯

七十里子男五十里凡四等不能五十里不達於天子附於諸侯曰附庸〔凡此四等土地之等差也天子封畿千里諸侯方百里象雷震也小者不能特達於天子因大國以名通曰附庸也〕天子之卿受地視侯大夫受地視伯元士受地視子男〔視比也天子之卿大夫士所受采地之制也〕大國地方百里君十卿祿卿祿四大夫大夫倍上士上士倍中士中士倍下士下士與庶人在官者同祿祿足以代其耕也〔公侯之國爲大國卿祿居於君祿十分之一也〕

〔上士之祿居大夫祿二分之一也中士下士轉相倍庶人在官者未命爲士者也其祿比上農夫士不得耕以祿代耕也〕次國地方七十里君十卿祿卿祿三大夫大夫倍上士上士倍中士中士倍下士下士與庶人在官者同祿祿足以代其耕也〔伯爲次國大夫祿居卿祿三分之一也〕小國地方五十里君十卿祿卿祿二大夫大夫倍上士上士倍中士中士倍下士下士與庶人在官者同祿祿足以代其耕也〔子男爲小國大夫祿居卿祿二分之一也〕耕者

之所獲一夫百畝百畝之糞上農夫食九人上次食八人中食七人中次食六人下食五人庶人在官者其祿以是爲差〔獲得也一夫一婦佃田百畝百畝之田加之以糞是爲上農夫其所得穀足以食九口庶人在官者食祿之等差由農夫有上中下之次亦有此五等若今之斗食佐史除吏也〕

〔章指言聖人制祿上下差敘貴有常尊賤有等威諸侯僭越滅籍從私孟子略記言其大綱以荅北宮子之問〕

萬章問曰敢問友〔問朋友之道也〕孟子曰不挾長不挾貴不挾兄弟而友友也者友其德也不可以有挾也〔長年長貴貴勢兄弟兄弟有富貴者不挾是乃爲友謂相友以德也〕孟

獻子百乘之家也有友五人焉樂正裘牧仲其三人則予忘之矣獻子之與此五人者友也無獻子之家者也此五人者亦有獻子之家則不與之友矣〔獻子魯卿孟氏也有百乘之賦樂正裘牧仲其五人者皆賢人無位者也此五人者自有獻子之家富貴而復有德不肯與獻子友也獻子以其富貴下此五人五人屈禮而就也〕非惟百乘之家爲然也雖小國之君亦有之費惠公曰吾於子思則師

之矣吾於顏般則友之矣王順長息則事我者也小國之君若費惠公者也王順長息德不能見師友故曰事我者也非惟小國之君爲然也雖大國之君亦有之晉平公於亥唐也入云則入坐云則坐食云則食雖疏食菜羹未嘗不飽蓋不敢不飽也然終於此而已矣大國之君如晉平公者也亥唐晉賢人也隱居陋巷者平公常往造之亥唐言入平公乃入言坐乃坐言食乃食也疏食糲食也不敢不飽敬賢也終於此平公但以此禮下之而已弗與共天位也弗與治天職也弗與食天祿也士之尊賢者也非王公尊賢也位職祿皆天之所以授賢者而平公不與亥唐共之而但卑身下之是乃匹夫尊賢者之禮耳王公尊賢當與共天職矣舜尚見帝帝館甥于貳室亦饗舜迭爲賓主是天子而友匹夫也尚上也舜在畎畝之時堯友禮之舜上見堯堯舍之於貳室貳室副宮也堯亦就饗舜之所設更迭爲賓主禮謂妻父曰外舅謂我舅者吾謂之甥堯以女妻舜故謂舜甥卒與之天位是天子之友匹夫也用下敬上謂之貴貴用上敬下謂之尊賢貴貴尊賢其義一也下敬上臣恭於君也上敬下君禮於臣也皆禮所尚故云其義一也　章指言匹夫友賢下之以德王公友賢授之以爵大聖之行千載爲法者也

萬章曰敢問交際何心也際接也問交接道當執何心爲可者孟子曰恭也當執恭敬爲心曰卻之卻之爲不恭何哉萬章問卻不受尊者禮謂之不恭何然也曰尊者賜之曰其所取之者義乎不義乎而後受之以是爲不恭故弗卻也孟子曰今尊者賜己己問其所取此物寧以義乎得無不義乃後受之以是爲不恭故不當問尊者不義而卻之也曰請無以辭卻之以心卻之曰其取諸民之不義也而以他辭無受不可乎萬章曰請無正以不義之辭卻也心知其不義以他辭讓無受之不可邪曰其交也以道其接也以禮斯孔子受之矣孟子言其來求交己以道理其接待己有禮者若斯孔子受之矣言可受也萬章曰今有禦人於國門之外者其交也以道其餽也以禮斯可受禦與禦人以兵禦人而奪之貨如是而以禮道來接己斯可受乎曰不可康誥曰殺越人于貨閔不畏死凡民罔不譈是不待教而誅者也殷受夏周受殷所不辭也於今爲烈如之何其受之孟子曰不

可受也康誥尚書篇名周公戒成王康叔封越于皆於也殺於人取於貨閔然不知畏死者譈殺也凡民無不得殺之者也若此之惡不待君之教命遭人得討之三代相傳以此法不須辭問也於今爲烈烈明法如之何受其餽也曰今之諸侯取之於民也猶禦也苟善其禮際矣斯君子受之敢問何說也萬章曰今諸侯賦稅於民不由其道履畝彊求猶禦人也欲善其禮以接君子君子欲受之何說也君子謂孟子曰子以爲有王者作將比今之諸侯而誅之乎其教之不改而後誅之乎夫謂非其有而取之者盜也充類至義之盡也孔子之仕於魯也魯人獵較孔子亦獵較獵較猶可而況受其賜乎孟子謂萬章曰子以爲後如有聖人興作將比地盡誅今之諸侯乎將教之其不改者乃誅之乎言必教之誅其不改者也殷之衰亦猶周之末武王不盡誅殷之諸侯滅國五十而已知後王者亦不盡誅也謂非其有而竊取之者爲盜充滿至甚也滿其類大過至者但義盡耳未爲盜也諸侯本當稅民之類者今大盡耳亦不可比於禦孔子隨魯人之獵較獵較者田獵相較奪禽獸得之以祭時俗所尚以爲吉祥孔子不違而從之所以小同於世也獵較尚猶可爲況受其賜而不可也曰然則孔子之仕也非事道與萬章問孔子之仕非欲事行其道與曰事道也孟子曰孔子所仕者欲事行其道事道奚獵較也萬章曰孔

孟子十　八

子欲仕道如何可獵較也曰孔子先簿正祭器不以四方之食供簿正孟子曰孔子仕於衰世不可卒暴改戾故以漸正之先爲簿書以正其宗廟祭祀之器即其舊禮取備於國中不以四方珍食供其所簿正之器度珍食難常有乏絕則爲不敬故獵較以祭也曰奚不去也萬章曰孔子不得行道何爲不去曰爲之兆也兆足以行矣而不行而後去是以未嘗有所終三年淹也兆始也孔子每仕常爲之正本造始欲以次治之而不見用占其事始而退足以行之矣而君不行也然後則孔子去矣終者竟也孔子未嘗得竟事一國也三年淹留而不去者也孔子有見行可之仕有際可之仕有公養之仕於季桓子見行可之仕也於衛靈公際可之仕也於衛孝公公養之仕也行可冀可行道也魯卿季桓子秉國之政孔子仕之冀可得因之行道也際接也衛靈公接遇孔子以禮故見之也衛孝公以國君養賢者之禮養孔子故宿留以荅之矣　章指言聖人憂民樂行其道苟善辭命不忍逆距不合則去亦不淹久蓋仲尼行止之節也

孟子曰仕非爲貧也而有時乎爲貧娶妻非爲養也而有時乎爲養仕本爲行道濟民也而有以居貧親老而仕者娶妻本爲繼嗣也而有以親執釜竈不擇妻而娶者爲貧者辭尊居卑

孟子十　九　関西

辭富居貧爲貧之仕當讓高顯之位無求重祿辭尊居卑辭富居貧惡乎宜乎抱關擊柝辭尊貧者安所宜乎宜居抱關擊柝監門之職也柝門關之木也擊椎之也或曰柝行夜所擊木也傳曰魯擊柝聞於邾孔子嘗爲委吏矣曰會計當而已矣嘗爲乘田矣曰牛羊茁壯長而已矣位卑而言高罪也立乎人之本朝而道不行恥也孔子嘗以貧而祿仕委吏主委積倉庾之吏也不失會計當直其多少而已乘田苑囿之吏也主六畜之芻牧者也牛羊茁壯肥好長大而已茁茁生長貌也詩云彼茁者葭位卑不得高言豫朝事故但稱職而已立本朝大道當行不行爲己之恥是以君子祿仕者不處大位　章指言國有道則能者處卿相國無道則聖人居乘田量時安卑不受言責獨善其身之道也

萬章曰士之不託諸侯何也託寄也謂若寄公食祿於所託之國孟子曰不敢也諸侯失國而後託於諸侯禮也士之託於諸侯非禮也謂士位輕本非諸侯敵體故不敢比失國諸侯得爲寄公也萬章曰君餽之粟則受之乎士窮而無祿君餽之粟則可受之乎曰受之孟子曰受之也受之何義也萬章曰受粟何義也曰君之於氓也固周之氓民也孟子曰君之於民固當周其窮乏況於士乎曰周之則受賜之則不受何也萬章言士窮君周之則受賜之則不受何也周者謂周急稟貧民之常科也賜者謂禮賜橫加也曰不敢也孟子曰士不敢受賜曰敢問其不敢何也萬章問何爲不敢曰抱關擊柝者皆有常職以食於上無常職而賜於上者以爲不恭也孟子曰有職事者可食於上祿士不仕自以不任職事而空受賜爲不恭故不受也曰君餽之則受之不識可常繼乎萬章曰君禮餽賢臣賢臣受之不知可繼續而常來致之乎將當輒更以君命將之也曰繆公之於子思也亟問亟餽鼎肉子思不悅於卒也摽使者出諸大門之外北面稽首再拜而不受曰今而後知君之犬馬畜伋蓋自是臺無餽也孟子曰魯繆公時尊禮子思數問數餽鼎肉子思以君命煩故不悅也於卒者末後復來時也摽麾也麾使者出大門之外再拜叩頭不受曰今而後知君犬馬畜伋伋子思名也責君之不優以不煩而但數與之食物若養犬馬臺賤官主使令者傳曰僕臣臺從是之後臺不持餽來繆公愠也愠恨也悅賢不能舉又不能養也可謂悅賢乎孟子譏繆公之雖欲有悅賢之意而不能舉用使行其道又不能優養終竟之豈可謂能悅賢也曰敢問國君欲養君子如何

斯可謂養矣萬章問國君養賢之法也曰以君命將之再拜稽首而受其後廩人繼粟庖人繼肉不以君命將之子思以爲鼎肉使己僕僕爾亟拜也非養君子之道也將者行也孟子曰始以君命行禮拜受之其後倉廩之吏繼其粟將盡復送廚宰之人日送其肉不復以君命者欲使賢者不荅以敬所以優之也子思所以非繆公者以爲鼎肉使己數拜故也僕僕煩猥貌謂其不得養君子之道也堯之於舜也使其子九男事之二女女焉百官牛羊倉廩備以養舜於畎畝之中後舉而加諸上位故曰王公之尊賢者也堯之於舜如是是王公尊賢之道也九男以下已說於上篇上位爵帝位也章指言知賢之道舉之爲上養之爲次不舉不養賢惡肯歸是以孟子上陳堯舜之大法下刺繆公之不弘也

孟十　十二

萬章曰敢問不見諸侯何義也問諸侯聘請而夫子不見之於義何取也孟子曰在國曰市井之臣在野曰草莽之臣皆謂庶人庶人不傳質爲臣不敢見於諸侯禮也在國謂都邑也民會於市故曰市井之人在野野居之人莽亦草也庶衆也衆庶之人未得爲臣傳執也見君之質執雉之屬也未爲臣則不敢見之禮也萬章曰庶人召之役則往役君欲見之召之則不往見之何也庶人召使給役事則往供事君召之見不肯往見何也曰往役義也往見不義也且君之欲見之也何爲也哉孟子曰庶人法當給役故往役義也庶人非臣也不當見君故往見不義也且君何爲欲見之而召之也曰爲其多聞也爲其賢也萬章曰君以是欲見之也曰爲其多聞也則天子不召師而況諸侯乎爲其賢也則吾未聞欲見賢而召之也孟子曰安有召師召賢之禮而可往見也繆公亟見於子思曰古千乘之國以友士何如子思不悅曰古之人有言曰事之云乎豈曰友之云乎子思之不悅也豈不曰以位則子君也我臣也何敢與君友也以德則子事我者也奚可以與我友千乘之君求與之友而不可得也而況可召與魯繆公欲友子思子思不悅而稱曰古人曰見賢人當事之豈云友之邪孟子云子思所以不悅者豈不謂臣不可友君弟子不可友師也若子思之意亦不可友況乎可召之齊景公田招虞人以旌不至將殺之志士不

一孟十　十三　關西

忘在溝壑勇士不忘喪其元孔子奚取焉哉取非招不往也已說於上篇曰敢問招虞人何以萬章問招虞人當何用也曰以皮冠庶人以旃士以旂大夫以旌孟子曰招禮若是皮冠弁也旃通帛也因章曰旃旂旌有鈴者旌注旄首者以大夫之招招虞人虞人死不敢往以士之招招庶人庶人豈敢往哉況乎以不賢人之招招賢人乎以貴者之招招賤人賤人尚不敢往況以不賢人之招招賢人乎不賢之招不以禮也欲見賢人而不以其道猶欲其入而閉之門也夫義路也禮門也惟君子能由是路出入是門也欲人之入而閉其門何得而入乎閉門由閉禮也詩云周道如厎其直如矢君子所履小人所視詩小雅大東之篇厎平矢直視比也周道平直君子履直道小人比而則之以喻虞人能效君子守死善道也萬章曰孔子君命召不俟駕而行然則孔子非與俟待也孔子不待駕而應君命也孔子爲之非與曰孔子當仕有官職而以其官召之也孟子言孔子所以不待駕者孔子當仕位有當職之事君以其官名召之豈得不顛倒詩云顛之倒之自公召之不謂賢者無位而君欲

召見也章指言君子之志志於行道不得其禮亦不苟往於禮之可伊尹三聘而後就湯道之未洽沮溺耦耕接輿佯狂豈可見也

孟子謂萬章曰一鄉之善士斯友一鄉之善士一國之善士斯友一國之善士天下之善士斯友天下之善士鄉一鄉之善者國國中之善者天下四海之內也各以大小來相友自爲疇匹也以友天下之善士爲未足又尚論古之人頌其詩讀其書不知其人可乎是以論其世也是尚友也好善者以天下之善士爲未足極其善道也尚上也乃復上論古之人頌其詩詩歌頌之故曰頌讀其書猶恐未知古人高下故論其世以別之也在三皇之世爲上在五帝之世爲次在三王之世爲下是爲好上友之人也章指言好高慕遠君子之道雖各有倫樂其崇茂是以仲尼曰無友不如己者高山仰止景行行止

齊宣王問卿孟子曰王何卿之問也王問何卿也王曰卿不同乎曰不同有貴戚之卿有異姓之卿孟子曰卿不同貴戚之卿謂內外親族也異姓之卿謂有德命爲三卿也王曰請問貴戚之卿問貴戚之卿如何曰君有大過則諫反覆之而不聽則易位孟子曰貴戚之卿反覆諫君君不聽則欲易君

之位更立親戚之貴者王勃然變乎色王聞此言慍怒而驚懼故勃然變色曰王勿異也王問臣臣不敢不以正對孟子曰王勿怪也王問臣臣不敢不以其正義對王色定然後請問異姓之卿王意解顏色定復問異姓之卿如之何曰君有過則諫反覆之而不聽則去孟子言異姓之卿諫君不從三而待放遂不聽之則去而之他國也

章指言國須賢臣必擇忠良親近貴戚或遭殃禍伊發有莘爲殷興道故云成湯立賢無方也

孟子卷第十

孟子卷第十一

告子章句上　趙氏注

告子者告姓也子男子之通稱也名不害兼治儒墨之道者嘗學於孟子而不能純徹性命之理論語曰子罕言命謂性命之難言也以告子能執弟子之問故以題篇

告子曰性猶杞柳也義猶桮棬也以人性爲仁義猶以杞柳爲桮棬告子以爲人性爲才幹義爲成器猶以杞柳之木爲桮棬也杞柳柜柳也一曰杞木名也詩云北山有杞桮棬桮素也孟子曰子能順杞柳之性而以爲桮棬乎將戕賊杞柳而後以爲桮棬也戕猶殘也春秋傳曰戕舟發梁子能順完杞柳不傷其性而成桮棬乎將以斤斧殘賊之乃可以爲桮棬乎言必殘賊也如將戕賊杞柳而以爲桮棬則亦將戕賊人以爲仁義與孟子言以人身爲仁義豈可復殘傷其形體乃成仁義邪明不可比桮棬也率天下之人而禍仁義者必子之言夫以告子轉性以爲仁義若轉木以成器必殘賊之故言率人以禍仁義者必子之言夫歎辭也

章指言養性長義順夫自然殘木爲器變而後成告子道偏見有不純仁內義外違人之端孟子拂之不假以言也

告子曰性猶湍水也決諸東方則東流決諸西方則西流人性之無分於善不善也

猶水之無分於東西也湍者圜也謂湍湍瀠水也告子以喻人性若是水也善惡隨物而化無本善不善之性也孟子曰水信無分於東西無分於上下乎人性之善也猶水之就下也人無有不善水無有不下今夫水搏而躍之可使過顙激而行之可使在山是豈水之性哉其勢則然也人之可使為不善其性亦猶是也孟子曰水誠無分於東西故決之而往也水豈無分於上下乎水性但欲下耳人性生而有善猶水欲下也所以知人皆有善性似水無有不下者也躍跳顙額也人以手跳水可

使過顙激之可令上山皆迫於勢耳非水之性也人之可使為不善非順其性也亦妄為利欲之勢所誘迫耳猶是水也言其本性非不善也　章指言人之欲善猶水好下迫勢激躍失其素真是以守正性者為君子隨曲拂者為小人也

告子曰生之謂性凡物生同類者皆同性孟子曰生之謂性也猶白之謂白與猶見白物皆謂之同白無異性也曰然告子曰然白羽之白也猶白雪之白白雪之白猶白玉之白與孟子以為羽性輕雪性消玉性堅雖俱白其性不同問告子子以三白之性同邪曰然告子曰然誠以為同也然則犬之性猶牛之

性牛之性猶人之性與孟子言犬之性豈與牛同所欲牛之性豈與人同所欲乎　章指言物雖有性性各殊異惟人之性與善俱生赤子入井以發其誠告子一之知其麤矣孟子精之是在其中

告子曰食色性也仁內也非外也義外也非內也人之甘食悅色者人之性也仁由內出義在外也不從己身出也孟子曰何以謂仁內義外也孟子怪告子是言也曰彼長而我長之非有長於我也猶彼白而我白之從其白於外也故謂之外也告子言見彼人年長大故我長敬之

長大者非在於我也猶白色見於外也曰異於白馬之白也無以異於白人之白也不識長馬之長也無以異於長人之長與且謂長者義乎長之者義乎孟子曰長異於白白馬白人同謂之白可也不知敬老馬無異於敬老人邪且謂老者為有義乎將謂敬老者為有義乎敬老者己也何以為外也曰吾弟則愛之秦人之弟則不愛也是以我為悅者也故謂之內長楚人之長亦長吾之長是以長為悅者也故謂之外也告子曰愛從己則己心悅故謂之內所悅喜老者在外故曰外曰

耆秦人之炙無以異於耆吾炙夫物則亦有然者也然則耆炙亦有外與孟子曰耆炙同等情出於中敬楚人之老與敬己之老亦同己情往敬之雖非己炙同美故曰物則有然者也如耆炙之意豈在外邪言楚秦喻遠也　章指言事雖在外行其事者皆發於中明仁義由內所以曉告子之惑也

孟季子問公都子曰何以謂義內也季子亦以爲義外也曰行吾敬故謂之內也公都子曰以敬在心而行之故言內鄉人長於伯兄一歲則誰敬季子曰敬誰也曰敬兄公都子曰當敬兄也酌則誰先季子曰酌酒則先酌誰曰先酌鄉人公都子曰當先鄉人所敬在此所長在彼果在外非由內也季子曰所敬者兄也所酌者鄉人也如此義果在外不由內也果猶竟也公都子不能荅以告孟子公都子無以荅季子之問孟子曰敬叔父乎敬弟乎彼將曰敬叔父曰弟爲尸則誰敬彼將曰敬弟子曰惡在其敬叔父也彼將曰在位故也子亦曰在位故也庸敬在兄斯須之敬在鄉人孟子使公都子荅季子如此言弟以在尸位故敬之鄉人在賓位故先酌之耳庸常也常敬在兄斯須之敬在鄉人也季子聞之曰

敬叔父則敬敬弟則敬果在外非由內也隨敬所在而敬之果在外公都子曰冬日則飲湯夏日則飲水然則飲食亦在外也湯水雖異名其得寒溫者中心也雖隨敬之所在亦中心敬之猶飲食從人所欲豈可復謂之外也　章指言凡人隨形不本其原賢者達情知所以然季子信之猶若告子公都受命然後乃理

公都子曰告子曰性無善無不善也公都子道告子以爲人性在化無本善不善也或曰性可以爲善可以爲不善是故文武興則民好善幽厲興則民好暴公都子曰或人以爲可教以善不善亦由告子之意也故文武聖化之起民皆喜爲善幽厲虐政之起民皆好暴亂或曰有性善有性不善是故以堯爲君而有象以瞽瞍爲父而有舜以紂爲兄之子且以爲君而有微子啓王子比干公都子曰或人者以爲人各有性善惡不可化移堯爲君象爲臣不能使之爲善瞽瞍爲父不能化舜爲惡紂爲君又與微子比干有兄弟之親亦不能使此二子爲不仁是亦各有性也今曰性善然則彼皆非與公都子曰告子之徒其論如此今孟子曰人性盡善然則彼之所言皆非邪孟子曰乃若其情則可以爲善矣乃所

謂善也若夫爲不善非才之罪也（若順也性與情相爲表裏性善勝情情則從之孝經曰此哀慼之情情從性也能順此情使之善者眞所謂善也若隨人而強作善者非善者之善也若爲不善者非所受天才之罪物動之故也）惻隱之心人皆有之羞惡之心人皆有之恭敬之心人皆有之是非之心人皆有之惻隱之心仁也羞惡之心義也恭敬之心禮也是非之心智也仁義禮智非由外鑠我也我固有之也弗思耳矣故曰求則得之舍則失之或相倍蓰而無筭者不能盡其才者也（仁義禮智人皆有其端懷之於內非從外消鑠我也求存之則可得而用之舍縱之則亡失之矣故人之善惡或相倍蓰或至於無筭者不得相與計多少言其絕遠也所以惡乃至是者不能自盡其才性也故使有惡人非天獨與此人惡性其有下愚不移者譬如被疾不成之人所謂童昏也）詩曰天生蒸民有物有則民之秉夷好是懿德孔子曰爲此詩者其知道乎故有物必有則民之秉夷也故好是懿德（詩大雅蒸民之篇言天生衆民有物則有所法則人法天也民之秉夷夷常也常好美德孔子謂之知道故曰人皆有善也）章指言天之生人皆有善性引而趨之善惡異衢高

下相懸賢愚舛殊尋其本者乃能一諸

孟子曰富歲子弟多賴凶歲子弟多暴非天之降才爾殊也其所以陷溺其心者然也（富歲豐年也凶歲飢饉也子弟凡人之子弟也賴善暴惡也非天降下才性與之異也以飢寒之阸陷溺其心使爲惡者也）今夫麰麥播種而耰之其地同樹之時又同浡然而生至於日至之時皆孰矣雖有不同則地有肥磽雨露之養人事之不齊也（麰麥大麥也詩云詒我來麰言人性之同如此麰麥其不同者人事雨澤有不足地之有肥磽耳磽薄也）故凡同類者舉相似也何獨至於人而疑之聖人與我同類者（聖人亦人也其相覺者以心知耳蓋體類與人同故舉相似也）故龍子曰不知足而爲屨我知其不爲蕢也屨之相似天下之足同也（龍子古賢者也雖不知足小大作屨者猶不更作蕢蕢草器也以屨相似天下之足略同故也）口之於味有同耆也易牙先得我口之所耆者也如使口之於味也其性與人殊若犬馬之與我不同類也則天下何耆皆從

易牙之於味也至於味天下期於易牙是天下之口相似也（人口之所耆者相似故皆以易牙爲知味言口之同也）惟耳亦然至於聲天下期於師曠是天下之耳相似也（耳亦猶口也天下皆以師曠爲知聲之微妙也）惟目亦然至於子都天下莫不知其姣也不知子都之姣者無目者也（目亦猶耳也子都古之姣好者也詩云不見子都乃見狂且儻無目者乃不知子都好耳言目之同耳）故曰口之於味也有同耆焉耳之於聲也有同聽焉目之於色也

有同美焉於心獨無所同然乎（言人之心性皆同也）心之所同然者何也謂理也義也聖人先得我心之所同然耳故理義之悅我心猶芻豢之悅我口（心所同耆者義理也理者得道之理聖人先得理義之要耳理義之悅心如芻豢之悅口誰不同也草牲曰芻穀養曰豢　章指言人稟性俱有好憎耳目口心所悅者同或爲君子或爲小人猶麰麥不齊雨露使然也孟子言是所以勗而進之）

孟子曰牛山之木嘗美矣以其郊於大國也斧斤伐之可以爲美乎是其日夜之所息雨露之所潤非無萌蘖之生焉牛羊又從而牧之是以若彼濯濯也人見其濯濯也以爲未嘗有材焉此豈山之性也哉（牛山齊之東南山也邑外謂之郊息長也濯濯無草木之貌牛山未嘗盛美以在國郊斧斤牛羊使之不得有草木耳非山之性無草木也）雖存乎人者豈無仁義之心哉其所以放其良心者亦猶斧斤之於木也旦旦而伐之可以爲美乎其日夜之所息平旦之氣其好惡與人相近也者幾希（存在

也言雖在人之性亦猶此山之有草木也人豈無仁義之心邪其日夜之思欲息長仁義平旦之志氣其好惡凡人皆有與賢人相近之心幾豈也豈希言不遠也）則其旦晝之所爲有梏亡之矣梏之反覆則其夜氣不足以存夜氣不足以存則其違禽獸不遠矣人見其禽獸也而以爲未嘗有才焉者是豈人之情也哉（旦晝晝日也其所爲萬事有梏亂之使亡失其日夜之所息也梏之反覆利害干其心其夜氣不能復存也人見惡人禽獸之行以爲未嘗有善才性此非人之情也）故苟得其養無物不長苟失其養無物不消孔子曰

操則存舍則亡出入無時莫知其鄉惟心之謂與誠得其養若雨露於草木法度於仁義何有不長也誠失其養若斧斤牛羊之消草木利欲之消仁義何有不盡也孔子曰持之則在縱之則亡莫知其鄉鄉猶里以喻居也獨心爲若是也　章指言秉心持正使邪不干猶止斧斤不伐牛山山則木茂人則稱仁也

孟子曰無或乎王之不智也王齊王也或怪也時人有怪王不智而孟子不輔之故言此也雖有天下易生之物也一日暴之十日寒之未有能生者也吾見亦罕矣吾退而寒之者至矣吾如有萌焉何哉種易生之草木五穀一日暴溫之十日陰寒以殺之物何能生我亦希見於王既見而退寒之者至謂左右佞諂順意者多譬諸萬物何由得有萌牙生也今夫弈之爲數小數也不專心致志則不得也弈博也或曰圍棊論語曰不有博弈者乎數技也雖小技不專心則不得也弈秋通國之善弈者也使弈秋誨二人弈其一人專心致志惟弈秋之爲聽一人雖聽之一心以爲有鴻鵠將至思援弓繳而射之雖與之俱學弗若之矣爲是其智弗若與曰非然也有人名秋通一國皆謂之善弈曰弈秋使教二人弈其一人惟秋所善而聽之其一人念欲射鴻鵠故不如也爲是謂其智不如也曰非也以不致志也故齊王之不智亦若是　章指言弈爲小數不精不能一人善之十人惡之雖竭其道何由智哉詩云濟濟多士文王以寧此之謂也

孟子曰魚我所欲也熊掌亦我所欲也二者不可得兼舍魚而取熊掌者也生亦我所欲也義亦我所欲也二者不可得兼舍生而取義者也熊掌熊蹯也以喻義魚以喻生也生亦我所欲所欲有甚於生者故不爲苟得也死亦我所惡所惡有甚於死者故患有所不辟也如使人之所欲莫甚於生則凡可以得生者何不用也使人之所惡莫甚於死者則凡可以辟患者何不爲也有甚於生者謂義也義者不可苟得有甚於死者謂無義也不苟辟患也莫甚於生則苟利而求生矣莫甚於死則可辟患不擇善何不爲耳由是則生而有不用也由是則可以辟患而有不爲也是故所欲有甚於生者所惡有甚於死者非獨賢者有是心也人皆有之

賢者能勿喪耳
有不用不用苟生也有不爲不爲苟惡而辟患也有甚於生義甚於生也有甚於死惡甚於死也凡人皆有是心賢者能勿喪亡之也
一簞食一豆羹得之則生弗得則死嘑爾而與之行道之人弗受蹴爾而與之乞人不屑也
人之餓若得此一器食可以生不得則死嘑爾猶呼爾咄啐之貌也行道之人道中凡人以其賤已故不肯受也蹴蹋也以足踐蹋與之乞人不絜之亦由其小故輕而不受也
萬鍾則不辯禮義而受之萬鍾於我何加焉爲宮室之美妻妾之奉所識窮乏者得我與
言一簞食則貴禮至於萬鍾則不復

辯別有禮義與不鍾量器也萬鍾於己身何加益哉己身不能獨食萬鍾也豈不爲廣美宮室供奉妻妾施與所知之人窮乏者
鄉爲身死而不受今爲宮室之美爲之鄉爲身死而不受今爲妻妾之奉爲之鄉爲身死而不受今爲所識窮乏者得我而爲之是亦不可以已乎此之謂失其本心
鄉者不得簞食而食則身死尚不受也今爲此三者爲之是不亦可以止乎所謂失其本心也
章指言舍生取義義之大者也簞食萬鍾用有輕重縱彼納此蓋違其本凡人皆然君子則否所以殊也
孟子曰仁人心也義人路也舍其路而弗由放其心而不知求哀哉
不行仁義者不由路不求心者也可哀憫哉
人有雞犬放則知求之有放心而不知求學問之道無他求其放心而已矣
人知求雞狗莫知求其心者惑也學問所以求之章指言由路求心爲得其本追逐雞狗務其末也學以求之詳矣
孟子曰今有無名之指屈而不信非疾痛害事也如有能信之者則不遠秦楚之路爲指之不若人也
無名之指手之第四指也蓋以其餘指皆有名無名指者非手之用指也雖不疾痛妨害於事猶欲信之不遠秦楚爲指不若人故也

指不若人則知惡之心不若人則不知惡此之謂不知類也
心不若人可惡之大者也而反惡指故曰不知其類也類事也　章指言舍大惡小不知其要憂指忘心不鄉於道是以君子惡之也
孟子曰拱把之桐梓人苟欲生之皆知所以養之者至於身而不知所以養之者豈愛身不若桐梓哉弗思甚也
拱合兩手也把以一手把之也桐梓皆木名也人皆知灌溉而養之至於養身之道當以仁義而不知用豈於身不若桐梓哉不思之甚也
章指言莫知養身而養樹木失事違務不得所急所以誡未達者也

孟子曰人之於身也兼所愛兼所愛則兼所養也無尺寸之膚不愛焉則無尺寸之膚不養也人之所愛則養之於身也一尺一寸之膚養相及也所以考其善不善者豈有他哉於己取之而已矣考知其善否皆在已之所養也體有貴賤有大小無以小害大無以賤害貴養其小者爲小人養其大者爲大人養小則害大養賤則害貴小口腹也大心志也頭頸貴者也指拇賤者也不可舍貴養賤也務口腹者爲小人治心志者爲大人今有場師舍其梧檟養其樲棘則爲賤場師焉場師治場圃者場以治穀圃園也梧桐檟梓皆木名樲棘小棘所謂酸棗也言此以諭人舍大養小故曰賤場師也養其一指而失其肩背而不知也則爲狼疾人也謂醫養人疾治其一指而不知其肩背之有疾以至於害之此爲狼籍亂不知治疾之人也飲食之人則人賤之矣爲其養小以失大也飲食之人無有失也則口腹豈適爲尺寸之膚哉飲食之人人所以賤之者爲其養口腹而失道德耳如使不失道德存仁義以往不嫌於養口腹也故曰口腹豈但爲肥長尺寸之膚邪亦爲懷道者也章指言養其行治其正俱用智力善惡相厲是以君子居處思義飲食思禮也

公都子問曰鈞是人也或爲大人或爲小人何也鈞同也言有大有小何也孟子曰從其大體爲大人從其小體爲小人大體心思禮義小體縱恣情慾曰鈞是人也或從其大體或從其小體何也公都子言人何獨有從小體也曰耳目之官不思而蔽於物物交物則引之而已矣心之官則思思則得之不思則不得也此天之所與我者先立乎其大者則其小者弗能奪也此爲大人而已矣孟子曰人有耳目之官不思故爲物所蔽官精神所在也謂人有五官六府物事也利欲之事來交引其精神心官不思善故失其道而陷爲小人也此乃天所與人情性先立乎其大者謂生而有善性也小者情欲也善勝惡則惡不能奪章指言天與人性先立其大心官思之邪不乖越故謂之大人也

孟子曰有天爵者有人爵者仁義忠信樂善不倦此天爵也公卿大夫此人爵也天爵以德人爵以祿古之人脩其天爵而人爵從之今之人脩其天爵以要人爵既得人爵而棄其天爵則惑之甚者也人爵從之人爵自至也以要人爵要求也得人爵棄

天爵惑之甚也終亦必亡而已矣棄善忘德終必亡之章指言古脩天爵自樂之也今要人爵以誘時也得人棄天道之忌也惑以招亡小人事也

孟子曰欲貴者人之同心也人人有貴於己者弗思耳人之所貴者非良貴也趙孟之所貴趙孟能賤之人皆同欲貴之心人人自有貴者在己身不思之耳在己者謂仁義廣譽也凡人之所貴富故曰非良貴者趙孟晉卿之貴者也能貴人又能賤人人所自有者他人不能賤之也詩云既醉以酒既飽以德言飽乎仁義也所以不願人之膏粱之味也令聞廣譽施於身所以不願人之文繡也詩大雅既醉之篇言飽德者飽仁義之於身身之貴者也不願人膏粱矣膏粱細粱如膏者也文繡繡衣服也章指言所貴在身人不知求膏粱文繡己之所優趙孟所貴何能比之是以君子貧而樂也

孟子曰仁之勝不仁也猶水勝火今之為仁者猶以一杯水救一車薪之火也不熄則謂之水不勝火此又與於不仁之甚者也亦終必亡而已矣水勝火取水足以制火一杯水何能勝一車薪之火也以此謂水不勝火為仁者亦若是則與作不仁之甚者也亡猶無也亦終必無仁矣章指言為仁不至不反諸己謂水勝火熄而後已不仁之甚終必亡矣為道不卒無益於賢也

孟子曰五穀者種之美者也苟為不熟不如荑稗夫仁亦在乎熟之而已矣熟成也五穀雖美種之不成不如荑稗之草其實可食為仁不成猶是也章指言功毀幾成人在慎終五穀不熟荑稗是勝是以為仁必其成也

孟子曰羿之教人射必志於彀學者亦必志於彀羿古之工射者彀張也弩向的者用思要時也學者志道猶射者之張也大匠誨人必以規矩學者亦必以規矩大匠攻木之工規所以為圓也矩所以為方也誨教也教人必須規矩學者以仁義為法式亦猶大匠以規矩者也章指言事各有本道有所隆彀張規矩以喻為仁學不為仁猶是二教失其法而行之也

孟子卷第十一

孟子卷第十二

告子章句下　　趙氏注

任人有問屋廬子曰禮與食孰重任國之人問孟子弟子屋廬連問二者何者爲重曰禮重荅曰禮重色與禮孰重曰禮重重如上也曰以禮食則飢而死不以禮食則得食必以禮乎親迎則不得妻不親迎則得妻必親迎乎任人難屋廬子云若是則必待禮乎屋廬子不能對明日之鄒以告孟子孟子曰於荅是也何有於音烏歎辭也何有爲不可荅也不揣其本而齊其末方寸之木可使高於岑樓金重於羽者豈謂一鉤金與一輿羽之謂哉取食之重者與禮之輕者而比之奚翅食重取色之重者與禮之輕者而比之奚翅色重孟子言夫物當揣量其本以齊等其末知其大小輕重乃可言也不節其數累積方寸之木可使高於岑樓岑樓山之銳嶺者寧可謂寸木高於山耶金重於羽耶如取食色之重者比禮之輕者何翅食色重哉翅辭也若言何其不重也往應之曰紾兄之臂而奪之食則得

食不紾則不得食則將紾之乎踰東家牆而摟其處子則得妻不摟則不得妻則將摟之乎教屋廬子往應任人如是紾戾也摟牽也處子處女也則是禮重食色輕者也　章指言臨事量宜權其輕重以禮爲先食色爲後若有偏殊從其大者屋廬子未達故譬摟紾也

曹交問曰人皆可以爲堯舜有諸孟子曰然曹交曹君之弟交名也荅曰然者言人皆有仁義之心堯舜行仁義而已交聞文王十尺湯九尺今交九尺四寸以長食粟而已如何則可交聞文王與湯皆長而聖今交亦長獨但食粟而已當如何曰奚有於是亦爲之而已矣有人於此力不能勝一匹雛則爲無力人矣今曰舉百鈞則爲有力人矣則舉烏獲之任是亦爲烏獲而已矣夫人豈以不勝爲患哉弗爲耳孟子曰何有於是言乎仁義之道亦當爲之乃爲賢耳人言我力不能勝一小雛則謂之無力之人言我能舉百鈞百鈞三千斤也則謂之有力之人矣烏獲古之有力人也能移舉千鈞人能舉其所任是爲烏獲才也夫一匹雛不舉豈患不能勝哉但不爲之耳徐行後長者謂之弟疾行先長者謂之不弟夫徐行者豈人所不能

哉所不爲也長者老者也弟順也人誰不能徐行者患不肯爲也堯舜之道孝弟而已矣子服堯之服誦堯之言行堯之行是堯而已矣子服桀之服誦桀之言行桀之行是桀而已矣孝弟而已人所能也堯服衣服不踰禮也堯言行義之言堯行孝弟之行桀服譎詭非常之服桀言不行仁義之言桀行淫虐之行也爲堯似堯爲桀似桀曰交得見於鄒君可以假館願留而受業於門交欲學於孟子願因鄒君假館舍備門徒也曰夫道若大路然豈難知哉人病不求耳子歸而求之有餘

師孟子言堯舜之道較然若大路豈有難知人苦不肯求耳子歸曹而求行其道有餘師師不少也不必留此學也　章指言天下大道人並由之病於不爲不患不能是以曹交請學孟子辭焉蓋詩三百一言以蔽之

公孫丑問曰高子曰小弁小人之詩也孟子曰何以言之曰怨高子齊人也小弁小雅之篇伯奇之詩也怨者怨親之過故謂之小人曰固哉高叟之爲詩也有人於此越人關弓而射之則己談笑而道之無他疏之也其兄關弓而射之則己垂涕泣而道之無他戚之也小弁之怨親親也親親仁也固矣夫高叟之爲詩也固陋也高子年長孟子曰陋哉高父之爲詩也疏越人故談笑戚親也親其兄故號泣而道之怪怨之意也伯奇仁人而父虐之故作小弁之詩曰何辜於天親親而悲怨之辭也重言固陋傷高叟不達詩人之意甚也曰凱風何以不怨詩邶風凱風之篇也公孫丑曰凱風亦孝子之詩何以獨不怨曰凱風親之過小者也小弁親之過大者也親之過大而不怨是愈疏也親之過小而怨是不可磯也愈疏不孝也不可磯亦不孝也孔子曰舜其至孝矣五十而慕孟子曰凱風言莫慰母心母心不悅也知親之過小也小弁曰行有

死人尚或墐之而曾不閔己知親之過大也愈益也過已大矣而孝子不怨思其親之意何爲如是是益疏之道也故曰不孝磯激也過小耳而孝子感激輒怨其親是亦不孝也孔子以舜年五十而思慕其親不殆稱曰孝之至矣孝之不可以已也知高叟譏小弁爲不得矣　章指言生之膝下一體而分喘息呼吸氣通於親當親而疏怨慕號天是以小弁之怨未足爲愆也

宋牼將之楚孟子遇於石丘曰先生將何之宋牼宋人名牼學士年長者故謂之先生石丘地名也道遇問欲何之曰吾聞秦楚搆兵我將見楚王說而罷之楚王不悅我將見秦王說而罷之二王我將有所遇焉

牼自謂往説二王必有所遇得從其志曰軻也請無問其詳願聞其指説之將何如孟子敬宋牼自稱其名曰軻不敢詳問願聞其指欲如何説之曰我將言其不利也牼曰我將爲二王言興兵之不利也曰先生之志則大矣先生之號則不可先生以利説秦楚之王秦楚之王悦於利以罷三軍之師是三軍之士樂罷而悦於利也爲人臣者懷利以事其君爲人子者懷利以事其父爲人弟者懷利以事其兄是君臣

父子兄弟終去仁義懷利以相接然而不亡者未之有也孟子曰先生志誠大矣所稱名號不可用也二王悦利罷三軍三軍士樂之而悦利則舉國尚利以相接待而忘仁義則其國亡矣先生以仁義説秦楚之王秦楚之王悦於仁義而罷三軍之師是三軍之士樂罷而悦於仁義也爲人臣者懷仁義以事其君爲人子者懷仁義以事其父爲人弟者懷仁義以事其兄是君臣父子兄弟去利懷仁義以相接也然

而不王者未之有也何必曰利以仁義之道不忍興兵三軍之士悦國人化之咸以仁義相接可以致王何必以利爲名也　章指言上之所欲下以爲俗俗化於善久而致平俗化於惡久而致傾是以君子創業愼其所以爲名也

孟子居鄒季任爲任處守以幣交受之而不報處於平陸儲子爲相以幣交受之而不報任薛之同姓小國也季任任君季弟也任君朝會於鄰國季任爲之居守其國也致幣帛之禮以交孟子孟子受之而未報也平陸齊下邑也儲子齊相也亦致禮以交孟子而未荅也他日由鄒之任見季子由平陸之齊不見儲子屋廬

子喜曰連得閒矣問曰夫子之任見季子之齊不見儲子爲其爲相與連屋廬子名也見孟子荅此二人有異故喜曰連今日乃得一見夫子與之閒隙也俱荅二人獨見季子不見儲子者以季子當君國子民之處儲子爲相故輕之邪曰非也書曰享多儀儀不及物曰不享惟不役志於享爲其不成享也孟子曰非也非以儲子爲相故不見尚書洛誥篇曰享多儀言享見之禮多儀法也物事也儀不及事謂有闕也故曰不成享禮儲子本禮不足故我不見也屋廬子悦或問之屋廬子曰季子不得之鄒儲子得之平陸屋廬子已曉其意聞義而

服故悦也人問之曰何爲若是屋廬子曰季子守國不得越境至鄒不身造孟子可也儲子爲相得循行國中但遊交禮爲其不尊賢故荅而不見 章指言君子交接動不違禮享見之儀亢荅不差是以孟子或見或不荅以其宜也

淳于髡曰先名實者爲人也後名實者自爲也夫子在三卿之中名實未加於上下而去之仁者固如此乎 淳于姓髡名也齊之辯士名者有道德之名實者治國惠民之功實也齊大國有三卿謂孟子嘗處此三卿之中矣未聞名實下濟於民上匡其君而速去之仁者之道固當然邪 孟子曰居下位不以賢事不肖者伯夷也五就湯五就桀者伊尹也不惡汙君不辭小官者柳下惠也三子者不同道其趨一也 伊尹爲湯見貢於桀桀不用而歸湯湯復貢之如此者五思濟民冀得施行其道也此三人雖異道所履者一也 一者何也 髡問一者何也 曰仁也君子亦仁而已矣何必同 孟子言君子進退行止未必同也趨於履仁而已髡譏其速去故引三子以喻意也 曰魯繆公之時公儀子爲政子柳子思爲臣魯之削也滋甚若是乎賢者之無益於國也 髡曰魯繆公時公儀休爲執政之卿子柳泄柳也子思孔伋也二人

皆師傅之臣不能救魯之見削奪亡其土地者多若是賢者無所益於國家者何用賢爲 曰虞不用百里奚而亡秦繆公用之而霸不用賢則亡削何可得與 孟子云百里奚所去國亡所在國霸無賢國亡何但得削豈可不用賢也 曰昔者王豹處於淇而河西善謳緜駒處於高唐而齊右善歌華周杞梁之妻善哭其夫而變國俗有諸内必形諸外爲其事而無其功者髡未嘗覩之也是故無賢者也有則髡必識之 王豹衛之善謳者淇水名衛詩竹竿之篇曰泉源在左淇水在右碩人之篇曰河水洋洋北流活活衛地濵於淇水在北流河之西故曰處於淇而河西善謳所謂鄭衛之聲也緜駒善歌者也高唐齊西邑緜駒處之故曰齊右善歌華周華旋也杞梁杞殖也二人齊大夫死於戎事者其妻哭之哀城爲之崩國俗化之則效其哭髡曰如是歌哭者尚能變俗有中則見外爲之而無功者髡不聞也有功乃爲賢者不見其功故謂之無賢者也如有之則髡必識知之 曰孔子爲魯司寇不用從而祭燔肉不至不稅冕而行不知者以爲爲肉也其知者以爲爲無禮也乃孔子則欲以微罪行不欲爲苟去君子之所爲衆人固不識也 孟子言孔子爲魯賢

臣不用不能用其道也從魯君而祭於宗廟當賜大夫以胙燔肉不至膰炙者爲燔詩云燔炙芬芬反歸其舍未及稅解祭之冕而行出適佗國不知者以爲不得燔肉而慍也知者以爲爲君無禮乃欲以微罪行燔肉不至我黨從祭之禮不備有微罪乎乃聖人之妙旨不欲爲誠欲急去也衆人固不能知君子之所爲謂髡不能知賢者之志也　章指言見機而作不俟終日孔子將行冕不及稅庸人不識課以功實淳于髡辯終亦屈服正者勝也

孟子曰五霸者三王之罪人也五霸者大國秉直道以率諸侯齊桓晉文秦繆宋襄楚莊是也三王夏禹殷湯周文王是也今之諸侯五霸之罪人也今之大夫今之諸侯之罪人也

謂當孟子之時諸侯及大夫也諸侯臣揔謂之大夫罪人之事下別言之天子適諸侯曰巡狩諸侯朝於天子曰述職春省耕而補不足秋省斂而助不給入其疆土地辟田野治養老尊賢俊傑在位則有慶慶以地入其疆土地荒蕪遺老失賢掊克在位則有讓一不朝則貶其爵再不朝則削其地三不朝則六師移之是故天子討而不伐諸侯伐而不討五霸者摟諸侯以伐諸侯者也故曰五霸者三王之罪人也巡狩述職皆以助人民慶賞也養老尊賢能者在位賞之以地益其地也掊克不良之人在位則責讓之不朝至三討之以六師移之就之也討者上討下也伐者敵國相征伐也五霸強摟牽諸侯以伐諸侯不以王命也於三王之法乃罪人也五霸桓公爲盛葵丘之會諸侯束牲載書而不歃血初命曰誅不孝無易樹子無以妾爲妻再命曰尊賢育才以彰有德三命曰敬老慈幼無忘賓旅四命曰士無世官官事無攝取士必得無專殺大夫五命曰無曲防無遏糴無有封而不告曰凡我同盟之人既盟之後言歸于好今之諸侯皆犯此五禁故曰今之諸侯五霸之罪人也齊桓公五霸之盛者也與諸侯會于葵丘束縛其牲但加載書不復歃血言畏桓公不敢負也不得專誅不孝樹立也已立世子不得擅易也不得立愛妾爲嫡也尊賢養才所以彰明有德之人敬老愛少恤矜孤寡賓客羈旅勿忘忽也仕爲大臣不得世官賢臣乃得世祿也官事無攝無曠庶僚也取士必得賢立之無方也無專殺大夫不得以私怒行誅戮也無敢違王法而以己曲意設防禁也無遏止穀糴不通鄰國也無以私恩擅有所封賞而不告盟主也言歸于好無搆怨也桓公施此五命而今諸侯皆犯之故曰罪人

也長君之惡其罪小逢君之惡其罪大今之大夫皆逢君之惡故曰今之大夫今之諸侯之罪人也君有惡命臣長大而宣之其罪在不能距逆君命故曰小也逢迎也君之惡心未發臣以諂媚逢迎而導君爲非故曰罪大今諸侯之大夫皆逢君之惡故曰罪人也　章指言王道寖衰轉爲罪人孟子傷之是以博思古法匡時君也

魯欲使愼子爲將軍孟子曰不教民而用之謂之殃民殃民者不容於堯舜之世一戰勝齊遂有南陽然且不可愼子善用兵者不教民以仁義

孟十二　十二　関西

而用之戰鬬是使民有殃禍也堯舜之世皆行仁義故好戰殃民者不能自容也就使愼子能爲魯一戰取齊南陽之地且猶不可山南曰陽岱山之南謂之南陽也愼子勃然不悅曰此則滑釐所不識也滑釐愼子名不悅故曰我所不知此言何謂也曰吾明告子夫子之地方千里不千里不足以待諸侯諸侯之地方百里不百里不足以守宗廟之典籍周公之封於魯爲方百里也地非不足而儉於百里太公之封於齊也亦爲方百里也地非不足也而儉於百里今魯方

百里者五子以爲有王者作則魯在所損乎在所益乎徒取諸彼以與此然且仁者不爲況於殺人以求之乎孟子見愼子不悅故曰明告子天子諸侯地制如是諸侯當來朝聘故言守宗廟典籍謂先祖常籍法度之文也周公太公地尚不能滿百里儉而不足也後世兼侵小國今魯乃五百里矣有王者作若文王武王者子以爲魯在所損之中邪在所益之中也言其必見損也但取彼與此爲無傷害仁者尚不肯爲況戰鬬殺人以求廣土地乎君子之事君也務引其君以當道志於仁而已言君子事君之法牽引其君以當正道者仁也志仁而已欲使愼子輔君以仁　章指言招攜懷遠貴以德禮旣其用兵廟勝爲上戰勝爲下明賊戰也

孟十二　十二　関西

孟子曰今之事君者曰我能爲君辟土地充府庫今之所謂良臣古之所謂民賊也辟土地侵鄰國也充府庫重賦斂也今之所謂良臣者於古之法爲民賊傷民故謂之賊也君不鄉道不志於仁而求富之是富桀也爲惡君聚斂以富之爲富桀也謂若夏桀也我能爲君約與國戰必克今之所謂良臣古之所謂民賊也連諸侯以戰求必勝也君不鄉道不志於仁而求爲之強戰是輔

桀也說與上同由今之道無變今之俗雖與之
天下不能一朝居也今之道非善道今之世俗漸惡久矣若不變更雖得
天下之政而治之不能自安一朝之間居其位也　章指言善爲國者必藏於民賊民以往其餘何觀變俗移
風非樂不化以亂濟民不知其善也
白圭曰吾欲二十而取一何如白圭周人也節以貨殖欲
省賦利民使二十而稅一孟子曰子之道貉道也萬室之
邑一人陶則可乎貉夷貉之人在荒服者也貉之稅二十而取一萬家之國
使一人陶瓦器則可乎以此諭白圭所言也曰不可器不足用也白圭
孟十二　十三　関西
曰一人陶則瓦器不足以供萬室之用也曰夫貉五穀不生惟黍生
之無城郭宮室宗廟祭祀之禮無諸侯幣
帛饔飧無百官有司故二十取一而足也
貉在北方其氣寒不生五穀黍早熟故獨生之也無中國之禮如此之用故可二十取一而足也今居
中國去人倫無君子如之何其可也陶以
寡且不可以爲國況無君子乎欲輕之於
堯舜之道者大貉小貉也欲重之於堯舜
之道者大桀小桀也今之居中國當行禮義而欲效夷貉無人倫之叙無

君子之道豈可哉陶器者少尚不可以爲國況無君子之道乎堯舜以來什一而稅足以行禮故以此爲道今
欲輕之二十稅一者夷貉爲大貉子爲小貉也欲重之過什一則夏桀爲大桀子爲小桀也　章指言先王典
禮萬世可遵什一供貢下富上尊裔土簡惰二十而稅夷狄有君不足爲貴圭欲法之孟子斥之以王制也
白圭曰丹之治水也愈於禹丹名圭字也當諸侯時有小水
白圭爲治除之因自謂過禹也孟子曰子過矣禹之治水水
之道也是故禹以四海爲壑今吾子以鄰
國爲壑水逆行謂之洚水洚水者洪水也
仁人之所惡也吾子過矣子之所言過矣禹除中國之害以四
孟十二　十四　関西
海爲溝壑以受其害水故後世賴之今子除水近注之鄰國觸於洚水之名仁人惡爲之自以爲愈於禹子亦
過甚矣　章指言君子除害普爲人也白圭壑鄰亦以狹矣是故賢者志其大者遠者也
孟子曰君子不亮惡乎執亮信也易曰君子履信思順若爲君
子之道舍信將安執之　章指言論語曰自古皆有死民無信不立重信之至也
魯欲使樂正子爲政樂正子克也魯君欲使之執政於國孟子
曰吾聞之喜而不寐喜其人道德得行爲之喜而不寐公孫
丑曰樂正子強乎曰否有智慮乎曰否多
聞識乎曰否丑問樂正子有此三問之所能乎孟子皆曰否不能有此也然則

奚爲喜而不寐丑問無此三者何爲喜而不寐曰其爲人也好善孟子言樂正子之爲人也能好善故爲之喜好善足乎丑問人但好善足以治國乎曰好善優於天下而況魯國乎夫苟好善則四海之內皆將輕千里而來告之以善夫苟不好善則人將曰訑訑予既已知之矣訑訑之聲音顏色距人於千里之外孟子曰好善樂聞善言是采用之也以此治天下可以優之虞舜是也何況於魯不能治乎人誠好善四海之士皆輕行千里以善來告之誠不好善則其人將曰訑訑賤他人之言訑訑者自足其智不嗜善言之貌訑訑之人發聲音見顏色人皆知其不欲受善言也道術之士聞之止於千里之外而不來也士止於千里之外則讒諂面諛之人至矣與讒諂面諛之人居國欲治可得乎懷善言之士止於千里之外不肯就之則邪惡順意之人至矣與邪惡居欲使國治豈可得乎章指言好善從人聖人一槩禹聞讜言荅之而拜訑訑吐之善人亦逝善去惡來道若合符詩曰雨雪瀌瀌見晛聿消此之謂也陳子曰古之君子何如則仕陳臻問古之君子得何禮可以仕也孟子曰所就三所去三迎之致敬以有禮言將行其言也則就之禮貌未衰言弗

行也則去之其次雖未行其言也迎之致敬以有禮則就之禮貌衰則去之其下朝不食夕不食飢餓不能出門戶君聞之曰吾大者不能行其道又不能從其言也使飢餓於我土地吾恥之周之亦可受也免死而已矣所去就謂下事也禮者接之以禮也貌者顏色和順有樂賢之容禮衰不敬也貌衰不悅也其下者困而不能與之祿則當去矜其困而周之苟免死而已此三就三去之道窮餓而去不疑也故不言去免死而留爲死故也權時之宜嫌其疑也故載之也章指言士雖正道亦有量宜聽言爲上禮貌次之困而免死斯爲下矣備此三科亦無疑也孟子曰舜發於畎畝之中傅說舉於版築之間膠鬲舉於魚鹽之中管夷吾舉於士孫叔敖舉於海百里奚舉於市故天將降大任於是人也必先苦其心志勞其筋骨餓其體膚空乏其身行拂亂其所爲所以動心忍性曾益其所不能舜耕歷山三十徵庸傅說築傅巖武丁舉以爲相膠鬲殷之賢臣遭紂之亂隱遁爲商文王於鬻販魚鹽之中得其人舉之以爲臣也士獄官也管

夷吾自魯囚執於士官桓公舉以爲相國孫叔敖隱處耕於海濱楚莊王舉之以爲令尹百里奚亡虞適秦隱於都市而以爲相也言天將降下大事以任聖賢必先勤勞其身餓其體而瘠其膚使其身乏資絶糧所行不從拂戾而亂之者所以動驚其心堅忍其性使不違仁困而知勤曾益其素所以不能行

人恒過然後能改困於心衡於慮而後作徵於色發於聲而後喻

人常以有繆思過行不得福然後乃更其所爲以不能爲能也困瘁於心衡橫也橫塞其慮於胷臆之中而後作爲奇計異策憤激之説也徵驗見於顏色若屈原憔悴漁父見而怪之發於聲而後喻若甯戚商歌桓公異之

入則無法家拂士出則無敵國外患者國恒亡然後知生於憂患而死於安樂也

入謂國內也無法度大臣之家輔拂之士出謂國外也無敵國可難無外患可憂則凡庸之君驕慢荒怠國常以此亡也故知能生於憂患死於安樂也死亡也安樂怠惰使人亡其知能也　章指言聖賢困窮天堅其志次賢感激乃奮其慮凡人佚樂以喪知能賢愚之敘也

孟子曰教亦多術矣予不屑之教誨也者是亦教誨之而已矣

教人之道多術予我也屑絜也我不絜其人之行故不教誨之其人感此退自脩學而爲仁義是亦我教誨之一道也　章指言學而見賤恥之大者激而厲之能者以改教誨之方或折或引同歸殊塗成之而已

孟子卷第十二

孟子卷第十三　趙氏注

盡心章句上

盡心者人之有心爲精氣主思慮可否然後行之猶人法天天之執持維綱以正二十八舍者北辰也論語曰北辰居其所而衆星拱之心者人之北辰也曰存其心養其性所以事天也故以盡心題篇

孟子曰盡其心者知其性也知其性則知天也

性有仁義禮智之端心以制之惟心爲正人能盡極其心以思行善則可謂知其性矣知其性則知天道之貴善者也

存其心養其性所以事天也

能存其心養育其正性可謂仁人天道好生仁人亦好生天道無親惟仁是與行與天合故曰所以事天

殀壽不貳脩身以俟之所以立命也

貳二也仁人之行一度而已雖見前人或殀或壽終無二心改易其道殀若顏淵壽若邵公皆歸之命脩正其身以待天命此所以立命之本也　章指言盡心竭性足以承天殀壽禍福秉心不違立命之道惟是爲珍

孟子曰莫非命也順受其正

莫無也人之終無非命也命有三名行善得善曰受命行善得惡曰遭命行惡得惡曰隨命惟順受命爲受其正也

是故知命者不立乎巖牆之下盡其道而死者正命也

知命者欲趨於正故不立巖牆之下恐壓覆也盡脩身之道以壽終者爲得正命也

桎梏死者非正命也

畏壓溺禮所不弔故曰非正命也　章指言人必趨命貴受其正巖牆之

疑君子遠之

孟子曰求則得之舍則失之是求有益於得也求在我者也謂脩仁行義事在於我我求則得我舍則失故求有益於得也求之有道得之有命是求無益於得也求在外者也謂賢者脩其天爵而人爵從之故曰求之有道也脩天爵者或得或否故言得之有命也爵祿須知己知己者在外非身所專是以云求無益於得也求在外也章指言爲仁由己富貴在天故孔子曰如不可求從吾所好

孟子曰萬物皆備於我矣反身而誠樂莫

大焉物事也我身也普謂人爲成人已往皆備知天下萬物常有所行矣誠者實也反自思其身所施行能皆實而無虛則樂莫大焉強恕而行求仁莫近焉當自強勉以忠恕之道求仁之術此最爲近章指言每必以誠恕己而行樂在其中仁之至也

孟子曰行之而不著焉習矣而不察焉終身由之而不知其道者衆也人皆有仁義之心日自行之於其所愛而不能著明其道以施於大事仁妻愛子亦以習矣而不能察知可推以爲善也由用也終身用之以爲自然不究其道可成君子此衆庶之人也章指言人有仁端達之以爲道凡夫用之不知其爲寶也

孟子曰人不可以無恥人不可以無所羞恥也論語曰行己有恥無恥之恥無恥矣人能恥己之無所恥是爲改行從善之人終身無復有恥辱之累也章指言恥身無分獨無所恥斯必遠辱不爲憂矣

孟子曰恥之於人大矣爲機變之巧者無所用恥焉恥者爲不正之道正人之所恥爲也今造機變穽陷之巧以攻戰者非古之正道也取爲一切可勝敵也宜無以錯於廉恥之心也不恥不若人何若人有不恥不如古之聖人何有如賢人之名也章指言不慕大人何能有恥是以隰朋愧不及黃帝佐齊桓以有勳顏淵慕虞舜仲尼歎庶幾之云

孟子曰古之賢王好善而忘勢樂善而自卑若高宗得傅

說而稟命古之賢士何獨不然樂其道而忘人之勢何獨不然何獨不有所樂有所忘也樂道守志若許由洗耳可謂忘人之勢矣故王公不致敬盡禮則不得亟見之見且由不得亟而況得而臣之乎亟數也若伯夷非其君不事伊尹樂堯舜之道不致敬盡禮可數見之乎作者七人隱各有方豈可得而臣之章指言王公尊賢以貴下賤之義也樂道忘勢不以富貴動心之分也各崇所尚則義不虧矣

孟子謂宋句踐曰子好遊乎吾語子遊人知之亦囂囂人不知亦囂囂宋姓也句踐名也好以道德遊

欲行其道者囂囂自得無欲之皃曰何如斯可以囂囂矣句踐問何執守可囂囂也曰尊德樂義則可以囂囂矣尊貴也孟子曰能貴德而履之樂義而行之則可以囂囂無欲矣故士窮不失義達不離道窮不失義故士得已焉達不離道故民不失望焉窮不失義不爲不義而苟得故得巳之本性也達不離道思利民之道故民不失其望也古之人得志澤加於民不得志脩身見於世窮則獨善其身達則兼善天下古之人得志君國則德澤加於民人不得志謂賢者不遭遇也見立也獨治其身以立於世間不失其操也是故獨

善其身達謂得行其道故能兼善天下也　章指言内定常滿囂囂無憂可出可處故云以遊脩身立世賤不失道達善天下乃用其實句踐好遊未得其要孟子言之然後乃喻

孟子曰待文王而後興者凡民也若夫豪傑之士雖無文王猶興凡民無異知者也故須文王之大化乃能自興起以趨善道若夫豪傑才知千萬於凡人者雖不遭文王猶能自起以善守身正行不陷溺也　章指言小人待化乃不辟邪君子特立不爲俗移故稱豪傑自興也

孟子曰附之以韓魏之家如其自視欿然則過人遠矣附益也韓魏晉六卿之富者也言人既自有家復益以韓魏百乘之家其富貴已美矣而其人欿然不足自知仁義之道不足也此則過人甚遠矣　章指言人情富盛莫不驕矜若能欿然謂不如人非但免過卓絕乎凡也

孟子曰以佚道使民雖勞不怨謂教民趨農役有常時不使失業當時雖勞後獲其利則佚矣若亟其乘屋之類也故曰不怨以生道殺民雖死不怨殺者謂殺大辟之罪者以坐殺人故也殺此罪人者其意欲生民也故雖伏罪而死不怨殺者　章指言勞人欲以佚之殺人欲以生之則民無怨讟也

孟子曰霸者之民驩虞如也王者之民皥皥如也殺之而不怨利之而不庸民日遷

善而不知爲之者霸者行善恤民恩澤暴見易知故民驩虞樂之也王者道大法天浩浩而德難見也殺之不怨故曰殺人而不怨也庸功也利之使趨時而農六畜繁息無凍餓之老而民不知獨是王者之功脩其庠序之教使日遷善亦不能覺知誰爲之者言化大也夫君子所過者化所存者神上下與天地同流豈曰小補之哉君子通於聖人聖人如天過此世能化之存在此國其化如神故言與天地同流也天地化物歲成其功豈曰使成人知其小補益也　章指言王政浩浩與天地同道霸者德小民人速覩是以賢者志其大者也

孟子曰仁言不如仁聲之入人深也仁言政教

法度之言也仁聲樂聲雅頌也仁言之政雖明不如雅頌感人心之深也善政不如善教之得民也善政使民不違上善教使民尚仁義心易得也善政民畏之善教民愛之善政得民財善教得民心畏之不逋怠故賦役舉而財聚於一家也愛之樂風化而上下親故歡心可得也　章指言明法審令民趨君命崇寬務化民愛君德故日移風易俗莫善於樂

孟子曰人之所不學而能者其良能也所不慮而知者其良知也不學而能性所自能良甚也是人之所能甚也知亦猶是能也孩提之童無不知愛其親者及其長也無不知敬其兄也孩提二三歲之閒在襁褓知孩笑可提抱者也少知愛親長知敬兄此所謂良能良知也親親仁也敬長義也無他達之天下也人仁義之心少而皆有之欲爲善者無他達通也但通此親親敬長之心施之天下人而已　章指言本性良能仁義是也達之天下恕乎己也

孟子曰舜之居深山之中與木石居與鹿豕遊其所以異於深山之野人者幾希舜耕歷山之時居木石之閒鹿豕近人若與人遊也希遠也當此之時舜與野人相去豈遠哉及其聞一善言見一善行若決江河沛然莫之能禦也舜雖外與野人同其居處聞人一善言則從之見人一善行則識之沛然不疑若江河之流無能禦止其所欲行　章指言聖人潛隱辟若神龍亦能飛天亦能小同舜之謂也

孟子曰無爲其所不爲無欲其所不欲如此而已矣無使人爲己所不欲爲者無使人欲己之所不欲者每以身況之如此則人道足也　章指言己所不欲勿施於人仲尼之道也

孟子曰人之有德慧術知者恒存乎疢疾人所以有德行智慧道術才智者在於有疢疾之人疢疾之人又力學故能成德獨孤臣孽子其操心也危其慮患也深故達此即人之疢疾也自以孤微懼於危殆之患而深慮之勉爲仁義故至於達也　章指言孤孽自危故能顯達膏粱難正多用沈溺是故在上不驕以戒諸侯也

孟子曰有事君人者事是君則爲容悅者也事君求君之意爲苟容以悅君而已有安社稷臣者以安社稷爲悅者也忠臣志在安社稷而後悅也有天民者達可行於天下而後行之者也天民知道者也可行而行可止而止有大人者正己而物正者也大人大丈夫不爲利害動移者也正己物正象天不言而萬物化成也　章指言容悅凡臣社稷股肱天民行道大人正身凡此四科優劣之差

孟子曰君子有三樂而王天下不與存焉父母俱存兄弟無故一樂也仰不愧於天俯不怍於人二樂也得天下英才而教育之三樂也天下之樂不得與此三樂之中兄弟無故無他故不愧天又不怍人心正無邪也育養也教養英才成之以道皆樂也君子有三樂而王天下不與存焉孟子重言是美之也　章指言保親之養兄弟無他誠不愧天育養英才賢人能之樂過萬乘孟子重焉一章再云也

孟子曰廣土衆民君子欲之所樂不存焉中天下而立定四海之民君子樂之所性不存焉廣土衆民大國諸侯也所樂不存樂行禮也中天下而立謂王者所性不存謂性仁義也君子所性雖大行不加焉雖窮居不損焉分定故也大行行政於天下窮居不失性也分定故不變君子所性仁義禮智根於心其生色也睟然見於面盎於背施於四體四體不言而喻四者根生於心色見於面睟然潤澤之貌也盎視其背而可知其背盎盎然盛流於四體四體有匡國之綱雖口不言人以曉喻而知之也　章指言臨莅天下君國子民君子之樂尚不與存仁義内充身體履方四支不言蟠辟用張心邪意溺進退無容於是之際知其不同也

孟子曰伯夷辟紂居北海之濱聞文王作興曰盍歸乎來吾聞西伯善養老者太公辟紂居東海之濱聞文王作興曰盍歸乎來吾聞西伯善養老者已説於上篇天下有善養老則仁人以爲己歸矣天下有能若文王者仁人將復歸之矣五畝之宅樹牆下以桑匹婦蠶之則老者足以衣帛矣五母雞二母彘無失其時老者足以無失肉矣百畝之田匹夫耕之八口之家足以無飢矣五雞二彘八口之家畜之足以爲畜産之本也所謂西伯善養老者制其田里教之樹畜導其妻子使養其老五十非帛不煖七十非肉不飽不煖不飽謂之凍餒文王之民無凍餒之老者此之謂也所謂無凍餒者教導之使可以養老者耳非家賜而人益之也　章指言王政普大教其常業各養其老使不凍餒二老聞之歸身自託衆鳥不羅翔鳳來集亦斯類也

孟子曰易其田疇薄其稅斂民可使富也
食之以時用之以禮財不可勝用也易治也疇
一井也教民治其田疇薄其稅斂不踰什一則民富矣食取其征賦以時用之以常禮不踰禮以費財也故畜
積有餘財不可勝用也民非水火不生活昏暮叩人之
門戶求水火無弗與者至足矣聖人治天
下使有菽粟如水火菽粟如水火而民焉
有不仁者乎水火能生人有不愛者至饒足故也菽粟饒多若是民皆輕施於人何有不仁
者也　章指言教民之道富而節用畜積有餘焉有不仁故曰倉廩實知禮節也

孟子十三　十

孟子曰孔子登東山而小魯登太山而小
天下故觀於海者難為水遊於聖人之門
者難為言所覽大者意大觀小者志小也觀水有術必觀其
瀾瀾水中大波也日月有明容光必照焉容光小郤也言大明
照幽微也流水之為物也不盈科不行君子之志
於道也不成章不達盈滿也科欿也流水滿欿乃行以喻君子學必成章
乃仕進也　章指言弘大明者無不照包聖道者成其仁是故賢者志大宜為君子
孟子曰雞鳴而起孳孳為善者舜之徒也

雞鳴而起孳孳為利者蹠之徒也欲知舜
與蹠之分無他利與善之閒也蹠盜蹠也蹠舜之分以此
別之　章指言好善從舜好利從蹠明明求之常若不足君子小人各一趣也
孟子曰楊子取為我拔一毛而利天下不
為也楊子楊朱也為我為己也拔己一毛以利天下之民不為也墨子兼愛摩
頂放踵利天下為之墨子墨翟也兼愛他人摩突其頂下至於踵以利天
下己樂為之也子莫執中子莫魯之賢人也其性中和專一者也執中為
近之執中無權猶執一也執中和近聖人之道然不權聖人之重權

孟十三　十一　閔西

執中而不知權猶執一介之人不得時變也所惡執一者為其賊道
也舉一而廢百也所以惡執一者為其不知權以一知而廢百道也　章指言楊
墨放蕩子莫執一聖人量時不取此術孔子行止唯義所在
孟子曰飢者甘食渴者甘飲是未得飲食
之正也飢渴害之也飢渴害其本所以知味之性令人強甘之豈惟
口腹有飢渴之害人心亦皆有害為利欲所害亦
猶飢渴得之人能無以飢渴之害為心害則不及
人不為憂矣人能守正不為邪利所害雖謂富貴之事不及逮人猶為君子不為善人

所憂患也　章指言飢不妄食忍情抑欲賤不失道不爲苟求能無心害夫將何憂

孟子曰柳下惠不以三公易其介介大也柳下惠執弘大之志不恥汙君不以三公榮位易其大量也　章指言柳下惠不恭用志大也無可無否以賤爲貴也

孟子曰有爲者辟若掘井掘井九軔而不及泉猶爲棄井也有爲爲仁義也軔八尺也雖深而不及泉喻有爲者中道而盡棄前行也　章指言爲仁由已必在究之九軔而輟無益成功論之一簣義與此同

孟子曰堯舜性之也湯武身之也五霸假之也性之性好仁自然也身之體之行仁視之若身也假之假仁以正諸侯也久假而

孟十三　十二　関西

不歸惡知其非有也五霸若能久假仁義譬若假物久而不歸安知其不眞有也　章指言仁在性體其次假借用而不已實何以易在其勉之也

公孫丑曰伊尹曰予不狎于不順放太甲于桐民大悅太甲賢又反之民大悅賢者之爲人臣也其君不賢則固可放與丑怪伊尹賢者而放其君何也孟子曰有伊尹之志則可無伊尹之志則簒也大臣秉忠志若伊尹欲寧殷國則可放惡而不即立君宿留冀改而復之如無伊尹之忠見間乘利簒心乃生何可放也　章指言憂國忘家意在出身志在寧君放惡攝政伊周有焉

凡人志異則生簒心也

公孫丑曰詩曰不素餐兮君子之不耕而食何也詩魏國伐檀之篇也無功而食謂之素餐世之君子有不耕而食者何也孟子曰君子居是國也其君用之則安富尊榮其子弟從之則孝悌忠信不素餐兮孰大於是君子能使人化其道德移其習俗君安國富而保其尊榮子弟孝悌而樂忠信不素餐之功誰大於是何爲不可以食祿　章指言君子正已以立於世世美其道君臣是貴所過者化何素餐之謂也

王子墊問曰士何事齊王子名墊也問士當何事爲事也孟子

孟十三　十三

曰尚志尚上也士當貴上於用志也曰何謂尚志曰仁義而已矣殺一無罪非仁也非其有而取之非義也居惡在仁是也路惡在義是也居仁由義大人之事備矣孟子言志之所尚仁義而巳矣不殺無罪不取非有者爲仁義欲知其所當居者仁爲上所由者義爲貴大人之事備也　章指言人當尚志志於善也善之所由仁與義也欲使王子無過差也

孟子曰仲子不義與之齊國而弗受人皆信之是舍簞食豆羹之義也仲子陳仲子處於陵者人以爲

簞謂以不義而與之齊國必不受之孟子以爲仲子之義若上章所道簞食豆羹無禮則不受萬鍾則不辯禮義而受之也人莫大焉亡親戚君臣上下以其小者信其大者奚可哉人當以禮義爲正陳仲子避兄離母不知仁義親戚上下之敘何可以其不廉信以爲大哉　章指言事有輕重行有大小以大包小可也以小信大未之聞也

桃應問曰舜爲天子皐陶爲士瞽瞍殺人則如之何桃應孟子弟子問皐陶爲士官主執罪人瞽瞍惡暴而殺人則皐陶如何孟子曰執之而已矣孟子曰皐陶執之耳然則舜不禁與桃應以爲舜爲天子使有司執其父不禁止之邪曰夫舜惡得而禁

之夫有所受之也夫辭也孟子曰夫舜惡得禁之夫天下乃受之於堯當爲天理民王法不曲豈得禁之也然則舜如之何應問舜爲之將如何曰舜視棄天下猶棄敝蹝也竊負而逃遵海濱而處終身訢然樂而忘天下孟子曰舜視棄天下如捐棄敝蹝蹝草履可蹝者也敝喻不惜舜必負父而遠逃終身訢然忽忘天下之爲貴也　章指言奉法承天政不可枉大孝榮父遺棄天下虞舜之道趨將若此孟子之言揆聖意也

孟子自范之齊望見齊王之子喟然歎曰居移氣養移體大哉居乎夫非盡人之子與范齊邑王庶子所封食也孟子之范見王子之儀聲氣高涼不與人同還至齊謂諸弟子喟然而嘆曰居尊則氣高居卑則氣下居之移人氣志使之高涼若供養之移人形身使充盛也大哉居乎者言當慎所居人必居仁也凡人與王子豈非盡是人之子也王子居尊勢故儀聲如是也　章指言人性皆同居使之異君子居仁小人處利譬猶王子殊於衆品也

孟子曰王子宮室車馬衣服多與人同而王子若彼者其居使之然也況居天下之廣居者乎言王子宮室乘服皆人之所用之耳然而王子若彼高涼者居勢位故也況居廣居謂行仁義仁義在身不言而喻也魯君之宋呼於垤澤之門

守者曰此非吾君也何其聲之似我君也此無他居相似也垤澤宋城門名也人君之聲相似者以其俱居尊勢故音氣同也以城門不自肯夜開故君自發聲　章指言輿服器用人用不殊尊貴居之志氣以舒是以居仁由義盎然內優會中正者睟子不眘也

孟子曰食而弗愛豕交之也愛而不敬獸畜之也恭敬者幣之未將者也恭敬而無實君子不可虛拘人之交接但食之而不愛若養豕也愛而不敬若人畜禽獸但愛而不能敬也且恭敬者如有幣帛當以行禮而未以命將行之也恭敬貴實如其無實何可虛拘致君

子之心也　章指言取人之道必以恭敬恭敬貴實虛則不應實者言敬愛也

孟子曰：形色天性也形謂君子體貌嚴尊也尚書洪範一曰貌色謂婦人妖麗之容詩云顏如蕣華此皆天假施於人也惟聖人然後可以踐形踐履居之也易曰黃中通理聖人內外文明然後能以正道履居此美形不言居色主名尊陽抑陰之義也　章指言體德正容大人所履有表無裏謂之柚梓是以聖人乃堪踐形也

齊宣王欲短喪公孫丑曰爲朞之喪猶愈於已乎齊宣王以三年之喪爲太長久欲減而短之因公孫丑使自以其意問孟子既不能三年喪以朞年差愈於止而不行喪者孟子曰是猶或紾其兄之臂子謂之姑徐徐云爾亦教之孝悌而已矣紾戾也孟子言有人戾其兄之臂爲不順也而子謂之曰且徐徐云爾是豈以徐之爲差者乎不若教之以孝悌勿復戾其兄之臂也今欲行其朞喪亦猶曰徐徐之類也王子有其母死者其傅爲之請數月之喪公孫丑曰若此者何如也丑曰王之庶夫人死迫於適夫人不得行其喪親之數其傅爲請之於君欲使得行數月喪如之何曰是欲終之而不可得也雖加一日愈於已謂夫莫之禁而弗爲者也孟子曰如是王子欲終服其子禮而不能者也加益一日則愈於止况數月乎所謂不當者謂無禁自欲短之故譏之也　章指言禮斷

三年孝者欲益富貴怠厭思減其日君子正言不可阿情丑欲朞之故譬以紾兄徐徐也

孟子曰君子之所以教者五教民之道有五品有如時雨化之者教之漸漬而浛洽也有成德者有達財者有荅問者有私淑艾者私獨淑善艾治也君子獨善其身人法其仁此亦與教法之道無差也此五者君子之所以教也申言之孟子貴重此教之道　章指言教人之術莫善五者養育英才君子所珍聖所不倦其惟誨人乎

公孫丑曰道則高矣美矣宜若登天然似不可及也何不使彼爲可幾及而日孳孳也丑以爲聖人之道大高遠將若登天人不能及也何不少近人情令彼凡人可庶幾使日孳孳自勉也孟子曰大匠不爲拙工改廢繩墨羿不爲拙射變其彀率君子引而不發躍如也中道而立能者從之大匠不爲新學拙工故爲之改鑿廢繩墨必正也羿不爲新學拙射者變其彀率之法也彀弩張嚮表率之正體望之極思用巧之時不可變也君子謂於射則引弓彀弩而不發以待彀偶也於道則中道德之中不以學者不能故卑下其道將以須於能者往取之也　章指言曲高和寡道大難追然而履正者不枉執德者不回故曰人能引道毋欲下之非也

孟子曰天下有道以道殉身天下無道以

身殉道未聞以道殉乎人者也殉從也天下有道得行王政道從身施功實也天下無道道不得行以身從道守道而隱不聞以正道從俗人也　章指言窮達卷舒屈伸異變變流從顧守者所慎故曰金石獨止不殉人也

公都子曰滕更之在門也若在所禮而不荅何也滕更滕君之弟來學於孟子也言國君之弟而樂在門人中宜荅見禮而夫子不荅何也

孟子曰挾貴而問挾賢而問挾長而問挾有勳勞而問挾故而問皆所不荅也滕更有二焉挾接也接己之貴勢接己之有賢才接己長老接己當有功勞之恩接己與師有故舊之好凡恃此五者而以學問望師之待以異意而教之皆所不當荅滕更有二焉接貴接賢故不荅矣　章指言學尚虛己師誨貴平是以滕更恃二孟子弗應

孟子曰於不可已而已者無所不已於所厚者薄無所不薄也其進銳者其退速已棄也於義所不當棄而棄之則不可所以不可而棄之使無罪者咸恐懼也於義當厚而反薄之何不薄也不愛見薄者亦皆自安矣不審察人而過進不肖越其倫悔而退之必速矣當翔而後集慎如之何　章指言賞僭及淫刑濫傷善不僭不濫詩人所紀是以季文三思何後之有

孟子曰君子之於物也愛之而弗仁物謂凡物可以養人者也當愛育之而不知人仁若犧牲不得不殺也於民也仁之而弗親臨民以非己族類故不得與親同也親親而仁民仁民而愛物也先親其親戚然後仁民仁民然後愛物用恩之次　章指言君子布德各有所施事得其宜故謂之義也

孟子曰知者無不知也當務之為急仁者無不愛也急親賢之為務知者知所務善也仁者務愛賢也堯舜之知而不偏物急先務也堯舜之仁不偏愛人急親賢也物事也堯舜不偏知百工之事不偏愛衆人先愛賢使治民不二三自往親加恩惠也不能三年之喪而緦小功之察放飯流歠而問無齒決是之謂不知務尚不能行三年之喪而復察緦麻小功之禮放飯大飯也流歠長歠也齒決斷肉置其餘也於尊者前賜食大飯長歠不敬之大者齒決小過耳言世之先務舍大譏小若此之類也　章指言振裘持領正羅維綱君子百行先務其崇是以堯舜親賢大化以隆道為要也

孟子卷第十三

孟子卷第十四　趙氏注

盡心章句下

孟子曰不仁哉梁惠王也仁者以其所愛及其所不愛不仁者以其所不愛及其所愛梁魏都也以用也仁者用恩於所愛之臣民王政不偏普施德教所不親愛者并蒙其恩澤也用不仁之政加於所不親愛則有災傷加所愛之臣民亦幷被其害惠王好戰殺人故孟子曰不仁哉公孫丑曰何謂也丑問及所愛之狀何謂也梁惠王以土地之故糜爛其民而戰之大敗將復之恐不能

勝故驅其所愛子弟以殉之是之謂以其所不愛及其所愛也孟子言惠王貪利鄰國之土地而戰其民死亡於野骨肉糜爛而不收兵大敗而欲復戰恐士卒少不能用勝故復驅其所愛近臣及子弟而以殉之殉從也所愛從其所不愛而往趨死亡故曰及其所愛也東敗於齊長子死焉　章指言發政施仁一國被恩好戰輕民災及所親著此魏王以戒人君也

孟子曰春秋無義戰彼善於此則有之矣征者上伐下也敵國不相征也春秋所載戰伐之事無應王義者也彼此相覺有善惡耳孔子舉毫毛之善貶纖芥之惡故皆錄之於春秋也上伐下謂之征諸侯敵國不得相征五霸之世諸侯相征於三王之法不得其正者也　章指言春秋撥亂時多戰爭事實違禮以文反正征伐誅討不自王命故曰無義戰也

孟子曰盡信書則不如無書吾於武成取二三策而已矣仁人無敵於天下以至仁伐至不仁而何其血之流杵也書尚書經有所美言事或過若康誥曰冒聞于上帝甫刑曰帝清問下民梓材曰欲至于萬年又曰子子孫孫永保民人不能聞天天不能問民萬年永保皆不可得爲書豈可案文而皆信之哉武成逸書之篇名言武王誅討戰鬭殺人血流舂杵孟子言武王以至仁伐至不仁殷人簞食壺漿而迎其師何乃至於血流漂杵乎故吾取武成兩三簡策可用

者耳其過辭則不取也　章指言文之有美過實聖人不改錄其意也非獨書云詩亦有言嵩高極天則百斯男亦已過矣是故取於武成二三而已

孟子曰有人曰我善爲陳我善爲戰大罪也國君好仁天下無敵焉南面而征北夷怨東面而征西夷怨曰奚爲後我此人欲勸諸侯以攻戰也故謂之有罪好仁無敵四夷怨望遲願見征何爲後我已說於上篇武王之伐殷也革車三百兩虎賁三千人王曰無畏寧爾也非敵百姓也若崩厥角稽首征之爲

言正也各欲正己也焉用戰革車兵車也虎賁武士爲小臣者也書云虎賁綴衣趣馬小尹三百兩三百乘也武王令殷人曰無驚畏我來安正爾也百姓歸周若崩厥角犀至地稽首拜命亦以首至地也各欲令武王來征己之國安用善戰陳者　章指言民思明君若旱望雨以仁伐暴誰不欣喜是以殷民厥角周師歌舞焉用善戰故云罪也

孟子曰梓匠輪輿能與人規矩不能使人巧梓匠輪輿之功能以規矩與人人之巧在心拙者雖得規矩不以成器也　章指言規矩之法喻若典禮人不志仁雖誦憲籍不能以善善人脩道公輸守繩政成器美惟度是應得其理也

孟子曰舜之飯糗茹草也若將終身焉及其爲天子也被袗衣鼓琴二女果若固有之糗飯乾糒也袗畫也果侍也舜耕陶之時飯糗茹草若將終身如是及爲天子被畫衣黼黻絺繡也鼓琴以協音律也以堯二女自侍亦不佚豫如固自當有之也　章指言阨窮不憫貴而思降凡人所難虞舜所隆聖德所以殊也

孟十四　三　閔西

孟子曰吾今而後知殺人親之重也殺人之父人亦殺其父殺人之兄人亦殺其兄然則非自殺之也一閒耳父仇不同天兄仇不同國以惡加人人必加之知其重也一閒者我往彼來閒一人耳與自害其親何異哉　章指言恕以行仁遠禍之端暴以殘民招咎之患是以君子好生惡殺反諸身也

孟子曰古之爲關也將以禦暴今之爲關也將以爲暴古之爲關將以禦暴亂譏閉非常也今之爲關反以征稅出入之人將以爲暴虐之道也　章指言脩理關梁譏而不征如以稅斂非其式程懼將爲暴故載之也

孟子曰身不行道不行於妻子使人不以道不能行於妻子身不自履行道德而欲使人行道德妻子不肯行之言無所則效使人不順其道理不能使妻子順之而況於他人者乎　章指言率人之道躬行爲首故論語曰其身不正雖令不從

孟十四　四

孟子曰周于利者凶年不能殺周于德者邪世不能亂周達於利營苟得之利而趨生雖凶年不能殺之周達於德身欲行之雖遭邪世不能亂其志也　章指言務利蹈姦務德蹈仁舍生取義其道不均也

孟子曰好名之人能讓千乘之國苟非其人簞食豆羹見於色好不朽之名者輕讓千乘子臧季札之儔是也誠非好名者爭簞飯豆羹變色訟之致禍鄭子公染指黿羹之類是也　章指言廉貪相殊名亦卓異故聞伯夷之風懦夫有立志也

孟子曰不信仁賢則國空虛無禮義則上

下亂無政事則財用不足不親信仁賢仁賢去之國無賢人則曰空虛也無禮義以正尊卑則上下之序泯亂無善政以教人農時貢賦則不入故財用不足　章指言親賢正禮明其五教爲政之源聖人以三者爲急也

孟子曰不仁而得國者有之矣不仁而得天下未之有也不仁得國者謂若象封有庳叔鮮叔度封於管蔡以親親之恩而得國也雖有誅亡其世有土丹朱商均天下元子以其不仁天下不與故不得有天下也　章指言王者當天然後處之桀紂幽厲雖得猶失不以善終不能世祀不爲得也

孟子曰民爲貴社稷次之君爲輕是故得

孟十四　五　閔西

乎丘民而爲天子君輕於社稷社稷輕於民丘十六井也天下丘民皆樂其政則爲天子殷湯周文是也得乎天子爲諸侯得天子之心封以爲諸侯得乎諸侯爲大夫得諸侯之心諸侯封以爲大夫諸侯危社稷則變置諸侯爲危社稷之行則變更立賢諸侯也犧牲既成粢盛既絜祭祀以時然而旱乾水溢則變置社稷犧牲已成肥腯粢稻已成絜精祭祀社稷常以春秋之時然而其國有旱乾水溢之災則毀社稷而更置也　章指言得民爲君得君爲臣民爲貴也先黜諸侯後毀社稷君爲輕也重民敬祀治之所先故列其次而言之

孟子曰聖人百世之師也伯夷柳下惠是也伯夷之清柳下惠之厚聖人之一槩也故聞伯夷之風者頑夫廉懦夫有立志聞柳下惠之風者薄夫敦鄙夫寬奮乎百世之上百世之下聞者莫不興起也非聖人而能若是乎而況於親炙之者乎頑貪懦弱鄙狹也百世言其遠也興起志意興起也非聖人之行何能感人若是踰聞尚然況親見熏炙者也　章指言伯夷柳下變貪厲薄千載聞之猶有感激謂之聖人美其德也

孟子曰仁也者人也合而言之道也能行仁恩者人也人與仁合而言之可以謂之有道也　章指言仁恩須人人能弘道也

孟十四　六

孟子曰孔子之去魯曰遲遲吾行也去父母國之道也去齊接淅而行去他國之道也遲遲接淅說已見上篇　章指言孔子周流不遇則之他國遠逝惟魯斯戀篤於父母國之義也

孟子曰君子之戹於陳蔡之閒無上下之交也君子孔子也論語曰君子之道三我無能焉孔子乃尚謙不敢當君子之道故可謂孔子爲君子也孔子所以戹於陳蔡之閒者其國君臣皆惡上下無所交接故戹也　章指言君子固窮窮不變道上下無交無賢援也

貉稽曰稽大不理於口貉姓稽名仕者也爲衆口所訕理賴也謂孟子

曰稽大不賴人之口如之何孟子曰無傷也士憎茲多口審己之德口無傷也離於凡人而爲士者益多口詩云憂心悄悄慍于羣小孔子也肆不殄厥慍亦不殞厥問文王也詩邶風柏舟之篇曰憂心悄悄憂在心也慍于羣小怨小人聚而非議賢者也孔子論此詩孔子亦有武叔之口故曰孔子之所苦也大雅緜之篇曰肆不殄厥慍殄絕慍怒也亦不殞厥問殞失也言文王不殄絕畎夷之慍怒亦不能殞失文王之善聲問也章指言正己信心不患衆口衆口諠譁大聖所有況於凡品之所能禦故詻詻稽曰無傷也

孟子曰賢者以其昭昭使人昭昭今以其

昏昏使人昭昭賢者治國法度昭昭明於道德是躬化之道可也今之治國法度昏昏亂潰之政也身不能治而欲使他人昭明不可得也章指言以明昭闇闇者以開以闇責明闇者愈迷賢者可遵譏今之非也

孟子謂高子曰山徑之蹊閒介然用之而成路爲閒不用則茅塞之矣今茅塞子之心矣高子齊人也嘗學於孟子鄉道而未明去而學於他術孟子謂之曰山徑山之領有微蹊介然人遂用之不止則蹊成爲路爲閒有閒也謂廢而不用則茅草生而塞之不復爲路以喻高子學於仁義之道當遂行之而反中止比若山路故曰茅塞子之心也章指言聖人之道學而時習仁義在身當常被服舍而不脩猶茅是塞明爲善之不可倦也

高子曰禹之聲尚文王之聲孟子曰何以言之高子以爲禹之尚貴聲樂過於文王孟子難之曰何以言之曰以追蠡高子曰禹時鍾在者追蠡也追鍾鈕也鈕擘齧處深矣蠡蠡欲絕之貌也文王之鍾不然以禹爲尚樂也曰是奚足哉城門之軌兩馬之力與孟子曰是何足以爲禹尚樂乎先代之樂器後王皆用之禹在文王之前千有餘歲用鍾日久故追欲絕耳譬若城門之軌齧其限切深者用之多耳豈兩馬之力使之然乎兩馬者春秋外傳曰國馬足以行關公馬足以稱賦 章指言前聖後聖所尚者同三王一體何得相踰欲以追蠡未達一隅孟子言之將啓其蒙

齊饑陳臻曰國人皆以夫子將復爲發棠殆不可復棠齊邑也孟子嘗勸齊王發棠邑之倉以振貧窮時人賴之今齊人復饑陳臻言一國之人皆以爲夫子復若發棠時勸王也殆不可復言之也孟子曰是爲馮婦也晉人有馮婦者善搏虎卒爲善士則之野有衆逐虎虎負嵎莫之敢攖望見馮婦趨而迎之馮婦攘臂下車衆皆悅之其爲士者笑之馮姓婦名也勇而有力能搏虎卒後也善士者以善搏虎有勇名也故進以爲士之於野外復見逐虎者攖迫也虎依陬而怒無敢迫近者也馮婦恥不如前見虎走而迎之攘臂下車

欲復搏之衆人恱其勇猛其士之黨笑其不知止也故孟子謂陳臻人欲復使我如發棠時言之於君是則我爲馮婦也必爲知者所笑也　章指言可爲則從不可則凶言善見用得其時也非時逆指猶若馮婦暴虎無己必有害也

孟子曰口之於味也目之於色也耳之於聲也鼻之於臭也四肢之於安佚也性也有命焉君子不謂性也口之甘美味目之好美色耳之樂音聲鼻之喜芬香臭香也易曰其臭如蘭四體謂之四枝四枝解倦則思安佚不勞苦此皆人性之所欲也得居此樂者有命祿人不能皆如其願也凡人則觸情從欲而求可樂君子之道則以仁義爲先禮節爲制不以性欲而苟求之也故君子不謂性也

仁之於父子也義之於君臣也禮之於賓主也知之於賢者也聖人之於天道也命也有性焉君子不謂命也仁者得以恩愛施於父子義者得以義理施於君臣好禮敬施於賓主知者得以明知知賢達善聖人得以天道王於天下此皆命祿遭遇乃得居而行之不遇者不得施行然亦才性有之故可用也凡人則歸之命祿任天而已不復治性以君子之道則脩仁行義脩禮學知庶幾聖人亹亹不倦不但坐而聽命故曰君子不謂命也　章指言尊德樂道不追佚性治性勤禮不專委命君子所能小人所病究言其事以勸戒也

浩生不害問曰樂正子何人也浩生姓不害名齊人也見孟子聞樂正子爲政於魯而喜故問樂正子何等人也

孟子曰善人也信人也樂正子爲人有善有信也何謂善何謂信不害問善信之行謂何曰可欲之謂善有諸己之謂信充實之謂美充實而有光輝之謂大大而化之之謂聖聖而不可知之之謂神樂正子二之中四之下也己之所欲乃使人欲之是爲善人己所不欲勿施於人也有之於己乃謂人有之是爲信人不意不信也充實善信使之不虛是爲美人美德之人也充實善信而宣揚之使有光輝是爲大人大行其道使天下化之是爲聖人有聖知之明其道不可得知是爲神人人有是六等樂正子能善能信在二者之中四者之下也　章指言神聖以下優劣異差樂正好善應下二科是以孟子爲之喜也

孟子曰逃墨必歸於楊逃楊必歸於儒歸斯受之而已矣墨翟之道兼愛無親疏之別最爲違禮楊朱之道爲己愛身雖違禮尚得不敢毀傷之義逃者去也去邪歸正故曰歸去墨歸楊去楊歸儒則當受而安之也今之與楊墨辯者如追放豚既入其苙又從而招之苙蘭也招罥也今之與楊墨辯爭道者譬如追放逸之豕豚追而還之入蘭則可又復從而罥之太甚以言去楊墨歸儒則可又復從而罪之亦云太甚　章指言驅邪反正正斯可矣來者不綏追其前罪君子甚之以爲過也

孟子曰有布縷之征粟米之征力役之征征賦也國有軍旅之事則橫興此三賦也布軍卒以爲衣也縷紩鎧甲之縷也粟米軍糧也力役民負荷斯養之役也君子用其一緩其二用其二而民有殍用其三而父子離君子爲政雖遭軍旅量其民力不竝此三役更發異時急一緩二民不若之若竝用二則路有餓殍若竝用三分崩不振父子離析忘禮義矣　章指言原心量力政之善者繇役竝興以致離殍養民輕斂君子道也

孟子曰諸侯之寶三土地人民政事寶珠玉者殃必及身諸侯正其封疆不侵鄰國鄰國不犯寶土地也使民以時民不離散寶人民也脩其德教布其惠政寶政事也若寶珠玉求索和民之璧隋侯之珠與強國爭之強國加害殃及身也　章指言寶此三者以爲國珍寶於爭玩以殃其身諸侯如茲永無患也

盆成括仕於齊孟子曰死矣盆成括盆成姓括名也嘗欲學於孟子問道未達而去後仕於齊孟子聞而嗟歎曰死矣盆成括知其必死盆成括見殺門人問曰夫子何以知其將見殺門人問孟子何以知之也曰其爲人也小有才未聞君子之大道也則足以殺其軀而已矣孟子荅門人言括之爲人小有才慧而未知君子仁義謙順之道適足以害其身也　章指言小知自私藏怨之府大雅先人福之所聚勞謙終吉君子道也

孟子之滕館於上宮館舍也上宮樓也孟子舍止賓客所館之樓上也有業屨於牖上館人求之弗得或問之曰若是乎從者之廋也屨扉屨也業織之有次業而未成也置之窗牖之上客到之後求之不得有來問孟子者曰是客從者之廋廋匿也孟子與門徒相隨從車數十故曰侍從者所竊匿也曰子以是爲竊屨來與孟子謂館人曰子以是衆人來隨事我本爲欲竊屨故來邪曰殆非也館人曰殆非爲是來事夫子也自知問之過夫予之設科也往者不追來者不距苟以是心至斯受之而已矣孟子曰夫我設教授之科教人以道德也其去者亦不追呼來者亦不距逆誠以是學道之心來至我則斯受之亦不知其取之與否君子不保異心也見館人言殆非爲是來亦云不能保知謙以荅之　章指言教誨之道受之如海百川移流不得有距雖獨竊屨非己所絕順荅小人小人自咎所謂造次必於是也

孟子曰人皆有所不忍達之於其所忍仁也人皆有所愛不忍加惡推之以通於所不愛皆令被德此仁人也人皆有所不爲達之於其所爲義也人皆有不喜爲謂貧賤也通之於其所喜爲謂富貴也抑情止欲使若所不喜爲此者義人也人能充無欲害人之心

而仁不可勝用也人皆有不害人之心能充大之以爲仁仁不可勝用也人能充無穿踰之心而義不可勝用也穿牆踰屋姦利之心也人既無此心能充大之以爲義義不可勝用人能充無受爾汝之實無所往而不爲義也爾汝之實德行可輕賤人所爾汝者也既不見輕賤不爲人所爾汝能充大而以自行所至皆可以爲義也士未可以言而言是以言餂之也可以言而不言是以不言餂之也是皆穿踰之類也餂取也人之爲士者見尊貴者未可與言而強與之言欲以言取之也是失言也見可與言者而不與之言不知賢人可與之言而反欲以不言取之是失人也是皆趨利入邪無知之人故曰穿踰之類也　章指言善恕行義充大其美無受爾汝何施不可取人不知失其藏否比之穿踰善亦遠矣

孟子曰言近而指遠者善言也守約而施博者善道也君子之言也不下帶而道存焉言近指遠近言正心遠可以事天也守約施博約守仁義大可以施德於天下也二者可謂善言善道也正心守仁皆在胷臆吐口而言之四體不與焉故曰不下帶君子之守脩其身而天下平身正物正天下平矣人病舍其田而芸人之田所求於人者重而所以自任者輕芸治也田以喻身舍身不治而欲責人治求人大重自任大輕　章指言言道之善以心爲原當求諸已而責於人君子尤之況以妄芸言失務也

孟子曰堯舜性者也湯武反之也堯舜之體性自善者也殷湯周武反之於身身安乃以施人謂加善於民動容周旋中禮者盛德之至也人動作容儀周旋中禮者盛德之至哭死而哀非爲生者也死者有德哭者哀也經德不回非以干祿也言語必信非以正行也經行也體德之人行其節邪非以求祿位也庸言必信非必欲以正行爲名也性不忍欺人也君子行法以俟命而已矣君子順性蹈德行其法度夭壽在天待命而已矣　章指言君子之行動合禮中不惑禍福脩身俟終堯舜之盛湯武之隆不是過也

孟子曰說大人則藐之勿視其巍巍然大人謂當時之尊貴者也孟子言說此大人之法心當有以輕藐之勿敢視之巍巍富貴若此而不畏之則心舒意展言語得盡堂高數仞榱題數尺我得志弗爲也仞八尺也榱題屋霤也高堂數仞振屋數尺奢汰之室使我得志不居此堂也大屋無尺丈之限故言數仞也食前方丈侍妾數百人我得志弗爲也極五味之饌食列於前方一丈侍妾衆多至數百人也般樂飲酒驅騁田獵

後車千乘我得志弗爲也般大也大作樂而飲酒驅騁田獵從車千乘般于遊田也在彼者皆我所不爲也在我者皆古之制也吾何畏彼哉在彼貴者驕佚之事我所恥爲也在我所行皆古聖人所制之法謂恭儉也我心何爲當畏彼人乎哉章指言富貴而驕自遺咎也茅茨采椽聖堯表也以賤說貴懼有蕩心心謂彼陋以寧我神故以所不爲爲之寶玩也

孟子曰養心莫善於寡欲其爲人也寡欲雖有不存焉者寡矣養治也寡少也欲欲利也雖有少欲而亡者謂遭橫暴若單豹臥深山而遇飢虎之類也然亦寡矣其爲人也多欲雖有存焉者寡矣謂貪而不亡蒙先人德業若晉欒黶之類也然亦少矣不存者衆也　章指言清靜寡欲德之高者畜聚積實穢行之下廉者招福濁者速禍雖有不然蓋非常道是以正路不可不由也

曾晳嗜羊棗而曾子不忍食羊棗公孫丑問曰膾炙與羊棗孰美羊棗棗名也曾子以父嗜羊棗父沒之後惟念其親不復食羊棗故身不忍食也公孫丑怪之故問羊棗孰與膾炙美也孟子曰膾炙哉言膾炙固美也何比於羊棗公孫丑曰然則曾子何爲食膾炙而不食羊棗曰膾炙所同也羊棗所獨也諱名不諱姓姓所同也名所獨也孟子言膾炙雖美人所同嗜獨曾子父嗜羊棗耳故曾子不忍食也譬如諱君父之名不諱其姓姓與族同之名所獨也故諱之也　章指言情禮相扶以禮制情人所同然禮則不禁曾參至孝思親異心羊棗之感終身不嘗孟子嘉焉故上章稱曰豈有非義而曾子言之者也

萬章問曰孔子在陳曰盍歸乎來吾黨之士狂簡進取不忘其初孔子在陳何思魯之狂士孔子戹陳不遇賢人上下無所交蓋歎息思歸欲見其鄉黨之士也簡大也狂者進取大道而不得其正者也不忘其初孔子思故舊也周禮五黨爲州五州爲鄉故曰吾黨之士也萬章怪孔子何爲思魯之狂士也孟子曰孔子不得中道而與之必也狂獧乎狂者進取獧者有所不爲也孔子豈不欲中道哉不可必得故思其次也中道中正之大道也狂者能進取獧者能不爲不善時無中道之人以狂獧次善者故思之敢問何如斯可謂狂矣萬章曰人行何如斯則可謂之狂也曰如琴張曾晳牧皮者孔子之所謂狂矣孟子言人行如此三人者孔子謂之狂也琴張子張也子張之爲人蹠踔譎詭論語曰師也僻故不能純善而稱狂也又善鼓琴號曰琴張曾晳曾參父也牧皮行與二人同皆事孔子學者也何以謂之狂也萬章問何以謂此人爲狂曰其志嘐嘐然曰古之人古之人夷考

其行而不掩焉者也〔嘐嘐志大言大者也重言古之人欲慕之也夷平也考察其行不能掩覆其言是其狂也〕狂者又不可得欲得不屑不絜之士而與之是獧也是又其次也〔屑絜也不絜汙穢也既不能得狂者欲得有介之人能恥賊汙行不絜者則可與言矣是獧人次於狂者也〕孔子曰過我門而不入我室我不憾焉者其惟鄉原乎鄉原德之賊也〔憾恨也人過孔子之門不入則孔子恨之獨鄉原不入者無恨心耳以其賊德故也〕曰何如斯可謂之鄉原矣〔萬章問鄉原之惡云何〕曰何以是嘐嘐也言不顧行行不顧言則曰古之人古之人行何為踽踽涼涼生斯世也為斯世也善斯可矣閹然媚於世也者是鄉原也〔孟子言鄉原之人言何以是嘐嘐若有大志也其言行不顧則亦稱曰古之人古之人行何為踽踽涼涼有威儀如無所施之貌也鄉原者外欲慕古之人而其心曰古之人何為空自踽踽涼涼而生於今之世無所用之乎以為生斯世但當取為人所善善人則可矣其實但為合衆之行媚愛也故閹然大見愛於世也若是者謂之鄉原也〕萬子曰一鄉皆稱原人焉無所往而不為原人孔子以為德之賊何哉〔萬子即萬章也孟子録之以其不解於聖人之意故謂之萬子子男子之

通稱也美之者欲以責之也萬子言人皆以為原善所至亦謂之善人若是孔子以為賊德何為也〕曰非之無舉也刺之無刺也同乎流俗合乎汙世居之似忠信行之似廉絜衆皆悅之自以為是而不可與入堯舜之道故曰德之賊也〔孟子言鄉原之人能匿蔽其惡非之無可舉者刺之無可刺者志同於流俗之人行合於汙亂之世為人謀居其身若似忠信行其身若似廉絜為行矣衆皆悅美之其人自以所行為是而無仁義之實故不可與入堯舜之道也無德而人以為有德故曰德之賊也〕孔子曰惡似而非者惡莠恐其亂苗也惡佞恐其亂義也惡利口恐其亂信也惡鄭聲恐其亂樂也惡紫恐其亂朱也惡鄉原恐其亂德也〔似真而非真者孔子之所惡也莠之莖葉似苗佞人詐飾似有義者利口辯辭似若有信鄭聲淫人之聽似若美樂紫色似朱朱赤也鄉原惑衆似有德者此六似者皆孔子之所惡也〕君子反經而已矣經正則庶民興庶民興斯無邪慝矣〔經常也反歸也君子治國家歸其常經謂以仁義禮智道化之則衆民興起而家給人足矣倉廩實而知禮節安有為邪惡之行也〕

章指言士行有科人有等級中道為上狂獧不合似是而非色厲內荏鄉原之惡聖人所甚反經身行民化於已子率而正孰敢不正也

孟子曰由堯舜至於湯五百有餘歲若禹皋陶則見而知之若湯則聞而知之

言五百歲聖人一出天道之常也亦有遲速不能正五百歲故言有餘歲也見而知之謂輔佐也通於大賢次聖者亦得與在其間親見聖人之道而佐行之言易也聞而知之者聖人相去卓遠數百歲之間變故衆多踰聞前聖所行追而遵之以致其道言難也

由湯至於文王五百有餘歲若伊尹萊朱則見而知之若文王則聞而知之

伊尹摯也萊朱亦湯賢臣也一曰仲虺是也春秋傳曰仲虺居薛爲湯左相是則伊尹爲右相故二人等德也

由文王至於孔子五百有餘歲若太公望散宜生則見而知之若孔子則聞而知之

太公望呂尚也號曰師尚父散宜生文王四臣之一也呂尚有勇謀而爲將散宜生有文德而爲相故以相配而言之也

由孔子而來至於今百有餘歲去聖人之世若此其未遠也近聖人之居若此其甚也然而無有乎爾則亦無有乎爾

至今者至今之世當孟子時也聖人之間必有大賢名世者百有餘年適可以出未爲遠而無有也鄒魯相近傳曰魯擊柝聞於邾近之甚也言己足以識孔子之道能奉而行之既不遭值聖人若伊尹呂望之爲輔佐猶可應備名世如傅說之中出於殷高宗也然而世謂之無有此乃天不欲使我行道也故重言之知天意之審也言則亦者非實無有也則亦當使爲無有也乎爾者歎而不怨之辭也

章指言天地剖判開元建始三皇以來人倫攸敘弘析道德班垂文采莫貴乎聖人聖人不出名世承間雖有斯限蓋有遇不遇焉是以仲尼至獲麟而止筆孟子以無有乎爾終其篇章斯亦一契之趣也

孟子十四　十九　關西

孟子卷第十四

孟子篇敘

孟子篇敘者言孟子七篇所以相次敘之意也孟子以爲聖王之盛惟有堯舜堯舜之道仁義爲上故以梁惠王問利國對以仁義爲首篇也仁義根心然後可以大行其政故次以公孫丑問管晏之政答以曾西之所羞也政莫美於反古之道滕文公樂反古故次以文公爲世子始有從善思禮之心也奉禮之謂明明莫甚於離婁故次以離婁之明也明者當明其行行莫大於孝故次以萬章問舜往于田號泣也孝道之本在於情性故次以告子論情性也情性在內而主於心故次以盡心也盡己之心與天通道道之極者也是以終於盡心也篇所以七者天以七紀璿璣運度七政分離聖以布曜故法之也章所以二百六十有一者三時之日數也不敢比易當期之數故取其三時三時者成歲之要時故法之也三萬四千六百八十五字者可以行五常之道施七政之紀故法五七之數而不敢盈也文章多少擬其大數不必適等猶詩三百五篇而論曰詩三百也章有大小分章賦篇篇趣五千以卒其文無所取法猶論四百八十六章章次大小各當其事亦無所法也蓋所以佐明六藝之文義崇宣先聖之指務王制拂邪之隱括立德立言之程式也洋洋浩浩具存乎斯文矣

孟子十四　二十　關西

孟子音義二卷

宋　孫奭撰

清道光二十三年日照許瀚校刻本

校景宋本孟子音義

曲阜桂氏問禮堂藏本
道光廿三年日照許瀚校
刻置于孟氏三遷書院

孟子音義序

朝散大夫尚書兵部郎中充龍圖待　制知通進
銀臺司兼門下封駮事兼判國子監上護軍賜紫
金魚袋臣孫　奭　辭撰進

夫總羣聖之道者莫大乎六經紹六經之教者莫尚乎孟子自昔仲尼既沒戰國初興至化陵遲異端竝作儀行肆其詭辯楊墨飾其淫辭遂致王公納其謀以紛亂於上學者循其踵以蔽惑於下猶洚水懷山時盡昏墊繁蕪塞路孰可芟夷惟孟子挺名世之才秉先覺之志拔邪樹正高行厲辭導王化之源以救

時弊開聖人之道以斷羣疑其言精而贍其旨淵而
通致仲尼之教獨尊於千古非聖賢之倫安能至於
此乎其書由炎漢之後盛傳於世爲之注者則有趙
岐陸善經爲之音者則有張鎰丁公著自陸善經已
降其所訓說雖小有異同而其宗趙氏今既奉
敕校定仍據趙注爲本惟是音釋宜在討論臣今詳
二家撰錄俱未精當張氏則徒分章句漏略頗多丁
氏則稍識指歸譌謬時有若非刊正詎可通行謹與
尚書虞部員外郎同判國子監臣王旭諸王府侍講
太常博士國子監直講臣馬龜符鎮寧軍節度推官

國子學說書臣吴易直前江陰軍江陰縣尉國子學
說書臣馮元等推究本文參考舊注采諸儒之善削
異說之煩證以字書質諸經訓疏其疑滯備其闕遺
集成音義二卷雖仰測至言莫窮於奥妙而廣傳博
識更俟於發揮謹上

孟子音義上

孟子題辭張鎰云即序也趙生尚異故不謂之序而謂之題辭也　趙氏丁公著云案本傳名岐字邠卿京兆長陵人也初名嘉生於御史臺因字臺卿後避難故改名岐少明經有才藝公府屢辟爲京兆尹延篤功曹先是岐常貶議中常侍唐玹兄玹玹爲京兆尹岐遂避難四方無所不歷及諸唐滅乃出仕歷并州刺史議郎後以老病就拜太常九十餘建安六年卒

通稱丁云稱去聲下有此字以意讀之　郰陟輸切　所幷必正切下同　長師張丈切　縱音蹤　隳許規切　墨翟音狄後墨翟皆放此　壅底張云音邸言否塞不通也　迂音紆又音于　值炎丁作直音值　信三音申　詒後丁云音義與貽同　難疑乃旦切　繫本亦作系同胡計切　錧鎋丁云上音管方言作輨車釭也下音黠車轄也　衿音今　問陳直刃切　毀鬲丁音隔蓋譖毀之使[illegible]隔爾又音歷　焉能於虔切　依放方往切

遂紬音黜　罷傳□切下經傳同　心勦丁子小切絕也　形瘵側界切病也　弛

擔音豕下都濫切　睠音眷　漂撫昭切　亂思張云亂治也思去聲　緼奥於粉切淵奥也

章別彼列切

梁惠王章句上丁云案史記梁惠王魏武侯之子名罃罃音鸎　凡七章

以爲手僞切下爲王爲其日爲抑爲爲是故爲皆同　放於方往切　夷羿音詣羿夷姓

饜一鹽切又於豔切　復申扶又切下章注同　重嗟直用切下重重古皆同　集穆張云

當爲輯穆　亦樂音洛盡此卷皆同　王好呼報切下好戰同　夸咤丁丑嫁切云詩

也玉篇作詑　規度大各切下忖度同　亟音棘　不督音篤丁作㞡子六切　來趣丁音

趨亦如字　麀音憂　鶴鶴張云詩本作翯翯戶角切古字假借今依詩本音　於牣於如字下

音刃丁本作仞　歡樂本亦作勸樂　害喪如字張音曷書作曷喪　及女音汝　大平

丁音泰下有此字以意求之 填然音田 者不方久切後皆放此 直不如字丁音值

勝食音升下同 數罟七欲切網也丁張音朔下音古 洿音烏 喪死丁如字 衣帛

於既切注及下文衣帛同 數口丁色主切 不王者丁云去聲下文以意讀之 凬王音諷

餓莩平表切義同殍字丁張毗小切 莩有梅毗小切又平表切丁云韓詩也詩作摽與莩同

刺人七亦切又七四切 改行下孟切下德行同 以梃丁徒頂切從木 惡之烏路

切注及下夫惡同 惡在音烏惡猶安也下惡乎定惡知皆同 俑音勇 夫惡音扶此字既多

可以意求疑者別出 死邪以嗟切後不音者皆放此 長子張丈切下長上長者皆同 洒之

丁音洗謂洗雪其恥也 省刑所梗切 稅斂丁力劒切 易耨以豉切下奴豆切字亦作

薅音同 以養餘亮切 語人魚據切下語人同 卒然七沒切 槁音考 沛字亦

作霈普蓋切 浡音勃 由水由與猶同古字通用 宓音伏 戲音羲 齕恨沒切 釁許覲

切 舍之音捨 觳觫丁斛速二音恐貌 鍾與音餘下何與心與聞與甚與口與體與目
與前與皆同 郄音隙 大祝音泰 隨許規切 遠庖于萬切 王說音悅 挾音協
以超超或作趨 折枝之舌切趙云折枝按摩折手節解罷枝也陸善經云折枝折草樹枝 罷
枝音疲 少者詩妙切 以御如字鄭箋詩云御治也 思齊音齋 適妻丁亦切
好惡皆去聲 度之待各切注稱度心度物皆同餘並音渡 便嬖婢緜切下音臂 辟
土音闢 賈音古 愬音訴 惛音昏 放辟音僻 邪侈張尺氏切丁作移 爲已音以
絕句 罔民張如字丁作司民下音同 焉有於虔切 以畜許六切 當章丁浪切
譎音決

梁惠王章句下 凡十六章

暴見賢偏切下他日見及後注虹見同 王語丁音御下嘗好同 好樂呼報切此卷內

皆同惟下注美好如字　慍於問切　恚一睡切　與民同樂音洛　聞與音餘下病
與慎與鼎與皆同　獨樂樂丁上音岳下音洛下文及注樂樂皆同　孰樂音樂此章內孰
樂樂邪樂也同樂樂其事皆同餘並音岳　爲王于僞切下同　舉疾首蹙頞丁云舉猶
皆也屬下句蹙子六切頞音遏　隙綺戟切　何惡烏路切下讒惡同　於傳直戀切下同
蕘音饒　刈音乂　爲阱才性切　混夷丁音昆昆夷犬戎別名　·喙許穢切困也　大
王音泰後大師大王皆放此　獯鬻丁云上音熏下音育夏曰獯鬻商曰鬼方周曰獫狁秦漢曰匈
奴魏曰突厥　句踐古侯切　會音鱠　夫差音扶　樂天音洛此卷內惟下文相說之樂
及注樂師樂章樂詩樂正皆音岳餘並皆音洛　彼惡音烏　瞋尺真切　書曰天降下
民至越厥志丁曰注云尚書逸篇也案今尚書太誓有此文但三五字詳略不同耳此注云
逸書者古文太誓自孔安國注遭巫蠱事亦遂寢藏於私家故先儒鄭康成馬季長杜元凱等皆以爲逸

書故此注亦云逸書不見古文也衡行丁音横云詳注意卽依字從欲丁音縱亦作縱本
爲之赴難爲難二字並去聲朝儛音舞放方往切琅音郎邪以嗟切王
觀丁音貫亦如字其相息亮切下相土同春省息井切下同從容七容切睊
睊字亦作詯張古縣切云側目視貌言睊睊然怒目相嫉而相讒也慝吐得切湎彌兗切
蹯音煩行也下孟切下之行同無厭丁一兼切公說音悅下相說臣說皆同徵
招張音韶下同畜君許六切下子畜同孥音奴譏難乃旦切下狄難之難赴難其難
兒難皆同惡烏路切下如字哿矣工可切煢音瓊糇音侯橐音託思戢詩作
輯同音集啓行如字道也裹盛音成滸音虎恂音荀比其丁必二切及也無墮
許規切亦音惰下不墮同舍之音捨下舍女同防比毗志切核音覈惡直如字又烏
路切大辟婢亦切舍女音捨人少詩妙切鎰音溢簞食音丹下音嗣後簞食

皆放此　霓五稽切　徯胡禮切　係累張音繫下力追切　幷燕音併下幷得同　旄

倪丁云上音耄下音齯老也詳注意倪謂繄倪小兒也　繄烏今切　夫將丁音扶屬下句　魯

鬩張胡弄切云鬩聲從門下者下降切義與巷同此字從門丁豆切與門不同丁又胡降切劉熙曰鬩

構也構兵以鬭也說文云鬭也　長上張丈切下其長長者皆同　軍率所類切　忿敷吻切

阨音厄　無已音以　以偪音逼　以遺去聲　貉音鶴　乃屬丁音燭會聚也　鼎與

音餘　曰否方久切本亦作不音同後不出者皆放此　沮慈呂切本亦作阻各隨字讀之　尼之

女乙切郭璞注爾雅引孟子作此字丁本作屋云居字　焉能於虔切

公孫丑章句上　凡九章

可復扶又切下同　蹵子六切蹴同　踖子亦切　艴丁音勃張音拂　何曾丁音憎則

也乃也　慍於問切　不帥音率　重言直用切　爲我于僞切注及後章非爲皆同

爲與音餘下法與聞與同與皆同以齊王張于況切云此字既多可以義詳由反

手丁云義當作猶猶如也古字借用耳下文由弓人由矢人義同易然以豉切丁朝音潮

膠鬲丁隔歷二音輔相息亮切丁本作押音甲廣雅云輔也義與夾同鎡基鎡或作兹

音同改辟音闢郵丁音尤今之驛也畏難乃旦切我四十不動心楊子

曰請問孟軻之勇曰勇於義而果於德不以貧富貴賤死生動其心於勇也其庶乎賁音奔黝伊糾

切橈丁奴効切百行下孟切下之行德行隨行皆同要之音邀後以要同子好呼報

切下好殘所好皆同吾不惴焉之睡切丁本作端云音揣恐懼也之師所類切或音率

注同本亦作帥度大各切蹶音厥又居衛切顛倒字或作傎音同惡乎音烏下曰惡同

所趨音趣下同無是餒也奴罪切陸云言以道義配之則能充塞無是綏也慊口簟

切助長張丈切注及下不長苗長長天下皆同揠烏八切拔也芒芒丁音忙亟

音棘疾也罷音皮舍之丁張並音捨下舍是舍已皆同詖彼寄切自斷丁音短以

譽音餘亦音豫下譽之同麗姬呂支切邪辟音僻廋音搜說辭張音稅丁又依

字夫聖音扶屬下句汙丁音蛙不平貌垤大結切行潦音老大過音泰後章

注大宰及章末大臨其大皆同惡辱烏路切章內文注及後章非惡皆同榮樂音洛下文般樂

樂爲樂聞樂取皆同居埤音卑閒暇音閑徹直列切桑土丁音杜綢繆音稠

下武乇切鴟處脂切鴞于嬌切般樂音盤怠敖五勞切又五到切孽魚列切

不可活如字丁云尚書作逭音換下離婁篇同雊古候切廛直連切顛藏或作

臧藏音不橫去聲氓或作萌或作甿皆音盲怵惕音黜內交張音納本亦作納

差惡丁烏故切又如字爲行下孟切擴丁音郭張大也字亦作彍音霍函音含鎧

苦愛切又祝丁亦音呪蚤售音早授不中張仲切讜音黨直言也書作昌

苦亥切

推惡此章惟此字烏路切餘如字浼張莫罪切丁亡但切說文曰汙也方言曰東齊之間謂汙曰
曰浼汙也烏故切下文同就已音以注同遺佚音義與逸同或作迭或作失皆音逸阨
窮音厄本亦作厄袒裼裸裎袒音但裼音錫裸郎果切裎音程竝露也裎亦作程焉能
於虔切懣也音滿又摸本切本亦作滿援而止之或作正之憚徒案切儷音麗
絀音黜伯夷隘或作阸或作阸益烏懈切彈正音壇介者丁云字多作分誤也
公孫丑章句下凡十四章
王相二字竝去聲和樂音洛下樂道樂義皆同不下丁去聲後注下士同馮皮冰
切寡助之至至或作主畔之張云與叛同惡寒烏路切造朝七到切下
同之從才用切數人要丁上色主切下音邀曰惡音烏注及下惡得曰惡惡知皆
同宓與丁音餘下是與欤與言與伐與殺與之與遇與皆同此宓與亦如字慊口簟切長

民張丈切注及下長者同好呼報切下同餽音饋後皆放此贐因刃切爲兵于僞切下必爲之爲王爲其所以爲爲我爲孟下爲子爲皆同可鬻本或作育音同有處昌呂切下同焉有於虔切則去之起呂切其行胡郎切幾千丁蟣祈二音賑丁音振素餐七丹切蚳音遲鼃丁烏花切張烏媧切先後丁云並去聲毋使音無不中張仲切藉道本亦作籍蓋大夫古盍切王驩音歡同使所吏切相比毗志切亦如字曰夫音扶注夫人同危行下孟切稱之尺證切翣山洽切辟世音避度而大各切不可稱丁如字且比丁音庇及也恔音效方言云快也丁音皎說文云憭也沈同張音審或作沈誤子噲苦壞切燕易王子監古咸切更也古衡切龍斷趙云龍斷謂堁斷而高者丁云案龍與隆聲相近隆高也蓋古人之言耳如胥須之類也張云斷如字或讀如斷割之斷非也陸云龍斷謂岡壟斷而高者如

陸之釋則龍音壟堁丁云廣雅音課開元文字音塊隱几於靳切㨿也齊宿側皆切字
亦作齋語子魚㨿切魯繆音穆慍於問切豈舍音捨下舍我同悻悻丁云
字當作婞形頂切很也直也又胡耿切字或作悻悻然論語音鏗見於丁音現狷古縣切
恚一睡切宿留上音秀下音霤食功丁音嗣

滕文公章句上　凡五章

使於所吏切考公麇居筠切從禾相直音值復見扶又切重受直用
切下同覸古莧切一音閑瞑眩莫句切下音縣又作眠眴音同瞑眩憒亂瞑或作瞋即音
顛憒古對切又音潰景行下孟切下忩行孝行並同論語曰力行近仁丁云近音
附近案論語無此語是禮記中庸篇趙氏以爲論語文之誤也齋音資疏所居切飦諸延切
縗或作衰同音崔𩞄字亦作𩞄音義與糜同更也古衡切好馳呼報切下好者好聚

好施皆同 爲我 于僞切下既爲爲復爲爲天下親爲非爲皆同 歠 川悅切 帥 音率 督趣

丁音促 于茅 張云或作苗誤也 索綯 桑洛切下音桃 亟其乘屋 丁云亟音棘乘

登也 閒暇 音閑 放辟 音僻後放辟同 邪侈 張云諸本作移誤也 罔民 張云或作司誤

也 徹 直列切 受禪 音擅 校數 色主切 有易 丁以豉切下及後章不易同 樂

歲 音洛 棄捐 與專切 盻盻 說文五禮切恨視也亦匹莧切丁作肸許乙切 以養 餘亮

切下莫養奉養皆同 稱貸 竝如切 惡在 音烏安也後章惡得惡能皆同 養食 音飼 未

任 音壬 雨我 于付切 學校 音效下同 射也 神夜切 各去 起呂切 汙吏

烏路切又音烏 長爭 張丈切 絀 音黜 田萊 音來草田曰萊 夫圭田 丁云夫如字謂

餘夫也鄭康成注禮記訓夫爲治也 磽 苦交切 別野 彼列切下有別同 勠 音六 師知

音智 許行 丁音衡又下孟切下同 踵 之隴切 氓 亡庚切與甿同 衣褐 於既切下同

捆屨丁音闕案許叔重曰捆織也埤倉曰捆敂也從才從木者誤也張作𢭏音同叩椓丁音卓擊也從才豖豖陳相丁云去平並通饔音雍飧音孫當身丁去聲粗布音麤後注同之與音餘下為與同舍皆丁音赦止也路也丁張並云路與露同羸路力為切字亦作臝郎果切食人音嗣食於人如字氾濫音泛偪音逼淪濟漯丁云上音藥中子禮切下他合切作濕誤也呱音孤使契音薛放勳方往切日丁音馹或作曰誤勞之來之丁云並去聲不與焉丁音豫亦如字倍之丁云義當作偝古字借用耳下子偝同治任丁而針切云治任謂治擔任之具強其丈切暴之蒲木切皜音杲質放丁方往切倣像似鴃舌丁音決又古役切鳴鴃丁云毛詩作鶪古役切大古音泰閟宮丁音祕清靜之宮謂姜嫄之廟膺擊丁本作應云案古訓應訓當此注訓擊蓋以當對是擊敵之義故轉訓耳懲艾丁魚廢切市賈音嫁下皆同倍

蓰丁音師云從竹下徙開元禮文字音義曰蓰謂半倍而益之又音灑山綺切史記作倍灑徐廣曰一作蓰五倍曰蓰　子比丁音鼻次比也　徐辟音璧又音闢　道不見丁音現注不見同

匍音蒲　匐蒲北切　蠅蚋姑張音汭云諸本或作蝤誤也丁云蝤未詳所出或以蝤與蝣同謂蜉蝣也音由又一說云蝤姑即螻姑也　嘬楚怪切說文云飲歠也　有泚七禮切　睨音詣　虆梩丁力追切土籠也或作虆下力知切土轝也　籠臿楚洽切鍬也　憮音武

滕文公章句下　凡十章

志曰丁云志記也謂志記之言也　介音界丁云謂狷介也　信道音伸　爲與音餘下食與善與築與樹與皆同　要利音邀下章要其同　奚乘音剩下同　強而其丈切注同　射之食亦切　範我或作范氏范氏古之善御者　詭遇陸云詭遇詭計以要禽也　舍

矢音捨下舍其同不貫丁音慣注貫習同中之張仲切貫臧如字耆比毗志

切下同熄音息從橫音蹤下從長合從皆同從長張丈切下長幼長逸皆同焉得

於虔切安也之冠音貫女家音汝出疆音姜載質張音贄云義與贄同以見

音現下注願見同粢音咨盛音成繅素刀切皿武永切藉秦昔切腯徒忽切

絀音黜爲出于僞切下爲之爲其爲匹夫爲此皆同難仕丁乃憚切又如字媒妁

音酌丁云謂媒氏酌二姓之可否故謂之媒妁也隙去逆切又惡烏路切下又惡楚惡惡無

禮皆同彭更古衡切從者才用切傳食丁直戀切言轉食也簞食音嗣此章

內文注可食而食食志食功食乎子食不食皆同餘皆如字笥相吏切羨似面切又余見切

畫音獲墁張武安切云與謾同素餐七丹切亳音薄遺之惟季切餉式亮切

徯胡禮切匪厥丁云義當作篚篚以盛贄幣此作匪古字借用下同救字或作捄同咻

之音休嚾也丁云案玉篇音囂召呼也今釋注意音歡爲便蓋字讙譁同涅奴結切辟
之音避不內音納繆公音穆瞯或作瞯同音勘使人所吏切脅虛業切又許及
切畦胡圭切竦音聳強其丈切赧女簡切去關起呂切攘如羊切子
好呼報切下注及文皆同汜孚劍切埤音卑度之大各切洚水張音絳又下江
切丁胡貢切說文胡工切洚洞丁云案玉篇下江切從夅夅下江切今注宜音胡貢切從夅夅音逢
洚洪水也下徒送切又音同菹側魚切丁音嗟既遠丁于願切壞宮音怪汙音烏邪
說如字張音稅暴行張下孟切注及下詖行操行皆同沛丁蒲內切更興音庚放
辟音僻相武息亮切素王于況切又如字橫議去聲爲我于僞切莩皮表
切或作芆或作殍皆同丁音孚詖音賁駢躓蒲田切下張尼切丁云史記作胼胝謂手足生胝也
此躓乃顛躓字音致義依史書讀之乃便周公卬思案字書卬讀如仰又離婁下章云周公思

兼三王以施四事其有不合者仰而思之夜以繼日幸而得之坐以待旦是其事也 螬音曹 匍音蒲

匐蒲北切 咽音口宴 擘博厄切 惡能音烏下惡用同 辟音劈 纑音盧 戴蓋丁張

坻音盍 鵝張云與鷁同 己頻顣丁上音紀頻亦作嚬同下子六切 鶃鶃丁五歷切

鵝也 哇丁張竝於佳切 毋食音嗣

離婁章句上　凡二十八章

黃帝以其玄珠丁案莊子以玄珠喻玄妙至道耳非實以其珠也 蔟音湊 姑洗

音銑 無射音亦 徵陟里切 仁聞音問注同 嘉樂丁云案詩作假樂假音暇樂音洛

衣於既切 揆度大各切後章注不度同 度量丁竝去聲 僥古堯切 甲兵或作

鉀音同 不辟音闢 方蹶俱衛切 泄泄弋制切 沓沓徒合切 動女音汝

厲王流於彘丁普滯韋昭曰彘晉地漢爲縣屬河東案史記周厲王立三十年暴虐侈傲國

人謗王王殺謗者三十四年民莫敢言道路以目三年乃襲王王奔彘　戲音義辟遠于願切

惡醉烏故切下惡醉所惡皆同　而樂音洛此卷內皆放此惟後章樂正樂之實禮樂即音岳

強酒其丈切下注同　治人不治張云上直之切將理之義也下直吏切已理之義也後皆放此

行有張下孟切下改行之行正行皆同　踣朋北切　沛普害切　能令力政切

而女丁去聲以女妻人曰女　裸音灌　暢丁云謂鬯酒也　好仁呼報切下好仁好爲皆同

以濯直角切丁作瀹音藥　其菑音災　滄浪音郎　夫人音扶下同　孽魚列切

恐栗丁云義當作慄古字借用　走壙張音奏下音曠　爲淵于僞切下爲叢爲湯爲之爲無

後皆同　敺音驅　鸇諸延切　埤音卑　獱音頻獺別名　卒求千忽切後章卒王同　舍

正音捨注同　長其長並張丈切注及下同　三省息井切　焉往於虔切下章焉廋同

辟草音闢　任土如禁切　合從音蹤　眸音牟　瞭音了　眊音耄　廋音搜　惡得

音烏卷末惡可已也音同 而錯音措 髡音坤 禮與音餘 援音爰 養親餘亮切下同

晳先歷切 徹直列切 與適丁音謫注同 足閒古莧切 非訧音尤 君難

乃旦切 易其以豉切 桐子音義與童字同 子敖五高切 見孟張音現 使

而所吏切 亟見音棘 餔張博孫切亦音哺 啜昌悅切 厎之爾切

孟子音義上

孟子音義下

離婁章句下　凡三十三章

畎夷始犬切或音犬書曰太子發上祭於畢下至盟音孟津丁云

案古文尚書無此文先儒以爲此文是僞泰誓也酆音豐鎬音浩度量音杜音亮不比

毗志切近也乘輿音剩注同溱音臻洧榮美切杠張音江方橋也可通徒行人過者

辟人丁張立音闢亦如字注辟除同焉得於虔切卑辟音避由天丁云由義當作

猶猶如也古字通用後皆放此禮爲于僞切下爲服爲之爲父爲其爲得爲武皆同田菜丁云

菜謂菜地菜之言采也故禮曰大夫有菜以處其子孫下於下去聲搏執音博極之

張紀力切又如字惡而烏故切下惡傷禹惡皆同風諭音諷見幾音機微也謂禍福之

兆也陳賈本亦作賈藉交慈夜切樂有音洛下其樂而樂同相覺丁音敎云義當

作校有惡如字惡人烏路切下所惡無惡心惡皆同難及乃旦切下濟難同好言

呼報切下好之而好好貨好勇皆同忮支義切之行下孟切下行之本行高行行惡皆同

行其如字養生張餘亮切注及下養親之養得養皆同深造七報切五伯如字

丁云伯者長也言爲諸侯之長亦音霸當直音值下同亟稱去吏切徐辟音璧又音

闢舍音捨放乎方往切澮古外切涸下各切潦音老卒千忽切聲聞

音問強仁其丈切辟害音避讜言丁音黨尚書作昌言泄邇丁案注云泄狎也案媟訓

狎今注以泄訓狎借聲訓耳熄與息同之乘丁音剩云晉名春秋爲乘者取其善惡無不載

檮杌丁逃兀二音檮杌惡獸名也楚謂春秋爲檮杌者在記惡而與善也跌徒結切汙音烏

逢蒙丁張竝薄江切從夆夆下江切惡得音烏之他張徒何切邪辟音僻乘矢

丁音剩乘矢四矢桮音杯棬丘圓切驩音歡敖五高切脅虛業切又許及切何

難乃旦切下難矣之難其難赴難灾難皆同　我由丁云由與猶義同後皆放此　很胡懇切

惰解音懈　與焉音預注不與同　瞯夫古莧切又音閑　蚤音早　饜於豔切　施從丁音迤注同張音易謂延施而往也　播播潘二音　訕所晏切　施施丁依字詩曰將其來施施張音怡　扁扁丁毗緜切

萬章章句上　凡九章

見惡烏路切下惡之惡已皆同　是恝張古黠切丁音界說文作忦忽也許介切　爲言于僞切下因爲爲爲不順爲楚所爲主當爲皆同　共爲音供　求禪音擅後皆放此　不見音現此章及下見瞽皆同　人少詩妙切　知好此章惟此字呼報切餘竝如字　衣五於既切

匍音蒲　匐蒲北切　百行下孟切下行莫之行皆同　懟直類切　妻舜七祭切下妻也妻之同　捐音緣又音旋　浚音峻　揜張云與掩同　弤都禮切丁音彫云義與弴同　彫

弓如字或作彤誤忸女六切怩音尼愕五各切邑與音餘注及下者與皆同校

人張音效丁音教畜之許六切僑音喬重言直用切舍小音捨庳音鼻史記

作鼻驩音歡堯帥音率下同慼子六切岌魚及切踖子亦切勛音勳得養

余亮切下皆同興事去聲諄諄之純切以行張去聲下行歸惡行皆同此以行亦如字

暴之步卜切露也篡楚患切施澤所鼓切橫爲胡孟切自艾音刈治也

要湯音邀下要而以要皆同莘所巾切而樂音洛下同覦音俞眄莫甸切囂

囂五高切又許驕切幡張云與翻同推而丁土回切亦如字下卷同內之張音納下

卷同說之如字亦音稅浼我音每伊訓曰天誅造攻自牧宮朕

載自亳丁曰注云伊訓尚書逸篇不見古文耳今文尚書伊訓曰造攻自鳴條朕哉自亳與此文

小異癰於容切疽七余切好事呼報切下及卷末自好好名皆同雝由張音醜之

平聲亦如字 阨音厄 魋杜回切 阨難乃旦切 鬻音育 食牛音嗣 繆公音穆

鞅音古 屈產九勿切 之乘音剩 時舍音捨

萬章章句下　凡九章

橫政丁孟切下同 橫民橫或作總各依本字讀 行不下孟切下之不行行夜皆同 不

與音豫 佚音逸 阨音厄 袒音但 裼音錫 裸郎果切 裎音程 焉能於虔切 浼

張音每下音漫 接淅接如字淅丁張並先歷切漬米也說文接作滰云浚乾漬米也從水竟聲孟子

曰夫子去齊滰淅而行其兩切浚音峻漉也 亟也紀力切 動中張仲切下其中中也皆同

始條理本亦作治條理下同 有殺所界切 不撓奴教切 強增其丈切 錡

魚綺切 惡其烏路切注憎惡同 采地音菜 食九音嗣下文及注食九升下章疏食皆

同 佃音甸 挾長音協下張丈切注同 費惠音祕 顏般音班 造之七到切 糲

盧葛切 迭爲徒結切或作佚誤張云 更迭音庚 妻舜七計切 卻之正體卻字

下皆同或作郤誤 餽音饋下皆同 禦與音余下與非與皆同 道與召 不譈徒對切

將比丁毗失切比地而誅猶言比屋而誅也亦毗志切 獵較丁張並音角 簿正丁步

古切本多作薄誤 可卒千忽切 度珍丁大各切 爲之于僞切下爲貧爲養本爲何爲

也哉爲欲爲其皆同 宿留音秀下音霤 爲養餘亮切 惡乎音烏後章賢惡同 柝

音託 椎直追切 會計古外切 乘田音剩 茁阻刮切 壯長張丈切 委積

於僞切下子智切 當直音值 葭音加 稱職尺證切 岷音萌 繆公音穆 亟問

去吏切卷內並同 摽使音杓又音拋下所吏切 數問音朔下同 慍於問切 猥於賄

切 二女女焉張云上如字下去聲 傳質丁讀如字 敢見音現注及下往見見君皆

同 如厎詩作砥同之履切 沮溺七餘切 好善呼報切下同 景行下孟切

伊發有莘所巾切爲殷興道丁云言伊尹有莘之媵臣之發起於草莽爲殷湯興其王道也

告子章句上　凡二十章

桮棬音杯下丘圓切張云屈木爲之也丁云方言曰海岱之間謂盌爲棬盌音椀　柜丁音舉

戕音牆　義與音餘下白與也與性與長與外與非與謂與若與皆同　長義張丈切下不出者皆同

拂之丁扶勿切戾也下曲拂同此拂之亦如字　湍他端切陸云湍湍波流也

無分如字丁扶問切下同　瀠字書作瀠余傾切波勢回貌　搏之張補各切云以手擊水丁作搏音團

顙蘇黨桑切　好下呼報切卷內皆同惟下注好人好耳如字　耆秦音嗜本亦作嗜下同

炙之夜切　惡在音烏　而強其丈切　羞惡丁烏故切　舍則音捨下舍魚舍生舍其舍舍大皆同

貴　倍蓰音師又音灑山綺切解見滕文公章句　阸音厄　麰音牟　耰

章

丁音憂㙍苗根也浡音勃磽苦交切相覺丁音敎義訓爲校賫音匱姣也古卯

切狂且丁子餘切云且助句辭蘖五割切好惡丁呼報切下烏路切下所惡同有

梏亾之丁云梏古沃切謂悔吝利害也言利害之亂其性猶桎梏之刑其身故喻之之行

下孟切下其行同易生以豉切暴之步卜切繳音灼射之食亦切爲是

于僞切下爲宫同熊蹯音煩不辟音避下同嘑呼故切蹴爾張取六切或作蹵音

同咄啐丁都忽切叱也下七内切呼也不辯丁本作變云於義當爲辯辯別也得我

與張云平聲亦如字鄉爲丁云竝去聲下今爲爲指鄉爲其但爲亦爲皆同不信音伸

下同惡之烏路切下同漑古代切檟音賈樲音貳樂善音洛下自樂而洛皆同

以要音邀注及下同令聞音問不熄音息荑音啼稗蒲賣切幾成丁音所又

音機彀古侯切困思丁息二切

告子章句下　凡十六章

任人張音壬　親迎張魚慶切下同　人難乃旦切卷末可難同　曰於丁張並音烏歎
辭也斷句　揣初委切　奚翅張云翅與啻同古字通用施智切　紾張音軫又徒展切　摟
音婁後章同　以長張如字　匹雛張如字下士于切丁作疋雛云桼注云疋雛小雛也卽疋
訓小而詁訓及請書疋訓耦訓小無文今桼方言尐小也音節葢與疋字相似後人傳寫誤耳　後長
張丈切下先長年長長者皆同　之行下孟切下堯行桀行之行循行身行過行皆同　得見音現
下享見見顏見於皆同　較音角　小弁音盤下同　為詩丁云為猶解說也　關
弓丁張並音彎　而射食亦切下同　重言直用切　邶風音佩　可磯音譏　墐
音僅丁云路刻冢也　宋牼口莖切　說而音稅下皆同　將為于偽切下為其為人自為
為湯城為之皆同　樂罷音洛下樂聞樂賢安樂皆同　閒矣音閑　相與息亮切下為相

音下

相得皆同下音餘下得與同　隙去逆切　身造七到切　髡音坤　不惡烏路切下所惡

惡爲皆同　汚烏路切　其趨張讀如趣言其趣向正道無異也下注同　繆公音穆下注秦繆

同　華周胡化切注同　不稅音脫注同　以爲爲肉下爲字于僞切下爲無爲君爲

魯一戰爲君爲惡爲之爲人奚爲皆同　膊炙音各切下之石切　五霸丁云案先儒說五霸

不同有以夏伯昆吾商伯大彭豕韋周伯齊桓晉文爲五霸今此注以齊桓晉文秦穆宋襄楚莊爲五霸

地辟音闢下辟土同　掊克丁薄侯切深也聚斂也　歃所洽切　糴音狄　于好呼報

切下好戰好善皆同　長君張丈切丁又如字　滑釐丁張並音骨下力之切　鄉道音向

下同　變更音更　貉音陌　饔飧音雍孫　洚水張音絳又下江切丁胡貢切　惡乎

執音烏本亦無乎字　舍信音捨　有知音智　訑訑張吐禾切云蓋言辭不正欺罔於人

自誇大之貌丁云此字音他又達可切說文云欺也字作訑者音怡訑訑自足其智不嗜善言之貌今諸

本皆作詑即不合注意當借讀爲詑音怡見顔音現下見於同雨雪于付切瀌瀌符驕
切又彼苗切見晛如字丁音現下奴見切周之與賙同救贍也傅說音悅後卷傅說
皆放此膠鬲張音隔拂亂丁音佛忍性張如字丁音刃注同曾益張云曾與
增同丁云依注曾讀當作增依字訓義亦通也鬻字或作育音同瘁音萃屈九勿切拂音弼
知生丁依注音智注同陸如字云言憂患者以生全安樂者得死亾也或折丁之設切

盡心章句上　凡四十七章

共之求用切亦作拱居勇切好生呼報切下所好好善好以好利好仁之好皆同行與
下孟切下之行改行善行行有百行皆同殀與夭同命有三名丁云蔡此三命事出孝經
援神契壓烏甲切遠之于願切下遠辱同舍則音捨下是舍舍大皆同樂莫
音洛下樂在樂善樂其所樂樂道樂義之樂樂風樂爲而樂樂而三樂樂也所樂樂之皆同以錯

音措亟見去吏切下同數也音朔下同下賤去聲宋句古侯切語子魚據

切囂囂五高切又許驕切不離力智切下同見於音現才知音智下衛知同

邪辟音僻欿然張音坎字林云欿得也今詳此義內顧不足而有所然也下注滿欿同亟

其音棘大辟音闢驩虞丁云義當作歡娛古字通用耳皞皞張云皞與昊同說文胡老

切義與浩同古字通用所過者化所存者神陸云言君子所過人者在於政化存

其身者在於神明襁緥丁紀享切說文云負兒衣也博物志曰織縷為之廣八寸長一尺二寸以

負小兒於背上下音保聲類曰緥者小兒被子也少知詩沙切下少而同長知張丈切下

敬長扶長皆同辟若丁音譬下辟若同疢丑刃切孽魚列切王天于況切不

與音豫怍音昨重言直用切分定扶問切下之分同睟然見丁上音粹下音

現盎張烏曩切下注同又烏浪切陸云盎於背如負之於背蟠辟音盤下音闢辟紂

音避 衣帛於既切 易其以豉切 輕施始豉切 焉有於虔切 小郄丁去
逆切義與隙同 孳張云與孜同古字通用下文同 蹠張云蹠與跖同之石切 別之彼列切
爲我于僞切注爲己及下爲其爲之不爲皆同 放踵丁方往切至也下之隴切 摩突丁徒
忽切穿突也 子莫執中陸云言子等無執中 所惡烏路切注同 強甘其丈切
其介陸云介謂特立之行 掘獨物切又其月切 軔丁音刃云義與仞同借用耳先儒以七尺
爲何注云八尺曰軔 論之一貫丁音匱論謂論語也 惡知音烏下惡在惡得皆同 放
與音餘下禁與子與皆同 宿留音秀霤 素餐七丹切 墊丁念切 陶音姚 敝
蹝所綺切注皆同 訢音胃上愧忻口切 乘服音剩 呼於丁火故切 垤大結切 瞀
丁云案開元文字音茂目不明也張亾角切 食而丁音嗣 畜之張許六切 蕣音舜 柚
梓丁云上以究切似橙而醋下音臻從木梓字亦作榛榛似栗而小引此二物者皆謂內不稱外 紾

音軫又徒展切漸漬子廉切亦如字達財陸云達財周恤之一本作才說云以有善才就開其
性理也淑艾丁音刈治也張五泰切養也幾及音機彀率古候切丁云率循也謂彀
張其弩又當循其射道令必中於表陸云率法也躍如心願中也能者從之當勤求也則讀爲律躍
如也丁云躍如猶言卓爾陸云躍如心願中和寡胡卧切滕更張音庚挾音協
知者音智注知者及下文之知皆同不偏正體遍字歠昌悅切

盡心章句下

凡三十八章

王好呼報切下好戰好仁好生好名之好好禮好善皆同卒以子忽切後章注卒以同長
子張丈切相覺音教與校同爲陳音陣百兩丁音亮虎賁丁音奔先儒言
如猛虎之奔焉用於虔切贅衣丁之稅切趣馬千走切頷角犀厥地
丁云頷卽頷字犀音西義與棲遲同息也久也字從尸下辛或作犀斗字誤也糗去久切茹音汝

袗衣之忍切陸云袗衣之美者
糒音備丁音敗
袗畫胡卦切下同
一閒張音澗亦如字
遠禍于願切
惡殺烏路切下惡似惡莠惡佞惡利惡鄭惡紫惡鄉所惡皆同
舍生音捨下舍而舍其舍身皆同
見於音現下注見上同
魭羹丁音元左傳作黿
庳音鼻
皆樂音洛下樂五樂者樂道般樂樂皆同
之行下孟切下之行德行正行穢行人行行與其行污行皆同
更古衡切下同
盛音成
腯徒忽切
勲炙字與熏同
接淅先歷切解見萬章章句
戹於或作厄同
貉稽丁云貊鶴二音既是人姓當音鶴纂文曰俗人姓也張亾百切說文云北方人豸種也
訕所諫切
殄徒典切
蹊閒張如字
為閒皆如字注同
鄉道音嚮
追蠡音堆下音禮
鈕音紐
兩馬如字丁云古人駕車以兩馬軌謂限之轍迹也孟子意言城門限迹切深以日久遠為車所轢多故也豈是一時兩馬駕車而過之使然
力與音餘下來與同
搏補各切
嵎音愚
攖丁於盈切從手埤蒼云攖拈也此注云迫也
依陬

子于切又子侯切隅也解倦音懈從欲音縱又如字知之音智注明知學知小知皆
同王於于況切臺臺音尾不意音億又如字爲之于僞切下爲已是爲本爲
非爲皆同苙丁音立欄也圈也蘭與欄字同罥消兗切謂羂其足也橫興胡孟切下橫暴
同紩音扶鎧苦愛切又苦亥切斯養斯義同廝賤役也有殍皮表切張音孚從
者才用切下從車同廋或作廋同音搜扉符費切造七報切餂之丁曰注云餂取
也今案字書及諸書並無此餂字郭璞方言注云音忝謂挑取物也其字從金今此字從食與方言不同
蓋傳寫誤也學者宜詳本亦作餂奴兼切臧否音鄙不與音豫下與在同中禮張仲切或
如字說大音稅下注同藐之丁音邈藐然輕易之貌又音眇魏魏音巍丁云當作巍
榱題丁楚危切爾雅曰桷謂之榱題頭也屋霤力救切汰音泰般樂音盤自遺
以醉切單豹音善黶乙斬切晳音錫不復扶又切炙之夜切狂獧丁音

綃與猶同踑踔丁勑音切下勑劾切又勑角切譎音決詭過委切嘐嘐火包切重
言直用切下同言不顧行行不顧言古之人行張云三行並去聲注
及下行合爲行之行士行皆同何爲踽踽張云爲于僞切踽俱禹切爲又如字閹然音奄
不觧音蟹汙世音烏又烏故切莠音誘慝吐得切子率如字又所類切虺虛鬼
切散宜素但切尚父如字爲將即亮切然而無有乎爾則亦
無有乎爾陸本作然而無乎爾則亦有乎爾云孟子意自以當之鄒魯相鄰故曰近聖人之居
無乎爾有乎爾疑之也此意以況絕筆於獲麟也柝音託剖普后切
孟子篇敘此趙氏述孟子七篇所以相次敘之意也
其行下孟切下同當期音朞括古活切

孟子音義下

常語三卷

宋 李覯撰

《四部叢刊》影印明成化刻《直講李先生文集》本

直講李先生文集卷之三十二

常語上

或曰：仲尼之徒無道桓文之事者，吾子何爲？曰：衣裳之會十有一，春秋也，非仲尼脩乎？木瓜，衛風也，非仲尼刪乎？正而不譎，魯論語也，非仲尼言乎？仲尼亟言之，其徒雖不道，無歉也。嗚呼！霸者豈易與哉？使齊桓能有終，管仲能不侈，則文王、太公何恧焉？詩曰「采葑采菲，無以下體」，蓋聖人之意也。

或問：伊尹廢太甲，有諸？曰：是何言歟？君何可廢也？古者君薨，百官總己以聽於冢宰三年。成湯既沒，二十五月中伊尹之知政太甲之居憂固其常也不宫於亳而宫於桐近先王墓使其思念名之曰放徹之之至也故三祀十有二月朔伊尹以冕服奉嗣王歸于亳二十六月而即吉也則太甲之爲君何嘗一日廢矣哉

或曰然則霍光廢昌邑王非歟曰霍光之罪滅族曉矣知之不明行之不慎視君如玩物去取在諸掌董卓放之東京桓温用之江左宋齊以下覆車方軌職光之罪也敢問爲光者宜如何曰皇曾孫尚有好學而光不知王賀放縱而光不察既受賞而臣畜之矣

庸可悔乎衛靈公之無道也有仲叔圉祝鮀王孫賈
而不亡爲邑群臣有王吉龔遂忠直入也諫游獵
而賀加禮遂辭大奴善屬衛士長行法而賀不禁賀
之資朴鈍可爲也況大將軍秉天下權其譏諫者舉
放逐之如吉遂者使居左右若夫漢廷固多士矣豈
無輔獮之益哉受皇帝璽綬二十七日而解之何其
暴也賀之言曰天子有爭臣七人雖無道不失天下
竟而學也懟恨死矣
或曰伊尹放太甲而天下厭然周公屛成王而國有
流言何也曰周公武王弟也有次立之勢管蔡其至

親迎易以生怨以怨濟疑理固然也敢問太甲不能
終允德成王不見金縢之書則伊周柰何曰太甲賢
也不得不改成王亦賢也不得不悟太甲成王果不
賢耶則湯武不以託伊周伊周亦不受之於湯武
或曰知人蓋未易也周公不知管蔡安知成王曰事
有小有大有緩有急監武庚之國其任人也常事也
天下之政多矣譬諸日月猶有所不照夫以新造之
周而謀嗣焉其用心奚若堯不知四凶可也至于丹
朱其有不知者乎
徐羨之傅亮謝晦廢宗少帝立文帝亮迎大駕於江

陵道路賦詩有悔懼之辭已而果誅夫三子者有功
於文也何疾之為曰疾之必也由其悲號嗚咽而後
悔懼見事遅耳女之賊其夫而私於我者其可以
納之室乎是亦將賊我也寧文豈不謀其身不爾則
為後嗣也漢宣帝始立謁見高廟大將軍光驂乘上
内嚴憚之若有芒刺在背故曰威震主者不畜霍氏
之禍萌於驂乘也
成濟刺殺高貴鄉公司馬文王聞之自投於地乃收
濟家屬付廷尉夫弑逆非文王意耶曰弑逆之名何
可當也有其意者必假手於人而歸罪焉養犬者固

欲其樂人也客來而傷則擊犬慙於客不得不有診
也為大惡而得大利既外於人倫矣況父母妻子狼
籍都市者乎智矣哉王僧辯也其對湘東王曰平賊
之謀臣為己任成濟之事請別舉人
孰謂漢孝文恭儉而已乎其有帝王之材者也知權
者也周勃誅諸呂迎立之即日入未央宮夜拜宋昌
為衛將軍領南北軍張武為郎中令行殿中然後坐
前殿勃之掌握已無物矣許勃歸相印既又使寧列
侯就國何其决也或曰孝宣之初曷不然曰勢未可
也宣為庶人依許史而已不若文之有代資也漢廷

諸臣未始相識誰可與言哉既踰年矣而光稽首歸
政不因此謝之顧謙讓委任焉過也幸光速死不顧
殆哉敢問光雖無術其志忠矣抑可疑乎曰使光未
死而陰妻之語泄則將何爲
權乎權君所以廢興國所以存亡成之敗之一失之
而不可復也惟至明然後可以權與人惟至忠然後
能以權歸上敢問何謂也曰大權在己大禍隨之夫
其用事日久刑人之父殺人之兄絀削人之爵位者
多矣言而弗聽求而弗得者又多矣怨者幾人邪怒
者幾人邪我一日而去其權則彼無動邪譬諸騎虎

下則死矣富貴尚不足惜其如我身何其如我家何
舍隆盛而就夷滅人情之所難其附離者又欲尺寸
功則斯人也能不畏慮邪魏武有言曰不得慕虛名
而處實禍信矣其惟君子無求生以害仁者斯可謂
至忠也已矣
或曰古之至忠者誰歟曰其皇甫嵩朱儁乎平黃巾
威震天下梁衍說之而不肯從陶謙推之而不肯聽
聞命馳走就拘朝廷其忠不可及也敢問不有郭子
儀者乎曰子儀可人也然唐室雖衰人心未去程魚
雖巧言譖代猶然命召命而違不反則殺矣反叛之

名中人憚諸況子儀乎嵩儁則不然董卓李傕之濫狂獻帝雖在無獻帝矣因兵威乘衆欲以伐其罪孰不曰宜也使以君命來遂不敢拒哀哉二臣之心吾嘗爲之痛哭矣

或曰說者許嵩儁以爲合格天之大業爵匹夫之小諒卒於獲虎口爲智士笑何如曰申生不敢受其死使天下知有父也嵩儁狼獲虎口使天下知有君也人以君命召我我以矯詔拒之其非矯者亦足以爲之辭矣夫除君側之惡惡極而君與可也不幸投鼠而器喪焉安得面目見天下哉是二臣者所以自歸

於陷穽也彼范曅弑君賊也宜乎其笑之矣

直講李先生文集卷之三十二終

直講李先生文集卷之三十三

常語中

晉明之明王導之忠其至矣乎或曰元帝固任導矣曰否王敦初反導不足疑也而元帝疑之王敦再舉導乃可疑也而明帝不疑夫敦不以君為君其肯以導為君導既宰相矣藉令敦捷又何求焉在他人猶可無異志況導之為腹心乎而劉隗用事導見疎遠且欲悉誅王氏當導之率昆弟子姪每旦詣臺待罪也呼周顗以百口累之而不應也傷哉唯恐其不免耳再舉則不然為導者盍懲前事有不自安之心為

明帝者盍以前事疑之無委任之理而導詐哭敦使衆有舊志帝屬導節使都督諸軍君臣之間若合符契遂平大難以濟中興非至明至忠其孰能哉

或問閻纘訟愍懷太子之枉皇太孫立復上疏焉夫以惠帝愚賈后賊安能聽言徒觸死耳纘奚為哉曰上聽言人誰不敢言佳哉纘也是難能也豈一時之言萬世之言也惠帝雖愚萬世當不愚賈后雖賊萬世當無賊其言欲使著令諸有廢興倉卒東宮兵馬皆得輒嚴須錄詣殿前面受口詔然後為信聽其臣子得如邴吉距詔書周昌不遣王田叔孟舒隱親左

右所以固儲副安後嗣誠哉人主有喜怒宮掖多姦詐怒解而後悔詐行而後覺無及矣如縯之言萬安計也嗚呼學者之忽也吾與士大夫接三十年矣未嘗有齒牙縯者也

漢高帝使陳平乘馳傳載周勃代樊噲將曰平至軍中即斬噲頭二人計曰樊噲帝之故人功多又呂后弟呂須夫有親且貴帝以忿怒故欲斬之即恐後悔寧囚而致上令上自誅之噲受詔即載檻車詣長安至則高帝已崩呂后釋噲或曰平畏呂后而已矣曰不若是則高帝以讒殺功臣呂后怒亦且報平勃平勃死則諸呂強又誰制矣哉高帝

之不枉樊噲呂氏之不害乎勃乎勃得以誅諸呂安劉氏由燕之謀也不亦善乎

或曰劉隗其亮直者歟曰敗中宗者此人也漢興至于孝景庶且富矣鼂錯以天下壓山東卒動七國橫屍東市中宗資王氏以有江左其强固宜帝不以術縻之隗方翶翔執刀筆以裁其末力不任兵而假鎮以亢斯足以速禍而已矣魯昭公不忍季氏薨于乾侯晉元帝不忍王敦憂憤告謝子家駒諫而劉隗勸焉隗之罪著矣帝終不悟雪涕而遣之闇哉

孔子惡稱人之惡者子貢惡訐以爲直者夫有口才

又有文法以羽翼之而忘忠恕何所不逮也其甚者干
人骨肉不避父子時主以為忠識者以為賊國無釁焉
則以自斃一有可為則危宗廟矣自斃者商鞅是也刑
太子傅黥太子師惠王既立身裂車下危宗廟者江
充是也太子家使行馳道中充以屬吏謝之不聽陷為
巫蠱殺矣于湖武帝始以充忠直奉法不阿所言中
意終則作思子宮歸來望思之臺嗚呼噬臍也已
或問泉鳩里加兵刃於戾太子者初為北地太守後
族何變之暴也以為罪邪何以賞以為功邪何以誅
賞之是邪誅之是邪曰理必然也夫骨肉之恩本諸

天也怒有已時而愛無已怒而欲殺則殺者功愛而不可得見則殺者罪矣夫豈不知殺之之由我也內無以慰其心外無以慰人心故歸咎云尔文帝遠諸縣傳淮南王不發封餽侍者皆棄市彼輜車封誰敢發邪非其人之罪也借其死以謝天下也小人因人喜怒以貪功而不度深淺禍其至矣故齊王自殺而主父偃族滅魚復侯不得還闕而蕭順之憂卒聖人作議親之辟公族三宥所以養恩而小人間之亦不知量矣知其說者其田千秋乎其爰盎乎

直講李先生文集卷之三十三　終

直講李先生文集卷之三十四

常語下

或問自漢迄唐孰王孰霸曰天子也安得霸哉皇帝王霸者其人之號非其道之目也自王以上天子號也惟其所自稱耳帝亦稱皇書曰皇帝清問下民是也王亦稱帝易曰帝乙歸妹是也如其優劣之云則文王武王劣於帝乙者乎霸諸侯號也霸之為言伯也所以長諸侯也豈天子之所得為哉道有粹有駮其人之號不可以易之也世俗見古之王者粹則諸侯而粹者亦曰行王道見古之霸者駮則天子而駮

者亦曰行霸道悖矣宣帝言漢家制度本以霸王道
雜之由此也人固有父爲士子爲農者矣謂天下之
士者曰行父道謂天下之農者曰行子道可乎父雖
爲農不失其爲父也子雖爲士不失其爲子也世俗
之言王霸者亦猶是矣若夫所謂父道則有之矣慈
也所謂子道則有之矣孝也所謂王道則有之矣安
天下也所謂霸道則有之矣尊京師也非粹與駁之
謂也

或曰詩人以后稷先公致王業之艱難其非諸侯矣
乎曰武王既得天下詩人迹其世世脩德始於后稷

公劉以至于太王王季文王故云尔也當商之未喪誰有此言乎如使紂能悔過武王不得天下則文王之為西伯霸之盛者而已矣西伯霸而粹桓文霸而駁者也三代王而粹漢唐王而駁者也

或曰祭法共工氏之霸九州説者以無録而王謂之霸在太昊炎帝之間然則霸非天子者乎曰説者之過也項籍亦嘗霸九州矣在秦漢之間矣尊懷王為義帝分天下以王諸侯自立為西楚伯王非霸九州而何也然謂籍曰天子可乎彼共工氏盖籍之類也敢問旣尊義帝俄自殺之亦足以為霸乎曰謂其號

也不言其道也
或曰文王受命稱王有諸曰否不得已而伐紂可也紂猶未伐功未加於民而遽自立以昭其私焉孰謂文王乃示武王舉兵建大號追考虞芮訟息之年以為受命之始故曰惟九年大統未集十有三年春大會于盟津非西伯實改元也文王世子西方有九國焉君王其終撫諸後人追為之辭非西伯實稱王也大傳牧之野武王之大事也既事而退追王太王亶父王季歷文王昌是也康成取緯候以亂之過矣
或問曾用王禮何如曰成王以周公勳勞命魯公世

世祀周公以天子之禮樂周公尊矣故禰文王郊后稷皆倣王禮而不備焉周公而上王禮可也魯頌曰皇皇后帝皇祖后稷享以騂犧是饗是宜降福既多安有非禮而頌之云乎周公而下則僭矣隱五年九月考仲子之宮初獻六羽公問於衆仲始用諸侯禮也

或曰地方七百里有諸曰信也然則孟子何言乎儉於百里也曰閟宮頌僖公復周公之宇而曰公車千乘朱英綠縢千乘之地方三百一十六里有畸山陵林麓川澤溝瀆城郭宮室塗巷不與焉其何儉於百

里也世俗疑周官五百里以其大也是亦不思耳夫諸侯之於天子非若敵國然也大國貢半次國三之一小國四之一諸侯有其地天子食其稅譬之一郡而已矣曾七百里開方之而四十九殆半王畿也今之大郡不有半京畿者乎

或曰紂囚文王七年諸侯皆從之囚紂於是乎懼而歸之有諸曰紂以崇侯譖囚西伯謂其得衆也諸侯又從之囚其疑膠矣彼諸侯之力足以勝紂邪盟津之會者八百武王猶退師當此時也固未足以勝紂矣力不足而從之囚徒使其疑且怒耳紂能脯鬼侯

而不能殺西伯邪是好事者之語也若夫三子獻寶則有之矣然則聖人以賂免邪曰狄人侵邠太王以皮幣犬馬珠玉事之矣文王曷不可况三子者之愛其君邪君親之難何所不爲也

或曰文王獻洛西之地赤壤之田請紂除炮烙之刑有諸曰以炮烙爲是邪非邪是則不可以除之矣非而請除之則發紂之惡也賣恩於民也羑里之囚既免又激怒之豈人情邪彼惟恐昭昭之不晦圭角之不利也易曰内文明而外柔順以蒙大難文王以之其斯之謂矣

或曰湯文王雖為二伯其國不出百里也曰唐之刺史有一州耳其領節度觀察則連十數州有之矣彼中分天下而治之威權所及百里而已乎後雖三分有二其益者未多也敢問湯崩太丁未立外丙二年仲壬四年則是太甲不繼湯也曰書序成湯既沒太甲元年不言仲壬也就令繼仲壬為人後者為之子太甲固三年也

或問聖人之道固不容雜也何吾子之不一也曰天地之中一物邪抑萬物邪養人者不一物闕一則病矣聖人之道譬諸朝廷朝廷也者豈一種人哉處之

有禮故能一也女子在內男子在外貴者在上賤者在下親者在先疏者在後府史徒胥工賈牧圉各有攸居而不相亂也夫所以謂之一也他人之不一則闤闠耳縱目紛紛而無有定次也夫所以謂之雜也世俗患其雜則拘於一是欲以一物養天下之人也白而不受采則人皆縞素矣何足以觀之哉其歸於諸子而已矣

聖人無高行何謂也曰聖人之行必以禮也禮則無高矣夫其高者出於禮也異於人也故能赫赫之如彼也孔子事親無異稱居喪無異聞立朝無異節何

也安禮也出於禮者非聖人也矯世者之爲之也敢問聖人有過歟曰加我數年五十以學易可以無大過矣夫豈無過哉或曰孔子謙也曰仲虺之美成湯改過不吝豈成湯之謙也哉世俗之說者則謂聖人無過顏子不二猶或爲之辭彼使人君之遂過也而不欲聞之也

三代之政可得而言歟曰民不知之也商因於夏周因於商損之益之未嘗與衆好也周公之制諸侯因舊國而大之百姓因舊田而廣之天下得不和乎哉世俗之說者必曰復古古未易復也商鞅之除井田

非道也而民從之各自便也王莽之更王田近古也而民怨之奪其有也孔子曰愚而好自用賤而好自專生乎今之世反古之道如此者裁及其身者也孔子之為司寇也不聞其政法度也沈猶氏不敢朝飲其羊公慎氏出其妻慎潰氏踰境而徙魯之粥牛馬者不豫賈必蚤正以待之也世俗之說者不曰正其身徒嚚嚚以疾人之法度其亦非孔子之志也大哉孔子吾何能稱焉顏淵曰仰之彌高鑽之彌堅瞻之在前忽焉在後仰之彌高也則吾以為極星考之正之舍是則無四方矣鑽之彌堅也則吾以為磐

石櫞之依之舍是則無安居矣瞻之在前忽焉在後也則吾以爲鬼神生之歛之舍是則無庶物矣他人之道借曰善焉有之可也亡之可也夫子之道不可須臾去也不聞之是無耳也不見之是無目也不言之是無口也不學之不思之是無心無精爽也尚可以爲人乎哉吾於斯道夜而諷之矣晝而讀之矣髮斑斑而不知其疲矣終沒吾世而已矣

直講李先生文集卷之三十四　終

蘇老泉批點孟子二卷

題宋 蘇洵批點

明萬曆閔氏刻硃墨套印本

蘇老泉批點孟子引

天之繫星漢，山之尚草木，烟雲水之承風，至文也。夫人而欲知之也，必由親炙達觀先覺者以發之。孟子傳道述德之言，其文至矣。頗其運規矩於無

形妙方圓於莫尚後死者不
有瀛洛關閩之領悟而會萃
貫韓歐之摹寫豈能驂而
窺耶老泉絶世隱退居山野
肆力於文章者數年而後
得其所謂規矩方圓之點而評

點以表識之豈非達觀先覺

之所在而學文者所當親乎

此子瞻必類是而悟文機也哉

乃病其援吾孟子入於文辭

之流廢其明道之意也噫程

子不曰得於辭不達其意者

有實來有不得於辭而能通其意者也識有得於文之操縱抑揚卷舒和條緩急續絶予奪隱顯起伏開合往來感應頓挫奔逸之情則亦可以見夫道之行於天地

之間之象也綴必順理而成章
經天而緯地而後可謂之文
哉若夫由辭以得意則固
存乎人而已余時方謀梓傳
遂書此以釋或者之疑嘉靖
改元九日後學靖江朱得之

識

此篇皆引君以當道得進諫之體雖兩段作波瀾總繳上文

孟子

梁惠王

孟子見梁惠王王曰叟不遠千里而來亦將有以利吾國乎孟子對曰王何必曰利亦有仁義而已矣王曰何以利吾國大夫曰何以利吾家士庶人曰何以利吾身上下交征利而國危矣萬乘之國弒其君者必千乘之家千乘之國弒其君者必百乘之家萬取千焉千取百焉不爲

不多矣苟爲後義而先利不奪不饜未有仁而遺其親者也未有義而後其君者也王亦曰仁義而已矣何必曰利

孟子見梁惠王王立於沼上顧鴻鴈麋鹿曰賢者亦樂此乎孟子對曰賢者而後樂此不賢者雖有此不樂也詩云經始靈臺經之營之庶民攻之不日成之經始勿亟庶民子來王在靈囿麀鹿攸伏麀鹿濯濯白鳥鶴鶴王在靈沼於牣

說詩之法更參看公孫丑告子諸篇

魚躍文王以民力爲臺爲沼而民歡樂之謂其臺曰靈臺謂其沼曰靈沼樂其有麋鹿魚鼈古之人與民偕樂故能樂也湯誓曰時日害喪予及女偕亡民欲與之偕亡雖有臺池鳥獸豈能獨樂哉

梁惠王曰寡人之於國也盡心焉耳矣河內凶則移其民於河東移其粟於河內河東凶亦然察鄰國之政無如寡人之用心者鄰國之民不

開一開作節奏關住了却放下去不緊文勢奔逸

加少寡人之民不加多何也孟子對曰王好戰請以戰喻塡然鼓之兵刃旣接棄甲曳兵而走或百步而後止或五十步而後止以五十步笑百步則何如曰不可直不百步耳是亦走也曰（先用一句撇住起一節）王如知此則無望民之多於鄰國也不違農時穀不可勝食也數罟不入洿池魚鼈不可勝食也斧斤以時入山林材木不可勝用也穀與魚（又總二句）鼈不可勝食材木不可勝用是使民養生喪死

總結一個又繳作一段波

無憾也養生喪死無憾王道之始也五畝之宅樹之以桑五十者可以衣帛矣雞豚狗彘之畜無失其時七十者可以食肉矣百畝之田勿奪其時數口之家可以無饑矣謹庠序之教申之以孝悌之義頒白者不負戴於道路矣七十者衣帛食肉黎民不饑不寒然而不王者未之有也狗彘食人食而不知檢塗有餓莩而不知發人死則曰非我也歲也是何異於刺人而殺之

總上一段 又轉一段波瀾進一步

總上二段

總承上二段方作一句答上問結

承上二段又作此一段鼓舞開闔著結上文著却放下一句纔起

引證二句只用一句辦却只一句繳上文

曰、非我也、兵也、王無罪歲、斯天下之民至焉、
梁惠王曰、寡人願安承教、孟子對曰、殺人以梃與刃、有以異乎、曰、無以異也、以刃與政、有以異乎、曰、無以異也、曰、庖有肥肉、廐有肥馬、民有饑色、野有餓莩、此率獸而食人也、獸相食、且人惡之、爲民父母行政、不免於率獸而食人、惡在其爲民父母也、仲尼曰、始作俑者、其無後乎、爲其象人而用之也、如之何其使斯民饑而死也、

梁惠王曰、晉國天下莫強焉、叟之所知也、及寡人之身、東敗於齊、長子死焉、西喪地於秦七百里、南辱於楚、寡人恥之、願比死者一洒之、如之何則可、孟子對曰、地方百里而可以王、王如施仁政於民、省刑罰、薄稅斂、深耕易耨、壯者以暇日、脩其孝悌忠信、入以事其父兄、出以事其長上、可使制挺以撻秦楚之堅甲利兵矣、彼奪其民時、使不得耕耨以養其父母、父母凍餓、兄弟

（一句起分兩段）（正）（及）

妻子離散彼陷溺其民王往而征之夫誰與王敵故曰仁者無敵王請勿疑

孟子見梁襄王出語人曰望之不似人君就之而不見所畏焉卒然問曰天下惡乎定吾對曰定于一孰能一之對曰不嗜殺人者能一之孰能與之對曰天下莫不與也王知夫苗乎七八月之間旱則苗槁矣天油然作雲沛然下雨則苗浡然興之矣其如是孰能禦之今夫天下之

人牧未有不嗜殺人者也，如有不嗜殺人者，則天下之民皆引領而望之矣。誠如是也，民歸之，由水之就下，沛然誰能禦之。

齊宣王問曰：齊桓晉文之事，可得聞乎？孟子對曰：仲尼之徒，無道桓文之事者，是以後世無傳焉，臣未之聞也。無以，則王乎？曰：德何如則可以王矣？曰：保民而王，莫之能禦也。曰：若寡人者，可以保民乎哉？曰：可。曰：何由知吾可也？曰：臣聞之

引小歸人截住上意

將王字轉

就保民字又轉

三轉後引喻

胡齕曰王坐於堂上有牽牛而過堂下者王見之曰牛何之對曰將以釁鐘王曰舍之吾不忍其觳觫若無罪而就死地對曰然則廢釁鐘與曰何可廢也以羊易之不識有諸曰有之曰是心足以王矣百姓皆以王爲愛也臣固知王之不忍也王曰然誠有百姓者齊國雖褊小吾何愛一牛卽不忍其觳觫若無罪而就死地故以羊易之也曰王無異於百姓之以王爲愛也以

小易大彼惡知之王若隱其無罪而就死地則牛羊何擇焉王笑曰是誠何心哉我非愛其財而易之以羊也宜乎百姓之謂我愛也曰無傷（翻又翻）也是乃仁術也（文勢至此已抑而不振故以揚之）見牛未見羊也君子之於禽獸也見其生不忍見其死聞其聲不忍食其肉是以君子遠庖廚也王說曰詩云他人有心予忖度之夫子之謂也夫我乃行之反而求之不得吾心夫子言之於我心有戚戚焉此心之所以（方闢捕上以王之語）

合於王者何也曰有復於王者曰吾力足以舉（至此文勢方轉而遂合之）（欲引入保民故引喻起）百鈞而不足以舉一羽明足以察秋毫之末而不見輿薪則王許之乎曰否今恩足以及禽獸而功不至於百姓者獨何與然則一羽之不舉爲不用力焉輿薪之不見爲不用明焉百姓之不見保爲不用恩焉故王之不王不爲也非不（又用二句生下文）能也曰不爲者與不能者之形何以異曰挾太（粘上）山以超北海語人曰我不能是誠不能也爲長

此章大抵欲其推愛牛之心點不能推者必有以害之也以下故及復開闔以攻擊之

者折枝語人曰我不能是不爲也非不能也故王之不王非挾太山以超北海之類也王之不王是折枝之類也老吾老以及人之老幼吾幼以及人之幼天下可運於掌詩云刑于寡妻至于兄弟以御于家邦言舉斯心加諸彼而已故推恩足以保四海不推恩無以保妻子古之人所以大過人者無他焉善推其所爲而已矣今恩足以及禽獸而功不至於百姓者獨何與權

欲爲三句張本故先寬放一句

又轉比前更進一步五句中又用抑字轉亦法也

孟子

然後知輕重度然後知長短物皆然心爲甚王請度之抑王興甲兵危士臣構怨於諸侯然後快於心與王曰否吾何快於是將以求吾所大欲也曰王之所大欲可得聞與王笑而不言曰爲肥甘不足於口與輕煖不足於體與抑爲采色不足視於目與聲音不足聽於耳與便嬖不足使令於前與王之諸臣皆足以供之而王豈爲是哉曰否吾不爲是也曰然則王之所大欲

至此上下之間呼吸變化奔騰控御若捕龍蛇真文之至也

可知已欲辟土地朝秦楚莅中國而撫四夷也以若所爲求若所欲猶緣木而求魚也王曰若是其甚與曰殆有甚焉緣木求魚雖不得魚無後災以若所爲求若所欲盡心力而爲之後必有災曰可得聞與曰鄒人與楚人戰則王以爲孰勝曰楚人勝曰然則小固不可以敵大寡固

轉就生波瀾

不可以敵衆弱固不可以敵彊海內之地方千里者九齊集有其一以一服八何以異於鄒敵

上

楚哉蓋亦反其本矣今王發政施仁使天下仕者皆欲立於王之朝耕者皆欲耕於王之野商賈皆欲藏於王之市行旅皆欲出於王之塗天下之欲疾其君者皆欲赴愬於王其如是孰能禦之王曰吾惛不能進於是矣願夫子輔吾志明以教我我雖不敏請嘗試之曰無恒產而有恒心者惟士爲能若民則無恒產因無恒心苟無恒心放辟邪侈無不爲已及陷於罪然後從

而刑之是罔民也焉有仁人在位罔民而可爲也是故明君制民之產必使仰足以事父母俯足以畜妻子樂歲終身飽凶年免於死亡然後驅而之善故民之從之也輕今也制民之產仰不足以事父母俯不足以畜妻子樂歲終身苦凶年不免於死亡此惟救死而恐不贍奚暇治禮義哉王欲行之則盍反其本矣五畝之宅樹之以桑五十者可以衣帛矣雞豚狗彘之畜無

關鎖

此是保民處

失其時七十者可以食肉矣百畝之田勿奪其時八口之家可以無饑矣謹庠序之教申之以孝悌之義頒白者不負戴於道路矣老者衣帛食肉黎民不饑不寒然而不王者未之有也

莊暴見孟子曰暴見於王王語暴以好樂暴未有以對也曰好樂何如孟子曰王之好樂甚則齊國其庶幾乎他日見於王曰王嘗語莊子以好樂有諸王變乎色曰寡人非能好先王之樂

也直好世俗之樂耳曰王之好樂甚則齊其庶幾乎今之樂猶古之樂也曰可得聞與曰獨樂樂與人樂樂孰樂曰不若與人曰與少樂樂與衆樂樂孰樂曰不若與衆臣請爲王言樂今王鼓樂於此百姓聞王鐘鼓之聲管籥之音舉疾首蹙頞而相告曰吾王之好鼓樂夫何使我至於此極也父子不相見兄弟妻子離散今王田獵於此百姓聞王車馬之音見羽旄之美舉疾

倒問兩語却起波瀾

首蹙頞而相告曰吾王之好田獵夫何使我至於此極也父子不相見兄弟妻子離散此無他不與民同樂也今王鼓樂於此百姓聞王鍾鼓之聲管籥之音舉欣欣然有喜色而相告曰吾王庶幾無疾病與何以能鼓樂也今王田獵於此百姓聞王車馬之音見羽旄之美舉欣欣然有喜色而相告曰吾王庶幾無疾病與何以能田獵也此無他與民同樂也今王與百姓同樂

則王矣

齊宣王問曰文王之囿方七十里有諸孟子對曰於傳有之曰若是其大乎曰民猶以爲小也曰寡人之囿方四十里民猶以爲大何也曰文王之囿方七十里芻蕘者往焉雉兔者往焉與民同之民以爲小不亦宜乎臣始至於境問國之大禁然後敢入臣聞郊關之內有囿方四十里殺其麋鹿者如殺人之罪則是方四十里爲

抑揚開合

分作二段

阱於國中民以爲大不亦宜乎

齊宣王問曰交鄰國有道乎孟子對曰有惟仁者爲能以大事小是故湯事葛文王事昆夷惟智者爲能以小事大故大王事獯鬻句踐事吳以大事小者樂天者也以小事大者畏天者也樂天者保天下畏天者保其國詩云畏天之威于時保之王曰大哉言矣寡人有疾寡人好勇對曰王請無好小勇夫撫劍疾視曰彼惡敢當

以小大字轉

又以樂畏字轉

我哉此匹夫之勇敵一人者也王請大之詩云王赫斯怒爰整其旅以遏徂莒以篤周祜以對于天下此文王之勇也文王一怒而安天下之民書曰天降下民作之君作之師惟曰其助上帝寵之四方有罪無罪惟我在天下曷敢有越厥志一人衡行於天下武王耻之此武王之勇也而武王亦一怒而安天下之民今王亦一怒而安天下之民民惟恐王之不好勇也

又挑起

挑轉一句結

十二

齊宣王見孟子於雪宮王曰賢者亦有此樂乎孟子對曰有人不得則非其上矣不得而非其上者非也爲民上而不與民同樂者亦非也樂民之樂者民亦樂其樂憂民之憂者民亦憂其憂樂以天下憂以天下然而不王者未之有也

昔者齊景公問於晏子曰吾欲觀於轉附朝儛遵海而南放于琅邪吾何脩而可以比於先王觀也晏子對曰善哉問也天子適諸侯曰巡狩

巡狩者巡所守也諸侯朝於天子曰述職述職者述所職也無非事者春省耕而補不足秋省斂而助不給夏諺曰吾王不遊吾何以休吾王不豫吾何以助一遊一豫爲諸侯度今也不然師行而糧食饑者弗食勞者弗息睊睊胥讒民乃作慝方命虐民飲食若流流連荒亡爲諸侯憂從流下而忘反謂之流從流上而忘反謂之連從獸無厭謂之荒樂酒無厭謂之亡先王無

文入引諺

二句結

就解上四字

二句承

卷二上　十三

流連之樂、荒亡之行、惟君所行也。景公說、大戒於國、出舍於郊、於是始興發補不足。召太師曰、爲我作君臣相說之樂、蓋徵招角招是也。其詩曰、畜君何尤。畜君者、好君也。

齊宣王問曰、人皆謂我毀明堂、毀諸已乎。孟子對曰、夫明堂者、王者之堂也。王欲行王政、則勿毀之矣。王曰、王政可得聞與。對曰、昔者文王之治岐也、耕者九一、仕者世祿、關市譏而不征、澤梁無禁，罪人不孥。老而無妻曰鰥，老而無夫曰寡，老而無子曰獨，幼而無父曰孤，此四者，天下之窮民而無告者，文王發政施仁，必先斯四者。詩云：哿矣富人，哀此煢獨。王曰：善哉言乎。曰：王如善之，則何爲不行。王曰：寡人有疾，寡人好貨。對曰：昔者公劉好貨，詩云：乃積乃倉，乃裹餱糧，于橐于囊，思戢用光，弓矢斯張，干戈戚揚，爰方啟行。故居者有積倉，行者有裹糧也，然後可以

爰方啟行王如好貨與百姓同之於王何有王
曰寡人有疾寡人好色對曰昔者大王好色愛
厥妃詩云古公亶父來朝走馬率西水滸至于
岐下爰及姜女聿來胥宇當是時也內無怨女
外無曠夫王如好色與百姓同之於王何有
孟子謂齊宣王曰王之臣有託其妻子於其友
而之楚遊者比其反也則凍餒其妻子則如之
何王曰棄之曰士師不能治士則如之何王曰

已之曰、四境之內不治、則如之何、王顧左右而言他、

孟子見齊宣王曰、所謂故國者、非謂有喬木之謂也、有世臣之謂也、王無親臣矣、昔者所進、今日不知其亡也、王曰、吾何以識其不才而舍之、曰、國君進賢、如不得已、將使卑踰尊、疏踰戚、可不慎與、左右皆曰賢、未可也、諸大夫皆曰賢、未可也、國人皆曰賢、然後察之、見賢焉、然後用之、

紐有含蓄

感慨

婉轉

三級頓挫

一叉含三

左右皆曰不可勿聽諸大夫皆曰不可勿聽國
人皆曰不可然後察之見不可焉然後去之左
右皆曰可殺勿聽諸大夫皆曰可殺勿聽國人
皆曰可殺然後察之見可殺焉然後殺之故曰
國人殺之也如此然後可以爲民父母
齊宣王問曰湯放桀武王伐紂有諸孟子對曰
於傳有之曰臣弑其君可乎曰賊仁者謂之賊
賊義者謂之殘殘賊之人謂之一夫聞誅一夫

二喻文若不屬而意自相發

紂矣、未聞弑君也、

孟子見齊宣王曰、爲巨室、則必使工師求大木、工師得大木、則王喜、以爲能勝其任也、匠人斲而小之、則王怒、以爲不勝其任矣、夫人幼而學之、壯而欲行之、王曰、姑舍女所學而從我、則何如、今有璞玉於此、雖萬鎰、必使玉人彫琢之、至於治國家、則曰、姑舍女所學而從我、則何以異於教玉人彫琢玉哉、

引喻起

又緣上文處一句引下

自引喻

齊人伐燕、勝之、宣王問曰、或謂寡人勿取、或謂寡人取之、以萬乘之國、伐萬乘之國、五旬而舉之、人力不至於此、不取必有天殃、取之何如、孟子對曰、取之而燕民悅、則取之、古之人有行之者、武王是也、取之而燕民不悅、則勿取、古之人有行之者、文王是也、以萬乘之國、伐萬乘之國、簞食壺漿以迎王師、豈有他哉、避水火也、如水益深、如火益熱、亦運而已矣、

齊人伐燕取之、諸侯將謀救燕、宣王曰、諸侯多
謀伐寡人者、何以待之、孟子對曰、臣聞七十里
爲政於天下者、湯是也、未聞以千里畏人者也、
書曰湯一征、自葛始、天下信之、東面而征西夷
怨南面而征北狄怨、曰奚爲後我、民望之、若大
旱之望雲霓也、歸市者不止、耕者不變、誅其君
而弔其民若時雨降、民大悅、書曰、徯我后、后來
其蘇、今燕虐其民、王往而征之、民以爲將拯己

於水火之中也簞食壺漿以迎王師若殺其父兄係累其子弟毀其宗廟遷其重器如之何其可也天下固畏齊之彊也今又倍地而不行仁政是動天下之兵也王速出令反其旄倪止其

答本問結

重器謀於燕衆置君而後去之則猶可及止也

鄒與魯鬨穆公問曰吾有司死者三十三人而民莫之死也誅之則不可勝誅不誅則疾視其

[illegible]切

長上之死而不救如之何則可也孟子對曰凶

年饑歲君之民老羸轉乎溝壑壯者散而之四方者幾千人矣而君之倉廩實府庫充有司莫以告是上慢而殘下也曾子曰戒之戒之出乎爾者反乎爾者也夫民今而後得反之也君無尤焉君行仁政斯民親其上死其長矣

滕文公問曰滕小國也間於齊楚事齊乎事楚乎孟子對曰是謀非吾所能及也無已則有一焉鑿斯池也築斯城也與民守之效死而民弗

感慨

去則是可爲也
滕文公問曰齊人將築薛吾甚恐如之何則可
孟子對曰昔者大王居邠狄人侵之去之岐山
之下居焉非擇而取之不得已也苟爲善後世
子孫必有王者矣君子創業垂統爲可繼也若
夫成功則天也君如彼何哉彊爲善而已矣
滕文公問曰滕小國也竭力以事大國則不得
免焉如之何則可孟子對曰昔者大王居邠狄

人侵之事之以皮幣不得免焉事之以犬馬不得免焉事之以珠玉不得免焉乃屬其耆老而告之曰狄人之所欲者吾土地也吾聞之也君子不以其所以養人者害人二三子何患乎無君我將去之去邠踰梁山邑于岐山之下居焉邠人曰仁人也不可失也從之者如歸市或曰世守也非身之所能爲也效死勿去君請擇於斯二者

[illegible]性

頓挫

魯平公將出嬖人臧倉者請曰他日君出則必命有司所之今乘輿已駕矣有司未知所之敢請公曰將見孟子曰何哉君所爲輕身以先於匹夫者以爲賢乎禮義由賢者出而孟子之後喪踰前喪君無見焉公曰諾樂正子入見曰君奚爲不見孟軻也曰或告寡人曰孟子之後喪踰前喪是以不往見也曰何哉君所謂踰者前以士後以大夫前以三鼎而後以五鼎與曰否

奚何也

謂棺槨衣衾之美也曰非所謂踰也貧富不同也樂正子見孟子曰克告於君君爲來見也嬖人有臧倉者沮君君是以不果來也曰行或使之止或尼之行止非人所能也吾之不遇魯侯天也臧氏之子焉能使予不遇哉

公孫丑

公孫丑問曰夫子當路於齊管仲晏子之功可復許乎孟子曰子誠齊人也知管仲晏子而已

矣或問乎曾西曰吾子與子路孰賢曾西蹵然曰吾先子之所畏也曰然則吾子與管仲孰賢曾西艴然不悅曰爾何曾比予於管仲管仲得君如彼其專也行乎國政如彼其久也功烈如彼其卑也爾何曾比予於是曰管仲曾西之所（纚上生下倒纚一）不爲也而子爲我願之乎曰管仲以其君霸晏（語）（一句擺脫文）子以其君顯管仲晏子猶不足爲與曰以齊王由反手也曰若是則弟子之惑滋甚且以文王（絶而意未絶）

之德百年而後崩猶未洽於天下武王周公繼之然後大行今言王若易然則文王不足法與曰文王何可當也由湯至於武丁賢聖之君六七作天下歸殷久矣久則難變也武丁朝諸侯有天下猶運之掌也紂之去武丁未久也其故家遺俗流風善政猶有存者又有微子微仲王子比干箕子膠鬲皆賢人也相與輔相之故久而後失之也尺地莫非其有也一民莫非其臣

雍容似答非答

也然而文王猶方百里起是以難也齊人有言曰雖有智慧不如乘勢雖有鎡基不如待時今時則易然也夏后殷周之盛地未有過千里者也而齊有其地矣雞鳴狗吠相聞而達乎四境而齊有其民矣地不改辟矣民不改聚矣行仁政而王莫之能禦也且王者之不作未有疏於此時者也民之憔悴於虐政未有甚於此時者也饑者易爲食渴者易爲飲孔子曰德之流行

振起

速於置郵而傳命當今之時萬乘之國行仁政
民之悅之猶解倒懸也故事半古之人功必倍（應章首功字）
之惟此時（時字結）爲然
公孫丑問曰夫子加齊之卿相得行道焉雖由
此霸王不異矣如此則動心否乎孟子曰否我
四十不動心曰若是則夫子過孟賁遠矣曰是
不難告子先我不動心曰不動心有道乎曰有
北宮黝之養勇也不膚撓不目逃思以一豪挫

於人若撻之於市朝不受於褐寬博亦不受於萬乘之君視刺萬乘之君若刺褐夫無嚴諸侯惡聲至必反之孟施舍之所養勇也曰視不勝猶勝也量敵而後進慮勝而後會是畏三軍者也舍豈能爲必勝哉能無懼而已矣孟施舍似曾子北宮黝似子夏夫二子之勇未知其孰賢然而孟施舍守約也昔者曾子謂子襄曰子好勇乎吾嘗聞大勇於夫子矣自反而不縮雖褐

寬博吾不惴焉自反而縮雖千萬人吾往矣孟
施舍之守氣又不如曾子之守約也曰敢問夫
三轉
子之不動心與告子之不動心可得聞與告子
曰不得於言勿求於心不得於心勿求於氣不
得於心勿求於氣可不得於言勿求於心不可
夫志氣之帥也氣體之充也夫志至焉氣次焉
故曰持其志無暴其氣既曰志至焉氣次焉又
四轉帶上文問
曰持其志無暴其氣者何也曰志壹則動氣氣

引喻先提一句莊子

壹則動志也今夫蹶者趨者是氣也而反動其心敢問夫子惡乎長曰我知言我善養吾浩然之氣敢問何謂浩然之氣曰難言也其爲氣也至大至剛以直養而無害則塞于天地之間其爲氣也配義與道無是餒也是集義所生者非義襲而取之也行有不慊於心則餒矣我故曰告子未嘗知義以其外之也必有事焉而勿正心勿忘勿助長也無若宋人然宋人有閔其苗

參此法

之不長而揠之者芒芒然歸謂其人曰今日病矣予助苗長矣其子趨而往視之苗則槁矣天下之不助苗長者寡矣以爲無益而舍之者不耘苗者也助之長者揠苗者也非徒無益而又害之何謂知言曰詖辭知其所蔽淫辭知其所陷邪辭知其所離遁辭知其所窮生於其心害於其政發於其政害於其事聖人復起必從吾言矣宰我子貢善爲說辭冉牛閔子顏淵善言

德行孔子兼之曰我於辭命則不能也然則夫子既聖矣乎曰惡是何言也昔者子貢問於孔子曰夫子聖矣乎孔子曰聖則吾不能我學不厭而教不倦也子貢曰學不厭智也教不倦仁也仁且智夫子既聖矣夫聖孔子不居是何言也昔者竊聞之子夏子游子張皆有聖人之一體冉牛閔子顏淵則具體而微敢問所安曰姑舍是曰伯夷伊尹何如曰不同道非其君不事

非其民不使，治則進，亂則退，伯夷也。何事非君，何使非民，治亦進，亂亦進，伊尹也。可以仕則仕，可以止則止，可以久則久，可以速則速，孔子也。

三句一承一轉一結

皆古聖人也，吾未能有行焉，乃所願則學孔子也。

十一轉

伯夷、伊尹於孔子，若是班乎？曰：否。自有生民以來，未有孔子也。

十二轉

曰：然則有同與？曰：有。得百里之地而君之，皆能以朝諸侯有天下。行一不義，殺一不辜而得天下，皆不為也。是則同。

十三轉

曰：敢問

其所以異曰宰我子貢有若智足以知聖人汙不至阿其所好宰我曰以予觀於夫子賢於堯舜遠矣子貢曰見其禮而知其政聞其樂而知其德由百世之後等百世之王莫之能違也自生民以來未有夫子也有若曰豈惟民哉麒麟之於走獸鳳凰之於飛鳥太山之於丘垤河海之於行潦類也聖人之於民亦類也出乎其類拔乎其萃自生民以來未有盛於孔子也

孟子曰以力假仁者霸霸必有大國以德行仁者王王不待大湯以七十里文王以百里以力服人者非心服也力不贍也以德服人者中心悅而誠服也如七十子之服孔子也詩云自西自東自南自北無思不服此之謂也

孟子曰仁則榮不仁則辱今惡辱而居不仁是猶惡濕而居下也如惡之莫如貴德而尊士賢者在位能者在職國家閒暇及是時明其政刑

雖大國必畏之矣詩云迨天之未陰雨徹彼桑土綢繆牖戶今此下民或敢侮予孔子曰爲此詩者其知道乎能治其國家誰敢侮之今國家閒暇及是時般樂怠敖是自求禍也禍福無不自己求之者詩云永言配命自求多福太甲曰天作孽猶可違自作孽不可活此之謂也

孟子曰尊賢使能俊傑在位則天下之士皆悅而願立於其朝矣市廛而不征法而不廛則天

下之商皆悅而願藏於其市矣關譏而不征則天下之旅皆悅而願出於其路矣耕者助而不稅則天下之農皆悅而願耕於其野矣廛無夫里之布則天下之民皆悅而願爲之氓矣信能行此五者則鄰國之民仰之若父母矣率其子弟攻其父母自生民以來未有能濟者也如此則無敵於天下無敵於天下者天吏也然而不王者未之有也

總一又一收

悍捷

又轉

孟子曰人皆有不忍人之心先王有不忍人之心斯有不忍人之政矣以不忍人之心行不忍人之政治天下可運之掌上所以謂人皆有不忍人之心者今人乍見孺子將入於井皆有怵惕惻隱之心非所以內交於孺子之父母也非所以要譽於鄉黨朋友也非惡其聲而然也由是觀之無惻隱之心非人也無羞惡之心非人也無辭讓之心非人也無是非之心非人也惻

陡起

旄迎語作一大轉

又一折作波

隱之心仁之端也羞惡之心義之端也辭讓之心禮之端也是非之心智之端也人之有是四端也猶其有四體也有是四端而自謂不能者自賊者也謂其君不能者賊其君者也凡有四端於我者知皆擴而充之矣若火之始然泉之始達苟能充之足以保四海苟不充之不足以事父母

孟子曰矢人豈不仁於函人哉矢人惟恐不傷

活潑變幻不可端倪若游龍若遺雷

人函人惟恐傷人巫匠亦然故術不可不慎也孔子曰里仁爲美擇不處仁焉得智夫仁天之尊爵也人之安宅也莫之禦而不仁是不智也不仁不智無禮無義人役也人役而恥爲役由弓人而恥爲弓矢人而恥爲矢也如恥之莫如爲仁仁者如射射者正己而後發發而不中不怨勝己者反求諸己而已矣

證仁　併智

孟子曰子路人告之以有過則喜禹聞善言則

拜大舜有大焉善與人同舍己從人樂取於人以爲善自耕稼陶漁以至爲帝無非取於人者取諸人以爲善是與人爲善者也故君子莫大乎與人爲善

孟子曰伯夷非其君不事非其友不友不立於惡人之朝不與惡人言立於惡人之朝與惡人言如以朝衣朝冠坐於塗炭推惡惡之心思與鄉人立其冠不正望望然去之若將浼焉是故

諸侯雖有善其辭命而至者不受也不受也者是亦不屑就已柳下惠不羞汙君不卑小官進不隱賢必以其道遺佚而不怨阨窮而不憫故曰爾爲爾我爲我雖袒裼裸裎於我側爾焉能浼我哉故由由然與之偕而不自失焉援而止之而止援而止之而止者是亦不屑去已孟子曰伯夷隘柳下惠不恭隘與不恭君子不由也

孟子曰天時不如地利地利不如人和三里之

城七里之郭環而攻之而不勝夫環而攻之必有得天時者矣然而不勝者是天時不如地利也城非不高也池非不深也兵革非不堅利也米粟非不多也委而去之是地利不如人和也故曰域民不以封疆之界固國不以山谿之險威天下不以兵革之利得道者多助失道者寡助寡助之至親戚畔之多助之至天下順之以天下之所順攻親戚之所畔故君子有不戰戰

必勝矣、

孟子將朝王、王使人來曰、寡人如就見者也、有寒疾不可以風、朝將視朝、不識可使寡人得見乎、對曰、不幸而有疾、不能造朝、明日出弔於東郭氏、公孫丑曰、昔者辭以病、今日弔、或者不可乎、曰、昔者疾、今日愈、如之何不弔、王使人問疾、醫來、孟仲子對曰、昔者有王命、有采薪之憂、不能造朝、今病小愈、趨造於朝、我不識能至否乎、

敘事

使數人要於路曰請必無歸而造於朝不得已而之景丑氏宿焉景子曰內則父子外則君臣人之大倫也父子主恩君臣主敬丑見王之敬子也未見所以敬王也曰惡是何言也齊人無以仁義與王言者豈以仁義爲不美也其心曰是何足與言仁義也云爾則不敬莫大乎是我非堯舜之道不敢以陳於王前故齊人莫如我

峰巒[illegible]而出

敬王也景子曰否非此之謂也禮曰父召無諾

孟子乃不召
之臣齊王召
之所以不去
引三達尊自
不可召意

此言須體會
正應達尊

君命召不俟駕固將朝也聞王命而遂不果宜
與夫禮若不相似然曰豈謂是與曾子曰晉楚
之富不可及也彼以其富我以吾仁彼以其爵
我以吾義吾何慊乎哉夫豈不義而曾子言之
是或一道也天下有達尊三爵一齒一德一朝
廷莫如爵鄉黨莫如齒輔世長民莫如德惡得
有其一以慢其二哉故將大有爲之君必有所
儆是正意
不召之臣欲有謀焉則就之其尊德樂道不如

結語似讀似莊翻翻欲飛

是不足與有爲也故湯之於伊尹學焉而後臣之故不勞而王桓公之於管仲學焉而後臣之故不勞而霸今天下地醜德齊莫能相尚無他好臣其所教而不好臣其所受教湯之於伊尹桓公之於管仲則不敢召管仲且猶不可召而況不爲管仲者乎

陳臻問曰前日於齊王餽兼金一百而不受於宋餽七十鎰而受於薛餽五十鎰而受前日之

不受是則今日之受非也今日之受是則前日之不受非也夫子必居一於此矣孟子曰皆是也當在宋也予將有遠行行者必以贐辭曰餽贐予何爲不受當在薛也予有戒心辭曰聞戒故爲兵餽之予何爲不受若於齊則未有處也無處而餽之是貨之也焉有君子而可以貨取乎

孟子之平陸謂其大夫曰子之持戟之士一日

事已在前只用喻折

以喻切當不待詳說而人已自悟

而三失伍則去之否乎曰不待三然則子之失伍也亦多矣凶年饑歲子之民老羸轉於溝壑壯者散而之四方者幾千人矣曰此非距心之所得爲也曰今有受人之牛羊而爲之牧之者則必爲之求牧與芻矣求牧與芻而不得則反諸其人乎抑亦立而視其死與曰此則距心之罪也他日見於王曰王之爲都者臣知五人焉知其罪者惟孔距心爲王誦之王曰此則寡人

孟子

之罪也

孟子謂蚳鼃曰子之辭靈丘而請士師似也爲其可以言也今既數月矣未可以言與蚳鼃諫於王而不用致爲臣而去齊人曰所以爲蚳鼃則善矣所以自爲則吾不知也公都子以告曰吾聞之也有官守者不得其職則去有言責者不得其言則去我無官守我無言責也則吾進退豈不綽綽然有餘裕哉

孟子爲卿於齊出弔於滕王使葢大夫王驩爲輔行王驩朝暮見反齊滕之路未嘗與之言行事也公孫丑曰齊卿之位不爲小矣齊滕之路不爲近矣反之而未嘗與言行事何也曰夫既或治之予何言哉

孟子自齊葬於魯反於齊止於嬴充虞請曰前日不知虞之不肖使虞敦匠事嚴虞不敢請今願竊有請也木若以美然曰古者棺椁無度中

古棺七寸、椁稱之、自天子達於庶人、非直爲觀美也、然後盡於人心、不得不可以爲悅、無財不可以爲悅、得之爲有財、古之人皆用之、吾何爲獨不然、且比化者無使土親膚、於人心獨無恔乎、吾聞之也、君子不以天下儉其親、

沈同以其私問曰、燕可伐與、孟子曰、可、子噲不得與人燕、子之不得受燕於子噲、有仕於此、而子悅之、不告於王而私與之吾子之祿爵、夫士

令步緊要
以兩句

也亦無王命而私受之於子則可乎何以異於是齊人伐燕或問曰勸齊伐燕有諸曰未也沈同問燕可伐與吾應之曰可彼然而伐之也彼如曰孰可以伐之則將應之曰為天吏則可以伐之今有殺人者或問之曰人可殺與則將應之曰可彼如曰孰可以殺之則將應之曰為士師則可以殺之今以燕伐燕何為勸之哉

燕人畔王曰吾甚慙於孟子陳賈曰王無患焉

王自以爲與周公孰仁且智王曰惡是何言也
曰周公使管叔監殷管叔以殷畔知而使之是
不仁也不知而使之是不智也仁智周公未之
盡也而況於王乎賈請見而解之見孟子問曰
周公何人也曰古聖人也曰使管叔監殷管叔
以殷畔也有諸曰然曰周公知其將畔而使之
與曰不知也然則聖人且有過與曰周公弟也
管叔兄也周公之過不亦宜乎且古之君子過

則改之今之君子過則順之古之君子其過也如日月之食民皆見之及其更也民皆仰之今之君子豈徒順之又從爲之辭

孟子致爲臣而歸王就見孟子曰前日願見而不可得得侍同朝甚喜今又棄寡人而歸不識可以繼此而得見乎對曰不敢請耳固所願也他日王謂時子曰我欲中國而授孟子室養弟子以萬鍾使諸大夫國人皆有所矜式子盍爲

兩段不相關續而宮商相宣呂律自應文情蔚然長於論者辭不迫切而意已獨至但辭龍斷二字正意已躍躍言外

我言之時子因陳子而以告孟子陳子以時子之言告孟子孟子曰然夫時子惡知其不可也如使予欲富辭十萬而受萬是爲欲富乎季孫曰異哉子叔疑使已爲政不用則亦已矣又使其子弟爲卿人亦孰不欲富貴而獨於富貴之中有私龍斷焉古之爲市者以其所有易其所無者有司者治之耳有賤丈夫焉必求龍斷而登之以左右望而罔市利人皆以爲賤故從而

征之征商自此賤丈夫始矣

孟子去齊宿於晝有欲爲王留行者坐而言不應隱几而卧客不悅曰弟子齊宿而後敢言夫子卧而不聽請勿復敢見矣曰坐我明語子昔者魯繆公無人乎子思之側則不能安子思泄柳申詳無人乎繆公之側則不能安其身子爲長者慮而不及子思子絶長者乎長者絶子乎

孟子去齊尹士語人曰不識王之不可以爲湯

情形於辭意之表整而不整齊而不亂纏綿悱惻離騷似之

武則是不明也識其不可然且至則是干澤也千里而見王不遇故去三宿而後出晝是何濡滯也士則茲不悅高子以告曰夫尹士惡知予哉千里而見王是予所欲也不遇故去豈予所欲哉予不得已也予三宿而出晝於予心猶以爲速王庶幾改之王如改諸則必反予夫出晝而王不予追也予然後浩然有歸志予雖然豈舍王哉王由足用爲善王如用予則豈徒齊民

安天下之民舉安王庶幾改之予日望之予豈若是小丈夫然哉諫於其君而不受則怒悻悻然見於其面去則窮日之力而後宿哉尹士聞之曰士誠小人也

孟子去齊充虞路問曰夫子若有不豫色然前日虞聞諸夫子曰君子不怨天不尤人曰彼一時此一時也五百年必有王者興其間必有名世者由周而來七百有餘歲矣以其數則過矣

平生自任如此

以其時考之則可矣夫天未欲平治天下也如欲平治天下當今之世舍我其誰也吾何爲不豫哉

孟子去齊居休公孫丑問曰仕而不受祿古之道乎曰非也於崇吾得見王退而有去志不欲變故不受也繼而有師命不可以請久於齊非我志也

滕文公

滕文公爲世子將之楚過宋而見孟子孟子道性善言必稱堯舜世子自楚反復見孟子孟子曰世子疑吾言乎夫道一而已矣成覸謂齊景公曰彼丈夫也我丈夫也吾何畏彼哉顔淵曰舜何人也予何人也有爲者亦若是公明儀曰文王我師也周公豈欺我哉今滕絶長補短將五十里也猶可以爲善國書曰若藥不瞑眩厥疾不瘳

綫川有歸結

滕定公薨世子謂然友曰昔者孟子嘗與我言
於宋於心終不忘今也不幸至於大故吾欲使
子問於孟子然後行事然友之鄒問於孟子孟
子曰不亦善乎親喪固所自盡也曾子曰生事
之以禮死葬之以禮祭之以禮可謂孝矣諸侯
之禮吾未之學也雖然吾嘗聞之矣三年之喪
齊疏之服飦粥之食自天子達於庶人三代共
之然友反命定爲三年之喪父兄百官皆不欲

曰、吾宗國魯先君莫之行、吾先君亦莫之行也、至於子之身而反之、不可、且志曰、喪祭從先祖、曰、吾有所受之也、謂然友曰、吾他日未嘗學問、好馳馬試劒、今也父兄百官不我足也、恐其不能盡於大事、子爲我問孟子、然友復之鄒問孟子、孟子曰、然、不可以他求者也、孔子曰、君薨、聽於冢宰、歠粥面深墨、卽位而哭、百官有司莫敢不哀、先之也、上有好者、下必有甚焉者矣、君子

之德風也、小人之德草也、草尚之風必偃、是在
世子、然友反命、世子曰、然、是誠在我、五月居廬、
未有命戒、百官族人可謂曰知、及至葬、四方來
觀之、顏色之戚、哭泣之哀、弔者大悅、
滕文公問爲國、孟子曰、民事不可緩也、詩云、晝
爾于茅、宵爾索綯、亟其乘屋、其始播百穀、民之
爲道也、有恒產者有恒心、無恒產者無恒心、苟
無恒心、放辟邪侈、無不爲已、及陷乎罪、然後從

前段敘夏殷周即下其實皆什一也一句却言徹者云云此段論貢却就凶年一句離下法點

而刑之是罔民也焉有仁人在位罔民而可爲也是故賢君必恭儉禮下取於民有制陽虎曰

平放下

爲富不仁矣爲仁不富矣夏后氏五十而貢殷人七十而助周人百畝而徹其實皆什一也徹者徹也助者藉也龍子曰治地莫善於助莫不善於貢貢者校數歲之中以爲常樂歲粒米狼戾多取之而不爲虐則寡取之凶年糞其田而不足則必取盈焉爲民父母使民盻盻然將終

上

四十一

前同

又說有恒心以後事二段參差不齊亦淡

孟子

歲勤動不得以養其父母又稱貸而益之使老稚轉乎溝壑惡在其爲民父母也夫世祿滕固行之矣詩云雨我公田遂及我私（又引詩）惟助爲有公田由此觀之雖周亦助也設爲庠序學校以教之庠者養也校者教也序者射也夏曰校殷曰序周曰庠學則三代共之皆所以明人倫也人倫明於上小民親於下有王者起必來取法是爲王者師也詩云（引詩佐）周雖舊邦其命維新文王之

謂也子力行之亦以新子之國使畢戰問井地

古起新字

孟子曰子之君將行仁政選擇而使子子必勉之夫仁政必自經界始經界不正井地不均穀祿不平是故暴君汙吏必慢其經界經界既正分田制祿可坐而定也夫滕壤地褊小將爲君子焉將爲野人焉無君子莫治野人無野人莫養君子請野九一而助國中什一使自賦卿以下必有圭田圭田五十畝餘夫二十五畝死徙

方實敘

君與孟子之君解非精意語但相終始

無出鄉、鄉田同井、出入相友、守望相助、疾病相扶持、則百姓親睦、方里而井、井九百畝、其中爲公田、八家皆私百畝、同養公田、公事畢、然後敢治私事、所以别野人也、此其大畧也、若夫潤澤之、則在君與子矣、

有爲神農之言者許行、自楚之滕、踵門而告文公曰、遠方之人聞君行仁政、願受一廛而爲氓、文公與之處、其徒數十人、皆衣褐、捆屨織席以

爲食陳良之徒陳相與其弟辛負耒耜而自宋之滕曰聞君行聖人之政是亦聖人也願爲聖人氓陳相見許行而大悅盡棄其學而學焉陳相見孟子道許行之言曰滕君則誠賢君也雖然未聞道也賢者與民並耕而食饔飧而治今也滕有倉廩府庫則是厲民而以自養也惡得賢孟子曰許子必種粟而後食乎曰然許子必織布而後衣乎曰否許子衣褐許子冠乎曰冠

澥道

三何字

曰奚冠曰冠素曰自織之與曰否以粟易之曰
許子奚爲不自織曰害於耕曰許子以釜甑爨
以鐵耕乎曰然自爲之與曰否以粟易之以粟
易械器者不爲厲陶冶陶冶亦以其械器易粟
者豈爲厲農夫哉且許子何不爲陶冶舍皆取
諸其宮中而用之何爲紛紛然與百工交易何
許子之不憚煩曰百工之事固不可耕且爲也
然則治天下獨可耕且爲與有大人之事有小

此下若決江河

以下反覆者證以見大人之事

民之事且一人之身而百工之所爲備如必自爲而後用之是率天下而路也故曰或勞心或勞力勞心者治人勞力者治於人治於人者食人治人者食於人天下之通義也當堯之時天下猶未平洪水橫流氾濫於天下草木暢茂禽獸繁殖五穀不登禽獸偪人獸蹄鳥跡之道交於中國堯獨憂之舉舜而敷治焉舜使益掌火益烈山澤而焚之禽獸逃匿禹疏九河瀹濟漯

而注諸海決汝漢排淮泗而注之江然後中國可得而食也當是時也禹八年於外三過其門而不入雖欲耕得乎后稷教民稼穡樹藝五穀五穀熟而人民育人之有道也飽食煖衣逸居而無教則近於禽獸聖人有憂之使契爲司徒教以人倫父子有親君臣有義夫婦有別長幼有序朋友有信放勳曰勞之來之匡之直之輔之翼之使自得之又從而振德之聖人之憂民

如此而暇耕乎堯以不得舜爲已憂舜以不得禹皐陶爲已憂夫以百畝之不易爲已憂者農夫也分人以財謂之惠教人以善謂之忠爲天下得人者謂之仁是故以天下與人易爲天下得人難孔子曰大哉堯之爲君惟天爲大惟堯則之蕩蕩乎民無能名焉君哉舜也巍巍乎有天下而不與焉堯舜之治天下豈無所用其心哉亦不用於耕耳吾聞用夏變夷者未聞變於

二耕字　鎖　二句正對　二句反合　三段通作一段　繳堯舜　三耕字

孟子上　四十五

夷者也陳良楚產也悅周公仲尼之道北學於中國北方之學者未能或之先也彼所謂豪傑之士也子之兄弟事之數十年師死而遂倍之昔者孔子沒三年之外門人治任將歸入揖於子貢相嚮而哭皆失聲然後歸子貢反築室於場獨居三年然後歸他日子夏子張子游以有若似聖人欲以所事孔子事之彊曾子曾子曰不可江漢以濯之秋陽以暴之皜皜乎不可尚

巳今也南蠻鴃舌之人非先王之道子倍子之
師而學之亦異於曾子矣吾聞出於幽谷遷於
喬木者未聞下喬木而入於幽谷者魯頌曰戎
狄是膺荊舒是懲周公方且膺之子是之學亦
爲不善變矣從許子之道則市賈不貳國中無
僞雖使五尺之童適市莫之或欺布帛長短同
則賈相若麻縷絲絮輕重同則賈相若五穀多
寡同則賈相若屨大小同則賈相若曰夫物之

孟子

不齊物之情也或相倍蓰或相什伯或相千萬子比而同之是亂天下也巨屨小屨同賈人豈爲之哉從許子之道相率而爲僞者也惡能治國家

作一節奏起

墨者夷之因徐辟而求見孟子孟子曰吾固願見今吾尚病病愈我且往見夷子不來他日又求見孟子孟子曰吾今則可以見矣不直則道不見我且直之吾聞夷子墨者墨之治喪也以

兒析其議抑詳已盡

薄爲其道也夷子思以易天下豈以爲非是而不貴也然而夷子葬其親厚則是以所賤事親也徐子以告夷子夷子曰儒（又帥）者之道古之人若保赤子此言何謂也之則以爲愛無差等施由親始徐子以告孟子孟子曰夫夷子信以爲人之親其兄之子爲若親其鄰之赤子乎彼有取爾也赤子匍匐將入井非赤子之罪也且天之生物也使之一本而夷子二本故也蓋上世嘗

有不葬其親者其親死則舉而委之於壑他日過之狐狸食之蠅蚋姑嘬之其顙有泚睨而不視夫泚也非爲人泚中心達於面目蓋歸反虆梩而掩之掩之誠是也則孝子仁人之掩其親亦必有道矣徐子以告夷子夷子憮然爲閒曰命之矣

陳代曰不見諸侯宜若小然今一見之大則以王小則以霸且志曰枉尺而直尋宜若可爲也

提問語粘上折利字八十餘字只一句轉

孟子曰昔齊景公田招虞人以旌不至將殺之志士不忘在溝壑勇士不忘喪其元孔子奚取焉取非其招不往也如不待其招而往何哉且夫枉尺而直尋者以利言也如以利則枉尋直尺而利亦可爲與昔者趙簡子使王良與嬖奚

再引事

乘終日而不獲一禽嬖奚反命曰天下之賤工也或以告王良良曰請復之彊而後可一朝而獲十禽嬖奚反命曰天下之良工也簡子曰我

使掌與女乘謂王良良不可曰吾爲之範我馳驅終日不獲一爲之詭遇一朝而獲十詩云不失其馳舍矢如破我不貫與小人乘請辭御者且羞與射者比比而得禽獸雖若丘陵弗爲也如枉道而從彼何也且子過矣枉己者未有能直人者也

景春曰公孫衍張儀豈不誠大丈夫哉一怒而諸侯懼安居而天下熄孟子曰是焉得爲大丈

夫乎、子未學禮乎、丈夫之冠也、父命之、女子之嫁也、母命之、往送之門、戒之曰、往之女家、必敬必戒、無違夫子、以順爲正者、妾婦之道也、居天下之廣居、立天下之正位、行天下之大道、得志與民由之、不得志獨行其道、富貴不能淫、貧賤不能移、威武不能屈、此之謂大丈夫、

周霄問曰、古之君子仕乎、孟子曰、仕、傳曰、孔子三月無君、則皇皇如也、出疆必載質、公明儀曰、

古之人三月無君則弔三月無君則弔不以急乎曰士之失位也猶諸侯之失國家也禮曰諸侯耕助以共粢盛夫人蠶繅以爲衣服犧牲不成粢盛不潔衣服不備不敢以祭惟士無田則亦不祭牲殺器皿衣服不備不敢以祭則不敢以宴亦不足弔乎出疆必載質何也曰士之仕也猶農夫之耕也農夫豈爲出疆舍其耒耜哉曰晉國亦仕國也未嘗聞仕如此其急仕如此

三段後方折入本意

其急也君子之難仕何也曰丈夫生而願爲之有室女子生而願爲之有家父母之心人皆有之不待父母之命媒妁之言鑽穴隙相窺踰牆相從則父母國人皆賤之古之人未嘗不欲仕也又惡不由其道不由其道而往者與鑽穴隙之類也

用三字結

彭更問曰後車數十乘從者數百人以傳食於諸侯不以泰乎孟子曰非其道則一簞食不可

刺譏

上

五十

轉撥知意

九

至此雖倒用志字側而復起似溪迴路轉一視萬里

孟二十

受於人如其道則舜受堯之天下不以爲泰子以爲泰乎曰否士無事而食不可也曰子不通

對說

工易事以羨補不足則農有餘粟女有餘布子如通之則梓匠輪輿皆得食於子於此有人焉

就一邊雖下

入則孝出則悌守先王之道以待後之學者而不得食於子子何尊梓匠輪輿而輕爲仁義者哉曰梓匠輪輿其志將以求食也君子之爲道也其志亦將以求食與曰子何以其志爲哉其

有功於子可食而食之矣且子食志乎食功乎曰食志曰有人於此毀瓦畫墁其志將以求食也則子食之乎曰否曰然則子非食志也食功也

萬章問曰宋小國也今將行王政齊楚惡而伐之則如之何孟子曰湯居亳（引事）與葛爲鄰葛伯放而不祀湯使人問之曰何爲不祀曰無以供犧牲也湯使遺之牛羊葛伯食之又不以祀湯又使人問之曰何爲不祀曰無以供粢盛也湯使

亳衆往爲之耕老弱饋食葛伯率其民要其有酒食黍稻者奪之不授者殺之有童子以黍肉餉殺而奪之書曰葛伯仇餉此之謂也爲其殺是童子而征之四海之内皆曰非富天下也爲匹夫匹婦復讐也湯始征自葛載十一征而無敵於天下東面而征西夷怨南面而征北狄怨曰奚爲後我民之望之若大旱之望雨也歸市者弗止芸者不變誅其君弔其民如時雨降民

一折有萬鈞之力文之有操縱

大悅書曰徯我后后來其無罰有攸不爲臣東征綏厥士女匪厥玄黃紹我周王見休惟臣附于大邑周其君子實玄黃于匪以迎其君子其小人簞食壺漿以迎其小人救民於水火之中取其殘而已矣太誓曰我武惟揚侵于之疆則取于殘殺伐用張于湯有光不行王政云爾苟行王政四海之內皆舉首而望之欲以爲君齊楚雖大何畏焉

此喻後語事畧於貫串而文章燦然此最妙於喻者

孟子謂戴不勝曰子欲子之王之善與我明告子有楚大夫於此欲其子之齊語也則使齊人傅諸使楚人傅諸曰使齊人傅之曰一齊人傅之衆楚人咻之雖日撻而求其齊也不可得矣引而置之莊嶽之閒數年雖日撻而求其楚亦不可得矣子謂薛居州善士也使之居於王所在於王所者長幼卑尊皆薛居州也王誰與爲不善在王所者長幼卑尊皆非薛居州也王誰

全用喻

四股只兩句結

與爲善一薛居州獨如宋王何

公孫丑問曰不見諸侯何義孟子曰古者不爲臣不見段干木踰垣而辟之泄柳閉門而不內是皆已甚迫斯可以見矣陽貨欲見孔子而惡無禮大夫有賜於士不得受於其家則往拜其門陽貨矙孔子之亡也而饋孔子蒸豚孔子亦矙其亡也而往拜之當是時陽貨先豈得不見

引事斷

曾子曰脅肩諂笑病于夏畦子路曰未同而言

用語斷

用五人事
此兩句結

觀其色赧赧然非由之所知也由是觀之則君子之所養可知已矣

戴盈之曰什一去關市之征今茲未能請輕之以待來年然後已何如孟子曰今有人日攘其鄰之雞者或告之曰是非君子之道曰請損之月攘一雞以待來年然後已如知其非義斯速已矣何待來年

公都子曰外人皆稱夫子好辯敢問何也孟子

敘治亂略
無痕瑕

曰予豈好辯哉予不得已也天下之生久矣一治一亂當堯之時水逆行氾濫於中國蛇龍居之民無所定下者爲巢上者爲營窟書曰洚水警余洚水者洪水也使禹治之禹掘地而注之海驅蛇龍而放之菹水由地中行江淮河漢是也險阻既遠鳥獸之害人者消然後人得平土而居之堯舜既没聖人之道衰暴君代作壞宫室以爲汙池民無所安息棄田以爲園囿使民

敘事

一篇綱

不得衣食邪說暴行又作園囿汙池沛澤多而禽獸至及紂之身天下又大亂周公相武王誅紂伐奄三年討其君驅飛廉於海隅而戮之滅國者五十驅虎豹犀象而遠之天下大悅書曰丕顯哉文王謨丕承哉武王烈佑啟我後人咸以正無缺世衰道微邪說暴行有作臣弒其君者有之子弒其父者有之孔子懼作春秋春秋天子之事也是故孔子曰知我者其惟春秋乎

罪我者其惟春秋乎聖王不作諸侯放恣處士橫議楊朱墨翟之言盈天下天下之言不歸楊則歸墨楊氏爲我是無君也墨氏兼愛是無父也無父無君是禽獸也公明儀曰庖有肥肉廐有肥馬民有饑色野有餓莩此率禽獸而食人也楊墨之道不息孔子之道不著是邪說誣民充塞仁義也仁義充塞則率獸食人人將相食吾爲此懼閑先聖之道距楊墨放淫辭邪說者

三句總收大有筆力

不得作作於其心害於其事作於其事害於其政聖人復起不易吾言矣

再收拾作一段結

昔者禹抑洪水而天下平周公兼夷狄驅猛獸而百姓寧孔子成春秋而亂臣賊子懼

引詩起下

詩云戎狄是膺荊舒是懲則莫我敢承無父無君是周公所膺也我亦欲正人心息邪說距詖行放淫辭以承三聖者豈好辯哉予不得已也能言距楊墨者聖人之徒也

匡章曰陳仲子豈不誠廉士哉居於陵三日不

食耳無聞目無見也井上有李螬食實者過半矣匍匐往將食之三咽然後耳有聞目有見孟子曰於齊國之士吾必以仲子爲巨擘焉雖然仲子惡能廉充仲子之操則蚓而後可者也夫蚓上食槁壤下飲黃泉仲子所居之室伯夷之所築與抑亦盜跖之所築與所食之粟伯夷之所樹與抑亦盜跖之所樹與是未可知也曰是何傷哉彼身織屨妻辟纑以易之也曰仲子齊

開闔

提起

四字互樂

四句斷仲子之邪

之世家也、兄戴、蓋祿萬鍾、以兄之祿爲不義之祿而不食也、以兄之室爲不義之室而不居也、辟兄離母、處於於陵、他日歸、則有饋其兄生鵝者、已頻顣曰、惡用是鶂鶂者爲哉、他日其母殺是鵝也、與之食之、其兄自外至、曰、是鶂鶂之肉也、出而哇之、以母則不食、以妻則食之、以兄之室則弗居、以於陵則居之、是尚爲能充其類也乎、若仲子者、蚓而後充其操者也、

孟子

離婁

孟子曰離婁之明公輸子之巧不以規矩不能成方員師曠之聰不以六律不能正五音堯舜之道不以仁政不能平治天下今有仁心仁聞

承上明說破

而民不被其澤不可法於後世者不行先王之道也故曰徒善不足以為政徒法不能以自行詩云不愆不忘率由舊章遵先王之法而過者

五一下

未之有也聖人既竭目力焉繼之以規矩準繩以爲方員平直不可勝用也既竭耳力焉繼之以六律正五音不可勝用也既竭心思焉繼之以不忍人之政而仁覆天下矣故曰爲高必因丘陵爲下必因川澤爲政不因先王之道可謂智乎是以惟仁者宜在高位不仁而在高位是播其惡於衆也上無道揆也下無法守也朝不信道工不信度君子犯義小人犯刑國之所存

者幸也故曰城郭不完兵甲不多非國之災也田野不辟貨財不聚非國之害也上無禮下無學賊民興喪無日矣詩曰天之方蹶無然泄泄泄泄猶沓沓也事君無義進退無禮言則非先王之道者猶沓沓也故曰責難於君謂之恭陳善閉邪謂之敬吾君不能謂之賊

孟子曰規矩方員之至也聖人人倫之至也欲爲君盡君道欲爲臣盡臣道二者皆法堯舜而

已矣不以舜之所以事堯事君不敬其君者也不以堯之所以治民治民賊其民者也孔子曰道二仁與不仁而已矣暴其民甚則身弒國亡不甚則身危國削名之曰幽厲雖孝子慈孫百世不能改也詩云殷鑒不遠在夏后之世此之謂也

孟子曰三代之得天下也以仁其失天下也以不仁國之所以廢興存亡者亦然天子不仁不

保四海諸侯不仁不保社稷卿大夫不仁不保
宗廟士庶人不仁不保四體今惡死亡而樂不
仁是猶惡醉而強酒
孟子曰愛人不親反其仁治人不治反其智禮
人不答反其敬行有不得者皆反求諸己其身
正而天下歸之詩云永言配命自求多福
孟子曰人有恒言皆曰天下國家天下之本在
國國之本在家家之本在身

孟子曰爲政不難不得罪於巨室巨室之所慕一國慕之一國之所慕天下慕之故結析截沛然德教溢乎四海

孟子曰天下有道小德役大德小賢役大賢天下無道小役大弱役強斯句承上生下二者天也順天者存逆天者亡齊景公曰既不能令又不受命是絕物也涕出而女於吳今也小入小大字國師大國而恥受命焉是猶弟子而恥受命於先師也如又粘一恥字恥之莫

若師文王、師文王、大國五年、小國七年、必爲政

於天下矣、詩云、商之孫子、其麗不億、上帝既命

侯于周服、侯服于周、天命靡常、殷士膚敏、祼將

于京、孔子曰、仁不可爲衆也、夫國君好仁、天下

無敵、今也欲無敵於天下而不以仁、是猶執熱

而不以濯也、詩云、誰能執熱、逝不以濯、

孟子曰、不仁者可與言哉、安其危而利其菑、樂

其所以亡者、不仁而可與言、則何亡國敗家之

粘上　引證　再引證

有孺子歌曰滄浪之水清兮可以濯我纓滄浪之水濁兮可以濯我足孔子曰小子聽之清斯濯纓濁斯濯足矣自取之也夫人必自侮然後人侮之家必自毁而後人毁之國必自伐而後人伐之太甲曰天作孽猶可違自作孽不可活此之謂也

孟子曰桀紂之失天下也失其民也失其民者失其心也得天下有道得其民斯得天下矣得

四節一節
解一節

其民有道得其心斯得民矣得其心有道所欲
與之聚之所惡勿施爾也民之歸仁也猶水之
就下獸之走壙也故爲淵敺魚者獺也爲叢敺
爵者鸇也爲湯武敺民者桀與紂也今天下之
君有好仁者則諸侯皆爲之敺矣雖欲無王不
可得已今之欲王者猶七年之病求三年之艾
也苟爲不畜終身不得苟不志於仁終身憂辱
以陷於死亡詩云其何能淑載胥及溺此之謂

下　五

也
孟子曰自暴者不可與有言也自棄者不可與有爲也言非禮義謂之自暴也吾身不能居仁由義謂之自棄也仁人之安宅也義人之正路也曠安宅而弗居舍正路而弗由哀哉

孟子曰道在爾而求諸遠事在易而求諸難人人親其親長其長而天下平

孟子曰居下位而不獲於上民不可得而治矣

結却閒散說

獲於上有道不信於友弗獲於上矣信於友有道事親弗悅弗信於友矣悅親有道反身不誠不悅於親矣誠身有道不明乎善不誠乎身矣是故誠者天之道也思誠者人之道也至誠而不動者未之有也不誠未有能動者也

却提起

孟子曰伯夷辟紂居北海之濱聞文王作興曰盍歸乎來吾聞西伯善養老者太公辟紂居東海之濱聞文王作興曰盍歸乎來吾聞西伯善

養老者二老者天下之大老也而歸之是天下之父歸之也天下之父歸之其子焉往諸侯有行文王之政者七年之內必爲政於天下矣

孟子曰求也爲季氏宰無能改於其德而賦粟倍他日孔子曰求非我徒也小子鳴鼓而攻之可也由此觀之君不行仁政而富之皆棄於孔子者也況於爲之强戰爭地以戰殺人盈野爭城以戰殺人盈城此所謂率土地而食人肉罪

不容於死故善戰者服上刑連諸侯者次之辟草萊任土地者次之

孟子曰存乎人者莫良於眸子眸子不能掩其惡胷中正則眸子瞭焉胷中不正則眸子眊焉聽其言也觀其眸子人焉廋哉

孟子曰恭者不侮人儉者不奪人侮奪人之君惟恐不順焉惡得爲恭儉恭儉豈可以聲音笑貌爲哉

孟二

淳于髡曰男女授受不親禮與孟子曰禮也曰嫂溺則援之以手乎曰嫂溺不援是豺狼也男女授受不親禮也嫂溺援之以手者權也曰今天下溺矣夫子之不援何也曰天下溺援之以道嫂溺援之以手子欲手援天下乎

公孫丑曰君子之不教子何也孟子曰勢不行也教者必以正以正不行繼之以怒繼之以怒則反夷矣夫子教我以正夫子未出於正也則

正字變善字教字變離字惡字變不祥字

是父子相夷也父子相夷則惡矣古者易子而教之父子之間不責善責善則離離則不祥莫大焉

此復以入惡字 正說

孟子曰事孰爲大事親爲大守孰爲大守身爲大不失其身而能事其親者吾聞之矣失其身而能事其親者吾未之聞也孰不爲事事親事之本也孰不爲守守身守之本也曾子養曾晳必有酒肉將徹必請所與問有餘必曰有曾晳

與

死曾元養曾子必有酒肉將徹不請所與問有餘曰亡矣將以復進也此所謂養口體者也若曾子則可謂養志也事親若曾子者可也

孟子曰人不足與適也政不足閒也惟大人爲能格君心之非君仁莫不仁君義莫不義君正莫不正一正君而國定矣

孟子曰有不虞之譽有求全之毀

孟子曰人之易其言也無責耳矣

一段緊二段
三段急中纔
四段繳發又
放一句結

孟子曰人之患在好為人師

樂正子從於子敖之齊樂正子見孟子孟子曰

一句斷截

往反

子亦來見我乎曰先生何為出此言也曰子來

幾日矣曰昔者曰昔者則我出此言也不亦宜

乎曰舍館未定曰子聞之也舍館定然後求見

長者乎曰克有罪

簡峻

孟子謂樂正子曰子之從於子敖來徒餔啜也

我不意子學古之道而以餔啜也

七上 下

四句整後二句却斷作一段其中五句聯爲

孟二

孟子曰不孝有三無後爲大舜不告而娶爲無後也君子以爲猶告也

孟子曰仁之實事親是也義之實從兄是也智之實知斯二者弗去是也禮之實節文斯二者是也樂之實樂斯二者樂則生矣生則惡可已也惡可已則不知足之蹈之手之舞之

孟子曰天下大悅而將歸己視天下悅而歸己猶草芥也惟舜爲然不得乎親不可以爲人不

正放一句 提起一句 帶下兩句

順乎親不可以爲子舜盡事親之道而瞽瞍底豫瞽瞍底豫而天下化瞽瞍底豫而天下之爲父子者定此之謂大孝

又提

又以一句結

孟子曰舜生於諸馮遷於負夏卒於鳴條東夷之人也文王生於岐周卒於畢郢西夷之人也地之相去也千有餘里世之相後也千有餘歲得志行乎中國若合符節先聖後聖其揆一也

四句開承

二句平結

二句直總

子產聽鄭國之政以其乘輿濟人於溱洧孟子曰惠而不知爲政歲十一月徒杠成十二月輿梁成民未病涉也君子平其政行辟人可也焉得人人而濟之故爲政者每人而悅之日亦不足矣

孟子告齊宣王曰君之視臣如手足則臣視君如腹心君之視臣如犬馬則臣視君如國人君之視臣如土芥則臣視君如寇讎王曰禮爲舊

君有服何如斯可爲服矣曰諫行言聽膏澤下於民有故而去則君使人導之出疆又先於其所往去三年不反然後收其田里此之謂三有禮焉如此則爲之服矣今也爲臣諫則不行言則不聽膏澤不下於民有故而去則君搏執之又極之於其所往去之日遂收其田里此之謂寇讎寇讎何服之有

蘇：寇讎字結簡峻

孟子曰無罪而殺士則大夫可以去無罪而戮

孟子

民則士可以徙

孟子曰君仁莫不仁君義莫不義

孟子曰非禮之禮非義之義大人弗爲

孟子曰中也養不中才也養不才故人樂有賢父兄也如中也棄不中才也棄不才則賢不肖之相去其間不能以寸

孟子曰人有不爲也而後可以有爲

孟子曰言人之不善當如後患何

孟子曰仲尼不爲已甚者、

孟子曰大人者言不必信行不必果惟義所在、

孟子曰大人者不失其赤子之心者也、

孟子曰養生者不足以當大事惟送死可以當大事、

孟子曰君子深造之以道欲其自得之也自得之則居之安居之安則資之深資之深則取之左右逢其原故君子欲其自得之也、

孟子曰博學而詳說之將以反說約也、

孟子曰以善服人者未有能服人者也以善養人然後能服天下、天下不心服而王者未之有也。

孟子曰言無實不祥、不祥之實蔽賢者當之、

徐子曰仲尼亟稱於水曰水哉水哉何取於水也、孟子曰原泉混混不舍晝夜、盈科而後進、放乎四海、有本者如是是之取爾苟爲無本七八

至此文章領
[illegible]又[illegible][illegible]上

月之閒雨集溝澮皆盈其涸也可立而待也故聲聞過情君子恥之（只正說一句）（應水字）

孟子曰人之所以異於禽獸者幾希庶民去之君子存之舜明於庶物察於人倫由仁義行非行仁義也

孟子曰禹惡旨酒而好善言湯執中立賢無方文王視民如傷望道而未之見武王不泄邇不忘遠周公思兼三王以施四事其有不合者仰

四段

而思之夜以繼日幸而得之坐以待旦

孟子曰王者之迹熄而詩亡詩亡然後春秋作晉之乘楚之檮杌魯之春秋一也其事則齊桓晉文其文則史孔子曰其義則丘竊取之矣

孟子曰君子之澤五世而斬小人之澤五世而斬予未得爲孔子徒也予私淑諸人也

孟子曰可以取可以無取取傷廉可以與可以無與與傷惠可以死可以無死死傷勇

文勢至此欲絕而文情正爾踴躍下文引取友之端以證惡得無罪之語不適脈絡呼吸自應與龍斷章同此只引學射事更的當蓋長於比喻者不迫而切

逄蒙學射於羿，盡羿之道，思天下惟羿爲愈己，於是殺羿。孟子曰：是亦羿有罪焉。公明儀曰：宜若無罪焉。曰：薄乎云爾，惡得無罪。鄭人使子濯孺子侵衛，衛使庾公之斯追之。子濯孺子曰：今日我疾作，不可以執弓，吾死矣夫！問其僕曰：追我者誰也？其僕曰：庾公之斯也。曰：吾生矣。其僕曰：庾公之斯，衛之善射者也，夫子曰吾生，何謂也？曰：庾公之斯學射於尹公之他，尹公之他學

一句意盡

又一往反作波

射於我夫尹公之他端人也其取友必端矣庾公之斯至曰夫子何爲不執弓曰今日我疾作不可以執弓曰小人學射於尹公之他尹公之他學射於夫子我不忍以夫子之道反害夫子雖然今日之事君事也我不敢廢抽矢扣輪去其金發乘矢而後反

孟子曰西子蒙不潔則人皆掩鼻而過之雖有惡人齊戒沐浴則可以祀上帝

孟子曰天下之言性也則故而已矣故者以利爲本所惡於智者爲其鑿也如智者若禹之行水也則無惡於智矣禹之行水也行其所無事也如智者亦行其所無事則智亦大矣天之高也星辰之遠也苟求其故千歲之日至可坐而致也

公行子有子之喪右師往弔入門有進而與右師言者有就右師之位而與右師言者孟子不

與右師言右師不悅曰諸君子皆與驩言孟子獨不與驩言是簡驩也孟子聞之曰禮朝廷不歷位而相與言不踰階而相揖也我欲行禮子敖以我爲簡不亦異乎

孟子曰君子所以異於人者以其存心也君子以仁存心以禮存心仁者愛人有禮者敬人愛人者人恒愛之敬人者人恒敬之有人於此其待我以橫逆則君子必自反也我必不仁也必

無禮也此物奚宜至哉其自反而仁矣自反而有禮矣其横逆由是也君子必自反也我必不忠自反而忠矣其横逆由是也君子曰此亦妄人也已矣如此則與禽獸奚擇哉於禽獸又何難焉是故君子有終身之憂無一朝之患也乃若所憂則有之舜人也我亦人也舜爲法於天

又分憂患作二股

下可傳於後世我由未免爲鄉人也是則可憂

將憂說放下

也憂之如何如舜而已矣若夫君子所患則亡

[illegible]以句
[illegible]禹稷心
[illegible]子己饑
[illegible]不亂說

矣非仁無爲也非禮無行也如有一朝之患則
君子不患矣

禹稷當平世三過其門而不入孔子賢之顏子
當亂世居於陋巷一簞食一瓢飲人不堪其憂
顏子不改其樂孔子賢之孟子曰禹稷顏回同
道禹思天下有溺者由己溺之也稷思天下有
饑者由己饑之也是以如是其急也禹稷顏子
易地則皆然今有同室之人鬭者救之雖被髮

兩段終上文未盡之意引喻合旨

纓冠而救之可也鄉鄰有鬬者被髮纓冠而往救之則惑也雖閉戶可也

公都子曰匡章通國皆稱不孝焉夫子與之遊又從而禮貌之敢問何也孟子曰世俗所謂不孝者五惰其四支不顧父母之養一不孝也博弈好飲酒不顧父母之養二不孝也好貨財私妻子不顧父母之養三不孝也從耳目之欲以爲父母戮四不孝也好勇鬬狠以危父母五不

孝也章子有一於是乎夫章子子父責善而不相遇也責善朋友之道也父子責善賊恩之大者夫章子豈不欲有夫妻子母之屬哉爲得罪於父不得近出妻屛子終身不養焉其設心以爲不若是是則罪之大者是則章子已矣

曾子居武城有越寇或曰寇至盍去諸曰無寓人於我室毀傷其薪木寇退則曰修我牆屋我將反寇退曾子反左右曰待先生如此其忠且

敬也寇至則先去以爲民望寇退則反殆於不可沈猶行曰是非汝所知也昔沈猶有負芻之禍從先生者七十人未有與焉子思居於衞有齊寇或曰寇至盍去諸子思曰如伋去君誰與守孟子曰曾子子思同道曾子師也父兄也子思臣也微也曾子子思易地則皆然

儲子曰王使人瞯夫子果有以異於人乎孟子曰何以異於人哉堯舜與人同耳

四語疊見只隔六字然不覺冗複是其運筆妙處

三字前意俱作却不嫌贅

二上二、

齊人有一妻一妾而處室者、其良人出則必饜酒肉而後反、其妻問所與飲食者、則盡富貴也、其妻告其妾曰、良人出則必饜酒肉而後反、問其與飲食者、盡富貴也、而未嘗有顯者來、吾將瞯良人之所之也、蚤起、施從良人之所之、徧國中無與立談者、卒之東郭墦間之祭者、乞其餘、不足、又顧而之他、此其爲饜足之道也、其妻歸告其妾曰、良人者所仰望而終身也、今若此、與

轉作斷語
簡潔轉側
諸傳多如
此

其妾訕其良人而相泣於中庭而良人未之知也施施從外來驕其妻妾由君子觀之則人之所以求富貴利達者其妻妾不羞也而不相泣者幾希矣

萬章

萬章問曰舜往于田號泣于旻天何爲其號泣也孟子曰怨慕也萬章曰父母愛之喜而不忘（重轉）父母惡之勞而不怨然則舜怨乎曰（引語答）長息問於

公明高曰舜往于田則吾旣得聞命矣號泣于旻天于父母則吾不知也公明高曰是非爾所知也夫公明高以孝子之心爲不若是恝我竭力耕田共爲子職而已矣父母之不我愛於我何哉帝使其子九男二女百官牛羊倉廩備以事舜於畎畝之中天下之士多就之者帝將胥天下而遷之焉爲不順於父母如窮人無所歸天下之士悅之人之所欲也而不足以解憂好

又復重疊愈不厭如眺層巒但見蒼翠轉到常情方映得大孝精神出來復折歸方見收拾

色人之所欲妻帝之二女而不足以解憂富人之所欲富有天下而不足以解憂貴人之所欲貴爲天子而不足以解憂人悅之好色富貴無足以解憂者惟順於父母可以解憂人少則慕父母知好色則慕少艾有妻子則慕妻子仕則慕君不得於君則熱中大孝終身慕父母五十而慕者予於大舜見之矣

又總一句

萬章問曰詩云娶妻如之何必告父母信斯言

也宜莫如舜舜之不告而娶何也孟子曰告則
不得娶男女居室人之大倫也如告則廢人之
大倫以懟父母是以不告也萬章曰舜之不告
而娶則吾既得聞命矣帝之妻舜而不告何也
曰帝亦知告焉則不得妻也萬章曰父母使舜
完廩捐階瞽瞍焚廩使浚井出從而揜之象曰
謨葢都君咸我績牛羊父母倉廩父母干戈朕
琴朕弤朕二嫂使治朕棲象往入舜宮舜在牀

又生下折問意而引事喻譏上文問事而只答意輕放過去

琴象曰鬱陶思君爾忸怩舜曰惟茲臣庶汝其于予治不識舜不知象之將殺已與曰奚而不知也象憂亦憂象喜亦喜曰然則舜僞喜者與曰否昔者有饋生魚於鄭子產子產使校人畜之池校人烹之反命曰始舍之圉圉焉少則洋洋焉攸然而逝子產曰得其所哉得其所哉校人出曰孰謂子產智予既烹而食之曰得其所哉得其所哉故君子可欺以其方難罔以非其

承得不縷

就此二句又生一折

道彼以愛兄之道來故誠信而喜之奚僞焉萬章問曰象日以殺舜爲事立爲天子則放之何也孟子曰封之也或曰放焉萬章曰舜流共工于幽州放驩兜于崇山殺三苗于三危殛鯀于羽山四罪而天下咸服誅不仁也象至不仁封之有庳有庳之人奚罪焉仁人固如是乎在他人則誅之在弟則封之曰仁人之於弟也不藏怒焉不宿怨焉親愛之而已矣親之欲其貴

承上生下之精

畏句不測

一轉

二轉

也愛之欲其富也封之有庳富貴之也身爲天子弟爲匹夫可謂親愛之乎敢問或曰放者何謂也曰象不得有爲於其國天子使吏治其國而納其貢稅焉故謂之放豈得暴彼民哉雖然欲常常而見之故源源而來不及貢以政接于有庳此之謂也

咸丘蒙問曰語云盛德之士君不得而臣父不得而子舜南面而立堯帥諸侯北面而朝之瞽

引語以明事

文勢先合急辯先滿下轉股又生一折

瞍亦北面而朝之舜見瞽瞍其容有蹙孔子曰於斯時也天下殆哉岌岌乎不識此語誠然乎哉孟子曰否此非君子之言齊東野人之語也堯老而舜攝也堯典曰二十有八載放勳乃徂落百姓如喪考妣三年四海遏密八音孔子曰天無二日民無二王舜既爲天子矣又帥天下諸侯以爲堯三年喪是二天子矣咸丘蒙曰舜之不臣堯則吾既得聞命矣詩云普天之下莫

引經以摘疑

引經以明事

非王土率土之濱莫非王臣而舜既爲天子矣敢問瞽瞍之非臣如何曰是詩也非是之謂也勞於王事而不得養父母也曰此莫非王事我獨賢勞也故說詩者不以文害辭不以辭害志以意逆志是爲得之如以辭而已矣雲漢之詩曰周餘黎民靡有孑遺信斯言也是周無遺民也孝子之至莫大乎尊親尊親之至莫大乎以天下養爲天子父尊之至也以天下養養之至

釋經以求經

[illegible]

方答本意

也詩曰永言孝思孝思維則此之謂也書曰祗載見瞽瞍夔夔齊栗瞽瞍亦允若是爲父不得而子也

萬章曰堯以天下與舜有諸孟子曰否天子不能以天下與人然則舜有天下也孰與之曰天與之天與之者諄諄然命之乎曰否天不言以行與事示之而已矣曰以行與事示之者如之何曰天子能薦人於天不能使天與之天下諸

侯能薦人於天子，不能使天子與之諸侯；大夫能薦人於諸侯，不能使諸侯與之大夫。昔者（提起）堯薦舜於天，而天受之；暴之於民，而民受之。故曰：天不言，（以明第三轉語）以行與事示之而已矣。」曰：「敢問薦之於（五轉）天而天受之，暴之於民而民受之，如何？」曰：「使之主祭，而百神享之，是天受之；使之主事，而事治，百姓安之，是民受之也。（又到明第一轉語）天與之，人與之，故曰：天子不能以天下與人。舜相堯二十有八載，非人之所能爲也天也堯崩三年之喪畢舜避堯之子於南河之南天下諸侯朝覲者不之堯之子而之舜訟獄者不之堯之子而之舜謳歌者不謳歌堯之子而謳歌舜故曰天也夫然後之中國踐天子位焉而居堯之宮逼堯之子是簒也非天與也太誓曰天視自我民視天聽自我民聽此之謂也

萬章問曰人有言至於禹而德衰不傳於賢而

傳於子。有諸。孟子曰。否。不然也。天與賢則與賢。天與子則與子。昔者舜薦禹於天。十有七年。舜崩。三年之喪畢。禹避舜之子於陽城。天下之民從之。若堯崩之後。不從堯之子而從舜也。禹薦益於天。七年。禹崩。三年之喪畢。益避禹之子於箕山之陰。朝覲訟獄者不之益而之啟。曰。吾君之子也。謳歌者不謳歌益而謳歌啟。曰。吾君之子也。丹朱之不肖。舜之子亦不肖。舜之相堯。禹

就君之子又問說

之相舜也歷年多施澤於民久啟賢能敬承繼禹之道益之相禹也歷年少施澤於民未久舜禹益相去久遠其子之賢不肖皆天也非人之所能爲也莫之爲而爲者天也莫之致而至者命也匹夫而有天下者德必若舜禹而又有天子薦之者故仲尼不有天下繼世以有天下天之所廢必若桀紂者也故益伊尹周公不有天下伊尹相湯以王於天下湯崩太丁未立外丙

二年仲壬四年太甲顛覆湯之典刑伊尹放之於桐三年太甲悔過自怨自艾於桐處仁遷義三年以聽伊尹之訓己也復歸于亳周公之不有天下猶益之於夏伊尹之於殷也孔子曰唐虞禪夏后殷周繼其義一也

只以孔子語結更高

萬章問曰人有言伊尹以割烹要湯有諸孟子曰否不然伊尹耕於有莘之野而樂堯舜之道焉非其義也非其道也祿之以天下弗顧也繫

一句起下不斷而意承

馬千駟弗視也非其義也非其道也一介不以
與人一介不以取諸人湯使人以幣聘之囂囂
然曰我何以湯之聘幣爲哉我豈若處畎畝之
中由是以樂堯舜之道哉湯三使往聘之既而
幡然改曰與我處畎畝之中由是以樂堯舜之
道吾豈若使是君爲堯舜之君哉吾豈若使是
民爲堯舜之民哉吾豈若於吾身親見之哉天
之生此民也使先知覺後知使先覺覺後覺也

予天民之先覺者也予將以斯道覺斯民也非予覺之而誰也思天下之民匹夫匹婦有不被堯舜之澤者若已推而內之溝中其自任以天下之重如此故就湯而說之以伐夏救民吾未聞枉己而正人者也況辱己以正天下者乎聖人之行不同也或遠或近或去或不去歸潔其身而已矣吾聞其以堯舜之道要湯未聞以割烹也伊訓曰天誅造攻自牧宮朕載自亳

又轉

一句轉結湯使人聘

又一轉

萬章問曰或謂孔子於衛主癰疽於齊主侍人瘠環有諸乎孟子曰否不然也好事者爲之也於衛主顏讐由彌子之妻與子路之妻兄弟也彌子謂子路曰孔子主我衛卿可得也子路以告孔子孔子曰有命孔子進以禮退以義得之不得曰有命而主癰疽與侍人瘠環是無義無命也孔子不悅於魯衛遭宋桓司馬將要而殺之微服而過宋是時孔子當阨主司城貞子爲陳侯

憑虛立論

周臣吾聞觀近臣以其所爲主觀遠臣以其所主若孔子主癰疽與侍人瘠環何以爲孔子

萬章問曰或曰百里奚自鬻於秦養牲者五羊之皮食牛以要秦穆公信乎孟子曰否不然好事者爲之也百里奚虞人也晉人以垂棘之璧與屈產之乘假道於虞以伐虢宮之奇諫百里奚不諫知虞公之不可諫而去之秦年已七十矣曾不知以食牛干秦穆公之爲汙也可謂智

一句一轉

縈紆委曲仍
折到本間題
結

孟子

乎不可諫而不諫可謂不智乎知虞公之將亡
而先去之不可謂不智也時舉於秦知穆公之
可與有行也而相之可謂不智乎相秦而顯其
生提賢字
君於天下可傳於後世不賢而能之乎自鬻以
成其君鄉黨自好者不爲而謂賢者爲之乎
孟子曰伯夷目不視惡色耳不聽惡聲非其君
不事非其民不使治則進亂則退橫政之所出
橫民之所止不忍居也思與鄉人處如以朝衣

朝冠坐於塗炭也當紂之時居北海之濱以待
天下之清也故聞伯夷之風者頑夫廉懦夫有
立志伊尹曰何事非君何使非民治亦進亂亦
進曰天之生斯民也使先知覺後知使先覺覺
後覺予天民之先覺者也予將以此道覺此民
也思天下之民匹夫匹婦有不與被堯舜之澤
者若已推而內之溝中其自任以天下之重也
柳下惠不羞汙君不辭小官進不隱賢必以其

道遺佚而不怨阨窮而不憫與鄉人處由由然
不忍去也爾爲爾我爲我雖袒裼裸裎於我側
爾焉能浼我哉故聞柳下惠之風者鄙夫寬薄
夫敦孔子之去齊接淅而行去魯曰遲遲吾行
也去父母國之道也可以速而速可以久而久
可以處而處可以仕而仕孔子也孟子曰伯夷
聖之清者也伊尹聖之任者也柳下惠聖之和
者也孔子聖之時者也孔子之謂集大成集大

成也者、金聲而玉振之也、金聲也者、始條理也、玉振之也者、終條理也、始條理者、智之事也、終條理者、聖之事也、智譬則巧也、聖譬則力也、由射於百步之外也、其至爾力也、其中非爾力也、

北宮錡問曰、周室班爵祿也如之何、孟子曰、其詳不可得聞也、諸侯惡其害已也而皆去其籍、然而軻也嘗聞其畧也、天子一位、公一位、侯一位、伯一位、子男同一位、凡五等也、君一位、卿一

位大夫一位上士一位中士一位下士一位凡
六等天子之制地方千里公侯皆方百里伯七
十里子男五十里凡四等不能五十里不達於
天子附於諸侯曰附庸天子之卿受地視侯大
夫受地視伯元士受地視子男大國地方百里
君十卿祿卿祿四大夫大夫倍上士上士倍中
士中士倍下士下士與庶人在官者同祿祿足
以代其耕也次國地方七十里君十卿祿卿祿

三大夫、大夫倍上士、上士倍中士、中士倍下士、下士與庶人在官者同祿、祿足以代其耕也。小國地方五十里、君十卿祿、卿祿二大夫、大夫倍上士、上士倍中士、中士倍下士、下士與庶人在官者同祿、祿足以代其耕也。五 耕者之所獲、一夫百畝、百畝之糞、上農夫食九人、上次食八人、中食七人、中次食六人、下食五人、庶人在官者、其祿以是爲差。

孟子

萬章問曰、敢問友、孟子曰、不挾長、不挾貴、不挾兄弟而友、友也者、友其德也、不可以有挾也、孟獻子、百乘之家也、有友五人焉、樂正裘牧仲、其三人則予忘之矣、獻子之與此五人者友也、無獻子之家者也、此五人者、亦有獻子之家、則不與之友矣、非惟百乘之家爲然也、雖小國之君亦有之、費惠公曰、吾於子思、則師之矣、吾於顏般、則友之矣、王順長息、則事我者也、非惟小國

脫衍

之君爲然也雖大國之君亦有之晉平公之於

亥唐也入云則入坐云則坐食云則食雖疏食

菜羹未嘗不飽蓋不敢不飽也然終於此而已

矣弗與共天位也弗與治天職也弗與食天祿

也士之尊賢者也非王公之尊賢也舜尚見帝

文勢稍變

帝館甥于貳室亦饗舜迭爲賓主是天子而友

匹夫也用下敬上謂之貴貴用上敬下謂之尊

四句承上

賢貴貴尊賢其義一也

一句平放下結

萬章問曰敢問交際何心也孟子曰恭也曰卻之卻之爲不恭何哉曰尊者賜之曰其所取之者義乎不義乎而後受之以是爲不恭故弗卻也曰請無以辭卻之以心卻之曰其取諸民之不義也而以他辭無受不可乎曰其交也以道其接也以禮斯孔子受之矣萬章曰今有禦人於國門之外者其交也以道其餽也以禮斯可受禦與曰不可康誥曰殺越人於貨閔不畏死

凡民罔不譈是不待教而誅者也殷受夏周受殷所不辭也於今爲烈如之何其受之曰今之諸侯取之於民也猶禦也苟善其禮際矣斯君子受之敢問何說也曰子以爲有王者作將比今之諸侯而誅之乎其教之不改而後誅之乎夫謂非其有而取之者盜也充類至義之盡也孔子之仕於魯也魯人獵較孔子亦獵較獵較猶可而況受其賜乎曰然則孔子之仕也非事

（又折）

（輕快）

（又詠孔子生一句）

終篇有其反覆變化之勢

孟子

道與曰事道也事道奚獵較也曰孔子先簿正祭器不以四方之食供簿正曰奚不去也曰爲之兆也兆足以行矣而不行而後去是以未嘗有所終三年淹也孔子有見行可之仕有際可之仕有公養之仕於季桓子見行可之仕也於衛靈公際可之仕也於衛孝公公養之仕也

孟子曰仕非爲貧也而有時乎爲貧娶妻非爲養也而有時乎爲養爲貧者辭尊居卑辭富居

又粘辭尊居卑二句綴作一問

下字商有次第

文字亦反覆

貧辭尊居卑辭富居貧惡乎宜乎抱關擊柝孔子嘗爲委吏矣曰會計當而已矣嘗爲乘田矣曰牛羊茁壯長而已矣位卑而言高罪也立乎人之本朝而道不行恥也

優游

對結未放一句正意

萬章曰士之不託諸侯何也孟子曰不敢也諸侯失國而後託於諸侯禮也士之託於諸侯非禮也萬章曰君餽之粟則受之乎曰受之受之何義也曰君之於氓也固周之曰周之則受賜

之則不受何也曰不敢也曰敢問其不敢何也曰抱關擊柝者皆有常職以食於上無常職而賜於上者以爲不恭也曰君餽之則受之不識可常繼乎曰繆公之於子思也亟問亟餽鼎肉子思不悅於卒也摽使者出諸大門之外北面稽首再拜而不受曰今而後知君之犬馬畜伋蓋自是臺無餽也悅賢不能舉又不能養也可謂悅賢乎曰敢問國君欲養君子如何斯可謂

養矣曰以君命將之再拜稽首而受其後廩人繼粟庖人繼肉不以君命將之子思以爲鼎肉使己僕僕爾亟拜也非養君子之道也堯之於舜也使其子九男事之二女女焉百官牛羊倉廩備以養舜於畎畝之中後舉而加諸上位故曰王公之尊賢也

萬章曰敢問不見諸侯何義也孟子曰在國曰市井之臣在野曰草莽之臣皆謂庶人庶人不

文勢激昂雖答語折一句詰與然則治天下獨可耕且為與句法同

傳質爲臣不敢見於諸侯禮也萬章曰庶人召之役則往役君欲見之召之則不往見之何也曰往役義也往見不義也且君之欲見之也何爲也哉曰爲其多聞也爲其賢也曰爲其多聞也則天子不召師而況諸侯乎爲其賢也則吾未聞欲見賢而召之也繆公亟見於子思曰古千乘之國以友士何如子思不悅曰古之人有言曰事之云乎豈曰友之云乎子思之不悅也

本色證本明

豈不曰以位則子君也我臣也何敢與君友也以德則子事我者也奚可以與我友千乘之君求與之友而不可得也而況可召與齊景公田招虞人以旌不至將殺之志士不忘在溝壑勇士不忘喪其元孔子奚取焉取非其招不往也曰敢問招虞人何以曰以皮冠庶人以旂士以旂大夫以旌以大夫之招招虞人虞人死不敢往以士之招招庶人庶人豈敢往哉況乎以不

一句峻潔

收以召字結

旁引

文勢未絕詠中又轉

一彼一此

振起

孟子

賢人之招招賢人乎欲見賢人而不以其道猶欲其入而閉之門也夫義路也禮門也惟君子能由是路出入是門也詩云周道如底其直如矢君子所履小人所視萬章曰孔子君命召不俟駕而行然則孔子非與曰孔子當仕有官職而以其官召之也

孟子謂萬章曰一鄉之善士斯友一鄉之善士一國之善士斯友一國之善士天下之善士斯

一句進一句至此卻折下用一語結

友天下之善士以友天下之善士爲未足又尚論古之人頌其詩讀其書不知其人可乎是以論其世也是尚友也

齊宣王問卿孟子曰王何卿之問也王曰卿不同乎曰不同有貴戚之卿有異姓之卿王曰請問貴戚之卿曰君有大過則諫反覆之而不聽則易位王勃然變乎色曰王勿異也王問臣臣不敢不以正對王色定然後請問異姓之卿曰

忽險

君有過則諫反覆之而不聽則去

告子

告子曰性猶杞柳也義猶桮棬也以人性爲仁義猶以杞柳爲桮棬孟子曰子能順杞柳之性而以爲桮棬乎將戕賊杞柳而後以爲桮棬也如將戕賊杞柳而以爲桮棬則亦將戕賊人以爲仁義與率天下之人而禍仁義者必子之言夫

二句問

二句答

結得嶄截

告子曰性猶湍水也決諸東方則東流決諸西方則西流人性之無分於善不善也猶水之無分於東西也（勢折緩）孟子曰水信無分於東西無分於上下乎人性之善也猶水之就下也（入正意宕漾）人無有不善（急應）水無有不下今夫水搏而躍之可使過顙激而行之可使在山是豈水之性哉（作起）其勢則然也人之可使爲不善其性亦猶是也

告子曰生之謂性孟子曰生之謂性也猶白之（就一句問）

三又覆加
層崖斷岸

謂白與曰然白羽之白也猶白雪之白白雪之白猶白玉之白與曰然然則犬之性猶牛之性牛之性猶人之性與

告子曰食色性也仁內也非外也義外也非內也孟子曰何以謂仁內義外也曰彼長而我長之非有長於我也猶彼白而我白之從其白於外也故謂之外也曰異於白馬之白也無以異於白人之白也不識長馬之長也無以異於長

此非問辭

又覆致詰

人之長與且謂長者義乎長之者義乎曰吾弟則愛之秦人之弟則不愛也是以我爲悅者也故謂之內長楚人之長亦長吾之長是以長爲悅者也故謂之外也曰耆秦人之炙無以異於耆吾炙夫物則亦有然者也然則耆炙亦有外與

再見內外字

孟季子問公都子曰何以謂義內也曰行吾敬故謂之內也鄉人長於伯兄一歲則誰敬曰敬

反覆折辨

兄酌則誰先曰先酌鄉人所敬在此所長在彼果在外非由內也公都子不能答以告孟子孟子曰敬叔父乎敬弟乎彼將曰敬叔父曰弟爲尸則誰敬彼將曰敬弟子曰惡在其敬叔父也彼將曰在位故也子亦曰在位故也庸敬在兄斯須之敬在鄉人季子聞之曰敬叔父則敬敬弟則敬果在外非由內也公都子曰冬日則飲湯夏日則飲水然則飲食亦在外也

公都子曰告子曰性無善無不善也或曰性可以爲善可以爲不善是故文武興則民好善幽厲興則民好暴或曰有性善有性不善是故以堯爲君而有象以瞽瞍爲父而有舜以紂爲兄之子且以爲君而有微子啓王子比干今曰性善然則彼皆非與孟子曰乃若其情則可以爲善矣乃所謂善也若夫爲不善非才之罪也惻隱之心人皆有之羞惡之心人皆有之恭敬之

波瀾

心人皆有之是非之心人皆有之惻隱之心仁也羞惡之心義也恭敬之心禮也是非之心智也仁義禮智非由外鑠我也我固有之也弗思耳矣故曰求則得之舍則失之或相倍蓰而無筭者不能盡其才者也詩曰天生蒸民有物有則民之秉夷好是懿德孔子曰爲此詩者其知道乎故有物必有則民之秉夷也故好是懿德

孟子曰富歲子弟多賴凶歲子弟多暴非天之

以雜殊字變作同字又以同變似字一轉精神爍然

降才爾殊也其所以陷溺其心者然也今夫麰證

麥播種而耰之其地同樹之時又同浡然而生此下文同字眼起

至於日至之時皆熟矣雖有不同則地有肥磽又一轉

雨露之養人事之不齊也故凡同類者舉相似

也何獨至於人而疑之聖人與我同類者故龍徑接轉

子曰不知足而爲屨我知其不爲蕢也屨之相

似天下之足同也口之於味有同者也易牙先

得我口之所耆者也如使口之於味也其性與

自起轉爲推發又轉爲口耳目七節及覆說論及理意如駿馬下峻坂高屋建瓴水勢不可遏只至於心獨無所同然作一句跌轉筆力萬鈞

人殊若犬馬之與我不同類也則天下何耆皆從易牙之於味也至於味天下期於易牙是天下之口相似也惟耳亦然至於聲天下期於師曠是天下之耳相似也惟目亦然至於子都天下莫不知其姣也不知子都之姣者無目者也故曰口之於味也有同耆焉（人心同耳須作一收）耳之於聲也有同聽焉（有入本意）目之於色也有同美焉至於心獨無所同（應聖人同類）然乎心之所同然者何也謂理也義也聖人先

兩段對舉感慨有味

得我心之所同然耳故理義之悅我心猶芻豢之悅我口

孟子曰牛山之木嘗美矣以其郊於大國也斧斤伐之可以爲美乎是其日夜之所息雨露之所潤非無萌蘖之生焉牛羊又從而牧之是以若彼濯濯也人見其濯濯也以爲未嘗有材焉此豈山之性也哉雖存乎人者豈無仁義之心哉其所以放其良心者亦猶斧斤之於木也旦

旦而伐之可以爲美乎其日夜之所息平旦之氣其好惡與人相近也者幾希則其旦晝之所爲有梏亡之矣梏之反覆則其夜氣不足以存夜氣不足以存則其違禽獸不遠矣人見其禽獸也而以爲未嘗有才焉者是豈人之情也哉故苟得其養無物不長苟失其養無物不消孔子曰操則存舍則亡出入無時莫知其鄉惟心之謂與

不答之答意含言表却在前亦是一結

孟子曰無或乎王之不智也雖有天下易生之物也一日暴之十日寒之未有能生者也吾見亦罕矣吾退而寒之者至矣吾如有萌焉何哉

提一句　就入喻　三句略收

今夫弈之爲數小數也不專心致志則不得也弈秋通國之善弈者也使弈秋誨二人弈其一人專心致志惟弈秋之爲聽一人雖聽之一心以爲有鴻鵠將至思援弓繳而射之雖與之俱學弗若之矣爲是其智弗若與曰非然也

孟子曰魚我所欲也熊掌亦我所欲也二者不可得兼舍魚而取熊掌者也生亦我所欲也義亦我所欲也二者不可得兼舍生而取義者也生亦我所欲所欲有甚於生者故不爲苟得也死亦我所惡所惡有甚於死者故患有所不辟也如使人之所欲莫甚於生則凡可以得生者何不用也使人之所惡莫甚於死者則凡可以辟患者何不爲也由是則生而有不用也由是

分開三節作波

則可以辟患而有不爲也是故所欲有甚於生
者所惡有甚於死者非獨賢者有是心也人皆
有之賢者能勿喪耳一簞食一豆羹得之則生
弗得則死嘑爾而與之行道之人弗受蹴爾而
與之乞人不屑也萬鍾則不辨禮義而受之萬
鍾於我何加焉爲宮室之美妻妾之奉所識窮
乏者得我與鄉爲身死而不受今爲宮室之美
爲之鄉爲身死而不受今爲妻妾之奉爲之鄉

頓挫

孟子

爲身死而不受今爲所識窮乏者得我而爲之是亦不可以已乎此之謂失其本心

孟子曰仁人心也義人路也舍其路而弗由放其心而不知求哀哉人有雞犬放則知求之有放心而不知求學問之道無他求其放心而已矣

孟子曰今有無名之指屈而不信非疾痛害事也如有能信之者則不遠秦楚之路爲指之不

若人也指不若人則知惡之心不若人則不知

粘下一句意兆疾

惡此之謂不知類也

詰得斬截

孟子曰拱把之桐梓人苟欲生之皆知所以養之者至於身而不知所以養之者豈愛身不若桐梓哉弗思甚也

勢與前同

孟子曰人之於身也兼所愛兼所愛則兼所養也無尺寸之膚不愛焉則無尺寸之膚不養也所以考其善不善者豈有他哉於己取之而已

矣、體有貴賤、有小大。無以小害大、無以賤害貴。養其小者爲小人、養其大者爲大人。今有場師、舍其梧檟、養其樲棘、則爲賤場師焉。養其一指而失其肩背、而不知也、則爲狼疾人也。飲食之人、則人賤之矣、爲其養小以失大也。飲食之人無有失也、則口腹豈適爲尺寸之膚哉。

又解上文

喻又以曉膀前

兩段引

兩段意一折一揚結

先折

公都子問曰、鈞是人也、或爲大人、或爲小人、何也。孟子曰、從其大體爲大人、從其小體爲小人。

曰鈞是人也或從其大體或從其小體何也曰耳目之官不思而蔽於物物交物則引之而已矣心之官則思思則得之不思則不得也此天之所與我者先立乎其大者則其小者弗能奪也此爲大人而已矣

两折　反　正　只用大人結

孟子曰有天爵者有人爵者仁義忠信樂善不倦此天爵也公卿大夫此人爵也古之人脩其天爵而人爵從之今之人脩其天爵以要人爵

两段分　一段總　正

旣得人爵而棄其天爵則惑之甚者也終亦必亡而已矣

孟子曰欲貴者人之同心也人人有貴於己者弗思耳人之所貴者非良貴也趙孟之所貴趙孟能賤之詩云旣醉以酒旣飽以德言飽乎仁義也所以不願人之膏粱之味也令聞廣譽施於身所以不願人之文繡也

孟子曰仁之勝不仁也猶水勝火今之爲仁者

猶以一杯水救一車薪之火也不熄則謂之水不勝火此又與於不仁之甚者也亦終必亡而已矣

孟子曰五穀者種之美者也苟爲不熟不如荑稗夫仁亦在乎熟之而已矣

孟子曰羿之教人射必志於彀學者亦必志於彀大匠誨人必以規矩學者亦必以規矩

任人有問屋廬子曰禮與食孰重曰禮重色與

禮孰重曰禮重曰以禮食則饑而死不以禮食則得食必以禮乎親迎則不得妻不親迎則得妻必親迎乎屋廬子不能對明日之鄒以告孟子孟子曰於答是也何有不揣其本而齊其末方寸之木可使高於岑樓金重於羽者豈謂一鉤金與一輿羽之謂哉取食之重者與禮之輕者而比之奚翅食重取色之重者與禮之輕者而比之奚翅色重往應之曰紾兄之臂而奪之

食則得食不紾則不得食則將紾之乎踰東家牆而摟其處子則得妻不摟則不得妻則將摟之乎

不折之折

曹交問曰人皆可以爲堯舜有諸孟子曰然交聞文王十尺湯九尺今交九尺四寸以長食粟而已如何則可曰奚有於是亦爲之而已矣有人於此力不能勝一匹雛則爲無力人矣今曰舉百鈞則爲有力人矣然則舉烏獲之任是亦

截上生下

爲烏獲而已矣夫人豈以不勝爲患哉弗爲耳徐行後長者謂之弟疾行先長者謂之不弟夫徐行者豈人所不能哉所不爲也堯舜之道孝弟而已矣子服堯之服誦堯之言行堯之行是堯而已矣子服桀之服誦桀之言行桀之行是桀而已矣曰交得見於鄒君可以假館願留而受業於門曰夫道若大路然豈難知哉人病不求耳子歸而求之有餘師

公孫丑問曰高子曰小弁小人之詩也孟子曰何以言之曰怨曰固哉高叟之爲詩也有人於此越人關弓而射之則已談笑而道之無他疏之也其兄關弓而射之則已垂涕泣而道之無他戚之也小弁之怨親親也親親仁也固矣夫高叟之爲詩也曰凱風何以不怨曰凱風親之過小者也小弁親之過大者也親之過大而不怨是愈疏也親之過小而怨是不可磯也愈疏

疑辭

不孝也不可磯亦不孝也孔子曰舜其至孝矣五十而慕

宋牼將之楚孟子遇於石丘曰先生將何之曰吾聞秦楚構兵我將見楚王說而罷之楚王不悅我將見秦王說而罷之二王我將有所遇焉曰軻也請無問其詳願聞其指說之將何如曰我將言其不利也曰先生之志則大矣先生之號則不可先生以利說秦楚之王秦楚之王悅

於利以罷三軍之師是三軍之士樂罷而悅於利也爲人臣者懷利以事其君爲人子者懷利以事其父爲人弟者懷利以事其兄是君臣父子兄弟終去仁義懷利以相接然而不亡者未之有也先生以仁義說秦楚之王秦楚之王悅於仁義而罷三軍之師是三軍之士樂罷而悅於仁義也爲人臣者懷仁義以事其君爲人子者懷仁義以事其父爲人弟者懷仁義以事其

兄是君臣父子兄弟去利懷仁義以相接也然
而不王者未之有也何必曰利一篇總結
孟子居鄒季任爲任處守以幣交受之而不報
處於平陸儲子爲相以幣交受之而不報他日
由鄒之任見季子由平陸之齊不見儲子屋廬
子喜曰連得間矣問曰夫子之任見季子之齊
不見儲子爲其爲相與曰非也答不結書曰享多儀儀
不及物曰不享惟不役志于享爲其不成享也

屋廬子悅或問之屋廬子曰季子不得之鄒儲子得之平陸

淳于髡曰先名實者爲人也後名實者自爲也夫子在三卿之中名實未加於上下而去之仁者固如此乎孟子曰居下位不以賢事不肖者伯夷也五就湯五就桀者伊尹也不惡汙君不辭小官者柳下惠也三子者不同道其趨一也一者何也曰仁也君子亦仁而已矣何必同曰

一折

揚游

執引入仁字

魯繆公之時公儀子爲政子柳子思爲臣魯之削也滋甚若是乎賢者之無益於國也曰虞不用百里奚而亡秦繆公用之而霸不用賢則亡削何可得與曰昔者王豹處於淇而河西善謳緜駒處於高唐而齊右善歌華周杞梁之妻善哭其夫而變國俗有諸內必形諸外爲其事而無其功者髡未嘗覩之也是故無賢者也有則髡必識之曰孔子爲魯司寇不用從而祭燔肉

三段整齊莊重錯綜古語氣勢甚稱

不至不稅冕而行不知者以爲爲肉也其知者以爲爲無禮也乃孔子則欲以微罪行不欲爲苟去君子之所爲衆人固不識也

孟子曰五霸者三王之罪人也今之諸侯五霸之罪人也今之大夫今之諸侯之罪人也天子適諸侯曰巡狩諸侯朝於天子曰述職春省耕而補不足秋省斂而助不給入其疆土地辟田野治養老尊賢俊傑在位則有慶慶以地入其

總下三段

疆土地荒蕪遺老失賢掊克在位則有讓一不朝則貶其爵再不朝則削其地三不朝則六師移之是故天子討而不伐諸侯伐而不討五霸者摟諸侯以伐諸侯者也故曰五霸者三王之罪人也五霸桓公爲盛葵丘之會諸侯束牲載書而不歃血初命曰誅不孝無易樹子無以妾爲妻再命曰尊賢育才以彰有德三命曰敬老慈幼無忘賓旅四命曰士無世官官事無攝取

士必得無專殺大夫五命曰無曲防無遏糴無有封而不告曰凡我同盟之人既盟之後言歸于好今之諸侯皆犯此五禁故曰今之諸侯五霸之罪人也長君之惡其罪小逢君之惡其罪大今之大夫皆逢君之惡故曰今之大夫今之諸侯之罪人也

魯欲使慎子爲將軍孟子曰不教民而用之謂之殃民殃民者不容於堯舜之世一戰勝齊遂

有南陽然且不可愼子勃然不悅曰此則滑釐所不識也曰吾明告子天子之地方千里不千里不足以待諸侯諸侯之地方百里不百里不足以守宗廟之典籍周公之封於魯爲方百里也地非不足而儉於百里太公之封於齊也亦爲方百里也地非不足也而儉於百里今魯方百里者五子以爲有王者作則魯在所損乎在所益乎徒取諸彼以與此然且仁者不爲況於

殺人以求之乎君子之事君也務引其君以當道志於仁而已

孟子曰今之事君者曰我能爲君辟土地充府庫今之所謂良臣古之所謂民賊也君不鄉道不志於仁而求富之是富桀也我能爲君約與國戰必克今之所謂良臣古之所謂民賊也君不鄉道不志於仁而求爲之強戰是輔桀也由今之道無變今之俗雖與之天下不能一朝居

也、

白圭曰、吾欲二十而取一、何如、孟子曰、子之道、

識上生下

貉道也、萬室之國、一人陶、則可乎、曰、不可、器不足用也、曰、夫貉五穀不生、惟黍生之、無城郭宮

詳說

室宗廟祭祀之禮、無諸侯幣帛饔飧、無百官有司、故二十取一而足也、今居中國、去人倫、無君子、如之何其可也、陶以寡、且不可以爲國、況無君子乎、欲輕之於堯舜之道者、大貉小貉也、欲

重之於堯舜之道者大桀小桀也

白圭曰丹之治水也愈於禹孟子曰子過矣禹之治水水之道也是故禹以四海爲壑今吾子以鄰國爲壑水逆行謂之洚水洚水者洪水也仁人之所惡也吾子過矣

孟子曰君子不亮惡乎執

魯欲使樂正子爲政孟子曰吾聞之喜而不寐

三反復

公孫丑曰樂正子強乎曰否有知慮乎曰否多

聞識乎曰否然則奚爲喜而不寐曰其爲人也好善好善足乎曰好善優於天下而況魯國乎夫苟好善則四海之內皆將輕千里而來告之以善夫苟不好善則人將曰訑訑予旣已知之矣訑訑之聲音顏色距人於千里之外士止於千里之外則讒諂面諛之人至矣與讒諂面諛之人居國欲治可得乎

陳子曰古之君子何如則仕孟子曰所就三所

看下字處

去三迎之致敬以有禮言將行其言也則就之禮貌未衰言弗行也則去之其次雖未行其言也迎之致敬以有禮則就之禮貌衰則去之其下朝不食夕不食饑餓不能出門戶君聞之曰吾大者不能行其道又不能從其言也使饑餓於我土地吾恥之周之亦可受也免死而已矣

孟子曰舜發於畎畝之中傳說舉於版築之間膠鬲舉於魚鹽之中管夷吾舉於士孫叔敖舉

於海百里奚舉於市故天將降大任於是人也必先苦其心志勞其筋骨餓其體膚空乏其身行拂亂其所爲所以動心忍性曾益其所不能人恒過然後能改困於心衡於慮而後作徵於色發於聲而後喻入則無法家拂士出則無敵國外患者國恒亡然後知生於憂患而死於安樂也

孟子曰教亦多術矣予不屑之教誨也者是亦

教誨之而已矣

盡心

孟子曰盡其心者知其性也知其性則知天矣存其心養其性所以事天也殀壽不貳脩身以俟之所以立命也

孟子曰莫非命也（正說）順受其正是故知命者不立乎巖牆之下盡其道（詳說）而死者正命也桎梏死者非正命也

孟子曰求則得之舍則失之是求有益於得也求在我者也求之有道得之有命是求無益於得也求在外者也

孟子曰萬物皆備於我矣反身而誠樂莫大焉强恕而行求仁莫近焉

孟子曰行之而不著焉習矣而不察焉終身由之而不知其道者衆也

孟子曰人不可以無恥無恥之恥無恥矣

孟子曰恥之於人大矣爲機變之巧者無所用恥焉不恥不若人何若人有

孟子曰古之賢王好善而忘勢古之賢士何獨不然樂其道而忘人之勢故王公不致敬盡禮則不得亟見之見且由不得亟而況得而臣之乎

轉得好

結語卑纖

孟子謂宋句踐曰子好遊乎吾語子遊人知之亦囂囂人不知亦囂囂曰何如斯可以囂囂矣

曰尊德樂義則可以囂囂矣故士窮不失義達不離道窮不失義故士得已焉達不離道故民不失望焉古之人得志澤加於民不得志脩身見於世窮則獨善其身達則兼善天下

孟子曰待文王而後興者凡民也若夫豪傑之士雖無文王猶興

孟子曰附之以韓魏之家如其自視欿然則過人遠矣

孟子曰以佚道使民雖勞不怨以生道殺民雖死不怨殺者

孟子曰霸者之民驩虞如也王者之民皞皞如也殺之而不怨利之而不庸民日遷善而不知爲之者夫君子所過者化所存者神上下與天地同流豈曰小補之哉

孟子曰仁言不如仁聲之入人深也善政不如善教之得民也善政民畏之善教民愛之善政

得民財善教得民心

孟子曰人之所不學而能者其良能也所不慮而知者其良知也孩提之童無不知愛其親也及其長也無不知敬其兄也親親仁也敬長義也無他達之天下也

孟子曰舜之居深山之中與木石居與鹿豕遊其所以異於深山之野人者幾希及其聞一善言見一善行若決江河沛然莫之能禦也

孟子曰無爲其所不爲無欲其所不欲如此而已矣

孟子曰人之有德慧術知者恒存乎疢疾獨孤臣孽子其操心也危其慮患也深故達

承得好

孟子曰有事君人者事是君則爲容悅者也有安社稷臣者以安社稷爲悅者也有天民者達可行於天下而後行之者也有大人者正己而物正者也

四等

孟子曰君子有三樂而王天下不與存焉父母俱存兄弟無故一樂也仰不愧於天俯不怍於人二樂也得天下英才而教育之三樂也君子有三樂而王天下不與存焉

再繳前語

孟子曰廣土衆民君子欲之所樂不存焉中天下而立定四海之民君子樂之所性不存焉君子所性雖大行不加焉雖窮居不損焉分定故也君子所性仁義禮智根於心其生色也睟然

一步進一步

見於面盎於背施於四體四體不言而喻

孟子曰伯夷辟紂居北海之濱聞文王作興曰盍歸乎來吾聞西伯善養老者太公辟紂居東海之濱聞文王作興曰盍歸乎來吾聞西伯善養老者天下有善養老則仁人以爲己歸矣（二句承上二段）五畝之宅樹牆下以桑匹婦蠶之則老者足以衣帛矣（分三段）五母雞二母彘無失其時老者足以無失肉矣百畝之田匹夫耕之八口之家足以無饑

矣所謂西伯善養老者制其田里教之樹畜導其妻子使養其老五十非帛不煖七十非肉不飽不煖不飽謂之凍餒文王之民無凍餒之老者此之謂也

孟子曰易其田疇薄其稅斂民可使富也食之以時用之以禮財不可勝用也民非水火不生活昏暮叩人之門戶求水火無弗與者至足矣聖人治天下使有菽粟如水火菽粟如水火而

民焉有不仁者乎

孟子曰孔子登東山而小魯登泰山而小天下故觀於海者難爲水遊於聖人之門者難爲言觀水有術必觀其瀾日月有明容光必照焉流水之爲物也不盈科不行君子之志於道也不成章不達

孟子曰雞鳴而起孳孳爲善者舜之徒也雞鳴而起孳孳爲利者蹠之徒也欲知舜與蹠之分

承上二段

無他利與善之間也

孟子曰楊子取爲我拔一毛而利天下不爲也墨子兼愛摩頂放踵利天下爲之子莫執中執中爲近之執中無權猶執一也所惡執一者爲其賊道也舉一而廢百也

孟子曰饑者甘食渴者甘飲是未得飲食之正也饑渴害之也豈惟口腹有饑渴之害人心亦皆有害人能無以饑渴之害爲心害則不及人

不爲憂矣

孟子曰柳下惠不以三公易其介

孟子曰有爲者辟若掘井掘井九軔而不及泉猶爲棄井也

孟子曰堯舜性之也湯武身之也五霸假之也久假而不歸惡知其非有也

公孫丑曰伊尹曰予不狎於不順放太甲於桐民大悅太甲賢又反之民大悅賢者之爲人臣

非志字斷明
白暢潔

也其君不賢則固可放與孟子曰有伊尹之志則可無伊尹之志則簒也

公孫丑曰詩曰不素餐兮君子之不耕而食何也孟子曰君子居是國也其君用之則安富尊榮其子弟從之則孝弟忠信不素餐兮孰大於是

王子墊問曰士何事孟子曰尚志曰何謂尚志曰仁義而已矣殺一無罪非仁也非其有而取之非義也居惡在仁是也路惡在義是也居仁

一句起

二股詳說

二句結

由義大人之事備矣

孟子曰仲子不義與之齊國而弗受人皆信之是舍簞食豆羹之義也人莫大焉亡親戚君臣上下以其小者信其大者奚可哉

桃應問曰舜爲天子皐陶爲士瞽瞍殺人則如之何孟子曰執之而已矣然則舜不禁與曰夫舜惡得而禁之夫有所受之也然則舜如之何曰舜視棄天下猶棄敝蹝也竊負而逃遵海濱

而處終身訢然樂而忘天下

孟子自范之齊望見齊王之子喟然嘆曰居移指養移體大哉居乎夫非盡人之子與孟子曰王子宮室車馬衣服多與人同而王子若彼者其居使之然也況居天下之廣居者乎魯君之宋呼於垤澤之門守者曰此非吾君也何其聲之似我君也此無他居相似也

孟子曰食而弗愛豕交之也愛而不敬獸畜之

也恭敬者幣之未將者也恭敬而無實君子不可虛拘

孟子曰形色天性也惟聖人然後可以踐形

齊宣王欲短喪公孫丑曰爲朞之喪猶愈於巳乎孟子曰是猶或紾其兄之臂子謂之姑徐徐云爾亦教之孝弟而巳矣王子有其母死者其傅爲之請數月之喪公孫丑曰若此者何如也曰是欲終之而不可得也雖加一日愈於巳謂

夫莫之禁而弗爲者也

孟子曰君子之所以教者五有如時雨化之者有成德者有達財者有答問者有私淑艾者此五者君子之所以教也

公孫丑曰道則高矣美矣宜若登天然似不可及也何不使彼爲可幾及而日孳孳也孟子曰大匠不爲拙工改廢繩墨羿不爲拙射變其彀率君子引而不發躍如也中道而立能者從之

孟子曰天下有道以道殉身天下無道以身殉道未聞以道殉乎人者也

公都子曰滕更之在門也若在所禮而不答何也孟子曰挾貴而問挾賢而問挾長而問挾有勳勞而問挾故而問皆所不答也滕更有二焉

孟子曰於不可已而已者無所不已於所厚者薄無所不薄也其進銳者其退速

孟子曰君子之於物也愛之而弗仁於民也仁

之而弗親親親親而仁民仁民而愛物

孟子曰知者無不知也當務之爲急仁者無不愛也急親賢之爲務堯舜之知而不徧物急先務也堯舜之仁不徧愛人急親賢也不能三年之喪而緦小功之察放飯流歠而問無齒決是之謂不知務

孟子曰不仁哉梁惠王也仁者以其所愛及其所不愛不仁者以其所不愛及其所愛公孫丑

一轉抄

曰何謂也梁惠王以土地之故糜爛其民而戰之大敗將復之恐不能勝故驅其所愛子弟以殉之是之謂以其所不愛及其所愛也

孟子曰春秋無義戰彼善於此則有之矣征者上伐下也敵國不相征也

孟子曰盡信書則不如無書吾於武成取二三策而已矣仁人無敵於天下以至仁伐至不仁而何其血之流杵也

孟子曰有人曰我善爲陳我善爲戰大罪也國君好仁天下無敵焉南面而征北狄怨東面而征西夷怨曰奚爲後我武王之伐殷也革車三百兩虎賁三千人王曰無畏寧爾也非敵百姓也若崩厥角稽首征之爲言正也各欲正己也焉用戰

孟子曰梓匠輪輿能與人規矩不能使人巧

孟子曰舜之飯糗茹草也若將終身焉及其爲

天子也被袗衣鼓琴二女果若固有之
孟子曰吾今而後知殺人親之重也殺人之父人亦殺其父殺人之兄人亦殺其兄然則非自殺之也一間耳
孟子曰古之爲關也將以禦暴今之爲關也將以爲暴
孟子曰身不行道不行於妻子使人不以道不能行於妻子

孟子曰周于利者凶年不能殺周于德者邪世不能亂

孟子曰好名之人能讓千乘之國苟非其人簞食豆羹見於色

孟子曰不信仁賢則國空虛無禮義則上下亂無政事則財用不足

孟子曰不仁而得國者有之矣不仁而得天下未之有也

孟子曰民爲貴社稷次之君爲輕是故得乎丘民而爲天子得乎天子爲諸侯得乎諸侯爲大夫諸侯危社稷則變置犧牲既成粢盛既潔祭祀以時然而旱乾水溢則變置社稷

孟子曰聖人百世之師也伯夷柳下惠是也故聞伯夷之風者頑夫廉懦夫有立志聞柳下惠之風者薄夫敦鄙夫寬奮乎百世之上百世之下聞者莫不興起也非聖人而能若是乎而況

結一句在緞前

於親炙之者乎
孟子曰仁也者人也合而言之道也
孟子曰孔子之去魯曰遲遲吾行也去父母國之道也去齊接淅而行去他國之道也
孟子曰君子之戹於陳蔡之閒無上下之交也
貉稽曰稽大不理於口孟子曰無傷也士憎茲多口詩云憂心悄悄慍于羣小孔子也肆不殄厥慍亦不殞厥問文王也

孟子曰賢者以其昭昭使人昭昭今以其昏昏使人昭昭

孟子謂高子曰山徑之蹊閒介然用之而成路爲閒不用則茅塞之矣今茅塞子之心矣

高子曰禹之聲尚文王之聲孟子曰何以言之曰以追蠡曰是奚足哉城門之軌兩馬之力與

齊饑陳臻曰國人皆以夫子將復爲發棠殆不

以一句答却譏事亦是法

可復孟子曰是爲馮婦也晉人有馮婦者善搏虎卒爲善士則之野有衆逐虎虎負嵎莫之敢攖望見馮婦趨而迎之馮婦攘臂下車衆皆悅之其爲士者笑之

孟子曰口之於味也目之於色也耳之於聲也鼻之於臭也四肢之於安佚也性也有命焉君子不謂性也仁之於父子也義之於君臣也禮之於賓主也智之於賢者也聖人之於天道也

命也有性焉君子不謂命也

浩生不害問曰樂正子何人也孟子曰善人也信人也何謂善何謂信曰可欲之謂善有諸己之謂信充實之謂美充實而有光輝之謂大大而化之之謂聖聖而不可知之之謂神樂正子二之中四之下也

孟子曰逃墨必歸於楊逃楊必歸於儒歸斯受之而已矣今之與楊墨辯者如追放豚既入其

苙又從而招之

孟子曰有布縷之征粟米之征力役之征君子用其一緩其二用其二而民有殍用其三而父子離

孟子曰諸侯之寶三土地人民政事寶珠玉者殃必及身

盆成括仕於齊孟子曰死矣盆成括盆成括見殺門人問曰夫子何以知其將見殺曰其爲人

也小有才未聞君子之大道也則足以殺其軀
而已矣
孟子之滕館於上宫有業屨於牖上館人求之
弗得或問之曰若是乎從者之廋也曰子以是
爲竊屨來與曰殆非也夫子之設科也往者不
追來者不拒苟以是心至斯受之而已矣
孟子曰人皆有所不忍達之於其所忍仁也人
皆有所不爲達之於其所爲義也人能充無欲

害人之心而仁不可勝用也人能充無穿踰之心而義不可勝用也人能充無受爾汝之實無所往而不爲義也士未可以言而言是以言餂之也可以言而不言是以不言餂之也是皆穿踰之類也

孟子曰言近而指遠者善言也守約而施博者善道也君子之言也不下帶而道存焉君子之守脩其身而天下平人病舍其田而芸人之田

所求於人者重而所以自任者輕

孟子曰堯舜性者也湯武反之也動容周旋中禮者盛德之至也哭死而哀非爲生者也經德不回非以干祿也言語必信非以正行也君子行法以俟命而已矣

變動

孟子曰說大人則藐之勿視其巍巍然堂高數仞榱題數尺我得志弗爲也食前方丈侍妾數百人我得志弗爲也般樂飲酒驅騁田獵後車

波瀾

千乘我得志弗爲也在彼者皆我所不爲也在我者皆古之制也吾何畏彼哉

（乾不爲字上下去）

孟子曰養心莫善於寡欲其爲人也寡欲雖有不存焉者寡矣其爲人也多欲雖有存焉者寡矣

曾晳嗜羊棗而曾子不忍食羊棗公孫丑問曰膾炙與羊棗孰美孟子曰膾炙哉公孫丑曰然則曾子何爲食膾炙而不食羊棗曰膾炙所同

也羊棗所獨也諱名不諱姓姓所同也名所獨
也
萬章問曰孔子在陳曰盍歸乎來吾黨之士狂
簡進取不忘其初孔子在陳何思魯之狂士孟
子曰孔子不得中道而與之必也狂獧乎狂者
進取獧者有所不爲也孔子豈不欲中道哉不
可必得故思其次也敢問何如斯可謂狂矣曰
如琴張曾晳牧皮者孔子之所謂狂矣何以謂

之狂也曰其志嘐嘐然曰古之人古之人夷考其行而不掩焉者也狂者又不可得欲得不屑不潔之士而與之是獧也是又其次也孔子曰過我門而不入我室我不憾焉者其惟鄉原乎鄉原德之賊也曰何如斯可謂之鄉原矣曰何以是嘐嘐也言不顧行行不顧言則曰古之人古之人行何爲踽踽涼涼生斯世也爲斯世也善斯可矣閹然媚於世也者是鄉原也萬章曰

一鄉皆稱原人焉無所往而不爲原人孔子以爲德之賊何哉曰非之無舉也刺之無刺也同乎流俗合乎汙世居之似忠信行之似廉潔衆皆悅之自以爲是而不可與入堯舜之道故曰德之賊也孔子曰惡似而非者惡莠恐其亂苗也惡佞恐其亂義也惡利口恐其亂信也惡鄭聲恐其亂樂也惡紫恐其亂朱也惡鄉原恐其亂德也君子反經而已矣經正則庶民興庶民

興斯無邪慝矣

孟子曰由堯舜至於湯五百有餘歲若禹臯陶則見而知之若湯則聞而知之由湯至於文王五百有餘歲若伊尹萊朱則見而知之若文王則聞而知之由文王至於孔子五百有餘歲若太公望散宜生則見而知之若孔子則聞而知之由孔子而來至於今百有餘歲去聖人之世若此其未遠也近聖人之居若此其甚也然而

無有乎爾則亦無有乎爾

檀弓於文譬河之在崑崙龍門間不進而九河而巨浸宇內之觀不必以故謝之檀蘇之孟蓋並珍云老泉原評朱黛犁然具有指點法顧傳者失之今刻特存其舊勿以點綴淋漓為頹美而詫異也

萬曆丁巳春正月吳興後學閔齊伋跋

疑孟一卷

宋 司馬光撰

《四部叢刊》影印宋紹熙刻《溫國文正司馬公文集》本

多哉

子噲

堯舜之聖非以其能輕天下也迺以其能重天下也夫唯重天下故必得聖人然後授之禹之傳於子非私之也苟天下無聖人以授之則非子莫之傳矣夫父之傳子非至禹而後有之也蓋自生民以來有國家者無不然矣燕噲徒知慕堯舜之名不知察堯舜之實訹於姧言以陷於死亡爲天下笑豈不悲哉孟子曰以天下与人易爲天下得人難豈非以燕噲而知之邪

疑孟

伯夷隘柳下惠不恭

疑曰孟子稱所願學者孔子然則君子之行孰先於孔子孔子歷聘七十餘國皆以道不合而去豈非非其君不事乎孺悲欲見孔子孔子辭以疾豈非非其友不友乎陽虎爲政於魯孔子不肯仕豈非不立於惡人之朝乎爲定哀之臣豈非不羞汙君乎爲委吏爲乘田豈非不卑小官乎舉世莫知之不怨天不尤人豈非遺佚而不怨乎飲水曲肱樂在其中豈非阨窮而不憫乎居鄉黨恂恂似不能言豈非由由與之偕而不自失乎是故君子邦有道則見邦無道則隱事其大夫之賢者友其士之仁者非隘也和而不同遯世無悶非不恭也苟毋失其中雖孔子由之何得云君子不由乎

陳仲子避兄離母

疑曰仲子以兄之祿爲不義之祿蓋謂不以其道事君而得之也以兄之室爲不義之室蓋謂不以其道取於人而成之也仲子蓋嘗諫其兄矣而兄不用也仲子之志以爲吾旣知其不義矣然且食而居之是口非之而身享之也故避之居於於陵於陵之室與粟身織屨妻辟纑而得之也非不義也豈當更問其築與種之者誰邪以所食之鶃兄所受之饋也故哇之豈以母則不食以妻則食之邪君子之責人當探其情仲子之避兄離母豈所願邪若仲子者誠非中行亦狷者有所不爲也孟子過之何其甚與

孟子將朝王　至　孟子謂蚳鼃云云

疑曰孔子聖人也定哀庸君也然定哀召孔子孔子不俟駕而行過位色勃如也足躩如也過虛位且不敢不恭況召之有不往而它適乎孟子學孔子者也其道豈異乎夫君臣之義人之大倫也孟子之德孰與周公其齒之長孰與周公之於成王成王幼周公負之以朝諸侯及長而歸政北面稽首畏事之與事文武無異也豈得云彼有爵我有德齒可慢彼哉孟子謂蚳鼃居其位不可以不言言而不用不可以不去已無官守無言責進退可以有餘裕孟子居齊齊王師之夫師者道人以善而救其惡者也豈得謂之無官守無言責乎若謂之爲貧而仕邪則後車數十乘從者數百人仰食於齊非抱關擊柝之比也詩云

彼君子兮不素餐兮夫賢者所爲百世之法也余懼後之人挾其有以驕其君無所事而貪祿位者皆援孟子以自况故不得不疑

沈同問伐燕

疑曰孟子知燕之可伐而必待能仁政者乃可伐之齊無仁政伐燕非其任也使齊之君臣不謀於孟子孟子勿預知可也沈同既以孟子之言勸王伐燕孟子之言尚有懷而未盡者安得不告王而止之乎夫軍旅大事也民之死生國之存亡皆繫焉苟動而不得其宜則民殘而國危仁者何忍坐視其終委乎

公孫丑曰君子之不教子何也孟子曰父子之間不責善責善則離離則不

祥莫大焉

疑曰經云當不義則子不可不爭於父傳云愛子教以義方孟子云父子之間不責善不責善是不諫不教也而可乎

告子曰性猶湍水也云云 亦由是也

疑曰告子云性之無分於善不善猶水之無分於東西此告子之言失也水之無分於東西謂平地也使其地東高而西下西高而東下豈決導所能致乎性之無分於善不善謂中人也瞽叟生舜舜生商均豈陶染所能變乎孟子云人無有不善此孟子之言失也丹朱商均自幼及長所日見者堯舜也不能移其惡豈人之性無不善乎

告子曰生之謂性云云猶人之性乎

疑曰孟子云白羽之白猶白雪之白白雪之白猶白玉之白告子當應之云色則同矣性則殊矣羽性輕雪性弱玉性堅而告子亦皆然之此所以來犬牛人之難也孟子亦可謂以辯勝人矣

齊宣王問卿孟子曰有貴戚之卿有異姓之卿云云反覆之而不聽則去

疑曰禮君不與同姓同車與異姓同車嫌其偪也爲卿者無貴戚異姓皆人臣也人臣之義諫於君而不聽去之可也死之可也若之何以其貴戚之故敢易位而處也孟子之言過矣君有大過無若紂紂之卿士莫若王子比干箕子微子之親且貴也微子去之

箕子爲之奴比干諫而死孔子曰商有三仁焉夫以紂之過大而三子之賢猶且不敢易位也況過不及紂而賢不及三子者乎必也使後世有貴戚之臣諫其君而不聽遂廢而代之曰吾用孟子之言也非篡也義也其可乎或曰孟子之志欲以懼齊王也是又不然齊王若聞孟子之言而懼則將愈忌惡其貴戚聞諫而誅之貴戚聞孟子之言又將起而蹈之則孟子之言不足以格驕君之非而適足以爲篡亂之資也其可乎

陳子曰古之君子何如則仕孟子曰所就三所去三

疑曰君子之仕行其道也非爲禮貌與飲食也昔伊

尹去湯就桀桀豈能迎之以禮哉孔子棲棲遑遑周遊天下佛肸召欲往公山弗擾召欲往彼豈爲禮貌与飲食哉急於行道也今孟子之言曰雖未行其言也迎之有禮則就之禮貌衰則去之是爲禮貌而仕也又曰朝不食夕不食君曰吾大者不能行其道又不能從其言也使飢餓於我土地吾恥之周之亦可受也是爲飲食而仕也必如是是不免於鬻先王之道以售其身也古之君子之仕也殆不如此

孟子曰堯舜性之也

疑曰所謂性之者天与之也身之者親行之也假之者外有之而内實亡也堯舜湯武之於仁義也皆性得而身行之也五霸則強焉而已夫仁所以治国家

而服諸侯也皇帝王霸皆用之顧其所以殊者大小高下遠近多寡之間耳假者文具而實不從之謂也文具而實不從其國家且不可保況能霸乎雖久假而不歸猶非其有也

桃應問曰舜爲天子臯陶爲士瞽叟殺人則如之何

疑曰虞書稱舜之德曰父頑母嚚象傲克諧以孝烝烝乂不格姦所貴於舜者爲其能以孝和諧其親使之進進以善自治而不至於惡也如是則舜爲子瞽瞍必不殺人矣若不能止其未然使至於殺人執於有司乃弃天下竊之以逃狂夫且猶不爲而謂舜爲之乎是特委巷之言也殆非孟子之言也且瞽叟既

執於臯陶矣舜惡得而竊之雖負而逃於海濱臯陶猶可執也若曰臯陶外雖執之以正其法而内實縱之以予舜是君臣相與爲僞以欺天下也惡得爲舜與臯陶哉又舜既爲天子矣天下之民戴之如父母雖欲遵海濵而處民豈聽之哉是臯陶之執瞽瞍得法而亡舜也所亡益多矣故曰是特委巷之言殆非孟子之言也

温國文正公文集卷第七十三

孟子解一卷

宋　沈括撰

清乾隆内府鈔《文淵閣四庫全書·長興集》本

欽定四庫全書
集部
長興集卷一至五

詳校官庶吉士臣初彭齡
侍讀臣孫球覆勘
總校官檢討臣何思鈞
校對官中書臣宋枋遠
謄錄監生臣王焜

欽定四庫全書　集部三

長興集　別集類二宋

提要

臣等謹案長興集十九卷宋沈括撰括有夢溪筆談已著錄陳振孫書錄解題載括集四十一卷南宋高布嘗合沈遼沈遘二集刻於括蒼題曰吳興三沈集此本卷末題從事郎處州司理叅軍高布重校一行蓋即括蒼所

刻本也括博聞强記一時罕有其匹所作筆談於天文算數音律醫卜之術皆能發明考證洞悉源流而在當時乃不甚以文章著然學有根柢所作亦宏贍淹雅具有典則其四六表啟尤凝重不佻有古作者之遺範惜流傳既久篇帙脫佚闕卷一至卷十二又闕卷三十一又闕卷三十三至四十一共二十二卷勘驗諸本亦皆相同知斷爛蠹蝕已非一

曰宋文鑑及侯鯖録諸書載括詩什頗多而集中乃無一首又史稱括為河北西路察訪使條上三十一事皆報可其他建白甚衆而集中亦無奏劄一門蓋皆在闕卷之中矣又宋三沈之中以括集列遘集之後實則行輩括為長書録解題曰括於文通為叔案文通沈遘之字也而年少於文通世傳文通常稱括叔今四朝史本傳以為從弟者非也文通之父扶扶

之父同括之父周皆以進士起家官皆至太常少卿王荆公誌周與文通墓及文通弟遼誌其伯父振之墓可考云云其辨證甚明元修宋史仍以括為遘之從弟殊為舛誤今據陳氏之説附正其失用以見宋史踈舛不足盡為典據焉乾隆四十六年十一月恭校上

總纂官臣紀昀臣陸錫熊臣孫士毅

總校官臣陸費墀

長興集卷十九

宋 沈括 撰

孟子解

人之情無節則流故長幼貴賤莫不為之節制從流而下則狎於鄙慢從流而上則樂於僭侈

關之有征抑遊者也王者之禁遊惰末作故有里布屋粟關市漆林之征政事修民不失其業然後禁可行也

故周官國凶札則弛關門之征但譏而已文王與孟子之時天下之政不可謂之修民之不失其業者蓋鮮故孟子欲去關市之征文王去關之征而不及於市關所以待天下之民市則吾國中也文王之國中與孟子之時法度固宜有間矣大夫左右國人皆曰賢又見其賢焉然後用之大夫左右國人皆曰可殺又見其可殺焉然後殺之此待大臣之道也若羣臣庶人則公卿士師之事也孟施舍之勇養其在已者養其在已者至于無懼而後已北宮黝之勇養其在外者一養其在外者至于視萬乘猶匹夫而後已故曾子曰自反不縮雖褐寬博吾不惴焉自反而縮雖千萬人吾往矣曾子為能養其在已者則子夏之所養可知矣

告子曰不得於言勿求於心不得於心勿求於氣言三者均見其一則見其二也孟子則有重輕焉不得於心勿求於氣可則心重矣不得於言勿求於心不可則言輕矣故曰志氣之帥也雖然持其志不可以暴其氣志

壹則動氣氣壹則動志壹之為言專也氣不可以專守以志為之重也知志之為重而不能守其氣反足以動其志則夫蹶者趨者是也孟子曰說大人者藐之勿視其巍巍然此持其氣也在彼者皆我所不為也在我者皆古之志也吾何畏彼哉此特其志也何謂浩然之氣曰難言也其為氣也至大至剛以直養而無害則塞乎天地之間浩然充完也屈伸俯仰無不中義仰不愧於天俯不怍於人立於天地間而無所慊至大也是則受

非則辭不可以勢刼不可以氣移至剛也可則進不可則退可則行不可則止直其義雖難不辭非其義雖微不苟至直也義集于身則氣充於心盡其志而無所慊于天地之間者養之之至也小人之氣固有殺身而不可毀鈌者然而異乎君子者非道與義也

必有事焉而勿正心勿忘勿助長也舜有事焉非以其為仁義而後為之也人皆有是心舜能勿忘而已求仁義而為之所謂正心與助長者也

市廛而不征廛謂市中之居工商之肆是也自依國廛之法不當復征其貨古者市廛皆無征孟子曰征商自此賤丈夫始是蓋生於後世也法而不廛謂商之無市居者有司以法治之而已不必有廛乃得為市也戰國急於征求無市籍者皆不得貨易至秦漢猶存此令故孟子欲令為市者不必有廛有廛者勿征其貨也廛無夫里之布夫里之布聖人以抑遊惰于廛而責夫里之布非古之道也

子路人告之以有過則喜禹聞善言則拜大舜有大焉善與人同舍己從人樂取於人以為善己有善則願以與人人有善則樂取於己皆有為也則舍己而從人兼有三者舜其所以為大歟

辭十萬而受萬非欲富之道也以鄉為不可為而以鄉之祿而為之何以異于是

請野九一而助國中什一使自賦八家為井井九百畝其中以為公田八家皆私百畝同養公田雖田九一田

中之廬家二畝半出於公田其實亦什一也國中之地不可以為井則無同養之法故使人人自出什一之賦謂國廛之在國中者

治世之民無職則耕未有無事者雖國君使之治公田亦曰耤田助偕共力十一而已當有無事之民可使而耕者卿大夫圭田五畝躬耕不可使人則無可使者故曰絜田所謂契者契然取其五十畝之入而已其實則五夫之田也以其不受地淨入其租故曰絜以別私田

也古者士大夫有田有祿蓋有常職者有常祿而又有田以祭所以等豊凶與民同也

桀紂之失天下也失其民也失其民者失其心也得其民有道得吾之心斯得民矣我之所欲者與之聚之我之所不欲者勿施之也揚雄曰天地之得斯民也斯民之得一人也一人之得心矣天下之心斯衆一人之心是也一人之心吾心是也知吾之與人同也安知人之不與天下同哉詩云執柯伐柯其則不遠人之患在好

為人師斆學之道來學焉則吾所以教也有問焉則吾所以告也今於其教也不待其來學于其告也不待其有問非教學之道也好為人師也

君子平其政行辟人可也焉得人人而濟之辟法也政政事行德行平其政平其行示人以法而已杠梁不時有司之責也詩云尹氏大師維周之底秉國之鈞天子是毗俾民不迷平其政也儀刑文王萬邦作孚平其行也

賢不肖之間相去不能以寸為父兄言也所以樂有賢父兄者以其中也養不中才也養不才也如中也棄不中才也棄不才則其父兄之賢與不肖相去不能一間

利者對不利而為言也在人也順之者謂之利逆之者謂之不利在器也銛者謂之利椎者謂之不利在水也行者謂之利壅者謂之不利在動也便者謂之利違者謂之利孟子曰天下之言性者則故而已矣故者以利為本故猶常也役于物者非其本性也順利而無所鑿

者天命也故禹之行水也行其所無事也行其所無事者水之利也動而莫不順利者盡其性也舜由仁義行孔子從心所欲不踰矩順利之至也行而不失其貞者盡其情也喜怒哀樂之未發謂之中發而皆中節謂之和貞之至也故易曰利貞者性情也然則性情之盡者利與貞而已矣小人之為不善非便之也役于物而不知也君子之於義未必皆便之也至于便之而後出于性

思之而盡其義始條理也行之而盡其道終條理也知
及之而不能勝其任者力不足也力足以至於古人而
義未必盡闕者知不足也宰我子貢有若其智皆足以
知闕伯夷柳下惠伊尹則皆能任聖人之事者也蓋皆
所闕　此孔子所以集大成也
耳目能受而不能擇擇之者心也故物交物則引之而
已心則不然是則受非則辭此其所以為大也從耳目
口體而役其心者小人之道也

學烏獲之任是亦為烏獲而已為之而不至者才也孔
子曰力不足者中道而止今汝畫天子討而不伐諸侯
伐而不討討者治其罪也伐則致力而已不敢有所治
諸侯有加地之見於經者易曰康侯有錫馬蕃庶錫馬
加命也蕃庶進地也詩曰錫之山川土田附庸諸侯固
有加地之道也有加地之道則必預有以待之取諸鄰
而與之不可也故其始封也雖曰百里預有以待之則
有至乎五百里者故殷之邦畿周以為一公二侯邶鄘
衛是也雖表其地而未能有也魯之百里之地五而有
其地所以異於先王之制也
善不至於誠不盡其心者也盡其心則性也知性則知
天矣天之與我者存而不使放也養而無敢害也是之
謂事天壽夭得喪我不得而知知修身而已身既修矣
所遇者則莫不命也所謂修身也不能窮萬物之理則
不足擇天下之義不能盡已之性則不足入天下之道
德窮理盡性以此小人之樂于食色沒身不厭誠欲之

也萬物皆備于我矣反身而誠若小人之誠於食色也
樂莫大焉人不可以無恥無恥之恥無恥矣恥莫恥於
不知恥也
仁言不如仁聲之入人深也聲聞也善政善行作於此
而聞於彼之謂聲詩曰載色載笑匪怒伊教言也相土
烈烈海外有截聲也
君子之道四其君安則容其君安則悅是事君人者也
君不幸則死之不為一君存亡社稷安則容社稷安則

悅是安社稷臣者君危社稷則去社稷不幸則死之天之所與者與之天之所棄者棄之不為一性存亡視天而已天民也其終也順受其三皇皇憂天下之不治者墨子之道也塊然無情於萬物者老子之道也有命有義正巳而物正者大人之道也行至於大人盡矣指其所化謂之聖指其所以聖謂之神恭敬者幣之未將者幣者所以符恭敬而非所以為本也誠慤者恭敬之實也也恭敬而無實君子不可以虛拘伯高之喪孔氏之

使者未至冉子攝束帛乘馬而將之孔子曰異哉使我不誠於伯高好名者能讓千乘之國好義者讓不足以言之善者仁之質不忍者仁之動性之命於天者莫不善也雜于物然後有不善者人之常不善者德之害也全其常者謂之仁仁人一也仁言其德人言其體四體不具不足以為人仁亦如此而已矣如是者仁之質也由是善也怵於心而為不忍者仁之動也言其術雖一日之不忍謂之仁何也言其人小有不足而謂之人則不可孔子孟軻之言仁指其事則雖一牛羊之不忍而謂之仁指其人雖管仲須無不得為仁而顏淵仲弓猶告之以所未至其為仁則同所以命之者異也

貊稽曰稽大不理於口孟子曰無傷也士憎茲多口言之於人也憎之則滋多强自修而巳詩曰士不殄厥愠亦不愠厥問不可者欲之小人也可者欲之可謂善人矣徒知其可欲而未能有能巳未信其為君子也有諸則可謂信人矣書曰敬修其可願

善射者之教人志於彀而已能者從之今之與楊墨辯者如追放豚隨而教之不受而去則又從而招之所以自處者既屈而欲其聽者之必入可謂惑矣

有布縷之征布泉也縷布帛也

長興集卷十九

孟子解一卷

宋 蘇轍 撰

《四部叢刊》影印明蜀府活字印《欒城集》本

欒城後集卷第六

孟子解二十四章 子少作此解後失其本近得之故錄於此

梁惠王問利國於孟子孟子對曰王何必曰利亦有仁義而已矣先王之所以爲其國未有非利也孟子則有爲言之耳曰是不然聖人躬行仁義而利存非爲利也惟不爲利故利存小人以爲不求則弗獲也故求利而民爭民爭則反以失之孫卿子曰君子兩得之者也小人兩失之者也此之謂也

齊宣王問曰文王之囿方七十里有諸孟子對曰於傳有之周雖大國未有以七十里爲囿而不害於民

者也意者山林藪澤與民共之而以囿名焉是以蒭
蕘雉兎者無不獲往不然七十里之囿文王之所不
爲也
孟子曰以大事小者樂天者也以小事大者畏天者
也樂天者保天下畏天者保其國小大之相刑貴賤
之相臨其命無不出於天者畏天者知其不可違不
得已而從之樂天者非有所畏非不得已中心誠樂
而爲之也堯禪舜舜禪禹湯事葛文王事昆夷皆樂
天者也
齊景公作君臣相說之樂其詩曰畜君何尤孟子曰

一

畜君者好君也君有逸德而能止之是謂畜君以臣畜君君之所尤也然其心則無罪非好其君不能也故曰責難於君謂之恭陳善閉邪謂之敬吾君不能謂之賊

孟子學於子思子思言聖人之道出於天下之所能行而孟子言天下之人皆可以行聖人之道子思言至誠無敵於天下而孟子言不動心與浩然之氣凡孟子之說皆所以貫通於子思而已故不動心與浩然之氣誠之異名也誠之爲言心之所謂誠然也心以爲誠然則其行之也安是故心不動而其氣浩然

無屈於天下此子思孟子之所以爲師弟子也子思
舉其端而言之故曰誠孟子從其終而言之故謂之
浩然之氣一章而三說具焉其一論養心以致浩然
之氣其次論心之所以不動其三論君子之所以達
於義達於義所以不動心也不動心所以致浩然之
氣也三者相須而不可廢孟子曰我善養吾浩然之
氣其爲氣也至大至剛以直養而無害則塞于天地
之間是何氣也天下之人莫不有氣氣者心之發而
已行道之人一朝之忿而鬭焉以忘其身是亦氣也
方其鬭也不知其身之爲小也不知天地之大禍福

之可畏也然而是氣之不養者也不養之氣橫行於中則無所不爲而不自知於是有進而爲勇有退而爲怯其進而爲勇也非吾欲勇也不養之氣盛而莫禁也其退而爲怯也非吾欲怯也不養之氣衰而不敢也孔子曰人之少也氣血未定戒之在色及其壯也血氣方剛戒之在鬭及其老也血氣既衰戒之在得一人之身而氣三變之故孟子曰志一則動氣々一則動志夫志意既修志盛奪氣則氣無能爲而惟志之從志意不修氣盛奪志則志無能爲而惟氣之聽故氣易致也而難在於養心孟子曰我四十不動

心而告子先我不動心告子曰不得於言勿求於心不得於心勿求於氣不得於心勿求於氣可不得於言勿求於心不可何謂也告子以爲有人於此不得之於其言勿復求其有此心不得之於其心勿復求其有此氣夫言之不然而心則然者有矣未有心不然而氣則然者也故曰不得於心勿求於氣可不得於言勿求於心不可由是言之氣者心之使也心所欲爲則其氣勃然而應之心所不欲而強爲之則其氣索然而不應人必先有是心也而後有是氣故君子養其義心以致其氣使氣與心相狎而不相離然

後臨事而其氣不屈故曰志至焉氣次焉志之所至而氣從之之謂也昔之君子以其耿然之身而歸天下言未發而衆先喻功未見而至先信力不及而勢興之者以有是氣而已故曰志氣之帥也氣體之充也養志以致氣盛以充體體充而物莫敢逆然後其氣塞于天地蜎然心之所以不動者何也博學而識之强力而行之卒然而遇之有自失焉故心必有所守而後能不動心之所守不可不多也多學而兼守之事至而有不應也是以落其枝葉損之又損以全於不可損也而後能應故孔子謂子貢曰賜也汝以

予爲多學而識之者歟曰然非歟曰非也予一以貫之北宮黝之養勇也曰吾無辱於兩也孟施舍之養勇也曰吾無懼於爾也無辱勇矣而未見所以必勇也無懼而後能必勇故曰北宮黝之守氣不如孟施舍之守約北宮黝似子夏孟施舍似曾子曾子之所以自守者曰自反而不縮雖褐寬博吾不惴焉自反而縮雖千萬人吾往矣夫縮入也入受也自反而心受之以爲可爲者無憾於吾心也則吾心囂然爲之而吾氣勃然應之矣孟子曰其爲氣也配義與道無是餒也行有不慊於心則餒矣夫餒不充之謂也有

行於此而義不受則心不慊心不慊則氣不能充體氣不能充體之謂餒矣故心不能不動也而有待於義君子之所由達於義者何也勉强而行之則勞苦而失其眞放而不之求則終身而不獲孟子曰必有事焉而勿正心勿忘勿助長也夫君子之於道朝夕從事於其間待其自直而勿强正也中心勿忘待其自生而勿助長也而後獲其眞强之而求其正助之而望其長是非誠正而誠長也迫於外也子夏曰百工居肆以成其事君子學以致其道待其自至而不强是學道之要也

孟子曰我知言詖辭知其所蔽淫辭知其所陷邪辭知其所離遁辭知其所窮何謂也曰是諸子之病也孟子之於諸子非辯過之知其病而已病於寒者得火而喜以爲萬物莫火若也病於熱者得水而喜以爲萬物莫水若也一惑於水火以爲不可失矣誠得其病未有不覺而自泣也彼其爲是險詖之辭者必有以蔽之而不能自達也爲是淫放之辭者必有以陷之而不能自出也爲是邪辟之辭者必有以附之而不能自解也苟能知之發其蔽平其陷解其離未有不服者也不服則遁遁必有所窮要之於所窮而

執之此孟子之所以服諸子也

孟子曰仁者如射射者正己而後發發而不中反求諸己夫射之中否在的而所以中否在我善射者治其在我正立而審操之的雖在左右上下無不中者矣顔淵問仁孔子曰克己復禮爲仁一日克己復禮天下歸仁焉請問其目曰非禮勿視非禮勿聽非禮勿言非禮勿動夫居於人上而一爲非禮則害之及於物者衆矣誠必由禮雖不爲仁而仁不可勝用矣此仁者如射之謂也

龍子曰貢者較數歲之中以爲常樂歲粒米狼戾多

取之而不爲虐則寡取之凶年糞其田而不足則必取盈焉故曰治地莫善於助莫不善於貢貢者夏后氏之法也而其不善如此何也曰何特貢也作法者必始於粗終於精篆之不若隸也簡策之不若紙也車之不若騎也席之不若牀也爼豆之不若盤盂也諸侯之不若郡縣也肉刑之不若徒流杖笞也古之不爲此非不智也勢未及也寢於泥塗者寘之於陸而安矣自陸而後有稾秸自稾秸而後有莞簟捨其不安而獲其所安足矣方其未有貢也以貢爲善矣及其旣貢而後知貢之未善也法非聖人之所爲世

之所安也聖人者善因世而已今世之所安聖人何易焉此夏之所以貢也

陳仲子處於於陵齊人以爲廉孟子曰仲子所居之室伯夷之所築歟抑亦盜跖之所築歟所食之粟伯夷之所種歟抑亦盜跖之所種歟人安能待伯夷而後居而後食若是則孟子之責人也已難曰否居於於陵而食其食非孟子之所謂不可而仲子之所爲不可也仲子以兄之祿爲不義之祿而不食也以兄之室爲不義之室而不居也天下無伯夷仲子之義爲不居且不食也天下不可待伯夷而後居而後食

然則非其居於於陵食於辟纑之果汚也而不食於
母避兄之室之不可繼也故曰以母則不食以妻則
食之以兄之室則不居以於陵則居之是尚爲能充
其類也乎君子之行爲可克也爲可繼也然後行有
類若仲子將何以繼之故曰禦人于國門之外而餽
以道則不受以不義取之於民而餽以道則受於孔
子以不義取之於民者猶禦也其受於孔子何也曰
以其非禦也非禦而謂之禦充類至義之盡也君子
克其類而極其義則仲子之兄猶盜也仲子之兄猶
盜也則天下之人皆猶盜也以天下之人皆猶盜而

無所荅則誰與立乎天下故君子不受於盜而猶盜者有所不問而後可以立於世若仲子者蚓而後充其操也孔子曰鳥獸不可與同羣吾非斯人之徒與而誰與蓋謂是也

學者皆學聖人學聖人者不如學道聖人之所是而吾是之其所非而吾非之是以親從聖人也以親從聖人名近而實非有不察焉故不如學道之必信孟子曰君子深造之以道欲其自得之也自得之則居之安居之安則資之深資之深則取之左右逢其原是以君子欲其自得之也

孟子曰天下之言性者則故而已矣所謂天下之言性者不知性者也不知性而言性是以言其故而已故非性也無所待之謂性有所因之謂故物起於外而性作以應之此豈所謂性哉性之所有事也性之所有事之謂故方其無事也無可而無不可及其有事未有不就利而避害者也知就利而避害則性滅而故盛矣故曰故者以利爲本大人之方無事也物未有以入之有性而無物故可以謂之人之性及其有事則物入之矣或利而誘之或害而止之而人失其性矣譬如水方其無事也物未有以參之有水而

無物故可以謂之水之性及其有事則物之所參也或傾而下之或激而升之而水失其性矣故曰所惡於智者爲其鑿也如智者若禹之行水則無惡於智矣禹之行水也行其所無事也如智者亦行其所無事則智亦大矣水行於無事則平性行於無事則靜方其靜也非天下之至明無以窺之及其旣動而見於外則天下之人能知之矣天之高也星辰之遠也吾將何以推之惟其有事於運行是以千歲之日可坐而致也此性故深淺之辨也

孟子嘗知性矣曰天下之言性者則故而已矣故者

以利爲本知故之非性則孟子嘗知性矣然猶以故
爲性何也孟子道性善曰無惻隱之心非人也無羞
惡之心非人也無辭讓之心非人也無是非之心非
人也惻隱之心仁之端也羞惡之心義之端也辭讓
之心禮之端也是非之心智之端也人信有是四端
矣然而有惻隱之心而已乎蓋亦有忍人之心矣有
羞惡之心而已乎蓋亦有無耻之心矣有辭讓之心
而已乎蓋亦有爭奪之心矣有是非之心而已乎蓋
亦有蔽惑之心矣忍人之心不仁之端也無耻之心
不義之端也爭奪之心不禮之端也蔽惑之心不智

故也天下之水未有不可飲者也然而或以爲清冷之淵或以爲塗泥今將指塗泥而告人曰雖是亦有可飲之實信矣今將指塗泥而告人曰吾將飲之可乎此上智下愚之不可移也非性也故也

孟子曰伯夷聖之清者也伊尹聖之任者也柳下惠聖之和者也孔子聖之時者也孔子之謂集大成集大成也者金聲而玉振之者也金聲也者始條理也玉振之也者終條理也始條理者智之事也終條理者聖之事也智譬則巧也聖譬則力也以巧諭智以力諭聖何也巧之所能有或不能力之所嘗至無不

至也伯夷伊尹柳下惠之行人之一方也而以終身
焉故有不可得而充至於孔子可以速而速可以久
而久可以仕而仕可以處而處然後終身行之而不
匱故曰由射於百步之外其至爾力也是可常也其
中非不力也是巧也是不可常也巧亦能爲一中矣
然而時亦不中是不如力之必至也
語曰齊人饋女樂季桓子受之三日不朝孔子行孟
子曰孔子從而祭膰肉不至不稅冕而行二者非相
反也孔子之去魯爲女樂之故也去於膰肉之不至
爲君也於其君之有大惡也孔子有不忍行焉於其

君之罪也是八者未知其孰爲主也均出於性而已非性也性之所有事也今孟子則别之曰此四者性也彼四者非性也以告於人而欲其信之難矣夫性之於人也可得而知之不可得而言也遇物而後形應物而後動方其無物也性也及其有物則物之報也惟其與物相遇而物不能奪則行其所安而廢其所不安則謂之善與物相遇而物奪之則置其所可而從其所不可則謂之惡皆非性也性之所有事也譬如水火能下者水也能上者亦水也能熟物者火也能焚物者亦火也天下之人好其能下而惡其能上

利其能熟而害其能焚也而以能下能熟者謂之水火能上能焚者爲非水火也可乎夫是四者非水火也水火之所有事也奈何或以爲是或以爲非哉孔子曰性相近也習相遠也夫雖堯桀而均有是性是謂相近及其與物相遇而堯以爲善桀以爲惡是謂相遠習者性之所有事也自是而後相遠則善惡果非性也

孔子曰上智與下愚不移故有性善有性不善以堯爲父而有丹朱以瞽瞍爲父而有舜以紂爲君而有微子啓王子比干女在其爲性相近也曰此非性也

君之無罪也孔子有不安行焉曰上以求免吾君下以免我是以去於膰肉之不至曰是可以辭於天下也故曰乃孔子則欲以微罪行不欲爲苟去君子之所爲衆人固不識也孟子曰君子不亮惡乎執必信之謂亮孔子曰君子貞而不亮要止於正而不必信而後無所執否則執一而廢百矣

孟子曰存其心養其性所以事天也夭壽不貳修身以竢之所以立命也天者莫之使而自然者也命者莫之致而自至者也天畀我以是心而不能存付我以是性而不能養是天之所以受我者有所不事也

壽則爲之天則廢之天壽非人所爲也而寘力焉

命有所未立也修身於此知天壽之無可爲也而命

立於彼矣

孟子曰莫非命者順受其正何謂也天之所以受我

者盡於是矣君子修其在我以全其在天人與天不

相害焉而得之是故謂之正忠信孝弟所以爲順也

人道盡矣而有不幸以至於大故而後得爲命巖牆

之下是必壓之道也桎梏之中是必困之道也必壓

必困而我蹈之以受其禍是豈命哉吾所處者然

也

人之爲不善也皆有愧耻不安之心小人惟奮而行之君子惟從而已之孟子曰無爲其所不爲無欲其所不欲如斯而已矣

孟子曰舜爲天子皐陶爲士瞽叟殺人皐陶則執之舜則竊負而逃於海濵吾以爲此野人之言非君子之論也舜之親事烝烝乂不格姦何至於殺人而負之以逃哉且天子之親有罪議之孰謂天子之父殺人而不免於死乎

孟子曰形色天性也惟聖人然後踐形形色者所強於外也中雖無有而猶知強之孟子以是爲天性也

有人於此其進之銳也則天下以爲不速退矣是不然勉強而力行之則其進也必銳不勝而怠厭之則其退也必速曷不取而覆觀之於其不可已而已者無所不已於其所厚者薄無不薄也故曰仲子不義與之齊國而不受人皆信之是舍簞食豆羹之義也人莫大焉亡親戚君臣上下以其小者信其大者烏可哉亡親戚君臣上下而可是所謂不可已而已者也能居於於陵食於辟纑而不顧而不能以不義不受齊國是所謂進銳而退速者也

孟子曰不仁而得國者有之矣不仁而得天下者未

之有也孟子之爲是言也則未見司馬懿楊堅也不仁而得天下也何損於仁仁而不得天下也何益於不仁得國之與得天下也何以爲異君子之所恃以勝不仁者上不愧乎天下不愧乎人而得失非吾之所知也

孟子曰人能充其無欲害人之心而仁不可勝用也人能充無穿窬之心而義不可勝用也無欲害人之心與無穿窬之心人皆有之然苟將充之則未可以言而言可以言而不言猶未免乎穿窬也此所謂造端乎夫婦而其至也察乎天地也歟

欒城後集卷第六

孟子雜解一卷

宋　游酢撰

清乾隆内府鈔《文淵閣四庫全書·游廌山集》本

欽定四庫全書

集部

游廌山集卷一 二

詳校官庶吉士臣吳烜

侍讀臣孫球覆勘

總校官進士臣朱鈐

校對官中書臣陳木

謄録監生臣恭安

欽定四庫全書　集部三

游廌山集　别集類二 宋

提要

臣等謹案游廌山集四卷宋游酢撰酢字定夫建陽人元豐五年進士建中靖國初歴官監察御史宣和初終於知濠州事蹟具宋史道學傳楊時龜山集有酢墓誌銘稱所著有中庸義一卷易說一卷詩二南義一卷論語

孟子雜解各一卷文集十卷年譜稱其年二十九録明道先生語年四十一録伊川先生語年四十六作論孟雜解中庸義年四十七作易說詩二南義而不言文集葢本各為書也此本首以論語雜解中庸義孟子雜解為一卷次易說詩二南義為一卷次師語師訓為一卷次以文七篇詩十三首附以墓誌年譜為一卷又中庸義後有拾遺孟子雜解僅

八條詩二南義僅二條盖後人掇拾重編不但非其原本且併非完書矣春日山行詩中有風詠舞雩正此日雪飄伊洛是何年之句自用程門立雪故實似亦不類酢作以其為宋儒遺書別無他本姑録之以備一家焉乾隆四十六年九月恭校上

總纂官臣紀昀臣陸錫熊臣孫士毅

總校官臣陸費墀

在天成象則烏與火虛與昴四時迭見者天道之變也在地成形則作而長斂而藏四時異形者地道之變也至於成象者莫測其進退之機成形者莫見其生成之迹則天地之化也體化而裁之則無駭於變矣此變化之辯也

聖人稽古之道不過三王而師古之道上及五帝若通其變使民不倦神而化之使民宜之雖百世聖人不能易也

立天之道曰陰與陽立地之道曰柔與剛立人之道曰仁與義夫道一而已矣其立於天下則有兩端故君子有剛克焉執其義之端也有柔克焉執其仁之端也執其兩端而用之以時中此九德所以有常而三德所以用義也

孟子雜解

人皆有不忍人之心章

惻者心之感於物也隱者心之痛於中也物之體傷於彼而吾之心感應於此仁之體顯矣故君子之於禽獸見其生不忍見其死見其全不忍見其傷而况於民乎况於親戚乎故惻隱之心莫隆於親而民次之　孟子曰君子親親而仁民仁民而愛物此自然之序也彼愛無差等者失其本心也已　又曰惻隱痛傷也傷在彼而我傷之痛在彼而我痛之傷痛非自外至也因心則然此惻隱所以為仁之端也至於充其心體之本然則萬物一體矣無物我之間也故

天下歸仁焉

燕人畔章

象之惡已著而其志不過富貴而已故舜得以是而全之若管叔之惡則未著而其志其才皆非象比也周公詎忍逆探其兄之惡而棄之耶周公愛兄宜無不盡者管叔之事聖人之不幸也舜誠信而喜象周公誠信而任管叔此天理人倫之至其用心一也

規矩方員之至也章

愛敬盡於事親則孝之性盡矣盡之云者愛敬之道於是至矣不可以有加焉舜盡事親之道而瞽瞍厎豫天下之為父子者定其理正如此也孟子言聖人人倫之至也人倫至於聖人而後為至者蓋非盡性不能也學者之於人倫亦期於盡而已矣

居下位而不獲於上章

欲誠其意先致其知故不明乎善不誠乎身矣學至於誠身安往而不致其極哉以內則順乎親以外則

信乎友以上則可以得君以下則可以得民此舜之允塞所以五典克從也然有誠者有誠之者不勉而中無為也不思而得無思也從容乎中道是聖人之事也故為天道至於擇善則有思矣固執之則有為矣拳拳乎中道是賢人之事也故為人之道聖賢雖異稟其為誠身一也

詩云娶妻如之何章

告而娶義之小者也廢人之大倫罪之大者也瞽瞍之頑告則不得娶舜知之宜審矣故受不告之名而不忍陷父於廢大倫之罪如必先告俟其不從然後違之則是重拂其親之意而反彰其惡也故其不告君子以為猶告

盡其心者章

盡其心則心地無餘蘊而性之本體見矣知其性則廣大悉備天理全而人偽泯矣夫是之謂極高明存其心者閑邪以存其誠也養其性者守靜以復其本

也欲不外馳忿不內作反聽內視以歸有極則存其心之道也其志致一其氣致專至大至剛以直則養其性之道也存養至此則與天地相似而不違矣故足以事天夫是之謂道中庸極高明者理極於知天也道中庸者德全於事天也知天者造其理也事天者履其事也徒造其理而不履其事是為知君上之為我尊而未嘗致恭也知父母之為我親而未嘗致養也其忠孝安在哉知天智之盡也事天仁之至也

仁之至智之盡也則死生為晝夜矣豈殀壽所能惑其心哉亦曰修身以俟之自作元命而已

形色天性也章

形者性之質也能盡其性則踐其形而無愧矣蓋萬物皆備於我則其所有何物不備反身而誠樂莫大焉為其能盡性而踐形也若反身未至於誠則是於性有所不盡未能盡性則於質有所不充矣故曰惟聖人然後可以踐形箕子曰視曰明聽曰聰視謂之

明聽謂之聰皆耳目之本然也能盡視聽之性則能盡耳目之形苟視聽不足於聰明則有耳目之形而無視聽之實德也豈不歉於形哉楊子曰聖人耳不順乎非口不隸乎不善若非禮勿視非禮勿言則於口耳猶有所擇是未足以言踐形

仁也者人也章

仁者以道之在人者名之也立人之道則仁之名所以立合而言之則仁與人泯矣此其所以為道也

游廌山集卷一

欽定四庫全書

集部

游廌山集卷三 四

詳校官庶吉士臣吳烜

侍讀臣孫球覆勘

總校官進士臣朱鈐

校對官中書臣陳木

謄録監生臣韋洪勲

游廌山集卷三

宋　游酢　撰

師語一

善言治天下者不患法度之不立而患人材之不成善修身（一作善言人材）者不患器質之不美而患師學之不明人材不成雖有良法美意孰與行之師學不明雖有受道之質孰與成之

行之失莫甚於惡則亦改之而已矣事之失莫甚於亂則亦治之而已矣苟非自暴自棄者孰不可與為君子

人有習他經既而舍之習戴記問其故曰決科之利也先生曰汝之是心已不可入於堯舜之道矣夫子貢之高識曷嘗規規於貨利哉特於豐約之間不能無留情耳且貧富有命彼乃留情於其間多見其不信道也故聖人謂之不受命有志於道者要當去此心

而後可語也

一本云明道知扶溝縣事伊川侍行謝顯道將歸應舉伊川曰何不止試於太學顯道對曰蔡人鮮習禮記決科之利也先生云云顯道乃止是歲登第注云尹子言其詳如此

先生不好佛語或曰佛之道是也其迹非也曰所謂迹者果不出於道乎然吾所攻其迹耳其道則吾不知也使其道不合於先王固不願學也如其合于先王

則求之六經足矣奚必佛

漢儒之中吾必以揚子為賢然於出處之際不能無過也其言曰明哲煌煌旁燭無疆孫於不虞以保天常孫於不虞則有之旁燭無疆則未也光武之興使雄不死能免誅乎觀於朱泚之事可見矣古所謂言孫者迫不得已如劇秦美新之類非得已者乎

天下之習皆緣世變秦以棄儒術而亡不旋踵故漢興頗知尊顯經術而天下厭之故有東晉之放曠

人有語導氣者問先生曰君亦有術乎曰吾嘗夏葛而冬裘饑食而渴飲節嗜欲定心氣如斯而已矣

世有以讀書為文為藝者曰為文謂之藝猶之可也讀書謂之藝則求諸書者淺矣

萬物本乎天人本乎祖故冬至祭天而祖配之以冬至者氣至之始故也萬物成形於地而人成形於父故以季秋享帝而父配之以季秋者物成之時故也

世之信道篤而不惑異端者洛之堯夫秦之子厚而已

孟子之時去先王為未遠其學比後世為尤詳又載籍未經秦火然而班爵禄之制已不聞其詳今之禮書皆掇拾於煨燼之餘而多出於漢儒一時之傅會奈何欲盡信而句為之解乎然則其事固不可一一追復矣

人必有仁義之心然後仁與義之氣睟然達於外故不得於心勿求於氣可也

君子之教人或引之或拒之各因其所虧者成之而已

孟子之不受曹交以交未嘗知道固在我而不在人也故使歸而求之

孟子論三代之學其名與王制所記不同恐漢儒所記未必是也

象憂亦憂象喜亦喜蓋天理人情於是為至舜之於象周公之於管叔其用心一也夫管叔未嘗有惡也使周公逆知其將畔果何心哉惟其管叔之畔非周公所能知也則其過有所不免矣故孟子曰周公之過不亦宜乎

孟子言舜完廩浚井之說恐未必有此事論其理而已堯在上而使百官事舜於畎畝之中豈容象得以殺兄而使二嫂治其棲乎學孟子者以意逆志可也

或謂佛之理比孔子為徑曰天下果有徑理則仲尼豈欲使學者迂遠而難至乎故外仲尼之道而由徑則是冒險阻犯荊棘而已

窮經將以致用也如誦詩三百授之以政不達使於四方不能專對雖多亦奚以為今世之號為窮經者果能達於政事專對之間乎則其所謂窮經者章句之末耳此學者之大患也

問我於辭命則不能恐非孔子語蓋自謂不能辭命則以善言德行自居矣恐君子或不然曰然孔子兼之而自謂不能者使學者務本而已

孟子曰事親若曾子可也吾以為事君若周公可也蓋子之事父臣之事君聞有自知其不足者矣未聞其為有餘也周公之功固大矣然臣子之分所當為也

安得獨用天子之禮乎其因襲之弊遂使季氏僭八佾三家僭雍徹故仲尼論而非之以為周公其衰矣

師保之任古人難之故名公不說者不敢安於保也周公作書以勉之以為在昔人君所以致治者皆賴其臣而使名公謀所以裕己也

復子明辟如稱告嗣天子王矣

工尹商陽自謂朝不坐宴不與殺三人足以反命慢君

莫甚焉安在為有禮夫君子立乎人之本朝則當引其君於道志於仁而後已彼商陽者士卒耳惟當致力於君命而乃行私情於其間孔子葢不與也所謂殺人之中又有禮焉者疑記者謬

盟可用也要之則不可故孔子與蒲人盟而適衛者特行其本情耳葢與之盟與未嘗盟同故孔子適衛無疑使要盟而可用與賣國背君亦可要矣

不知天則於人之愚智賢否有所不能知雖知之有所

不盡故思知人不可以不知天不知人則所親者或非其人所由者或非其道而辱身危親者有之故思事親不可不知人故堯之親九族亦明俊德之人為先葢有天下者以知人為難以親賢為急

二南之詩葢聖人取之以為天下國家之法使邦國鄉人皆得歌咏之也有天下國家者未有不自齊家始先言后妃次言夫人又次言大夫妻而古之人有能修之身以化在位者文王是也故繼之以文王之詩關雎詩所謂窈窕淑女即后妃也故序以為配君子所謂樂而不淫哀而不傷葢關雎之義如此非謂后妃之心為然也

安定之門人往往知稽古愛民矣則於為政也何有

古者鄉田同井而民之出入相友故無爭鬭之獄今之郡邑之訟往往出于愚民以戾氣相搆善為政者勿聽焉可也又時取强暴而好譏侮者痛懲之則柔良者安鬭訟可息矣

君子之遇事無巨細一於敬而已簡細故以自崇非敬也飾私智以為奇非敬也要之無敢慢而已語曰居處恭執事敬雖之夷狄不可棄也然則執事敬者固為仁之端也推是心而成之則篤恭而天下平矣

士之所難者在有諸己而已能有諸己則居之安資之深而美且大可以馴致矣徒知可欲之善而若存若亡而已則能不受變於俗者鮮矣

馮道更相數主皆其讐也安定以為當五代之季生民

不至於肝腦塗地者道有力焉雖事讐無傷也茍或
佐曹操誅伐而卒死於操君實以為東漢之衰彧與
攸視天下無足與安劉氏者惟操為可依故俯首從
之方是時未知操有他志也君子曰在道為不忠在
彧為不智如以為事固有輕重之權吾方以天下為
心未暇恤人議已也則枉已者未有能直人者也

世之議子雲者多疑其投閣之事以法言觀之蓋未必
有又天祿閣世傳以為高百尺宜不可投然子雲之

罪特不在此黽勉於莽賢之間畏死而不敢去是安
得為大丈夫哉

公山弗擾以費叛不以名畔人逆黨而名孔子則其志
欲遷善悔過而未知其術耳使孔子而不欲往是沮
人為善也何足以為孔子

道之外無物物之外無道是天地之間無適而非道也
即父子而父子在所親即君臣而君臣在所嚴一作敬
以至為夫婦為長幼為朋友無所為而非道此道所
以不可須臾離也然則毀人倫去四大者其離於道
也遠矣故君子之於天下也無適也無莫也義之與
比若有適有莫則於道為有間非天地之全也彼釋
氏之學於敬以直內則有之矣義以方外則未之有
也故滯固者入於枯槁疏通者歸於肆恣一作放肆此佛
之教所以為隘也吾道則不然率性而已斯理也聖
人於易備言之

乾聖人之分也可欲之善屬焉坤學者之分也有諸己

之信屬焉

仲尼言仁未嘗兼義獨於易曰立人之道曰仁與義而
孟子言仁必以義配蓋仁者體也義者用也知義之
為用而不外焉可與語道矣世之所論于義者多外
之不然則混而無別非知仁義之說者也

門人有曰吾與人居視其有過而不告則於心有所不
安告之而不受則奈何曰與之處而不告其過非忠
也要使誠意之交通在于未言之前則言出而人信

矣
剛毅木訥質之近乎仁也力行學之近乎仁也若夫至仁則天地為一身而天地之間品物萬形為四肢百體夫人豈有視四肢百體而不愛者哉聖人仁之至也獨能體是心而已曷嘗支離多端而求之身外乎故能近取譬者仲尼所以示子貢以為仁之方也醫書有以手足風頑謂之四體不仁為其疾痛不以累其心故也夫手足在我而疾痛不與知焉非不仁而何世之忍心無恩者其自棄亦若是而已

一物不該非中也一事不為非中也一息不存非中也何哉為其偏而已矣故曰道也者不可須臾離也可離非道也修此道者戒慎乎其所不睹恐懼乎其所不聞而已由是而不息焉則上天之載無聲無臭可以馴致也

君子之於中庸也無適而不中則其心與中庸無異體矣小人之於中庸無所忌憚則與戒慎恐懼者異矣是其所以反中庸也

責善之道要使誠有餘而言不足則於人有益而在我者無辱矣

師語二

理與心一而人不能會之為一

仲尼元氣也顏子春生也孟子并秋殺盡見仲尼無所不包顏子示不違如愚之學於後世有自然之和氣不言而化者也孟子則露其才蓋亦時然（一作焉）而已

仲尼天地也顏子和風慶雲也孟子泰山巖巖之氣象也觀其言皆可以見之矣仲尼無迹顏子微有迹孟子其迹著

人心常要活則周流無窮而不滯於一隅

老子曰無為又曰無為而無不為當有為而以無為為之是乃有為為也聖人作易未嘗言無為惟曰無思也無為也此戒夫作為也然下即曰寂然不動感而遂通天下之故是動靜之理未嘗為一偏之說矣

語聖則不異事功則有異夫子賢於堯舜語事功也
孔子言語句句是自然孟子言語句句是實事
論學便要明理論治便須識體
蹇便是處蹇之道困便是處困之道道無時不可行
孟子有功於道為萬世之師其才雄只見雄才便是不
及孔子處人須當學顏子便入聖人氣象
父子君臣天下之定理無所逃於天地之間安得天分
不有私心則一本無天分不則字行一不義殺一不辜有所不

為有分毫私便不是王者事
訂頑立心便達得天德
孔子儘是明快人顏子儘豈弟孟子儘雄辯
孔子為中都宰知其不可為而為之不仁不知而為之
不知豈有聖人不盡仁知
責上責下而中自恕己豈可任職分
萬物無一物失所便是天理時中
公孫碩膚赤舄几几

為君盡君道為臣盡臣道過此則無理
坤作成物是積學處乾知大始是成德處
孔子請討田恒當時得行便有舉義為周之意
九二利見大人九五利見大人聖人固有在上者在下
者
雖公天下事若用私意為之便是私
唯上智與下愚不移移則不可知上之為聖下之為狂
在人一身念不念為進退耳
居處恭執事敬與人忠充此便晬面盎背有諸中必形

諸外觀其氣象便見得
天命不已文王純於天道亦不已純則無二無雜不已
則無間斷先後
不能動人只是誠不至於事厭倦皆是無誠處
氣直養而無害便塞乎天地之間有少私意即是氣虧
無不義便是集義有私意便是餒
心具天德心有不盡處便是天德處未能盡何緣知性

知天盡已心則能盡人盡物與天地參贊化育贊則直養之而已

鼓萬物而不與聖人同憂天理鼓動萬物如此聖人循天理而欲萬物同之所以有憂患

章外見之物含章可貞來章有慶須要反已

敬義夾持直上達天德自此

舞射便見人誠古之教人莫非使之成已自灑掃應對便上可到聖人事

樂莫大焉樂亦在其中不改其樂須知所樂者何事

乾坤古無此二字作易者特立此二字以明難明之道以此形容天地間事

易聖人所以立道窮神則無易矣

孔子為宰則為宰為陪臣則為陪臣皆能發明大道孟子必得賓師之位然後能明其道猶之有許大形象然後為泰山許多水然後為海以此未及孔子

夷惠有異于聖人大成處然行一不義雖得天下不為與孔子同者以其誠一也

顏子作得禹稷湯武事功若德則別論

文章成功有形象可見只是極致事業然所以成此事功者即是聖也

萬物之始皆氣化既形然後以形相禪有形化形化長則氣化漸消

中庸言無聲無臭勝如釋氏言非黃非白

心有所存眸子先發見

張兄言氣自是張兄作用立標以明道張兄一作橫渠後同

乾是聖人道理坤是賢人道理

易之有象猶人之守禮法

師語三

惟善變通便是聖人

聖人於天下事自不合與只順得天理茂對時育萬物

學原於思

仁人此義宜此事親仁之實從兄義之實須去一道中

別出

孔子言仁只說出門如見大賓使民如承大祭看其氣象便須心廣體胖動容周旋中禮自然惟是慎獨便是守之之法

聖人脩己以敬以安百姓篤恭而天下平惟上下一於恭敬則天地自位萬物自育氣無不和四靈何有不至此體信達順之道聰明睿智由是出以此事天饗帝故中庸言鬼神之德盛而終之以微之顯誠之不

可揜如此

博施濟衆非聖不能何曾干仁事故特曰夫仁者達人立人取譬可謂仁之方而已使人求之自反便見得也雖然聖人未有不盡仁然教人不得如此指煞

鬼是往而不反之義

天人本無二不必言合

儼然即之温言厲佗人温則不厲儼然則不温惟孔子全之

節嗜慾定心氣即是天氣下降地氣上騰便和無疾

看一部華嚴經不如看一艮卦經只言一止觀

論性不論氣不備論氣不論性不明二之則不是

人自孩提聖人之質已完只先於偏勝處發或仁或義或孝或弟

自幼子常視無誑以上便是教以聖人事

人之知思因神以發

成己須是仁推成己之道成物便是智

非禮勿視聽言動積習儘有功禮在何處

去氣偏處發便是致曲去性上修便是直養然同歸於誠

不有躬無攸利不立已後雖向好事猶為化物不得以天下萬物撓已已立後自能了當得天下萬物

地不改闢民不改聚只修治便了

飢食渴飲冬裘夏葛若致些私吝心在便是廢天職

凡物參和交感則生不和分散則死

凡有氣莫非天凡有形莫非地

二氣五行剛柔萬殊聖人所由惟一理人須要復其初
有形總是氣無形只是道
咸六四言貞吉悔亡言感之不可以心也不得只恁地看過更留心
存養熟後泰然行將去便有進
艮卦只明使萬物各有止止分便定
曾子疾病只要以正不慮死與武王殺一不辜行一不
義得天下不為同心
卜筮在精誠疑則不應

懈意一生便是自棄自暴
勿忘勿助長必有事焉只中道上行
天下之悦不可極惟朋友講習雖過悦無害兑澤有相
滋益處
凝然不動便是聖人
多驚多怒多憂只去一事所偏處自克克得一件其餘
自正
人少長須激昂自進中年已後自至成德者事方可自

安
致知在格物物來則知起物各付物不役其知則意誠
不動意誠自定則心正始學之事也
明德新民豈分人我是成德者事
靜後見萬物自然皆有春意
天之生物無窮物之所成却有別
和平依磬聲玉磬聲之最和平者養心
羊頭山老子說一秤二米秬黍直是天地和氣十分豊

熟山上便有山下亦或有之
八十四聲清者極吹盡清濁者盡吹極濁就其中以中
聲上生下生以一作考
霜露星之氣異乎雨雪
密雲不雨尚往則氣散先陰變風氣隨風散
苔木氣為水土始發始一作所
明善在明守善在誠
復卦非天地之心復則見天地之心聖人無復故未嘗

見其心

管攝天下人心收宗族厚風俗使人不忘本須是明譜系世族與立宗子法

周南召南如乾坤

今之祭祀無樂今之樂又不可用然又却不見得緩急之節

孔子所遇而安無所擇自子路覲孔子孔子為不恭自孔子觀吾輩吾輩便隘惟其與萬物同流便能與天

地同流

技擊不足以當節制節制不足以當仁義使人人有子弟衛父兄之心則制梃以撻秦楚之兵矣

語默猶晝夜晝夜猶生死生死猶古今

鉛鐵性殊點化為金則不辨鉛鐵之性

民須仁之物則愛之

聖人緣人情以制禮事則以義制之

息止也生也止則便生不止則不生

不常其德則所勝來復正常其理則所勝同化

曾點漆雕已見大意故聖人與之

顏子所言不及孔子無伐善無施勞是他顏子性分上事孔子言安之信之懷之是天理上事

心風人力倍平常將死者識能預知只是他不著別事雜亂兼無昏氣人須致一如此

孔子之時事雖有不可為孔子任道豈有不可為魯君齊君孔孟豈不知其不足與有為

君實篤厚晦叔謹嚴堯夫放曠

根本須是先培壅然後可立趨向也趨向既正所造有淺深則由勉與不勉也

人多昏其心聖賢則去其昏

中說有後人綴緝之

揚子之學實韓子之學華華則涉道淺

祭而立尸只是古人質

顏子簞瓢非樂也忘也

庚公之斯取其不背學而已

楊墨皆學仁義而流者也墨子似子張楊子似子夏

孔子免匡人之圍亦苟脱也

四端不言信信本無在在易則是至理在孟子則是氣

仰之彌高見其高而未能至也鑽之彌堅測其堅而未能達也此顔子知聖人之學而善形容者也

義之精者須是自求得之如此則善求義也

讀論語孟子而不知道所謂雖多亦奚以為

湯既勝夏欲遷其社不可聖人所欲不踰矩既欲遷社而又以為不可欲遷是則不可為非矣不可是則欲遷為非矣然則聖人亦有過乎曰非也聖人無過夫亡國之社遷之禮也湯存之以為後世戒故曰欲遷則不可也記曰喪國之社屋之不受天陽也又曰亳社北牖使陰明也春秋書亳社災然則皆是湯之不遷始也

古者百步為畝百畝當今之四十一畝也古以今之四十一畝之田八口之家可以無飢今以古之二百五十畝猶不足農之勤惰相懸乃如此

古之時民居少人各就高而居中國雖有水亦未為害也及堯之時人漸多漸就平廣而居水泛濫乃始為害當是時龍門未闢伊闕未折砥柱未鑿堯乃因水之流濫而治之以為天下後世無窮之利非堯時水特為害也蓋已久矣上世人少就高而居則不為害後世人多就下而處則為害也

四凶之才皆可用堯之時聖人在上皆以其才任大位而不敢露其不善之心堯非不知其不善也伏則聖人亦不得而誅之及堯舉舜於匹夫之中而禪之位則是四人者始懷憤怨不平之心而顯其惡故舜得以因其迹而誅竄之也

人無父母生日當倍悲痛更安忍置酒張樂以為樂若具慶者可矣

今人以影祭皆畫工所傳一髭髮不當則所祭已是別

人大不便

今之稅實輕於什一但斂之無法與不均耳

有一物而相離者如形無影不害其成形水無波不害其為水有兩物而必相須者如心無目則不能視目無心則不能見

古者八十絲為一升斬衰三升則是二百四十絲於今之布為已細緦麻十五升則是千有二百絲今蓋無有矣

古之學者為已今之學者為人古之仕者為人今之仕者為已古之強有力者將以行禮今之強有力者將以為亂

方今有古之所無者二兵與釋老也

言而不行是欺也君子欺乎哉不欺也

汎乎其思不若約之可守也思則來捨則去思之不熟也

聖人之言遠如天賢者小如地

天之付與之謂命稟之在我之謂性見於事業之謂理

事君有犯無隱事親有隱無犯有時而可分

治必有為治之因亂必有為亂之因

視其所以觀人之大槩察其所安必之所安也

子絕四毋自任私意毋必為毋固執毋有已

居是邦也不非其大夫此理最好

養親之心則無極外事極時須為之極莫若極貴貴之義莫若極尊賢之宜

發於外者謂之恭有諸中者謂之敬

誠然後能敬未及誠時卻須敬而後能誠

無妄之謂誠不欺其次矣

詩序必是同時一作國史所作然亦有後人添者如白華只是刺幽王其下更解不去綿蠻序不肯飲食教載之只見詩中云飲之食之教之誨之命彼後車謂之載之便云教載絕不成言語也又如高子曰靈星之尸也分明是高子言更何疑

文王望至治之道而未之見若曰民雖使至治止由之而已安知聖人二南以天子在上諸侯善化及民安得謂之至其有不合周公之心固無此設若有不合者周公之心必如是勤勞

五世依約君子小人在上為政其流澤三四世不已五世而後斬當時門人只知闢楊墨為孟子之功故孟子發此一說以推尊孔子之道言予未得為孔子徒也孔子流澤至此未五世其澤尚在於人予則私善

於人而已

行之不著如此人多若至論雖孔門中亦有由而不知者又更有不知則不能由

送死天下之至重人心苟能竭力盡此一事則可以當天下之大事養生人之常此相對而言若舜曾子養生其心如此又安得不能當大事

王者之詩亡雅亡政教號令不及於天下

仁言為政者道其所為仁聲民所稱道

不得於言勿求於心不可養氣以心為主若言失中心不動亦不妨

一言而可以折獄者其由也與言由之見信如此刑法國人尚可信其他可知

若臧武仲之知又公綽之不欲卞莊子之勇冉求之藝合此四人之偏文之以禮樂方成聖人則盡之矣

先進於禮樂質也後進於禮樂文也文質彬彬然後君子其下則史孔子從之矯枉欲救文之弊然而吾從

周此止文一事又有不從處乘殷之輅

中庸首先言本人之情性次言學次便言三王酌損成王道餘外更無意三王下到今更無聖人若有時須當作四王王者制作時用先代之宜世者今也法當用周禮自漢以來用

有愛人之心然而使民亦有不時處此則至淺言當時治千乘之國若如此時亦可以治矣聖人之言雖至近上下皆通此三句若推其極堯舜之治亦不過此

若常人之言近時便即是淺近去

齊經管仲霸政之後風俗尚權詐急衣食魯之風俗不如此又仲尼居之當時風俗亦甚美利漢尚言齊魯之學天性只說風俗若謂聖賢則周公自不之魯太公亦未可知又謂齊經田常弑君無君臣上下之分也不然

色難形下面有事服勞而言服勞更淺若謂諭父母於道能養志使父母說却與此辭不相合然推其極時

養志如曾子大舜可也曾元是曾子之子尚不能

在邦而已心無怨孔子發明仲弓使知仁字然舜在家亦怨周公狼跋亦怨

當孔子時傳易者支離故言五十以學易言學者謙辭學易可以無大過差易之道惟孔子無大過

詩書統言執禮人所執守

賢者能遠照故能避一世事其次避地不居亂邦

不愧屋漏則心安而體舒

子曰君子博學於文約之以禮亦可以弗畔矣夫此非自得也勉而能守也多聞擇其善者而從之多見而識之知之次也以勉中人之學也

經所以載道也器所以適用也學經而不知道治器而不適用奚益哉

今之學者岐而為三能文者謂之文士談經者泥為講師惟知道者乃儒學也

夫內之得有淺深外之來有輕重內重則可以勝外之

輕得深則可以見誘之淺

師語四

獵自謂今無此好周茂叔曰何言之易也但此心潛隱未發一日萌動復如前矣後十二年因見果知未

周公不作膳夫庖人匠人事只會兼衆有司之所能

有田即有民有民即有兵鄉遂皆起兵

禪學只到止處無用處無禮義

稾秸大羹鸞刀須用誠相副

心要在腔子裏
體道少能體即賢盡能體即聖
孔子門人善形容聖人
堯夫道雖偏駁然卷舒作用極熟又能謹細行
虛而不屈動而愈出
只外面有些隙罅便走了
只學顏子不貳過
忠恕違道不遠可謂仁之方力行近乎仁求仁莫近焉

仁道難言故止曰近不遠而已苟以力行便為仁則
失之矣施諸己而不願亦勿施於人夫子之道忠恕
非曾子不能知道之要捨此則不可言
聖人之明猶日月不可過也過則不明
愚者指東為東指西為西隨衆所見而已知者知東不
必為東西不必為西唯聖人明乎定分須以東為東
以西為西
邵堯夫猶空中樓閣

兵法遠交近攻須是審行此道
只是論得規矩準繩巧則在人
莊子有大底意思無禮無本
體須要大
外面事不患不知只患不見自己
人當審己如何不必恤浮議志在浮議則心不在内
靜坐獨處不難居廣居應天下為難
保民而王今之城郭不為保民

事往往急便壞與奪翕張固有此理老子說著便不是
孔子弟子少有會問者只顏子能問又却終日如愚只
理會生是如何
靜中便有動動中自有靜
灑掃應對與佛家默然處合
喪事人所不勉處酒人所困處孔子於中間處之得宜
堯舜極聖生朱均瞽鯀極愚生舜禹
開物成務有濟時之才

禹不矜不伐至柔也然乃見剛

九德最好

不學便老而衰

不見其大便大

職事不可以巧免

雍置師内郡養耕外郡禦守

兵能聚散為上

把得地一作性分定做事直是不得放過

韓信多多益辦只是分數明

大凡長育人材且須緩緩

兵陣須先立定家計然後以遊騎旋旋量力分外面與敵人合此便是合内外之道若遊騎太遠則却歸不得至如聽金鼓聲亦不忘却自家如何如符堅淝水一敗便不可支持無本故也

坐井觀天非天小只被自家入井中被井筒拘束了然井何罪亦何可廢但出井中便見天大已見天如此大不為井所拘却入井中也不害

致知但知止於至善為人子止於孝為人父止於慈之類不須外面只務觀物理汎然正如游騎無所歸也

即目所學便持吾斯之未能信道著信便是止也

晉書謂吾家書籍當盡與之豈止與之當再拜而獻之

病昏不為他物所奪只有正氣然猶有力知識遠過於人況吾合天地之道安有不可

須是無終日之間違仁即道日益明矣

師語五

傳不習乎不習而傳與人

學則不固連上説

有馬者借人乘之吾力猶能補史之闕文當史之職而能闕疑以待後人是猶有馬者借人乘之也

能言不作者難

君子義以為質四句只是一事以義為本

可使之往不可陷以罔

君子矜而不爭矜尚之矜
南宮适以禹稷比孔子故夫子不答也
果哉末之難矣果敢之果不知更有難事他所未曉輕
議聖人孔子擊磬何嘗無心荷蕢於此知之
辟世辟言辟色非有優劣只說大小次第
靈公問陳孔子遂行言語不相投
不占而已有吉凶便占無常之人更不待占
三代直道而行毀譽公

踐迹如言循途守轍善人雖不循守舊迹亦不能入聖
人之室
論篤是與言篤實時與君子與色莊
魯衛之政兄弟也言相近也
知及仁守莊涖動禮為政始末
民之於仁甚於水火不肯為仁如蹈水火
致遠恐泥不可行遠
先傳後倦君子教人有序先傳以小者近者而後教以
大者遠者非是先傳以近小而後不教以遠大也
吾其為東周乎東遷以後諸侯大夫强僭聖人豈為是
乎匏瓜繫而不食匏瓜無所為之物繫而不動
子樂弟子各盡其誠實不少加飾故孔子知由之不得
其死
性相近也生質之性
小知大受不可以小知君子而可以當大事
天下有道丘不與易也其誰以易之誰肯以夫子之道
易己所為

佛肸召欲往而不往者何也聖人示之以迹子路不諭
九夷浮海之類
周公謂魯公三句反覆說不獨不施其親又當使大臣
不怨至公不可忘私又當全故舊
大德小德如大節小節
雖有周親不如仁人至親不如仁賢
因不失其親信本不及義恭本不及禮然信近於義者

以言可復也恭近於禮者以遠恥辱也因恭信不失
其所親近於禮義故亦可宗也如言禮義不可得見
得見恭信者斯可矣
子張子夏論交子夏子張告人各有所以初學與成德
者事不同
貧與賤不以其道得之不去也不以其道得去貧賤如
患得之
卿以下必有圭田祭祀之田也禄外之田也

餘夫二十五畝一夫上父母下妻子以五口至八口為
率受田百畝如有弟是餘夫也俟其成家別受田也
廛而不征市宅之地已有廛稅更不征其物
法而不廛稅有常法不以廛故而厚其稅
廛無夫里之布廛自有稅無此二布
國有道不變塞所守不變所行不塞
廣居正位大道所居者廣所位者正所行者大天下至
中至大之所

配義與道浩氣已成合道與義道本也義用也
集義所生者集衆義而生浩然之氣非義外襲我而取
之也
師訓
問文中子圓者動方者静先生曰此正倒說了静體圓
動體方
問管仲設使當初有必死之理管仲還肯死否曰董仲
舒道得好惟仁人正其誼不謀其利明其道不計其
功

問知崇禮卑曰崇的便是知卑的便是禮
問充塞乎天地之間莫是用於天地間無窒礙處否曰
此語固好然孟子却是説氣之體
因論持其志先生曰只這箇也是私然學者不恁地不
得
問寢不尸曰毋不敬
古者大享夫人有見賓之禮南子雖妾靈公既以夫人

處之使孔子見於是時豈得不見天且不違況於鬼神乎鬼神言其功用天言其主宰天下雷行物與无妄先天後天皆合乎天理也人欲則僞矣

古人善推其所為而已矣此特告齊宣云爾聖人則不待推

仲尼聖人其道大當定哀之時人莫不尊之後弟子各以其所學行異端遂起至孟子不得不辨也

歲寒然後知松柏之後凋只取堅不變之義

鼓萬物而不與聖人同憂聖人有為之功天地不宰之功

孔子之時周室雖微天下諸侯尚知尊周為美故春秋之法以尊周為本至孟子時七國爭雄而天下不知有周然而生民塗炭諸侯是時能行王道則可以王矣蓋王者天下之義主也故孟子所以勸齊之可以王者此也

初見先生次日先生復禮因問安下飯食穩便因謂君子食無求飽居無求安顏子簞瓢陋巷不改其樂簞瓢陋巷何足樂蓋別有所樂以勝之耳 伊川

問佛戒殺生之說如何曰儒者有兩說一說天生禽獸本為人食此說不是豈有人為蟣蝨而生耶一說禽獸待人而生殺之則不仁此說亦不然大抵力能勝之者皆可食但君子有不忍之心爾故曰見其生不忍見其死聞其聲不忍食其肉是以君子遠庖廚也舊先兄嘗見一蝎不忍殺放去頌中有二句云殺之

則傷仁放之則害義 伊川

敬以直內義以方外與德不孤一也為善者以類應有朋自遠方來充之至於塞乎天地皆不孤也

伯夷孟子言其迹得聖人之清孔子言清而有量故曰不念舊惡怨是用希又曰求仁而得仁又何怨若曰餓於首陽之下但不食周粟貧且餓爾非謂不食周粟至于采薇而食之如史遷之說也

樂隨風氣至韶則極備若堯之洪水方割四凶未去和有未至也至舜以聖繼聖治之極和之至故韶為備

舜巡狩每五載一方

仁在己讓不可也若善名在外則不可不讓

管仲不死觀其九合諸侯不以兵車乃知其仁也若無此則貪生惜死雖匹夫匹婦之諒亦不若也

游鷹山集卷三

孟子解一卷

宋 楊時撰

清乾隆内府鈔《文淵閣四庫全書·龜山集》本

欽定四庫全書

集部

龜山集

目錄 卷一至卷五

詳校官庶吉士臣張溥

侍讀臣孫球覆勘

總校官原任中允臣王燕緒

校對官中書臣李斯咏

謄錄監生臣譚世煒

謄錄監生臣蕭準

龜山集 別集類三 宋

提要

臣等謹案龜山集四十二卷宋楊時撰時事蹟具宋史道學傳是集凡書奏表劄講義經解史論啟記序跋各一卷語錄四卷答問二卷辨二卷書七卷襍著一卷哀辭祭文一卷狀述一卷誌銘八卷語五卷時受蔡京之薦雖朱子亦不能無疑然葉夢得為蔡京門客

南渡後作避暑錄話石林詩話諸書尚祖護熙寧紹聖之局時於蔡京既敗以後即力持公論集中載上欽宗第七疏詆京與王黼之亂政而請罷王安石配享則尚非始終黨附者比又於靖康被兵之時首以誠意進言雖未免少迂而其他排和議爭三鎮請一統帥罷奄寺守城以及茶務鹽法轉般糴買坑冶

盜賊邊防軍制諸議皆於時勢安危言之鑿鑿亦尚非空談性命不達世變之論蓋瑕瑜並見通蔽互形過譽過毁皆講學家門户之私不足據也時受學程子傳之沙縣羅從彦再傳為延平李侗三傳而及朱子開閩中道學之脈其東林書院存於無錫又為明季講授之宗本不以文章見重而篤實質樸要不失為儒者之言舊板散佚明弘治壬戌將樂

知縣李熙重刊併為十六卷後常州東林書院刊本分為三十六卷宜興刊本又併為三十五卷萬歷辛卯將樂知縣林熙春重刊定為四十二卷此本為順治庚寅時裔孫令聞所刊其卷帙一仍熙春之舊云乾隆四十三年五月恭校上

總纂官臣紀昀臣陸錫熊臣孫士毅

總校官臣陸費墀

與治天職則其憂至於不能養弗與食天禄則不與賢人國事又甚矣故其憂又至於不能息也

孟子解

梁惠王問利國

君子以義為利不以利為利使其民不後其君親則國治矣利孰大焉故曰亦有仁義而已何必曰利

賢者亦樂此乎

人君當樂民之樂臺池鳥獸豈足樂哉

移民移粟

移民轉粟荒政之所不廢也不行先王之道而徒以是為盡心宜孟子之不與也夫有仁心仁聞而民不被其澤者不行先王之道故也自不違農時而下使民養生送死無憾者仁心仁聞而已未及為政也故為王道之始自五畝之宅而下至黎民不饑不寒此制民之産先王之政也如是而後王道成矣故曰不王者未之有也夫有仁心仁聞而不行先王之道是謂徒善徒善不足

以為政行先王之政而無仁心仁聞是謂徒法徒法不能以自行二者不可偏舉也故曰堯舜之道不以仁政不能平治天下其斯之謂也

仁者無敵

一視而同仁夫誰與為敵

無道桓文之事

齊宣王見孟子於雪宫曰賢者亦樂此乎而孟子對以晏子之言則霸者之事非無傳也君子務引其君於當道則桓文之事不足為也已蓋大匠不為拙工改其繩墨故曰無以則王乎

是心足以王矣

為天下舉斯心加諸彼而已其王也孰禦焉然雖有仁心仁聞而民不被其澤者不行先王之道故也故又以制民之産告之使民不饑不寒而後曰不王者未之有也

今樂猶古樂

魏文侯曰端冕而聽古樂則唯恐卧聽鄭衛之音則不知倦則今樂與古樂固異矣而孟子之言如此者蓋樂者天地之和也而樂以和為主人和則氣和氣和則天地之和應之矣使人聞鐘鼓管絃之音舉疾首蹙頞則雖奏以咸英韶濩無補於治也故孟子告之以此姑正其本而已

憂以天下樂以天下

憂民之憂民亦憂其憂樂民之樂民亦樂其樂出乎爾者必反之理之固然也

徵招角招

角為民徵為事巡所守述所職省耕斂皆民事也故齊景公作君臣相説之樂曰徵招角招是也

王欲行王政則勿毁之矣

世儒或以孟子敎齊宣王行王政為臣不忠與孔子尊王之意異蓋未嘗論世故也春秋之時名位未亡天下猶以為君也故孔子曰如有用我者吾其為東周乎至

孟子時諸侯皆稱王則天下不復有周也分為東西君之位號亦亡矣雖欲尊之尚可得乎聖賢之趨時合變各有所當也世儒不論其世而謬為之說失其旨矣

好色好貨

知仁勇天下之達德也知知之仁守之勇行之三者闕一焉非達德也則人君固不可無勇矣而齊王以是為有疾故孟子告以文武之事使廓而大之則安天下無足為者矣若夫好貨好色則生於人君之邪心不可為

訓也然而孟子不以為不可者蓋譬之水逆行中流而遏之其患必至于決溢因其勢而利道之則庶乎其適諸海也故以公劉太王之事告之陳古之善而閑其邪心引之於當道也其自謂齊人莫如我敬王者以此易之睽曰遇主于巷亦斯之謂也

聞誅一夫

三仁未去紂非獨夫也三仁去則天下不以為君矣是誅一夫也何弒君之有世儒有謂湯武非聖人也有南史之筆則鳴條牧野之事當書曰簒弒蓋其智不足以知聖人而妄論之矣

姑舍女所學而從我

此皆好臣其所教而不好臣其所受教故其言如此

亦運而已矣

民之去燕猶避水火也故簞食壺漿以迎王師齊王又殺其父兄係累其子弟是水益深火益熱矣民將復避之也故曰亦運而已運者反覆運轉之謂也

君請擇於斯二者

國君死社稷故告之以效死勿去正也至其甚恐則以大王去邠之事告之非得已也然君子創業垂統為可繼亦在彊為善而已故太王去邠民從之如歸市不知為善而去國則民將適彼樂土矣尚誰從之哉然滕文公未必能如太王也使其去國而遂亡則不若效死勿去之為愈也故又請擇於斯二者

不遇魯侯天也

孟子之遇不遇治亂興衰之所繫天實為之非人所能也夫何怨尤之有

爾何曽比予於管仲

孔子謂由也千乘之國可使治其賦稱管仲曰九合諸侯一匡天下民到於今受其賜則管仲之功非子路所能也而曽西謂子路孰賢則曰吾先子之所畏也問管仲則艴然不說曰爾何曽比予如是何也曰昔者王良與嬖奚乘為之範我驅馳終日而不獲一為之詭遇一

朝而獲十若子路者為之範也雖不獲一而不為歉管仲詭遇也雖得禽若丘陵射者不為也仲尼之門羞稱管晏亦猶是耳

不得於言勿求於心不可

齊王不忍牛之觳觫而易之以羊非愛其財而易之也而百姓謂王為愛無以自解所謂不得於言也不求其心則齊王誠為愛其財而易之矣故不得於言勿求於心不可夫志者心之所之也而志為氣之帥則氣從之矣故不得於心勿求於氣可

夫志氣之帥也氣體之充也夫志至焉氣次焉

志氣之帥則氣從志而已故曰志至焉氣次焉氣之從志則持其志可也又曰無暴其氣者蓋蹶者趨者是氣也而反動其心氣一亦能動志故也

其為氣也至大至剛

通天下一氣耳天地其體也氣體之充也人受天地之中以生均一氣耳故至大集義所生故至剛氣之剛大

以直養而無害則塞乎天地之間蓋氣之本體也氣無形聲之可名故難言也而以道義配之所以著名之也

勿忘勿助長

必有事焉勿忘也勿正勿助長也助長老子所謂益生也益生不祥忘與助長所趨雖異而其為害則同矣循其自然而順養之無加損焉則無二者之害矣

伯夷柳下惠

伯夷柳下惠之風聞之者莫不興起故可為百世師至

其流風之弊隘與不恭則君子不由也

孟子將朝王

齊王欲見孟子孟子辭以疾明日出弔於東郭氏公孫丑曰昔者辭以病今日弔或者不可乎夫孟子將朝王則見王固所欲也爲其名之故不往明日出弔蓋取瑟而歌之意欲其知之也雖公孫丑猶不諭其旨况餘人乎此景丑氏所以問也夫天下有大戒二臣之事君義也無適而非君也無所逃於天地之間是之爲大戒先

王之時天下定于一尺地莫非其有也一民莫非其臣也則士於其時無適非君也無所逃於天地之間則君命召不俟駕行矣禮也周衰諸侯各擅其土地士不遇於齊則之楚之魏無不可者非一國所能專制也故士於斯時有不爲臣之義時君茍無尊德樂道之誠心不足與有爲則雖欲亟見之且不可得况得而召之乎

請野九一而助國中什一使自賦

夏后氏五十而貢殷人七十而助周人百畝而徹徹者徹也蓋兼貢助而通用也故孟子請野九一而助國中什一使自賦方里爲井井九百畝八家皆私百畝其中爲公田所謂九一而助也國中什一使自賦則用貢法矣此周人所以爲徹也鄭氏謂周制畿内用貢法邦國用助法有得於此歟

舜使益掌火益烈山澤而焚之

舜之臣予十有二人而孔子曰舜有臣五人而天下治所謂五人者孟子所言者是也夫洪水横流草木暢茂

禽獸偪人則禹雖欲施功未可也故孟子論五人者命益使烈山澤而焚之在禹之先天下既平則命益若鳥獸草木乃在臯陶之後蓋治人與若鳥獸草木其先後之常序宜如此也不同亦時焉而已矣

予天民之先覺者也

道一而已矣人心之所同然無二致也聖人先得人心之所同然者故伊尹曰予天民之先覺者也衆人特夢而未始覺耳而伊尹以斯道覺斯民非外襲而取之以

與民也特覺之而已矣

百世而下聞者莫不興起

伯夷柳下惠道不行於天下而流風足以澤世起後而已故百世而下有聞風而起者伊尹德被生民功施後世夫子自生民以來未之有也門人謂賢於堯舜則其流風不足道也

遲遲吾行也

孔子之去魯曰遲遲吾行也去父母國之道也然燔肉

不至不稅冕而行何遲遲之有曰孔子之欲去魯也久矣欲以微罪行不欲為苟去故遲遲其行也燔肉不至則得以微罪行矣過此復無辭以去故不稅冕而行非速也

惟義所在

孔子曰言必信行必果硜硜然小人哉故孟子曰大人言不必信行不必果惟義所在以發明孔子之意

不失赤子之心

赤子之心發而未離夫本也故言大人以此而已語化之則未也

薛居州善士也

政不足與間也人不足與適也惟大人為能格君心之非則雖一人可與王為善矣薛居州善士而已不足以與此故一薛居州其如宋王何

是皆已甚

段干木踰垣而避之泄柳閉門而不內皆已甚也孔子

不為已甚者故陽貨先不得不見然陽貨矙孔子之亡而饋蒸豚孔子亦矙其亡而往拜之夫是之謂稱揚子謂詘身以伸道非也

若合符節

舜之事瞽叟與文王之事紂其揆一也易地則皆然故曰若合符節

君之視臣如犬馬

臣之視君如國人若鄭以忽為狂狡之童是也視君如

寇讐若子胥之於楚乎是也世之為臣蓋有如此者孟子為齊宣王言之使知為君而遇其臣不可不以其道也若夫君子於君臣之際無是理也

天下之言性

天下之言性則故而已矣告子曰生之謂性是也列子曰生於陵而安於陵故也生之謂性氣質之性也君子不謂之性則故而已矣故者以利為本如禹之治水因其勢而利道之行其所無事是也不知行其所無事而

用私智之鑿是以故滅命也所謂命者列子謂不知吾所以然而然是也苟求其以利為本則雖天之高星辰之遠千歲之日至可坐而致也

孔子作春秋

王者之迹熄而詩亡詩亡然後春秋作春秋之時詩非盡亡也黍離降而為國風則雅之詩亡矣雅亡則無政春秋所以作也然孔子曰述而不作竊比於我老彭而孟子曰孔子作春秋何也蓋當是時周雖未亡所存者名位而已慶賞刑威不行焉孔子以一字為褒貶以代刑賞前此未有也故曰春秋天子之事也故謂之作然其事則齊桓晉文其文則史其義則竊取之是亦述之而已

堯舜之道孝弟而已

堯舜之道豈遠乎哉孝弟而已矣弟不弟乃在乎行止疾徐之間人病不求耳伊尹樂堯舜之道即耕于有莘之野是已寒而衣饑而食日出而作晦而息無非道也

孔子之相師亦道也百姓日用而不知耳知之則無適而非道也

盡心

盡其心然後能存心知其性然後能養性知天然後能事天此其序也世儒謂知我則敵事我則卑失其旨矣

執中無權猶執一也

禹思天下之溺猶己溺之稷思天下之饑猶己饑之至於股無胈脛無毛不當其可與墨子摩頂放踵無以異

也顏子在陋巷人不堪其憂回也不改其樂未嘗仕也苟不當其可則與楊氏之爲我亦無以異也子莫執中執爲我兼愛之中也執中而無權猶執一也鄉鄰有鬬而不知閉戶室中有鬬而不知救是亦猶執一耳故孟子以爲賊道禹稷顏回易地則皆然以其有權也權猶權衡之權量輕重而取中也不能易地則皆然是亦楊墨而已矣

柳下惠

不惡汙君不辭小官可謂和矣而不以三公易其介則雖和而不流此所以爲柳下惠也

同道不同道

禹稷顏回曾子子思易地則皆然故曰同道三聖人其行不同不可以易地故曰不同道雖不同其趨則同歸於仁而已與商之三仁或去或不去同謂之仁其揆一也

五十而慕

舜其至孝矣五十而慕蓋人少則慕父母而鮮能終身慕因物有遷也故知好色則慕少艾有妻子則慕妻子仕則慕君舜生三十徵庸至五十則是數者具有之矣而不足以解憂惟順父母爲足以解憂則終身慕可知矣言五十而慕蓋以此也

五霸假之

堯舜性之由而行者也湯武身之體之者也五霸則假之而已非已有也若管仲責包茅不入王祭不供昭王

南征不反非誅伐之本意假此爲說耳

形色天性

形色即天性也則踐形斯盡性矣故惟聖人爲能與釋氏色空之論一也吾聖人以爲天下自然之理而以常事言之故言近而聞者無懼焉異端之學自以爲精微之論其徒累千百言不能竟其義故學者莫知適從而去道益遠矣此儒佛之辨也

龜山集卷八

孟子解一卷

題宋 尹焞撰

清鈔本

孟子解二卷浙江吳玉墀家藏本

舊本題宋尹焞撰案陳振孫書錄解題載尹氏論語解十卷孟子解十四卷徽猷閣待制河南尹焞彥明紹興中經筵所上孟子解未成不及上而卒趙希弁讀書附志則謂焞於紹興初再以崇政殿說書召既侍經筵首解論語以進繼解孟子甫及終篇而卒邢正夫嘗刻於岳陽泮宮其書世罕傳本故朱彝尊經義考註曰已佚此本出浙江吳玉墀家莫知其所自來每章之末畧贅數語評論大意多者不過三四行皆詞義膚淺或類坊刻史評或類時文批語無一語之發明焞為程氏高弟疑其陋不至於此又書止上下二卷首尾完具無所闕佚與十四卷之數亦不相合殆近時妄人所依託也

梁惠王章句上

孟子見梁惠王王曰叟不遠千里而來亦將有以利吾國乎孟子對曰王何必曰利亦有仁義而已矣王曰何以利吾國大夫曰何以利吾家士庶人曰何以利吾身上下交征利而國危矣萬乘之國弒其君者必千乘之家千乘之國弒其君者必百乘之家萬取千焉千取百焉不為不多矣苟為後義而先利不奪不饜未有仁而遺其親者也未有義而後其君者也王亦曰仁義而已矣何必曰利

[illegible]評上

梁惠王以利國為言而孟子對以仁義者苟以利為事則不奪不饜矣知仁而不遺其親知義而不後其君則為利也博矣孟子所以拔本塞源而救其弊此聖賢之心也彼以利而不知仁義其害豈有既乎

孟子見梁惠王王立於沼上顧鴻鴈麋鹿曰賢者亦樂此乎孟子對曰賢者而後樂此不賢者雖有此不樂也詩云經始靈臺經之營之庶民攻之不日成之經始勿亟庶民子來王在靈囿麀鹿攸伏麀鹿濯濯白鳥鶴鶴王在靈沼於牣魚躍文王以民力為臺為

沼而民歡樂之謂其臺曰靈臺謂其沼曰靈沼樂其
有麋鹿魚鼈古之人與民偕樂故能樂也湯誓曰時
日害喪予及女偕亡民欲與之偕亡雖有臺池鳥獸
豈能獨樂哉
麋鹿魚鼈皆遂其性則與民偕樂也可知矣曰賢
者而後樂此不賢者雖有此不樂也吉君之道當
然其意深切矣
梁惠王曰寡人之於國也盡心焉耳矣河內凶則移
其民於河東移其粟於河內河東凶亦然察鄰國之
政無如寡人之用心者鄰國之民不加少寡人之民

不加多何也孟子對曰王好戰請以戰喻填然鼓之
兵刃既接棄甲曳兵而走或百步而後止或五十步
而後止以五十步笑百步則何如曰不可直不百步
耳是亦走也曰王如知此則無望民之多於鄰國也
不違農時穀不可勝食也數罟不入洿池魚鼈不可
勝食也斧斤以時入山林材木不可勝用也穀與魚
鼈不可勝食材木不可勝用是使民養生喪死無憾
也養生喪死無憾王道之始也五畝之宅樹之以桑
五十者可以衣帛矣雞豚狗彘之畜無失其時七十
者可以食肉矣百畝之田勿奪其時數口之家可以
無飢矣謹庠序之教申之以孝悌之義頒白者不負
戴於道路矣七十者衣帛食肉黎民不飢不寒然而
不王者未之有也狗彘食人食而不知檢塗有餓莩
而不知發人死則曰非我也歲也是何異於刺人而
殺之曰非我也兵也王無罪歲斯天下之民至焉
孟子所言王道之始也梁惠王不知出於王道而
欲民之多於鄰國又歸罪於歲凶其不知本也甚
矣反以孟子為迂濶而不見用哀哉
梁惠王曰寡人願安承教孟子對曰殺人以梃與刃
有以異乎曰無以異也以刃與政有以異乎曰無以

異也曰庖有肥肉廐有肥馬民有飢色野有餓莩此
率獸而食人也獸相食且人惡之為民父母行政不
免於率獸而食人惡在其為民父母也仲尼曰始作
俑者其無後乎為其象人而用之也如之何其使斯
民飢而死也
為政之不善一至於此不能遵王道故也惡在其
為民父母
梁惠王曰晉國天下莫強焉叟之所知也及寡人之
身東敗於齊長子死焉西喪地於秦七百里南辱於
楚寡人耻之願比死者一洒之如之何則可孟子對

曰地方百里而可以王王如施仁政於民省刑罰薄稅斂深耕易耨壯者以暇日修其孝悌忠信入以事其父兄出以事其長上可使制梃以撻秦楚之堅甲利兵矣彼奪其民時使不得耕耨以養其父母父母凍餓兄弟妻子離散彼陷溺其民王往而征之夫誰與王敵故曰仁者無敵王請勿疑

古之聖人地方百里而可以王今惠王據有大國而反敗辱焉不能施仁政而遵王道故也仁者無敵豈力不足哉惑而不為焉耳

孟子見梁襄王出語人曰望之不似人君就之而不

孟子解上　四

見所畏焉卒然問曰天下惡乎定吾對曰定于一孰能一之對曰不嗜殺人者能一之孰能與之對曰天下莫不與也王知夫苗乎七八月之間旱則苗槁矣天油然作雲沛然下雨則苗浡然興之矣其如是孰能禦之今夫天下之人牧未有不嗜殺人者也如有不嗜殺人者則天下之民皆引領而望之矣誠如是也民歸之由水之就下沛然誰能禦之

戰國之際干戈相勝非救民於亂者也殺人而已矣欲天下之定于一可乎

齊宣王問曰齊桓晉文之事可得聞乎孟子對曰仲尼之徒無道桓文之事者是以後世無傳焉臣未之聞也無以則王乎曰德何如則可以王矣曰保民而王莫之能禦也曰若寡人者可以保民乎哉曰可曰何由知吾可也曰臣聞之胡齕曰王坐於堂上有牽牛而過堂下者王見之曰牛何之對曰將以釁鐘王曰舍之吾不忍其觳觫若無罪而就死地對曰然則廢釁鐘與曰何可廢也以羊易之不識有諸曰有之曰是心足以王矣百姓皆以王為愛也臣固知王之不忍也王曰然誠有百姓者齊國雖褊小吾何愛一牛即不忍其觳觫若無罪而就死地故以羊易之也

孟子解上　五

曰王無異於百姓之以王為愛也以小易大彼惡知之王若隱其無罪而就死地則牛羊何擇焉王笑曰是誠何心哉我非愛其財而易之以羊也宜乎百姓之謂我愛也曰無傷也是乃仁術也見牛未見羊也君子之於禽獸也見其生不忍見其死聞其聲不忍食其肉是以君子遠庖廚也王說曰詩云他人有心予忖度之夫子之謂也夫我乃行之反而求之不得吾心夫子言之於我心有戚戚焉此心之所以合於王者何也曰有復於王者曰吾力足以舉百鈞而不足以舉一羽明足以察秋毫之末而不見輿薪則王

許之乎曰否今恩足以及禽獸而功不至於百姓獨
何與然則一羽之不舉為不用力焉輿薪之不見為
不用明焉百姓之不見保為不用恩焉故王之不王
不為也非不能也曰不為者與不能者之形何以異
曰挾太山以超北海語人曰我不能是誠不能也為
長者折枝語人曰我不能是不為也非不能也故王
之不王非挾太山以超北海之類也王之不王是折
枝之類也老吾老以及人之老幼吾幼以及人之幼
天下可運於掌詩云刑于寡妻至於兄弟以御于家
邦言舉斯心加諸彼而已故推恩足以保四海不推

孟子註上　六

恩無以保妻子古之人所以大過人者無他焉善推
其所為而已矣今恩足以及禽獸而功不至於百姓
者獨何與權然後知輕重度然後知長短物皆然心
為甚王請度之抑王興甲兵危士臣構怨於諸侯然
後快於心與王曰否吾何快於是將以求吾所大欲
也曰王之所大欲可得聞與王笑而不言曰為肥甘
不足於口與輕煖不足於體與抑為采色不足視於
目與聲音不足聽於耳與便嬖不足使令於前與王
之諸臣皆足以供之而王豈為是哉曰否吾不為是
也曰然則王之所大欲可知已欲辟土地朝秦楚莅
中國而撫四夷也以若所為求若所欲猶緣木而求
魚也王曰若是其甚與曰殆有甚焉緣木求魚雖不
得魚無後災以若所為求若所欲盡心力而為之後
必有災曰可得聞與曰鄒人與楚人戰則王以為孰
勝曰楚人勝曰然則小固不可以敵大寡固不可以
敵眾弱固不可以敵強海內之地方千里者九齊集
有其一以一服八何以異於鄒敵楚哉蓋亦反其本
矣今王發政施仁使天下仕者皆欲立於王之朝耕
者皆欲耕於王之野商賈皆欲藏於王之市行旅皆
欲出於王之塗天下之欲疾其君者皆欲赴愬於王

孟子註上　七

其若是孰能禦之王曰吾惛不能進於是矣願夫子
輔吾志明以教我我雖不敏請嘗試之曰無恒產而
有恒心者惟士為能若民則無恒產因無恒心苟無
恒心放辟邪侈無不為已及陷於罪然後從而刑之
是罔民也焉有仁人在位罔民而可為也是故明君
制民之產必使仰足以事父母俯足以畜妻子樂歲
終身飽凶年免於死亡然後驅而之善故民之從之
也輕今也制民之產仰不足以事父母俯不足以畜
妻子樂歲終身苦凶年不免於死亡此惟救死而恐
不贍奚暇治禮義哉王欲行之則盍反其本矣五畝

之宅樹之以桑五十者可以衣帛矣雞豚狗彘之畜無失其時七十者可以食肉矣百畝之田勿奪其時八口之家可以無飢矣謹庠序之教申之以孝悌之義頒白者不負戴於道路矣老者衣帛食肉黎民不飢不寒然而不王者未之有也

仲尼之徒無道桓文之事者以其不務本而求末故也觀此一章曲盡其理患不能推而行之耳孟子務引其君於當道志於仁者率此類也夫亦在乎為之而已矣

梁惠王章句下

莊暴見孟子曰暴見於王王語暴以好樂暴未有以對也曰好樂何如孟子曰王之好樂甚則齊國其庶幾乎他日見於王曰王嘗語莊子以好樂有諸王變乎色曰寡人非能好先王之樂也直好世俗之樂耳曰王之好樂甚則齊其庶幾乎今之樂猶古之樂也曰可得聞與曰獨樂樂與人樂樂孰樂曰不若與人曰與少樂樂與衆樂樂孰樂曰不若與衆臣請為王言樂今王鼓樂於此百姓聞王鍾鼓之聲管籥之音舉疾首蹙頞而相告曰吾王之好鼓樂夫何使我至於此極也父子不相見兄弟妻子離散今王田獵於此百姓聞王車馬之音見羽毛之美舉疾首蹙頞而相告曰吾王之好田獵夫何使我至於此極也父子不相見兄弟妻子離散此無他不與民同樂也今王鼓樂於此百姓聞王鍾鼓之聲管籥之音舉欣欣然而喜色而相告曰吾王庶幾無疾病與何以能鼓樂也今王田獵於此百姓聞王車馬之音見羽毛之美舉欣欣然有喜色而相告曰吾王庶幾無疾病與何以能田獵也此無他與民同樂也今王與百姓同樂則王矣

王者之所以王者得民心而已推已之心以及民

與民同樂則王天下也孰樂哉

齊宣王問曰文王之囿方七十里有諸孟子對曰於傳有之曰若是其大乎曰民猶以為小也曰寡人之囿方四十里民猶以為大何也曰文王之囿方七十里芻蕘者往焉雉兔者往焉與民同之民以為小不亦宜乎臣始至於境問國之大禁然後敢入臣聞郊關之內有囿方四十里殺其麋鹿者如殺人之罪則是方四十里為阱於國中民以為大不亦宜乎

文王之囿與齊宣王之囿一也不與民共之則是害民而已矣

齊宣王問曰交鄰國有道乎孟子對曰有惟仁者爲能以大事小是故湯事葛文王事昆夷惟智者爲能以小事大故大王事獯鬻句踐事吳以大事小者樂天者也以小事大者畏天者也樂天者保天下畏天者保其國詩云畏天之威于時保之王曰大哉言矣寡人有疾寡人好勇對曰王請無好小勇夫撫劍疾視曰彼惡敢當我哉此匹夫之勇敵一人者也王請大之詩云王赫斯怒爰整其旅以遏徂莒以篤周祜以對于天下此文王之勇也文王一怒而安天下之民書曰天降下民作之君作之師惟曰其助上帝寵

之四方有罪無罪惟我在天下曷敢有越厥志一人衡行於天下武王恥之此武王之勇也而武王亦一怒而安天下之民今王亦一怒而安天下之民民惟恐王之不好勇也

仁者之心至公也智者之心用謀也以大事小則樂天而無不覆載以小事大則狹隘而私於一國仁者之心智者之心於此殊矣能法文武之用心則民惟恐君之不好勇也若按劍疾視則其小勇陋矣

齊宣王見孟子於雪宮王曰賢者亦有此樂乎孟子對曰有人不得則非其上矣不得而非其上者非也爲民上而不與民同樂者亦非也樂民之樂者民亦樂其樂憂民之憂者民亦憂其憂樂以天下憂以天下然而不王者未之有也昔者齊景公問於晏子曰吾欲觀於轉附朝儛遵海而南放于琅邪吾何脩而可以比於先王觀也晏子對曰善哉問也天子適諸侯曰巡狩巡狩者巡所守也諸侯朝於天子曰述職述職者述所職也無非事者春省耕而補不足秋省斂而助不給夏諺曰吾王不遊吾何以休吾王不豫吾何以助一遊一豫爲諸侯度今也不然師行而糧

食飢者弗食勞者弗息睊睊胥讒民乃作慝方命虐民飲食若流流連荒亡爲諸侯憂從流下而忘反謂之流從流上而忘反謂之連從獸無厭謂之荒樂酒無厭謂之亡先王無流連之樂荒亡之行惟君所行也景公說大戒於國出舍於郊於是始興發補不足召大師曰爲我作君臣相說之樂蓋徵招角招是也其詩曰畜君何尤畜君者好君也

君之與民貴賤雖不同而其心則未始有異也孟子所以力陳其說使曉然易知其言可謂深切矣齊王不能推而用之惜哉

齊宣王問曰人皆謂我毀明堂毀諸已乎孟子對曰夫明堂者王者之堂也王欲行王政則勿毀之矣王曰王政可得聞與對曰昔者文王之治岐也耕者九一仕者世祿關市譏而不征澤梁無禁罪人不孥老而無妻曰鰥老而無夫曰寡老而無子曰獨幼而無父曰孤此四者天下之窮民而無告者文王發政施仁必先斯四者詩云哿矣富人哀此煢獨王曰善哉言乎曰王如善之則何為不行王曰寡人有疾寡人好貨對曰昔者公劉好貨詩云乃積乃倉乃裹餱糧于橐于囊思戢用光弓矢斯張干戈戚揚爰方啓行

孟子註上　十二

故居者有積倉行者有裹糧也然後可以爰方啓行王如好貨與百姓同之於王何有王曰寡人有疾寡人好色對曰昔者大王好色愛厥妃詩云古公亶父來朝走馬率西水滸至於岐下爰及姜女聿來胥宇當是時也內無怨女外無曠夫王如好色與百姓同之於王何有

孟子之不欲毀明堂欲齊王之行王政也文王之治岐公劉之好貨大王之好色皆事而言可謂善引其君矣

孟子謂齊宣王曰王之臣有託其妻子於其友而之楚遊者比其反也則凍餒其妻子則如之何王曰棄之曰士師不能治士則如之何王曰已之曰四境之內不治則如之何王顧左右而言他

友之失其道士師之失其職齊王既明知其罪矣至於四境之不治則恥於自責此齊宣王所以終不足與有為也

孟子見齊宣王曰所謂故國者非謂有喬木之謂也有世臣之謂也王無親臣矣昔者所進今日不知其亡也王曰吾何以識其不才而舍之曰國君進賢如不得已將使卑踰尊疏踰戚可不慎與左右皆曰賢

孟子詳二　十三

未可也諸大夫皆曰賢未可也國人皆曰賢然後察之見賢焉然後用之左右皆曰不可勿聽諸大夫皆曰不可勿聽國人皆曰不可然後察之見不可焉然後去之左右皆曰可殺勿聽諸大夫皆曰可殺勿聽國人皆曰可殺然後察之見可殺焉然後殺之故曰國人殺之也如此然後可以為民父母

世臣則累世脩德必能輔君以道而可則者也取人苟不詳審則好惡必不公為害甚大尚何世臣之有哉是以國君進退群臣必察於國人之論而不自恃也苟用此道則賢否判然人不可得而欺

矣人君之務孰大於是

齊宣王問曰湯放桀武王伐紂有諸孟子對曰於傳有之曰臣弑其君可乎曰賊仁者謂之賊賊義者謂之殘殘賊之人謂之一夫聞誅一夫紂矣未聞弑君也

孟子為當時而言以警戒時君也

孟子見齊宣王曰為巨室則必使工師求大木工師得大木則王喜以為能勝其任也匠人斲而小之則王怒以為不勝其任矣夫人幼而學之壯而欲行之王曰姑舍女所學而從我何如今有璞玉於此雖萬

孟子解上一　十四

鎰必使玉人雕琢之至於治國家則曰姑舍女所學而從我則何以異於教玉人彫琢玉哉

孟子之卒不得有為於國蓋類是也

齊人伐燕勝之宣王問曰或謂寡人勿取或謂寡人取之以萬乘之國伐萬乘之國五旬而舉之人力不至於此不取必有天殃取之何如孟子對曰取之而燕民悅則取之古之人有行之者武王是也取之而燕民不悅則勿取古之人有行之者文王是也以萬乘之國伐萬乘之國簞食壺漿以迎王師豈有他哉避水火也如水益深如火益熱亦運而已矣

文王武王之用心允以為民也齊人之伐燕則異是矣如水益深如火益熱亦運而已矣孟子所以深告之而宣王未之思也

齊人伐燕取之諸侯將謀救燕宣王曰諸侯多謀伐寡人者何以待之孟子對曰臣聞七十里為政於天下者湯是也未聞以千里畏人者也書曰湯一征自葛始天下信之東面而征西夷怨南面而征北狄怨曰奚為後我民望之若大旱之望雲霓也歸市者不止耕者不變誅其君而弔其民若時雨降民大悅書曰徯我后后來其蘇今燕虐其民王往而征之民以

孟子解二　十五

為將拯己於水火之中也簞食壺漿以迎王師若殺其父兄係累其子弟毀其宗廟遷其重器如之何其可也天下固畏齊之彊也今又倍地而不行仁政是動天下之兵也王速出令反其旄倪止其重器謀於燕眾置君而後去之則猶可及止也

湯以七十里為政於天下而齊以千里畏人者由取之不以其道故也

鄒與魯鬨穆公問曰吾有司死者三十三人而民莫之死也誅之則不可勝誅不誅則疾視其長上之死而不救如之何則可也孟子對曰凶年飢歲君之民

老弱轉乎溝壑壯者散而之四方者幾千人矣而君之倉廩實府庫充有司莫以告是上慢而殘下也曾子曰戒之戒之出乎爾者反乎爾者也夫民今而後得反之也君無尤焉君行仁政斯民親其上死其長矣

孟子引曾子之言曰戒之戒之出乎爾者反乎爾者也可謂知所本矣民心其可彊之乎

滕文公問曰滕小國也間於齊楚事齊乎事楚乎孟子對曰是謀非吾所能及也無已則有一焉鑿斯池也築斯城也與民守之效死而民弗去則是可為也

事無理之國以求苟安豈人君之用心哉與民守之效死勿去孟子言其正也

滕文公問曰齊人將築薛吾甚恐如之何則可孟子對曰昔者大王居邠狄人侵之去之岐山之下居焉非擇而取之不得已也苟為善後世子孫必有王者矣君子創業垂統為可繼也若夫成功則天也君如彼何哉彊為善而已矣

齊人將築薛而滕文公恐孟子以大王居邠告焉繼之以彊為善可謂能自盡也文公恐惧而不知自彊異乎大王矣

滕文公問曰滕小國也竭力以事大國則不得免焉如之何則可孟子對曰昔者大王居邠狄人侵之事之以皮幣不得免焉事之以犬馬不得免焉事之以珠玉不得免焉乃屬其耆老而告之曰狄人之所欲者吾土地也吾聞之也君子不以其所以養人者害人二三子何患乎無君我將去之去邠踰梁山邑于岐山之下居焉邠人曰仁人也不可失也從之者如歸市或曰世守也非身之所能為也效死勿去君請擇於斯二者

無太王之德則民不應之矣尚孰肯從之哉當是

時不知民心之向背徒知彊弱之相陵故孟子必以人心向背言之

魯平公將出嬖人臧倉者請曰他日君出則必命有司所之今乘輿已駕矣有司未知所之敢請公曰將見孟子曰何哉君所為輕身以先於匹夫者以為賢乎禮義由賢者出而孟子之後喪踰前喪君無見焉公曰諾樂正子入見曰君奚為不見孟軻也曰或告寡人曰孟子之後喪踰前喪是以不往見也曰何哉君所謂踰者前以士後以大夫前以三鼎而後以五鼎與曰否謂棺椁衣衾之美也曰非所謂踰也貧富

不同也樂正子見孟子曰克告於君君爲來見也嬖
人有臧倉者沮君君是以不果來也曰行或使之止
或尼之行止非人所能也吾之不遇魯侯天也臧氏
之子焉能使予不遇哉

聖賢之進退出處有禮義存焉嬖女人妬賢而間毀
之孟子歸之天可知命矣

公孫丑章句上

公孫丑問曰夫子當路於齊管仲晏子之功可復許
乎孟子曰子誠齊人也知管仲晏子而已矣或問乎
曾西曰吾子與子路孰賢曾西蹵然曰吾先子之所

畏也曰然則吾子與管仲孰賢曾西艴然不悅曰爾
何曾比予於管仲管仲得君如彼其專也行乎國政
如彼其久也功烈如彼其卑也爾何曾比予於是曰
管仲曾西之所不為也而子為我願之乎曰管仲以
其君霸晏子以其君顯管仲晏子猶不足為與曰以
齊王猶反手也曰若是則弟子之惑滋甚且以文王
之德百年而後崩猶未洽於天下武王周公繼之然
後大行今言王若易然則文王不足法與曰文王何
可當也由湯至於武丁賢聖之君六七作天下歸殷
久矣久則難變也武丁朝諸侯有天下猶運之掌也

紂之去武丁未久也其故家遺俗流風善政猶有存
者又有微子微仲王子比干箕子膠鬲皆賢人也相
與輔相之故久而後失之也尺地莫非其有也一民
莫非其臣也然而文王猶方百里起是以難也齊人
有言曰雖有知慧不如乘勢雖有鎡基不如待時今
時則易然也夏后殷周之盛地未有過千里者也而
齊有其地矣雞鳴狗吠相聞而達乎四境而齊有其
民矣地不改辟矣民不改聚矣行仁政而王莫之能
禦也且王者之不作未有疏於此時者也民之憔悴
於虐政未有甚於此時者也飢者易為食渴者易為

飲孔子曰德之流行速於置郵而傳命當今之時萬
乘之國行仁政民之悅之猶解倒懸也故事半古之
人功必倍之惟此時為然

公孫丑問曰夫子加齊之卿相得行道焉雖由此霸
王不異矣如此則動心否乎孟子曰否我四十不動
心曰若是則夫子過孟賁遠矣曰是不難告子先我
不動心曰不動心有道乎曰有北宮黝之養勇也不
膚撓不目逃思以一毫挫於人若撻之於市朝不受
於褐寬博亦不受於萬乘之君視刺萬乘之君若刺
褐夫無嚴諸侯惡聲至必反之孟施舍之所養勇也

曰視不勝猶勝也量敵而後進慮勝而後會是畏三
軍者也舍豈能為必勝哉能無懼而已矣孟施舍似
曾子北宮黝似子夏夫二子之勇未知其孰賢然而
孟施舍守約也昔者曾子謂子襄曰子好勇乎吾嘗
聞大勇於夫子矣自反而不縮雖褐寬吾不惴焉自
反而縮雖千人吾往矣孟施舍之守氣又不如曾子
之守約也曰敢問夫子之不動心與告子之不動心
可得聞與告子曰不得於言勿求於心不得於心勿
求於氣不得於心勿求於氣可不得於言勿求於心
不可失志氣之帥也氣體之充也夫志至焉氣次焉

故曰持其志無暴其氣既曰志至焉氣次焉又曰持
其志無暴其氣者何也曰志壹則動氣氣壹則動志
也今夫蹶者趨者是氣也而反動其心敢問夫子惡
乎長曰我知言我善養吾浩然之氣敢問何謂浩然
之氣曰難言也其為氣也至大至剛以直養而無害
則塞于天地之間其為氣也配義與道無是餒也是
集義所生者非義襲而取之也行有不慊於心則餒
矣我故曰告子未嘗知義以其外之也必有事焉而
勿正心勿忘勿助長也無若宋人然宋人有閔其苗
之不長而揠之者芒芒然歸謂其人曰今日病矣予
助苗長矣其子趨而往視之苗則槁矣天下之不助
苗長者寡矣以為無益而舍之者不耘苗者也助之
長者揠苗者也非徒無益而又害之何謂知言曰詖
辭知其所蔽淫辭知其所陷邪辭知其所離遁辭知
其所窮生於其心害於其政發於其政害於其事聖
人復起必從吾言矣宰我子貢善為說辭冉有閔子
顏淵善言德言孔子兼之曰我於辭命則不能也然
則夫子既聖矣乎曰惡是何言也昔者子貢問於孔
子曰夫子聖矣乎孔子曰聖則吾不能我學不厭而
教不倦也子貢曰學不厭智也教不倦仁也仁且智

夫子既聖矣夫聖孔子不居是何言也昔者竊聞之
子夏子游子張皆有聖人之一體冉有閔子顏淵則
具體而微敢問所安曰姑舍是曰伯夷伊尹何如曰
不同道非其君不事非其民不使治則進亂則退伯
夷也何事非君何使非民伊尹也可以仕則仕可以
止則止可以久則久可以速則速孔子也皆古聖人
也吾未能有行焉乃所願則學孔子也伯夷伊尹於
孔子若是班乎曰否自有生民以來未有孔子也曰
然則有同與曰有得百里之地而君之皆能以朝諸
侯有天下行一不義殺一不辜而得天下皆不為也

孟子解上

是則同曰敢問其所以異曰宰我子貢有若智足以知聖人汙不至阿其所好宰我曰以予觀於夫子賢於堯舜遠矣子貢曰見其禮而知其政聞其樂而知其德由百世之後等百世之王莫之能違也自生民以來未有夫子也有若曰豈惟民哉麒麟之於走獸鳳凰之於飛鳥太山之於丘垤河海之於行潦類也聖人之於民亦類也出乎其類拔乎其萃自生民以來未有盛於孔子也

孟子當一國之任行至聖之道而無所動心故公孫丑以為過於孟賁之勇孟子因言北宮黝之必勝孟施舍之不懼曾子子夏之徒養勇以不動其心及夫告子之不動心是非優劣以告公孫丑而又言已知言養氣之說詳焉雖然北宮黝之徒能養勇耳未知道也孟子則知言而養氣知言者知道也養氣者合理也知道則是非無不判詖淫邪遁之害無不知齊國之任不足為矣苟或不能知言而養氣則必動其心動其心則發於政而害於事矣雖然至德難言也故孟子推尊孔子而自以為不能至於聖人則又不敢居焉歷論古聖人無以加者孔子而已臣聞之師程頤曰孟子養氣之

廿一

孟子解上

說學者所宜潛心也所謂浩然之氣者天地之正理吾之所固有也其為氣也至大至剛以言其體則名曰道其用則名曰義學者能識之然後可以養之不養則為私心所蔽而餒矣夫帥氣者在養志養志者在直內養之如何必有事焉不可正也不可忘也不可助長也主一而已直內而已存而勿失而已如是則集義而能配義與道施之則充塞乎天地之間歛之則退藏於密真學者之要務也或問鼂以道言以孔子賢於堯舜私孔子者也以孟子配孔子畢孔子者也如何曰不須如此較優劣惟韓退之說得最好自堯舜相傳至孔子孟子死不得其傳便是

孟子曰以力假仁者霸霸必有大國以德行仁者王王不待大湯以七十里文王以百里以力服人者非心服也力不贍也以德服人者中心悅而誠服也如七十子之服孔子也詩云自西自東自南自北無思不服此之謂也

王霸之優劣如此而當時之君莫能為此天下之所以不定於一也

孟子曰仁則榮不仁則辱今惡辱而居不仁是猶惡

廿二

濕而居下也如惡之莫如貴德而尊士賢者在位能者在職國家閒暇及是時明其政刑雖大國必畏之矣詩云迨天之未陰雨徹彼桑土綢繆牖户今此下民或敢侮予孔子曰為此詩者其知道乎能治其國家誰敢侮之今國家閒暇及是時般樂怠敖是自求禍也禍福無不自己求之者詩云永言配命自求多福太甲曰天作孽猶可違自作孽不可活此之謂也

賢者在位能者在職明其政刑雖大國必畏之矣國家閒暇般樂怠敖不脩政刑雖小國必侮之矣禍福無不自己求之者孟子引詩云自求多福可

謂知言矣

孟子曰尊賢使能俊傑在位則天下之士皆悅而願立於其朝矣市廛而不征法而不廛則天下之商皆悅而願藏於其市矣關譏而不征則天下之旅皆悅而願出於其路矣耕者助而不税則天下之農皆悅而願耕於其野矣廛無夫里之布則天下之民皆悅而願為之氓矣信能行此五者則鄰國之民仰之若父母矣率其子弟攻其父母自生民以來未有能濟者也如此則無敵於天下無敵於天下者天吏也然而不王者未之有也

士皆願立於其朝商皆願藏於其市旅皆願出於其路農皆願耕於其野民皆願為之氓如是則鄰國之民仰之如父母而無敵於天下又何疑焉然則安可使之不願哉

孟子曰人皆有不忍人之心先王有不忍人之心斯有不忍人之政矣以不忍人之心行不忍人之政治天下可運之掌上所以謂人皆有不忍人之心者今人乍見孺子將入於井皆有怵惕惻隱之心非所以内交於孺子之父母也非所以要譽於鄉黨朋友也非惡其聲而然也由是觀之無惻隱之心非人也無

羞惡之心非人也無辭讓之心非人也無是非之心非人也惻隱之心仁之端也羞惡之心義之端也辭讓之心禮之端也是非之心智之端也人之有此四端也猶其有四體也有是四端而自謂不能者自賊者也謂其君不能者賊其君者也凡有四端於我者知皆擴而充之矣若火之始然泉之始達苟能充之足以保四海苟不充之不足以事父母

人之有是四端得於天者然也苟能推不忍人之心以及民則民歸之如父母矣苟不能推此心以及民則不足以事父母兄其也乎非失其本心而

何

孟子曰矢人豈不仁於函人哉矢人惟恐不傷人函人惟恐傷人巫匠亦然故術不可不慎也孔子曰里仁為美擇不處仁焉得智夫仁天之尊爵也人之安宅也莫之禦而不仁是不智也不仁不智無禮無義人役也人役而恥為役由弓人而恥為弓矢人而恥為矢也如恥之莫如為仁仁者如射射者正己而後發發而不中不怨勝己者反求諸己而已矣

　人之擇術不可不慎也如此

孟子曰子路人告之以有過則喜禹聞善言則拜大舜有大焉善與人同舍己從人樂取於人以為善自耕稼陶漁以至為帝無非取於人者取諸人以為善是與人為善者也故君子莫大乎與人為善

孟子解上　芺

　有過而不能改吝也喜者改而不吝舍己而從人此其所以為大也

孟子曰伯夷非其君不事非其友不友不立於惡人之朝不與惡人言立於惡人之朝與惡人言如以朝衣朝冠坐於塗炭推惡惡之心思與鄉人立其冠不正望望然去之若將浼焉是故諸侯雖有善其辭命而至者不受也不受也者是亦不屑就已柳下惠不羞汙君不卑小官進不隱賢必以其道遺佚而不怨阨窮而不閔故曰爾為爾我為我雖袒裼裸裎於我側爾焉能浼我哉故由由然與之偕而不自失焉援而止之而止援而止之而止者是亦不屑去已孟子曰伯夷隘柳下惠不恭隘與不恭君子不由也

　孟子謂伯夷聖之清柳下惠聖之和而又曰隘與不恭者何也孟子非謂夷惠為聖人也得聖人之極清極和者耳夷惠之清和聖人清和也而其流之弊必至於隘與不恭故孟子立教拔其本而塞其源

孟子解上　芒

公孫丑章句下

孟子曰天時不如地利地利不如人和三里之城七里之郭環而攻之而不勝夫環而攻之必有得天時者矣然而不勝者是天時不如地利也城非不高也池非不深也兵革非不堅利也米粟非不多也委而去之是地利不如人和也故曰域民不以封疆之界固國不以山谷之險威天下不以兵革之利得道者多助失道者寡助寡助之至親戚畔之多助之至天下順之以天下之所順攻親戚之所畔故君子有不戰戰必勝矣

得天下者凡以得民心而已

孟子將朝王王使人來曰寡人如就見者也有寒疾不可以風朝將視朝不識可使寡人得見乎對曰不幸而有疾不能造朝明日出弔於東郭氏公孫丑曰昔者辭以病今日弔或者不可乎曰昔者疾今日愈如之何不弔王使人問疾醫來孟仲子對曰昔者有王命有采薪之憂不能造朝今病小愈趨造於朝我不識能至否乎使數人要於路曰請必無歸而造於朝不得已而之景丑氏宿焉景子曰内則父子外則君臣人之大倫也父子主恩君臣主敬丑見王之敬子也未見所以敬王也曰惡是何言也齊人無以仁義與王言者豈以仁義為不美也其心曰是何足與言仁義也云爾則不敬莫大乎是我非堯舜之道不敢以陳於王前故齊人莫如我敬王也景子曰否非此之謂也禮曰父召無諾君命召不俟駕固將朝也聞王命而遂不果宜與夫禮若不相似然曰豈謂是與曾子曰晉楚之富不可及也彼以其富我以吾仁彼以其爵我以吾義吾何慊乎哉夫豈不義而曾子言之是或一道也天下有達尊三爵一齒一德一朝廷莫如爵鄉黨莫如齒輔世長民莫如德惡得有其

一以慢其二哉故將大有為之君必有所不召之臣欲有謀焉則就之其尊德樂道不如是不足與有為也故湯之於伊尹學焉而後臣之故不勞而王桓公之於管仲學焉而後臣之故不勞而霸今天下地醜德齊莫能相尚無他好臣其所教而不好臣其所受教湯之於伊尹桓公之於管仲則不敢召管仲且猶不可召而況不為管仲者乎

君子之行止進退衆人固不識也類皆如此

陳臻問曰前日於齊王餽兼金一百而不受於宋餽七十鎰而受於薛餽五十鎰而受前日之不受是則今日之受非也今日之受是則前日之不受非也夫子必居一於此矣孟子曰皆是也當在宋也予將有遠行行者必以贐辭曰餽贐予何為不受當在薛也予有戒心辭曰聞戒故為兵戒之予何為不受若於齊則未有處也無處而餽之是貨之也焉有君子而可以貨取乎

君子之辭受惟當於理而已

孟子之平陸謂其大夫曰子之持戟之士一日而三失伍則去之否乎曰不待三然則子之失伍也亦多矣凶年饑歲子之民老羸轉於溝壑壯者散而之四

方者幾千人矣曰此非距心之所得為也曰今有受人之牛羊而為之牧之者則必為之求牧與芻矣求牧與芻而不得則反諸其人乎抑亦立而視其死與曰此則距心之罪也他日見於王曰王之為都者臣知五人焉知其罪者惟孔距心為王誦之王曰此則寡人之罪也

王與距心皆知其罪而莫能改也

孟子謂蚳鼃曰子之辭靈丘而請士師似也為其可以言也今既數月矣未可以言與蚳鼃諫於王而不用致為臣而去齊人曰所以為蚳鼃則善矣所以自

為則吾不知也公都子以告曰吾聞之也有官守者不得其職而去有言責者不得其言則去我無官守我無言責也則吾退進豈不綽綽然有餘裕哉

進退久速皆當於理而已

孟子為卿於齊出弔於滕王使蓋大夫王驩為輔行王驩朝暮見反齊滕之路未嘗與之言行事也公孫丑曰齊卿之位不為小矣齊滕之路不為近矣反之而未嘗與言行事何也曰夫既或治之予何言哉

智者不失人亦不失言

孟子自齊葬於魯反於齊止於嬴充虞請曰前日不知虞之不肖使虞敦匠事嚴虞不敢請今願竊有請也木若以美然曰古者棺椁無度中古棺七寸椁稱之自天子達於庶人非直為觀美也然後盡於人心不得不可以為悅無財不可以為悅得之為有財古之人皆用之吾何為獨不然且比化者無使土親膚於人心獨無恔乎吾聞之也君子不以天下儉其親

主事之以禮死葬之以禮盡夫孝心而已矣

沈同以其私問曰燕可伐與孟子曰可子噲不得與人燕子之不得受燕於子噲有仕於此而子悅之不告於王而私與之吾子之爵祿夫士也亦無王命而

私受之於子則可乎何以異於是齊人伐燕或問曰勸齊伐燕有諸曰未也沈同問燕可伐與吾應之曰可彼然而伐之也彼如曰孰可以伐之則將應之曰為天吏則可以伐之今有殺人者或問之曰人可殺與則將應之曰可彼如曰孰可以殺之則將應之曰為士師則可以殺之今以燕伐燕何為勸之哉

惟義可以伐不義不然君子不與也

燕人畔王曰吾甚慙於孟子陳賈曰王無患焉王自以為與周公孰仁且智王曰惡是何言也曰周公使管叔監殷管叔以殷畔知而使之是不仁也不知而

使之是不智也仁智周公未之盡也而况於王乎賈請見而解之見孟子問曰周公何人也曰古聖人也曰使管叔監殷管叔以殷畔也有諸曰然曰周公知其將畔而使之與曰不知也然則聖人且有過與曰周公弟也管叔兄也周公之過不亦宜乎且古之君子過則改之今之君子過則順之古之君子其過也如日月之食民皆見之及其更也民皆仰之今之君子豈徒順之又從而為之辭

孟子致為臣而歸王就見孟子曰前日願見而不可得得侍同朝甚喜今又棄寡人而歸不識可以繼此

孟子解上 廿二

而得見乎對曰不敢請耳固所願也他日王謂時子曰我欲中國而授孟子室養弟子以萬鍾使諸大夫國人皆有所矜式子盍為我言之時子因陳子而以告孟子陳子以時子之言告孟子孟子曰然夫時子惡知其不可也如使予欲富辭十萬而受萬是為欲富乎季孫曰異哉子叔疑使己為政不用則亦已矣又使其子弟為卿人亦孰不欲富貴而獨於富貴之中有私龍斷焉古之為市者以其所有易其所無者有司者治之耳有賤丈夫焉必求龍斷而登之以左右望而罔市利人皆以為賤故從而征之征商自此賤丈夫始矣

孟子去齊宿於晝有欲為王留行者坐而言不應隱几而卧客不悅曰弟子齊宿而後敢言夫子卧而不聽請勿復敢見矣曰坐我明語子昔者魯繆公無人乎子思之側則不能安子思泄柳申詳無人乎繆公之側則不能安其身子為長者慮而不及子思子絕長者乎長者絕子乎

繆公之侍子思惟恐子思之不留也泄柳申詳之事繆公惟恐公之見棄也孟子之進退則子思之徒也而客之言不出於子思繆公之事故孟子不

孟子解上 廿三

應也

孟子去齊尹士語人曰不識王之不可以為湯武則是不明也識其不可然且至則是干澤也千里而見王不遇故去三宿而後出晝是何濡滯也士則茲不悅高子以告曰夫尹士惡知予哉千里而見王是予所欲也不遇故去豈予所欲哉予不得已也予三宿而出晝於予心猶以為速王庶幾改之王如改諸則必反予夫出晝而王不予追也予然後浩然有歸志予雖然豈舍王哉王由足用為善王如用予則豈徒齊民安天下之民舉安王庶幾改之予日望之予豈

若是小丈夫然哉諫於其君而不受則怒悻悻然見
於其面去則窮日之力而後宿哉尹士聞之曰士誠
小人也
　易卦晉之初六曰晉如摧如貞吉罔孚裕无咎孟
子可謂盡此理矣尹士何足以知之
孟子去齊充虞路問曰夫子若有不豫色然前日虞
聞諸夫子曰君子不怨天不尤人曰彼一時此一時
也五百年必有王者興其間必有名世者由周而來
七百有餘歲矣以其數則過矣以其時考之則可矣
夫天未欲平治天下也如欲平治天下當今之世舍

我其誰也吾何為不豫哉
　道之行與不行亦時而已聖賢自任之重如此何
不豫之有
孟子去齊居休公孫丑問曰仕而不受祿古之道乎
曰非也於崇吾得見王退而有去志不欲變故不受
也繼而有師命不可以請久於齊非我志也
　進退辭受不可以無義
　　滕文公章句下
滕文公為世子將之楚過宋而見孟子孟子道性善
言必稱堯舜世子自楚反復見孟子孟子曰世子疑

吾言乎夫道一而已矣成覸謂齊景公曰彼丈夫也
我丈夫也吾何畏彼哉顏淵曰舜何人也予何人也
有為者亦若是公明儀曰文王我師也周公豈欺我
哉今滕絕長補短將五十里也猶可以為善國書曰
若藥不瞑眩厥疾不瘳
　人之性無不善蓋無有聞善而不信者也苟能自
信何患不至乎孟子可謂諭之以道
滕定公薨世子謂然友曰昔者孟子嘗與我言於宋
於心終不忘今也不幸至於大故吾欲使子問於孟
子然後行事然友之鄒問於孟子孟子曰不亦善乎

親喪固所自盡也曾子曰生事之以禮死葬之以禮
祭之以禮可謂孝矣諸侯之禮吾未之學也雖然吾
嘗聞之矣三年之喪齊疏之服飦粥之食自天子達
於庶人三代共之然友反命定為三年之喪父兄百
官皆不欲曰吾宗國魯先君莫之行吾先君亦莫之
行也至於子之身而反之不可且志曰喪祭從先祖
曰吾有所受之也謂然友曰吾他日未嘗學問好馳
馬試劍今也父兄百官不我足也恐其不能盡於大
事子為我問孟子然友復之鄒問孟子孟子曰然不
可以他求者也孔子曰君薨聽於冢宰歠粥面深墨

即位而哭百官有司莫敢不哀先之也上有好者下必有甚焉者矣君子之德風也小人之德草也草尚之風必偃是在世子然友反命世子曰然是誠在我五月居廬未有命戒百官族人可謂曰知及至葬四方来觀方顔色之戚哭泣之哀弔者大悦

聖賢之道繫於行與不行人之聞道在於信與不信滕文公信孟子其效若此而孟子轍環天下卒無所遇悲夫

滕文公問為國孟子曰民事不可緩也詩云晝爾于茅宵爾索綯亟其乘屋其始播百穀民之為道也有

恒産者有恒心無恒産者無恒心苟無恒心放辟邪侈無不為已及陷乎罪然後從而刑之是罔民也焉有仁人在位罔民而可為也是故賢君必恭儉禮下取於民有制陽虎曰為富不仁矣為仁不富矣夏后氏五十而貢殷人七十而助周人百畝而徹其實皆什一也徹者徹也助者藉也龍子曰治地莫善於助莫不善於貢貢者校數歲之中以為常樂歲粒米狼戾多取之而不為虐則寡取之凶年糞其田而不足則必取盈焉為民父母使民盻盻然將終歲勤動不得以養其父母又稱貸而益使老稚轉乎溝壑惡在其為民父母也夫世禄滕固行之矣詩云雨我公田遂及我私惟助為有公田由此觀之雖周亦助也設為庠序學校以教之庠者養也校者教也序者射也夏曰校殷曰序周曰庠學者三代共之皆所以明人倫也人倫明於上小民親於下有王者起必來取法是為王者師也詩云周雖舊邦其命維新文王之謂也子力行之亦以新子之國使畢戰問井地孟子曰子之君將行仁政選擇而使子子必勉之夫仁政必自經界始經界不正井地不均穀禄不平是故暴君汙吏必慢其經界經界既正分田制禄可坐而定

也夫滕壤地褊小將為君子焉將為野人焉無君子莫治野人無野人莫養君子請野九一而助國中什一使自賦卿以下必有圭田圭田五十畝餘夫二十五畝死徙無出鄉鄉田同井出入相友守望相助疾病相扶持則百姓親睦方里而井井九百畝其中為公田八家皆私百畝同養公田公事畢然後敢治私事所以別野人也此其大畧也若夫潤澤之則在君與子矣

傳説有言事不師古以克永世匪説攸聞聖賢之用於世其心一揆使孟子之言得行豈特善於一

國而已行而無助類皆如此可為興嘆也

有為神農之言者許行自楚之滕踵門而告文王曰遠方之人聞君行仁政願受一廛而為氓文公與之處其徒數十人皆衣褐捆屨織席以為食陳良之徒陳相與其弟辛負耒耜而自宋之滕曰聞君行聖人之政是亦聖人也願為聖人氓陳相見許行而大悅盡棄其學而學焉陳相見孟子道許行之言曰滕君則誠賢君也雖然未聞道也賢者與民並耕而食饔飧而治今也滕有倉廩府庫則是厲民而以自養也惡得賢孟子曰許子必種粟而後食乎曰然許子必

織布而後衣乎曰否許子衣褐許子冠乎曰冠曰奚冠曰冠素曰自織之與曰否以粟易之曰許子奚為不自織曰害於耕曰許子以釜甑爨以鐵耕乎曰然自為之與曰否以粟易之以粟易械器者不為厲陶冶陶冶亦以其械器易粟者豈為厲農夫哉且許子何不為陶冶舍皆取諸其宮中而用之何為紛紛然與百工交易何許子之不憚煩曰百工之事固不可耕且為也然則治天下獨可耕且為與有大人之事有小人之事且一人之身而百工之所為備如必自為而後用之是率天下而路也故曰或勞心或勞力勞心者治人勞力者治於人治於人者食人治人者食於人天下之通義也當堯之時天下猶未平洪水橫流氾濫於天下草木暢茂禽獸繁殖五穀不登禽獸偪人獸蹄鳥跡之道交於中國堯獨憂之舉舜而敷治焉舜使益掌火益烈山澤而焚之禽獸逃匿禹疏九河瀹濟漯而注諸海決汝漢排淮泗而注之江然後中國可得而食也當是時也禹八年於外三過其門而不入雖欲耕得乎后稷教民稼穡樹藝五穀五穀熟而民人育人之有道也飽食煖衣逸居而無教則近於禽獸聖人有憂之使契為司徒教以人倫

父子有親君臣有義夫婦有別長幼有序朋友有信放勳曰勞之來之匡之直之輔之翼之使自得之又從而振德之聖人之憂民如此而暇耕乎堯以不得舜為己憂舜以不得禹皐陶為己憂夫以百畝之不易為己憂者農夫也分人以財謂之惠教人以善謂之忠為天下得人者謂之仁是故以天下與人易為天下得人難孔子曰大哉堯之為君惟天為大惟堯則之蕩蕩乎民無能名焉君哉舜也巍巍乎有天下而不與焉堯舜之治天下豈無所用其心哉亦不用於耕耳吾聞用夏變夷者未聞變於夷者也陳良楚

産也悅周公仲尼之道北學於中國北方之學者未能或之先也彼所謂豪傑之士也子之兄弟事之數十年師死而遂倍之昔者孔子沒三年之外門人治任將歸入揖於子貢相嚮而哭皆失聲然後歸子貢反築室於場獨居三年然後歸他日子夏子張子游以有若似聖人欲以所事孔子事之彊曾子曾子曰不可江漢以濯之秋陽以暴之皜皜乎不可尚已今也南蠻鴃舌之人非先王之道子倍子之師而學之亦異於曾子矣吾聞出於幽谷遷於喬木者未聞下喬木而入於幽谷者魯頌曰戎狄是膺荊舒是懲周

公方且膺之子是之學亦為不善變矣從許子之道則市賈不貳國中無偽雖使五尺之童適市莫之或欺布帛長短同則賈相若麻縷絲絮輕重同則賈相若五穀多寡同則賈相若屨大小同則賈相若曰夫物之不齊物之情也或相倍蓰或相什伯或相千萬子比而同之是亂天下也巨屨小屨同賈人豈為之哉從許子之道相率而為偽者也惡能治國家

異端邪說眩惑時君各欲售其說者豈有既哉孟子力闢許行之言歸之正道可謂盡善盡美矣雖然古之為異端者則亦自憂於異端而已至於後世則又有學孔孟之道而至於異端邪說者此道之所以益難明也亦時之不幸也夫

墨者夷之因徐辟而求見孟子孟子曰吾固願見今吾尚病病愈我且往見夷子不來他日又求見孟子孟子曰吾今則可以見矣不直則道不見我且直之吾聞夷子墨者墨之治喪也以薄為其道也夷子思以易天下豈以為非是而不貴也然而夷子葬其親厚則是以所賤事親也徐子以告夷子夷子曰儒者之道古之人若保赤子此言何謂也之則以為愛無差等施内親始徐子以告孟子孟子曰夫夷子信以

為人之親其兄之子為若親其鄰之赤子乎彼有取爾也赤子匍匐將入井非赤子之罪也且天之生物也使之一本而夷子二本故也蓋上世嘗有不葬其親者其親死則舉而委之於壑他日過之狐狸食之蠅蚋姑嘬之其顙有泚睨而不視夫泚也非為人泚中心達於面目蓋歸反虆梩而掩之掩之誠是也則孝子仁人之掩其親亦必有道矣徐子以告夷子夷子憮然為閒曰命之矣

老吾老以及人之老一本也愛無差等二本也一本理也二本者偽也夷子之道無孟子以正之其

為後世之惑豈有既乎

滕文公章句下

陳代曰不見諸侯宜若小然今一見之大則以王小
則以霸且志曰枉尺而尋直宜若可為也孟子曰昔齊
景公田招虞人以旌不至將殺之志士不忘在溝
壑勇士不忘喪其元孔子奚取焉取非其招不往也
如不待其招而往何哉且夫枉尺而直尋者以利言
也如以利則枉尋直尺而利亦可為與昔者趙簡子
使王良與嬖奚乘終日而不獲一禽嬖奚反命曰天
下之賤工也或以告王良良曰請復之彊而後可一

孟子解上　四二

朝而獲十禽嬖奚反命曰天下之良工也簡子曰我
使掌與女乘謂王良良不可曰吾為之範我馳驅終
日不獲一為之詭遇一朝而獲十詩云不失其馳舍
矢如破我不貫與小人乘請辭御者且羞與射者比
比而得禽獸雖若丘陵弗為也如枉道而從彼何也
且子過矣枉己者未有能直人者也

有枉尺而直尋之心則亦必至於枉尋而直尺矣
趨利而不憚枉安能直人而正國家哉

景春曰公孫衍張儀豈不誠大丈夫哉一怒而諸侯
懼安居而天下熄孟子曰是焉得為大丈夫乎子未
學禮乎丈夫之冠也父命之女子之嫁也母命之往
送之門戒之曰往之女家必敬必戒無違夫子以順
為正者妾婦之道也居天下之廣居立天下之正位
行天下之大道得志與民由之不得志獨行其道富
貴不能淫貧賤不能移威武不能屈此之謂大丈夫

公孫衍張儀孟子以為妾婦之道為其不以義而
事君也夫居正位而行大道不以利害動其心者
豈儀衍之敢望哉

周霄問曰古之君子仕乎孟子曰仕傳曰孔子三月
無君則皇皇如也出疆必載質公明儀曰古之人三

孟子解上　四三

月無君則弔三月無君則弔不以急乎曰士之失位
也猶諸侯之失國家也禮曰諸侯耕助以共粢盛夫
人蠶繅以為衣服犧牲不成粢盛不潔衣服不備不
敢以祭惟士無田則亦不祭牲殺器皿衣服不備不
敢以祭則不敢以宴亦不足弔乎出疆必載質何也
曰士之仕也猶農夫之耕也農夫豈為出疆舍其耒
耜哉曰晉國亦仕國也未嘗聞仕如此其急仕如此
其急也君子之難仕何也曰丈夫生而願為之有室
女子生而願為之有家父母之心人皆有之不待父
母之命媒妁之言鑽穴隙相窺踰墻相從則父母國

人皆賤之古之人未嘗不欲仕也又惡不由其道不
由其道而往者與鑽穴隙之類也
進不以義未有能行其道者也故君子難之不以
其道而仕真鑽穴之徒歟
彭更問曰後車數十乘從者數百人以傳食於諸侯
不以泰乎孟子曰非其道則一簞食不可受於人如
其道則舜受堯之天下不以為泰子以為泰乎曰否
士無事而食不可也曰子不通功易事以羨補不足
則農有餘粟女有餘布子如通之則梓匠輪輿皆得
食於子於此有人焉入則孝出則悌守先王之道以

待後之學者而不得食於子子何尊梓匠輪輿而輕
為仁義者哉曰梓匠輪輿其志將以求食也君子之
為道也其志亦將以求食與曰子何以其志為哉其
有功於子可食而食之矣且子食志乎食功乎曰食
志曰有人於此毀瓦畫墁其志將以求食也則子食
之乎曰否曰然則子非食志也食功也
志聖賢之志行聖賢之道而享聖賢之奉士之所
無媿也非其道則何可以受如其道則何足為泰
而世之人以利害貴賤之心度之何足以知聖賢
也哉

萬章問曰宋小國也今將行王政齊楚惡而伐之則
如之何孟子曰湯居亳與葛為鄰葛伯放而不祀湯
使人問之曰何為不祀曰無以供犧牲也湯使人遺
之牛羊葛伯食之又不以祀湯又使人問之曰何為
不祀曰無以供粢盛也湯使亳衆往為之耕老弱饋
食葛伯率其民要其有酒食黍稻者奪之不授者殺
之有童子以黍肉餉殺而奪之書曰葛伯仇餉此之
謂也為其殺是童子而征之四海之內皆曰非富天
下也為匹夫匹婦復讐也湯始征自葛載十一征而
無敵於天下東面而征西夷怨南面而征北狄怨曰

奚為後我民之望之若大旱之望雨也歸市者弗止
芸者不變誅其君弔其民如雨降民大悅書曰徯我
后后來其無罰有攸不惟臣東征綏厥士女匪厥
玄黃紹我周王見休惟臣附于大邑周其君子實玄
黃于匪以迎其君子其小人簞食壺漿以迎其小人故
民於水火之中取其殘而已矣太誓曰我武惟揚侵
于之疆則取于殘殺伐用張于湯有光不行王政云
爾苟行王政四海之內皆舉首而望之欲以為君齊
楚雖大何畏焉
為國者能自治而得民心則天下皆將歸往之根

其征伐之不早也尚何彊國之足畏哉苟不自治而以強弱之勢言之是可畏而已矣

孟子謂戴不勝曰子欲子之王之善與我明告子有楚大夫於此欲其子之齊語也則使齊人傅諸使楚人傅諸曰使齊人傅之曰一齊人傅之衆楚人咻之雖日撻而求其齊也不可得矣引而置之莊嶽之間數年雖日撻而求其楚亦不可得矣子謂薛居州善士也使之居於王所在於王所者長幼卑尊皆薛居州也王誰與為不善在王所者長幼卑尊皆非薛居州也王誰與為善一薛居州獨宋王何

君子寡而小人衆未有能立者也而欲有益於其君難矣哉是以人君用賢必察之審而用之衆不然則是使孔顏盜跖相鬨於前孔顏之不勝盜跖無可疑矣可不慎歟

公孫丑問曰不見諸侯何義孟子曰古者不為臣不見段干木踰垣而避之泄柳閉門而不內是皆已甚迫斯可以見矣陽貨欲見孔子而惡無禮大夫有賜於士不得受於其家則往拜其門陽貨瞰孔子之亡也而饋孔子蒸豚孔子亦瞰其亡也而往拜之當是時陽貨先豈得不見曾子曰脅肩諂笑病于夏畦子路曰未同而言觀其色赧赧然非由之所知也由是觀之則君子之所養可知已矣

君子之所養以義苟非其義則利心也不可以不察

戴盈之曰什一去關市之征今茲未能請輕之以待來年然後已何如孟子曰今有人日攘其鄰之雞者或告之曰是非君子之道曰請損之月攘一雞以待來年然後已如知其非義斯速已矣何待來年

去害改過如救焚溺猶恐其遲也

公都子曰外人皆稱夫子好辯敢問何也孟子曰子

豈好辯哉予不得已也天下之生久矣一治一亂當堯之時水逆行氾濫於中國蛇龍居之民無所定下者為巢上者為營窟書曰洚水警余洚水者洪水也使禹治之禹掘地而注之海驅蛇龍而放之菹水由地中行江淮河漢是也險阻既遠鳥獸之害人者消然後人得平土而居之堯舜既沒聖人之道衰暴君代作壞宮室以為污池民無所安息棄田以為園囿使民不得衣食邪說暴行又作園囿污池沛澤多而禽獸至及紂之身天下又大亂周公相武王誅紂伐奄三年討其君驅飛廉於海隅而戮之滅國者五十

驅虎豹犀象而遠之天下大悅書曰丕顯哉文王謨丕承哉武王烈佑啓我後人咸以正無缺世衰道微邪說暴行有作臣弒其君者有之子弒其父者有之孔子懼作春秋春秋天子之事也是故孔子曰知我者其惟春秋乎罪我者其惟春秋乎聖王不作諸侯放恣處士橫議楊朱墨翟之言盈天下天下之言不歸楊則歸墨楊氏為我是無君也墨氏兼愛是無父也無父無君是禽獸也公明儀曰庖有肥肉廐有肥馬民有飢色野有餓莩此率禽獸而食人也楊墨之道不息孔子之道不著是邪說誣民充塞仁義也仁

孟子解上　四八

義充塞則率獸食人人將相食吾為此懼閑先聖之道距楊墨放淫辭邪說者不得作作於其心害於其事作於其事害於其政聖人復起不易吾言矣昔者禹抑洪水而天下平周公兼夷狄驅猛獸而百姓寧孔子成春秋而亂臣賊子懼詩云戎狄是膺荊舒是懲則莫我敢承無父無君是周公所膺也我亦欲正人心息邪說距詖行放淫辭以承三聖者豈好辯哉予不得已也能言距楊墨者聖人之徒也

學者於是非之原毫釐有差則害流於生民禍及於後世故孟子辯邪說如是之嚴而自以為承三聖之功也當是時方且以好辯目之不亦異哉是以常人之心而度聖賢之心也

匡章曰陳仲子豈不誠廉士哉居於陵三日不食耳無聞目無見也井上有李螬食實者過半矣匍匐往將食之三咽然後耳有聞目有見孟子曰於齊國之士吾必以仲子為巨擘焉雖然仲子惡能廉充仲子之操則蚓而後可者也夫蚓上食槁壤下飲黃泉仲子所居之室伯夷之所築與抑亦盜跖之所築與所食之粟伯夷之所樹與抑亦盜跖之所樹與是未可知也曰是何傷哉彼身織屨妻辟纑以易之也曰仲

孟子解上　四九

子齊之世家也兄戴蓋祿萬鍾以兄之祿為不義之祿而不食也以兄之室為不義之室而不居也辟兄離母處於於陵他日歸則有饋其兄生鵝者已頻顣曰惡用是鶃鶃者為哉他日其母殺是鵝也與之食之其兄自外至曰是鶃鶃之肉也出而哇之以母則不食以妻則食之以兄之室則弗居以於陵則居之是尚為能充其類也乎若仲子者蚓而後充其操者也

君子之為君子者曰理曰義理義者心之正也充仲子之操豈所謂理義也哉

離婁章句上

孟子曰離婁之明公輸子之巧不以規矩不能成方員師曠之聰不以六律不能正五音堯舜之道不以仁政不能平治天下今有仁心仁聞而民不被其澤不可法於後世者不行先王之道也故曰徒善不足以為政徒法不能以自行詩云不愆不忘率由舊章遵先王之法而過者未之有也聖人既竭目力焉繼之以規矩準繩以為方員平直不可勝用也既竭身力焉繼之以六律正五音不可勝用也既竭心思焉繼之以不忍人之政而仁覆天下矣故曰為高必因

孟子解下　一

丘陵為下必因川澤為政不因先王之道可謂智乎是以惟仁者宜在高位不仁而在高位是播其惡於衆也上無道揆也下無法守也朝不信道工不信度君子犯義小人犯刑國之所存者幸也故曰城郭不完兵甲不多非國之災也田野不辟貨財不聚非國之害也上無禮下無學賊民興喪無日矣詩曰天之方蹶無然泄泄泄泄猶沓沓也事君無義進退無禮言則非先王之道者猶沓沓也故曰責難於君謂之恭陳善閉邪謂之敬吾君不能謂之賊

治國而無法度未有能善治者也雖聰明有過人之知不以仁政不法先王何異舍規矩而欲成方員舍六律而欲正五音也哉是以孟子反覆開陳而繼之曰責難於君謂之恭陳善閉邪謂之敬吾吾不能謂之賊後世人臣不知出此義而言治道者妄也謂吾君不能者多矣皆孟子之罪人也

孟子曰規矩方員之至也聖人人倫之至也欲為君盡君道欲為臣盡臣道二者皆法堯舜而已矣不以舜之所以事堯事君不敬其君者也不以堯之所以治民治民賊其民者也孔子曰道二仁與不仁而已矣暴其民甚則身弒國亡不甚則身危國削名之曰

孟子解下　二

幽厲雖孝子慈孫百世不能改也詩云殷鑒不遠在夏后之世此之謂也

孟子每言治民事君之法人歷言其危亡名謚所以深戒後世之君臣也

孟子曰三代之得天下也以仁其失天下也以不仁國之所以廢興存亡者亦然天子不仁不保四海諸侯不仁不保社稷卿大夫不仁不保宗廟士庶人不仁不保四體今惡死亡而樂不仁猶惡醉而強酒

孔子有言道二仁與不仁而已而後世曾莫省夫仁而為之也

孟子曰愛仁不親反其仁治人不治反其智禮人不荅反其敬行有不得者皆反求諸己其身正而天下歸之詩云永言配命自求多福

有是實則有是應無非自己者也

孟子曰人有恒言皆曰天下國家天下之本在國國之本在家家之本在身

舉斯心加諸彼而已是故大學之道必以脩身正心為本不有其本未有能成功者也

孟子曰為政不難不得罪於巨室巨室之所慕一國慕之一國之所慕天下慕之故沛然德教溢乎四海

此理至要而易行而人未始以為急務不知要道故也

孟子曰天下有道小德役大德小賢役大賢天下無道小役大弱役強斯二者天也順天者存逆天者亡齊景公曰既不能令又不受命是絕物也涕出而女於吳今也小國師大國而恥受命焉是猶弟子而恥受命於先師也如恥之莫若師文王師文王大國五年小國七年必為政於天下矣詩云商之孫子其麗不億上帝既命侯于周服侯服于周天命靡常殷士膚敏祼將于京孔子曰仁不可為衆也夫國君好仁天下無敵今也欲無敵於天下而不以仁是猶執熱而不以濯也詩云誰能執熱逝不以濯

古者方伯連帥至於附庸小大有序莫不安其分也至於後世戰爭尚力以強弱而亂其序矣為小國者既不能安其小又不能師文王而無敵於天下徒耻之無益也

孟子曰不仁者可與言哉安其危而利其菑樂其所以亡者不仁而可與言則何亡國敗家之有有孺子歌曰滄浪之水清兮可以濯我纓滄浪之水濁兮可以濯我足孔子曰小子聽之清斯濯纓濁斯濯足矣

自取之也夫人必自侮然後人侮之家必自毀而後人毀之國必自伐而後人伐之太甲曰天作孽猶可違自作孽不可活此之謂也

自古亡國敗家者皆由安其危而利其菑樂其所以亡故也是以古之明君常以危亡菑害為深念焉

孟子曰桀紂之失天下也失其民也失其民者失其心也得天下有道得其民斯得天下矣得其民有道得其心斯得民矣得其心有道所欲與之聚之所惡勿施爾也民之歸仁也猶水之就下獸之走壙也故為

淵敺魚者獺也為叢敺爵者鸇也為湯武敺民者桀與紂也今天下之君有好仁者則諸侯皆為之敺矣雖欲無王不可得已今之欲王者猶七年之病求三年之艾也苟為不畜終身不得苟不志於仁終身憂辱以陷於死亡詩云其何能淑載胥及溺此之謂也

得民心者無他道所欲與之聚之所惡勿施而已矣不能為此至於困憂辱陷死亡而不悟悲夫

孟子曰自暴者不可與有言也自棄者不可與有為也言非禮義謂之自暴也吾身不能居仁由義謂之自棄也仁人之安宅也義人之正路也曠安宅而弗居舍正路而不由哀哉

人孰不可以聞善難與言者自暴故也人孰不可以為善難與為者自棄故也人皆有可得之資而自暴自棄之是足哀哉

孟子曰道在爾而求諸遠事在易而求諸難人人親其親長其長而天下平

治有本

孟子曰居下位而不獲上於民不可得而治也獲於上有道不信於友弗獲於上矣信於友有道事親弗悅弗信於友矣悅親有道反身不誠不悅於親矣誠身有道不明乎善不誠其身矣是故誠者天之道也思誠者人之道也至誠而不動者未之有也不誠未有能動者也

苟能知此則道無餘蘊矣

孟子曰伯夷避紂居北海之濱聞文王作興曰盍歸乎來吾聞西伯善養老者太公避紂居東海之濱聞文王作興曰盍歸乎來吾聞西伯善養老者二老者天下之大老也而歸之是天下之父歸之也天下之父歸之其子焉往諸侯有行文王之政者七年之內必為政於天下矣

養老尊親國之急務也

孟子曰求也為季氏宰無能改於其德而賦粟倍他日孔子曰求非我徒也小子鳴鼓而攻之可也由此觀之君不行仁政而富之皆棄於孔子者也況於為之強戰爭地以戰殺人盈野爭城以戰殺人盈城此所謂率土地而食人肉罪不容於死故善戰者服上刑連諸侯者次之辟草萊任土地者次之

湯武之征以正伐不正救民於塗炭也戰國之戰以亂益亂殘人民耳而求富之為之強戰是何異於助桀而富桀也

孟子曰存乎人者莫良於眸子眸子不能掩其惡胸
中正則眸子瞭焉胸中不正則眸子眊焉聽其言也
觀其眸子人焉廋哉

存乎中必形於外不可匿也

孟子曰恭者不侮人儉者不奪人侮奪人之君惟恐
不順焉惡得為恭儉恭儉豈可以聲音笑貌為哉

聲音笑貌無其實也

淳于髡曰男女授受不親禮與孟子曰禮也曰嫂溺
則援之以手乎曰嫂溺不援是豺狼也男女授受不
親禮也嫂溺援之以手者權也曰今天下溺矣夫子

之不援何也曰天下溺援之以道嫂溺援之以手子
欲手援天下乎

孟子之教時無非正道也淳于髡欲以嫂溺為喻
而說之以枉道故再發問而辭再屈

公孫丑曰君子之不教子何也孟子曰勢不行也教
者必以正以正不行繼之以怒繼之以怒則反夷矣
夫子教我以正夫子未出於正也則是父子相夷也
父子相夷則惡矣古者易子而教之父子之間不責
善責善則離離則不祥莫大焉

父子主恩故也

孟子曰事孰為大事親為大守孰為大守身為大不
失其身而能事其親者吾聞之矣失其身而能事其
親者吾未之聞也孰不為事事親事之本也孰不為
守守身守之本也曾子養曾皙必有酒肉將徹必請
所與問有餘必曰有曾皙死曾元養曾子必有酒肉
將徹不請所與問有餘曰亡矣將以復進也此所謂
養口體者也若曾子則可謂養志也事親若曾子者
可也

事親守身惟曾子為能盡之

孟子曰人不足與適也政不足間也惟大人為能格

君心之非君仁莫不仁君義莫不義君正莫不正一
正君而國定矣

臣聞之師程頤曰天下之治亂繫乎人君之仁與
不仁耳心之非即害於正不待乎發之於外也故
以格君心之非為先夫政事之失用人之非事事
而更之後復有其事不勝其更矣人人而去之後
復用其人不勝其去矣是以輔相之職必在乎格
君非心然後無所不正而所謂格君心者非有大
人之實則亦莫之能也

孟子曰有不虞之譽有求全之毁

君子正己毀譽非所恤也

孟子曰人之易其言也無責耳矣

言不可不慎

孟子曰人之患在好為人師

尊己自大人之常情

樂正子從於子敖之齊樂正子見孟子孟子曰子亦來見我乎曰子來幾日矣曰昔者曰昔者則我出此言也不亦宜乎曰舍館未定曰子聞之也舍館定然後求見長者乎曰克有罪

孟子責其誠不至也

孟子謂樂正子曰子之從於子敖來徒餔啜也我不意子學古之道而以餔啜也

從而無所諫正與不見聽而從之是皆可罪也

孟子曰不孝有三無後為大舜不告而娶為無後也君子以為猶告也

孟子謂無後為不孝之大因以舜之事明之

孟子曰仁之實事親是也義之實從兄是也智之實知斯二者弗去是也禮之實節文斯二者是也樂之實樂斯二者樂則生矣生則惡可已也惡可已則不知足之蹈之手之舞之

仁義之實事親從兄是也不知仁義之實則禮樂為虛矣蓋有諸中然後有以形諸外也

孟子曰天下大悅而將歸己視天下悅而歸己猶草芥也惟舜為然不得乎親不可以為人不順乎親不可以為子舜盡事親之道而瞽瞍厎豫瞽瞍厎豫而天下化瞽瞍厎豫而天下之為父子者定此之謂大孝

舜盡此孝所以為大

離婁章句下

孟子曰舜生於諸馮遷於負夏卒於鳴條東夷之人

也文王生於岐周卒於畢郢西夷之人也地之相去也千有餘里世之相後也千有餘歲得志行乎中國若合符節先聖後聖其揆一也

道一而已

子產聽鄭國之政以其乘輿濟人於溱洧孟子曰惠而不知為政歲十一月徒杠成十二月輿梁成民未病涉也君子平其政行辟人可也焉得人人而濟之故為政者每人而悅之日亦不足矣

孟子可謂知為政矣

孟子告齊宣王曰君之視臣如手足則臣視君如腹

心君之視臣如犬馬則臣視君如國人君之視臣如土芥則臣視君如寇讎王曰禮爲舊君有服何如斯可爲服矣曰諫行言聽膏澤下於民有故而去則君使人導之出疆又先於其所往去三年不反然後收其田里此之謂三有禮焉如此則爲之服矣今也爲臣諫則不行言則不聽膏澤不下於民有故而去則君搏執之又極之於其所往去之日遂收其田里此之謂寇讎寇讎何服之有

君臣以義合者也報施之道必至於此孟子所以深晚時君也或曰人臣之禮豈可視君如寇讎曰

孟子解下　十一

此三句誠君臣相待厚薄感應之理非謂待之之禮當如寇讎可遂可殺也若如此是孟子教人臣與人君爲怨敵無此理也

孟子曰無罪而殺士則大夫可以去無罪而戮民則士可以徙

君子見幾而作

孟子曰君仁莫不仁君義莫不義

政治之源必本於人君故曰以身教者從以言教者訟

孟子曰非禮之禮非義之義大人弗爲

非禮之禮非義之義所失者小故也大人隨事而順理因時而處宜

孟子曰中也養不中才也養不才故人樂有賢父兄也如中也棄不中才也棄不才則賢不肖之相去其間不能以寸

養之者不使漸乎不善孟子勉人以教育也

孟子曰人有不爲也而後可以有爲

有不爲者知所擇也惟能有所不爲是以可以有爲無所不爲者安能有所爲耶

孟子曰言人之不善當如後患何

孟子解下　十二

言不可不慎

孟子曰仲尼不爲已甚者

已甚則失中

孟子曰大人者言不必信行不必果

主於義則信果在其中矣主於信果未必義

孟子曰大人者不失其赤子之心者也

赤子之心純一無僞

孟子曰養生者不足以當大事惟送死可以當大事

養生則人能勉至於送死則其誠可知

孟子曰君子深造之以道欲其自得之也自得之則

居之安居之安則資之深資之深則取之左右逢其
原故君子欲其自得之也
深造然後可以自得道非自得則豈能左右逢原
左右逢原則無所施而不可矣
孟子曰博學而詳說之將以反說約也
與顔子稱孔子博我以文約我以禮意同
孟子曰以善服人者未有能服人者也以善養人然
後能服天下天下不心服而王者未之有也
以王霸言之霸者服人者也王者養人者也此王
霸之所以異

孟子曰言無實不祥不祥之實蔽賢者當之
言之不祥莫大於蔽賢
徐子曰仲尼亟稱於水曰水哉水哉何取於水也孟
子曰原泉混混不舍晝夜盈科而後進放乎四海有
本者如是是之取爾苟為無本七八月之閒雨集溝澮
皆盈其涸也可立而待也故聲聞過情君子恥之
是以學者必自本而往
孟子曰人之所以異於禽獸者幾希庶民去之君子
存之舜明於庶物察於人倫由仁義行非行仁義也
存之者君子也存者聖人也君子所存存天理也
由仁義行存者能之
孟子曰禹惡旨酒而好善言湯執中立賢無方文王
視民如傷望道而未之見武王不泄邇不忘遠周公
思兼三王以施四事其有不合者仰而思之夜以繼
日幸而得之坐以待旦
周公大聖人也宜若無思觀其輔成王以措諸事
業其勤若此然則為學者豈可以不思思無邪而
已曰不思者妄矣
孟子曰王者之迹熄而詩亡詩亡然後春秋作晉之
乘楚之檮杌魯之春秋一也其事則齊桓晉文其文則

史孔子曰其義則丘竊取之矣
孔子作春秋亦以史之文載當時之事也而其義
則定天下之邪正為百王之大法
孟子曰君子之澤五世而斬小人之澤五世而斬予
未得為孔子徒也予私淑諸人也
臣聞之師程頤曰孔子流澤至孟子時未及五世
其澤猶在夫人也孟子推尊孔子而不敢比其澤
故曰予未得為孔子徒也但能私善乎人而已
孟子曰可以取可以無取取傷廉可以與可以無與
與傷惠可以死可以無死死傷勇

三者在可否之間則如何惟義爲正

逢蒙學射於羿盡羿之道思天下惟羿爲愈己於是殺羿孟子曰是亦羿有罪焉公明儀曰宜若無罪焉曰薄乎云爾惡得無罪鄭人使子濯孺子侵衛衛使庾公之斯追之子濯孺子曰今日我疾作不可以執弓吾死矣夫問其僕曰追我者誰也其僕曰庾公之斯也曰吾生矣其僕曰庾公之斯衛之善射者也夫子曰吾生何謂也曰庾公之斯學射於尹公之他尹公之他學射於我夫尹公之他端人也其取友必端矣庾公之斯至曰夫子何爲不執弓曰今日我疾作

孟子解下　十五

不可以執弓曰小人學射於尹公之他尹公之他學射於夫子我不忍以夫子之道反害夫子雖然今日之事君事也我不敢廢抽矢扣輪去其金發乘矢而後反

爲取友而言

孟子曰西子蒙不潔則人皆掩鼻而過之雖有惡人齋戒沐浴則可以祀上帝

戒人之喪善而勉之以自新也

孟子曰天下之言性也則故而已矣故者以利爲本所惡於智者爲其鑿也如智者若禹之行水也則無惡於智矣禹之行水也行其所無事也如智者亦行其所無事則智亦大矣天之高也星辰之遠也苟求其故千歲之日至可坐而致也

故者素也利則順而不害也智者則鑿矣行其所無事則不鑿也可坐而致不鑿而已

公行子有子之喪右師往弔入門有進而與右師言者有就右師之位而與右師言者孟子不與右師言右師不悅曰諸君子皆與驩言孟子獨不與驩言是簡驩也孟子聞之曰禮朝廷不歷位而相與言不踰階而相揖也我欲行禮子敖以我爲簡不亦異乎

孟子解下　十六

惑於諂者以禮爲簡古今所同也

孟子曰君子所以異於人者以其存心也君子以仁存心以禮存心仁者愛人有禮者敬人愛人者人恒愛之敬人者人恒敬之有人於此其待我以橫逆則君子必自反也我必不仁也必無禮也此物奚宜至哉其自反而仁矣自反而有禮矣其橫逆由是也君子必自反也我必不忠自反而忠矣其橫逆由是也君子曰此亦妄人也已如此則與禽獸奚擇哉於禽獸又何難焉是故君子有終身之憂無一朝之患也乃若所憂則有之舜人也我亦人也舜爲法於天下

可傳於後世我由未免爲鄉人也是則可憂也憂之如何如舜而已矣若夫君子所患則亡矣非仁無爲也非禮無行也如有一朝之患則君子不患矣

忠恕而已矣

禹稷當平世三過其門而不入孔子賢之顏回當亂世居於陋巷一簞食一瓢飲人不堪其憂顏回不改其樂孔子賢之孟子曰禹稷顏回同道禹思天下有溺者由己溺之也稷思天下有飢者由己飢之也是以如是其急也禹稷顏子易地則皆然今有同室之人鬬者救之雖被髮纓冠而救之可也鄉鄰有鬬者

被髮纓冠而往救之則惑也雖閉戸可也

當其可之謂時前聖後聖其心一也故其所遇皆盡善爲悶禹稷顏回同道竊謂顏子言志願無伐善無施勞觀禹焦勞於外稷躬耕稼與顏淵無施勞同禹不矜不伐稷自來便人與顏子無伐善同如何曰不須如此說禹稷顏回同道謂窮達雖異其道則同也若如此說只是事也非道也

公都子曰匡章通國皆稱不孝焉夫子與之遊又從而禮貌之敢問何也孟子曰世俗所謂不孝者五惰其四支不顧父母之養一不孝也博奕好飲酒不顧父母之養二不孝也好貨財私妻子不顧父母之養三不孝也從耳目之欲以爲父母戮四不孝也好勇鬬很以危父母五不孝也章子有一於是乎夫章子子父責善而不相遇也責善朋友之道也父子責善賊恩之大者夫章子豈不欲有夫妻子母之屬哉爲得罪於父不得近出妻屛子終身不養焉其設心以爲不若是是則罪之大者是則章子已矣

苟無孟子則章子之不幸何以自辨哉天下以私論人者悉皆然也故臣於人之幸不幸之際未始不深嘆而屢嗟焉

曾子居武城有越寇或曰寇至盍去諸曰無寓人於我室毀傷其薪木寇退則曰修我墻屋我將反寇退曾子反左右曰待先生如此其忠且敬也寇至則先去以爲民望寇退則反殆於不可沈猶行曰是非汝所知也昔沈猶有負芻之禍從先生者七十人未有與焉子思居於衛有齊寇或曰寇至盍去諸子思曰如伋去君誰與守孟子曰曾子子思同道曾子師也父兄也子思臣也微也曾子子思易地則皆然

或遠害或死難其事不同者所處之地不同也君子之心不繫於利害惟其是而已故易地則皆能

為之

儲子曰王使人瞯夫子果有異於人乎孟子曰何以異於人哉堯舜與人同耳

當時之君所見如此宜乎不能知孟子也

齊人有一妻一妾而處室者其良人出則必饜酒肉而後反其妻問所與飲食者則盡富貴也其妻告其妾曰良人出則必饜酒肉而後反問其與飲食者盡富貴也而未嘗有顯者來吾將瞯良人之所之也蚤起施從良人之所之偏國中無與立談者卒之東郭墦間之祭者乞其餘不足又顧而之他此其為饜足之道也其妻歸告其妾曰良人者所望仰而終身也今若此與其妾訕其良人而相泣於中庭而良人未之知也施施從外來驕其妻妾由君子觀之則人之所以求富貴利達者其妻妾不羞也而不相泣者幾希矣

妻妾猶不能欺而況他人乎以驕妻妾之心而驕他人其無恥則一揆

萬章章句上

萬章問曰舜往于田號泣于旻天何為其號泣也孟子曰怨慕也萬章曰父母愛之喜不不忘父母惡之勞而不怨然則舜怨乎曰長息問於公明高曰舜往于田則吾既得聞命矣號泣于旻天于父母則吾不知也公明高曰是非爾所知也夫公明高以孝子之心為不若是恝我竭力耕田共為子職而已矣父母之不我愛於我何哉帝使其子九男二女百官牛羊倉廩備以事舜於畎畝之中天下之士多就之者帝將胥天下而遷之焉為不順於父母如窮人無所歸天下之士悅之人之所欲也而不足以解憂好色人之所欲妻帝之二女而不足以解憂富人之所欲富有天下而不足以解憂貴人之所欲貴為天子而不足以解憂人悅之好色富貴無足以解憂者惟順於父母可以解憂人少則慕父母知好色則慕少艾有妻子則慕妻子仕則慕君不得於君則熱中大孝終身慕父母五年而慕者予於大舜見之矣

舜之號泣無以解憂故也人悅之好色富貴不足以解憂非盡性則不能也

萬章問曰詩云娶妻如之何必告父母信斯言也宜

莫如舜舜之不告而娶何也孟子曰告則不得娶男女居室人之大倫也如告則廢人之大倫以懟父母是以不告也萬章曰舜之不告而娶則吾既得聞命矣帝之妻舜而不告何也曰帝亦知告焉則不得妻也萬章曰父母使舜完廩捐階瞽瞍焚廩使浚井出從而揜之象曰謨蓋都君咸我績牛羊父母倉廩父母干戈朕琴朕弤朕二嫂使治朕棲象往入舜宮舜在牀琴象曰鬱陶思君爾忸怩舜曰惟茲臣庶汝其于予治不識舜不知象之將殺己與曰奚而不知也象憂亦憂象喜亦喜曰然則舜偽喜者與曰否昔者有

孟子詳下　廿

饋生魚於鄭子產子產使校人畜之池校人烹之反命曰始舍之圉圉焉少則洋洋焉攸然而逝子產曰得其所哉得其所哉校人出曰孰謂子產智予既烹而食之曰得其所哉得其所哉故君子可欺以其方難罔以非其道彼以愛兄之道來故誠信而喜之奚偽焉

臣觀此一章人情天理於是為至

萬章問曰象日以殺舜為事立為天子則放之何也孟子曰封之也或曰放焉萬章曰舜流共工于幽州放驩兜于崇山殺三苗于三危殛鯀于羽山四罪而天下咸服誅不仁也象至不仁封之有庳有庳之人奚罪焉仁人固如是乎在他人則誅之在弟則封之曰仁人之於弟也不藏怒焉不宿怨焉親愛之而已矣親之欲其貴也愛之欲其富也封之有庳富貴之也身為天子弟為匹夫可謂親愛之乎敢問或曰放者何謂也曰象不得有為於其國天子使吏治其國而納其貢稅焉故謂之放豈得暴彼民哉雖然欲常常而見之故源源而來不及貢以政接于有庳此之謂也

聖人之心一言以蔽曰公而已矣常人作為以求

孟子詳下　廿一

之則有差嵩不可不知也

咸丘蒙問曰語云盛德之士君不得而臣父不得而子舜南面而立堯帥諸侯北面而朝之瞽瞍亦北面而朝之舜見瞽瞍其容有蹙孔子曰於斯時也天下殆哉岌岌乎不識此語誠然乎哉孟子曰否此非君子之言齊東野人之語也堯老而舜攝也堯典曰二十有八載放勳乃徂落百姓如喪考妣三年四海遏密八音孔子曰天無二日民無二王舜既為天子矣又帥天下諸侯以為堯三年喪是二天子矣咸丘蒙曰舜之不臣堯則吾既得聞命矣詩云普天之下莫

非王土率土之濱莫非王臣而舜既為天子矣敢問瞽瞍之非臣如何曰是詩也非是之謂也勞於王事而不得養父母也曰此莫非王事我獨賢勞也故説詩者不以文害辭不以辭害志以意逆志是為得之如以辭而已矣雲漢之詩曰周餘黎民靡有孑遺信斯言也是周無遺民也孝子之至莫大乎尊親尊親之至莫大乎以天下養為天子父尊之至也以天下養養之至也詩曰永言孝思孝思維則此之謂也書曰祇載見瞽瞍夔夔齋栗瞽瞍亦允若是為父不得而子也

孟子解下

廿二 萬物紛錯則見諸天衆言淆亂則折諸聖微孟子孰能攻其實而知其正哉

萬章曰堯以天下與舜有諸孟子曰否天子不能以天下與人然則舜有天下也孰與之曰天與之天與之者諄諄然命之乎曰否天不言以行與事示之而已矣曰以行與事示之者如之何曰天子能薦人於天不能使天與之天下諸侯能薦人於天子不能使天子與之諸侯大夫能薦人於諸侯不能使諸侯與之大夫昔者堯薦舜於天而天受之暴之於民而民受之故曰天不言以行與事示之而已矣敢問薦之於天而天受之暴之於民而民受之如何曰使之主祭而百神享之是天受之使之主事而事治百姓安之是民受之也天與之人與之故曰天子不能以天下與人舜相堯二十有八載非人之所能為也天也堯崩三年之喪畢舜避堯之子於南河之南天下諸侯朝覲者不之堯之子而之舜訟獄者不之堯之子而之舜謳歌者不謳歌堯之子而謳歌舜故曰天也夫然後之中國踐天子位焉而居堯之宮逼堯之子是篡也非天與也太誓曰天視自我民視天聽自我民聽此之謂也

孟子解下

廿 堯不能以天下私與舜非孟子不足以識之天視自我民視天聽自我民聽誠哉是言也後世以天人為二道者豈窮天人之理者哉

萬章問曰人有言至於禹而德衰不傳於賢而傳於子有諸孟子曰否不然也天與賢則與賢天與子則與子昔者舜薦禹於天十有七年舜崩三年之喪畢禹避舜之子於陽城天下之民從之若堯崩之後不從堯之子而從舜也禹薦益於天七年禹崩三年之喪畢益避禹之子於箕山之陰朝覲訟獄者不之益而之啓曰吾君之子也謳歌者不謳歌益而謳歌啓

曰吾君之子也丹朱之不肖舜之子亦不肖舜之相堯禹之相舜也歷年多施澤於民久啓賢能敬承繼禹之道益之相禹也歷年少施澤於民未久舜禹益相去久遠其子之賢不肖皆天也非人之所能為也莫之為而為者天也莫之致而至者命也匹夫而有天下者德必若舜禹而又有天子薦之者故仲尼不有天下繼世以有天下天之所廢必若桀紂者也故益伊尹周公不有天下伊尹相湯以王於天下湯崩太丁未立外丙二年仲壬四年太甲顛覆湯之典刑伊尹放之於桐三年太甲悔過自怨自艾於桐處仁

遷義三年以聽伊尹之訓己也復歸于亳周公之不有天下猶益之於夏伊尹之於殷也孔子曰唐虞禪夏后殷周繼其義一也

孔子曰唐虞禪夏后殷周繼其義一也唯孟子識之故曰天與賢則與賢天與子則與子舜禹益相去久遠其子之賢不肖非人之所能為也知前聖之心者無如孔子繼孔子者孟子而已

萬章問曰人有言伊尹以割烹要湯有諸孟子曰否不然伊尹耕於有莘之野而樂堯舜之道焉非其義也非其道也祿之以天下弗顧也繫馬千駟弗視也非其義也非其道也一介不以與人一介不以取諸人湯使人以幣聘之囂囂然曰我何以湯之聘幣為哉我豈若處畎畝之中由是以樂堯舜之道哉湯三使往聘之既而幡然改曰與我處畎畝之中由是以樂堯舜之道吾豈若使是君為堯舜之君哉吾豈若使是民為堯舜之民哉吾豈若於吾身親見之哉天之生此民也使先知覺後知使先覺覺後覺也予天民之先覺者也予將以斯道覺斯民也非予覺之而誰也思天下之民匹夫匹婦有不被堯舜之澤者若己推而內之溝中其自任以天下之重如此故就湯

而說之以伐夏救民吾未聞枉己而正人者也况辱己以正天下者乎聖人之行不同也或遠或近或去或不去歸潔其身而已矣吾聞其以堯舜之道要湯未聞以割烹也伊訓曰天誅造攻自牧宮朕載自亳

宜乎君子之所為衆人不識也

萬章問曰或謂孔子於衛主癰疽於齊主侍人瘠環有諸乎孟子曰否不然也好事者為之也於衛主顔讎由彌子之妻與子路之妻兄弟也彌子謂子路曰孔子主我衛卿可得也子路以告孔子曰有命孔子進以禮退以義得之不得曰有命而主癰疽與侍人

瘠環是無義無命也孔子不悅於魯衛遭宋桓司馬將要而殺之微服而過宋是時孔子當阨主司城貞子為陳侯周臣吾聞觀近臣以其所為主觀遠臣以其所主若孔子主癰疽於侍人瘠環何以為孔子觀近臣以其所主觀遠臣以其所為主此不易之論萬世之法也萬章親炙孟子猶於或說有疑焉惡在其知義命哉去聖愈遠邪說異論蓋不止於此矣

萬章問曰或曰百里奚自鬻於秦養牲者五羊之皮食牛以要秦穆公信乎孟子曰否不然好事者為之

也百里奚虞人也晉人以垂棘之璧與屈產之乘假道於虞以伐虢宮之奇諫百里奚不諫知虞公之不可諫而去之秦年已七十矣曾不知以食牛干秦穆公之為汙也可謂智乎不可諫而不諫可謂不智乎知虞公之將亡而先去之不可謂不智也時舉於秦知穆公之可與有行也而相之可謂不智乎相秦而顯其君於天下可傳於後世不賢而能之乎自鬻以成其君鄉黨自好者不為而謂賢者為之乎

當是時也好事者之論大率類此蓋以其不正之心度聖賢故也

萬章章句下

孟子曰伯夷目不視惡色耳不聽惡聲非其君不事非其民不使治則進亂則退橫政之所出橫民之所止不忍居也思與鄉人處如以朝衣朝冠坐於塗炭也當紂之時居北海之濱以待天下之清也故聞伯夷之風者頑夫廉懦夫有立志伊尹曰何事非君何使非民治亦進亂亦進曰天之生斯民也使先知覺後知使先覺覺後覺予天民之先覺者也予將以此道覺此民也思天下之民匹夫匹婦有不與被堯舜之澤者若己推而內之溝中其自任以天下之重也

柳下惠不羞汙君不辭小官進不隱賢必以其道遺佚而不怨阨窮而不憫與鄉人處由由然不忍去也爾為爾我為我雖袒裼裸裎於我側爾焉能浼我哉故聞柳下惠之風者鄙夫寬薄夫敦孔子之去齊接淅而行去魯曰遲遲吾行也去父母國之道也可以速而速可以久而久可以處而處可以仕而仕孔子也孔子曰伯夷聖之清者也伊尹聖之任者也柳下惠聖之和者也孔子聖之時者也孔子之謂集大成集大成也者金聲而玉振之也金聲也者始條理也玉振之也者終條理也始條理者智之事也終條理

者聖之事也智譬則巧也聖譬則力也由射於百步之外也其至爾力也其中非爾力也

孔子集大成或清或任或和也金聲則有隆殺玉振則始終如一始條理者猶可以用智終條理則智不容於其間矣譬夫射遠焉至者可以謂之力中者非力也中者未必能遠遠者力也

北宮錡問曰周室班爵祿也如之何孟子曰其詳不可得聞也諸侯惡其害己也而皆去其籍然而軻也嘗聞其畧也天子一位公一位侯一位伯一位子男同一位凡五等也君一位卿一位大夫一位上士一

位中士一位下士一位凡六等也天子之制地方千里公侯皆方百里伯七十里子男五十里凡四等不能五十里不達於天子附於諸侯曰附庸天子之卿受地視侯大夫受地視伯元士受地視子男大國地方百里君十卿祿卿祿四大夫大夫倍上士上士倍中士中士倍下士下士與庶人在官者同祿祿足以代其耕也次國地方七十里君十卿祿卿祿三大夫大夫倍上士上士倍中士中士倍下士下士與庶人在官者同祿祿足以代其耕也小國地方五十里君十卿祿卿祿二大夫大夫倍上士上士倍中士中士倍下士下士與庶人在官者同祿祿足以代其耕也耕者之所獲一夫百畝百畝之糞上農夫食九人上次食八人中食七人中次食六人下食五人庶人在官者其祿以是為差

當孟子之時周室之制固已不見其籍矣而況繼之以秦火之後哉

萬章問曰敢問友孟子曰不挾長不挾貴不挾兄弟而友友也者友其德也不可以友挾也孟獻子百乘之家也有友五人焉樂正裘牧仲其三人則予忘之矣獻子之與此五人者友也無獻子之家者也此五

人者亦有獻子之家則不與之友矣非惟百乘之家為然也雖小國之君亦有之費惠公曰吾於子思則師之矣吾於顏般則友之矣王順長息則事我者也非惟小國之君為然也雖大國之君亦有之晉平公之於亥唐也入云則入坐云則坐食云則食雖疏食菜羹未嘗不飽蓋不敢不飽也然終於此而已矣弗與共天位也弗與治天職也弗與食天祿也士之尊賢者也非王公之尊賢也舜尚見帝帝館甥于貳室亦饗舜迭為賓主是天子而友匹夫也用下敬上謂之貴貴用上敬下謂之尊賢貴貴尊賢其義一也

堯之尊賢真所謂尊賢也

萬章問曰敢問交際何心也孟子曰恭也曰卻之卻之為不恭何哉曰尊者賜之曰其所取之者義乎不義乎而後受之以是為不恭故弗卻也曰請無以辭卻之以心卻之曰其取諸民之不義也而以他辭無受不可乎曰其交也以道其接也以禮斯孔子受之矣萬章曰今有禦人於國門之外者其交也以道其餽也以禮斯可受禦與曰不可康誥曰殺越人于貨閔不畏死凡民罔不譈是不待教而誅者也殷受夏周受殷所不辭也於今為烈如之何其受之曰今之

諸侯取之於民也猶禦也苟善其禮際矣斯君子受之敢問何說也曰子以為有王者作將比今之諸侯而誅之乎其教之不改而後誅之乎夫謂非其有而取之者盜也充類至義之盡也孔子之仕於魯也魯人獵較孔子亦獵較獵較猶可而況受其賜乎曰然則孔子之仕也非事道與曰事道也事道奚獵較也曰孔子先簿正祭器不以四方之食供簿正曰奚不去也曰為之兆也兆足以行矣而不行而後去是以未嘗有所終三年淹也孔子有見行可之仕有際可之仕有公養之仕於季桓子見行可之仕也於衛靈公際可之仕也於衛孝公公養之仕也

不聞孟子之義則自好也為於陵仲子而已聖賢辭受進退惟義所在

孟子曰仕非為貧也而有時乎為貧娶妻非為養也而有時乎為養為貧者辭尊居卑辭富居貧辭尊居卑辭富居貧惡乎宜乎抱關擊柝孔子嘗為委吏矣曰會計當而已矣嘗為乘田矣曰牛羊茁壯長而已矣位卑而言高罪也立乎人之本朝而道不行恥也

為貧者不可以居尊居尊者必欲以行道

萬章曰士之不託諸侯何也孟子曰不敢也諸侯失

國而後託於諸侯禮也士之託於諸侯非禮也萬章曰君餽之粟則受之乎曰受之受之何義也曰君之於氓也固周之曰周之則受賜之則不受何也曰不敢也曰敢問其不敢何也曰抱關擊柝者皆有常職以食於上無常職而賜於上者以為不恭也曰君餽之則受之不識可常繼乎曰繆公之於子思也亟問亟餽鼎肉子思不悅於卒也摽使者出諸大門之外北面稽首再拜而不受曰今而後知君之犬馬畜伋蓋自是臺無餽也悅賢不能舉又不能養也可謂悅賢乎曰敢問國君欲養君子如何斯可謂養矣曰以

君命將之再拜稽首而受其後廩人繼粟庖人繼肉不以君命將之子思以為鼎肉使己僕僕爾亟拜也非養君子之道也堯之於舜也使其子九男事之二女女焉百官牛羊倉廩備以養舜於畎畝之中後舉而加諸上位故曰王公之尊賢也

孔子於進退辭受言之詳矣

萬章曰敢問不見諸侯何義也孟子曰在國曰市井之臣在野曰草莽之臣皆謂庶人庶人不傳贄為臣不敢見於諸侯禮也萬章曰庶人召之役則往役君欲見之召之則不往見之何也曰往役義也往見不

孟子解下　茟

義也且君之欲見之也何為也哉曰為其多聞也為其賢也曰為其多聞也則天子不召師而況諸侯乎為其賢也則吾未聞欲見賢而召之也繆公亟見於子思曰古千乘之國以友士何如子思不悅曰古之人有言曰事之云乎豈曰友之云乎子思之不悅也豈不曰以位則子君也我臣也何敢與君友也以德則子事我者也奚可以與我友千乘之君求與之友而不可得也而況可召與齊景公田招虞人以旌不至將殺之志士不忘在溝壑勇士不忘喪其元孔子奚取焉取非其招不往也曰敢問招虞人何以曰以皮冠庶人以旃士以旂大夫以旌以大夫之招招虞人虞人死不敢往以士之招招庶人庶人豈敢往哉況乎以不賢人之招招賢人乎欲見賢人而不以其道猶欲其入而閉之門也夫義路也禮門也惟君子能由是路出入是門也詩云周道如底其直如矢君子所履小人所視萬章曰孔子君命召不俟駕而行然則孔子非與曰孔子當仕有官職而以其官召之也

君子進退去就之義孟子論之曲盡矣聖賢之所守蓋如此

孟子解下　茁

孟子謂萬章曰一鄉之善士斯友一鄉之善士一國之善士斯友一國之善士天下之善士斯友天下之善士以友天下之善士為未足又尚論古之人頌其詩讀其書不知其人可乎是以論其世也是尚友也

是尚友也言所友每愈進而愈上也是以論其世也言上有古人須當論其所遇之時如何不可一槩而論也又曰誦其詩讀其書而不論其世則知之有不能盡

齊宣王問卿孟子曰王何卿之問也王曰卿不同乎曰不同有貴戚之卿有異姓之卿王曰請問貴戚之

卿曰君有大過則諫反覆之而不聽則易位王勃然
變乎色曰王勿異也王問臣臣不敢不以正對王色
定然後請問異姓之卿曰君有過則諫反覆之而不
聽則去

事君有犯無隱孟子之言每如此或問孟子此言
豈不起後世彊臣擅廢立之事乎曰孟子此語所
以警戒齊王聽諫欲其亟諫故其言深切

告子章句上

告子曰性猶杞柳也義猶桮棬也以人性為仁義猶
以杞柳為桮棬孟子曰子能順杞柳之性而以為桮

棬乎將戕賊杞柳而後以為桮棬也如將戕賊杞柳
而以為桮棬則亦將戕賊人以為仁義與率天下之
人而禍仁義者必子之言夫

人性之無不善告子所不知也故孟子常言告子
未嘗知義以其外之也

告子曰性猶湍水也決諸東方則東流決諸西方則
西流人性之無分於善不善也猶水之無分於東西
也孟子曰水信無分於東西無分於上下乎人性之
善也猶水之就下也人無有不善水無有不下今夫
水搏而躍之可使過顙激而行之可使在山是豈水
之性哉其勢則然也人之可使為不善其性亦猶是
也

孟子傳聖人之道而得其真高出荀楊之上者知
性故也

告子曰生之謂性孟子曰生之謂性也猶白之謂白
與曰然白羽之白也猶白雪之白白雪之白猶白玉
之白與曰然然則犬之性猶牛之性牛之性猶人之
性與

生之謂性者自其所稟而言也告子謂生之謂性
是也及乎孟子復問之則其言非矣

告子曰食色性也仁內也非外也義外也非內也孟
子曰何以謂仁內義外也曰彼長而我長之非有長
於我也猶彼白而我白之從其白於外也故謂之外
也曰異於白馬之白也無以異於白人之白也不識
長馬之長也無以異於長人之長與且謂長者義乎
長之者義乎曰吾弟則愛之秦人之弟則不愛也是
以我為悅者也故謂之內長楚人之長亦長吾之長
是以長為悅者也故謂之外也曰耆秦人之炙無以
異於耆吾炙夫物則亦有然者也然則耆炙亦有外
與

告子以為仁內義外不亦異哉學者不知大本而妄論若此者多矣無孟子後世何所承乎

孟季子問公都子曰何以謂義內也曰行吾敬故謂之內也鄉人長於伯兄一歲則誰敬曰敬兄酌則誰先曰先酌鄉人所敬在此所長在彼果在外非由內也公都子不能答以告孟子孟子曰敬叔父乎敬弟乎彼將曰敬叔父曰弟為尸則誰敬彼將曰敬弟子曰惡在其敬叔父也彼將曰在位故也子亦曰在位故也庸敬在兄斯須之敬在鄉人季之聞之曰敬叔父則敬敬弟則敬果在外非由內也公都子曰冬日

則飲湯夏日則飲水然則飲食亦在外也

不識大本不足以議道則不足為難矣

公都子曰告子曰性無善無不善也或曰性可以為善可以為不善是故文武興則民好善幽厲興則民好暴或曰有性善有性不善是故以堯為君而有象以瞽瞍為父而有舜以紂為兄之子且以為君而有微子啓王子比干今曰性善然則彼皆非與孟子曰乃若其情則可以為善矣乃所謂善也若夫為不善非才之罪也惻隱之心人皆有之羞惡之心人皆有之恭敬之心人皆有之是非之心人皆有之惻隱之心仁也羞惡之心義也恭敬之心禮也是非之心智也仁義禮智非由外鑠我也我固有之也弗思耳矣故曰求則得之舍則失之或相倍蓰而無算者不能盡其才者也詩曰天生蒸民有物有則民之秉彝好是懿德孔子曰為此詩者其知道乎故有物必有則民之秉彝也故好是懿德

乃若其情則可以為善孟子所謂之性也至於善惡異趨賢愚異習豈其本然哉此諸子之惑也

孟子曰富歲子弟多賴凶歲子弟多暴非天之降才爾殊也其所以陷溺其心者然也今夫麰麥播種而

耰之其地同樹之時又同浡然而生至於日至之時皆熟矣雖有不同則地有肥磽雨露之養人事之不齊也故凡同類者舉相似也何獨至於人而疑之聖人與我同類者故龍子曰不知足而為屨我知其不為蕢也屨之相似天下之足同也口之於味有同耆也易牙先得我口之所耆者也如使口之於味也其性與人殊若犬馬之與我不同類也則天下何耆皆從易牙之於味也至於味天下期於易牙是天下之口相似也惟耳亦然至於聲天下期於師曠是天下之耳相似也惟目亦然至於子都天下莫不知其姣

也不知子都之姣者無目者也故曰口之於味也有同耆焉耳之於聲也有同聽焉目之於色也有同美焉至於心獨無所同然乎心之所同然者何也謂理也義也聖人先得我心之所同然耳故理義之悅我心猶芻豢之悅我口

知大本者無如孟子善論學者亦無如孟子故曰非天之降才爾殊也又曰仁亦在夫熟之而已

孟子曰牛山之木嘗美矣以其郊於大國也斧斤伐之可以為美乎是其日夜之所息雨露之所潤非無萌蘖之生焉牛羊又從而牧之是以若彼濯濯也人

見其濯濯也以為未嘗有材焉此豈山之性也哉雖存乎人者豈無仁義之心哉其所以放其良心者亦猶斧斤之於木也旦旦而伐之可以為美乎其日夜之所息平旦之氣其好惡與人相近也者幾希則其旦晝之所為有梏亡之矣梏之反覆則其夜氣不足以存夜氣不足以存則其違禽獸不遠矣人見其禽獸也而以為未嘗有才焉者是豈人之情也哉故苟得其養無物不長苟失其養無物不消孔子曰操則存舍則亡出入無時莫知其鄉惟心之謂與

人之失其良心者類如此在養與不養而已

孟子曰無或乎王之不智也雖有天下易生之物也一日暴之十日寒之未有能生者也吾見亦罕矣吾退而寒之者至矣吾如有萌焉何哉今夫弈之為數小數也不專心致志則不得也弈秋通國之善弈者使弈秋誨二人弈其一人專心致志惟弈秋之為聽一人雖聽之一心以為有鴻鵠將至思援弓繳而射之雖與之俱學弗若之矣為是其智弗若與曰非然也

君子孤立而聽不專雖乎為功也弈之小數不專心則不得而況於為善乎

孟子曰魚我所欲也熊掌亦我所欲也二者不可得兼舍魚而取熊掌者也生亦我所欲也義亦我所欲也二者不可得兼舍生而取義者也生亦我所欲所欲有甚於生者故不為苟得也死亦我所惡所惡有甚於死者故患有所不辟也如使人之所欲莫甚於生則凡可以得生者何不用也使人之所惡莫甚於死者則凡可以辟患者何不為也由是則生而有不用也由是則可以辟患而有不為也是故所欲有甚於生者所惡有甚於死者非獨賢者有是心也人皆有之賢者能勿喪耳一簞食一豆羹得之則生弗得

則死嘑爾而與之行道之人弗受蹴爾而與之乞人不屑也萬鍾則不辨禮義而受之萬鍾於我何加焉為宮室之美妻妾之奉所識窮乏者得我與鄉為身死而不受今為宮室之美為之鄉為身死而不受今為妻妾之奉為之鄉為身死而不受今為所識窮乏者得我而為之是亦不可以已乎此之謂失其本心

一為外物所遷則失其本心所貴夫學者不失其本心而已

孟子曰仁人心也義人路也舍其路而弗由放其心而不知求哀哉人有雞犬放則知求之有放心而不

知求學問之道無他求其放心而已矣

識心性之真而知學之要孟子之賜後學多矣

孟子曰今有無名之指屈而不信非疾痛害事也如有能信之者則不遠秦楚之路為指之不若人也指不若人則知惡之心不若人則不知惡此之謂不知也

學者何所事乎心而已

孟子曰拱把之桐梓人苟欲生之皆知所以養之者至於身而不知所以養之者豈愛身不若桐梓哉弗思甚也

所以養者後學猶不知也非為不知知之亦莫能養也

孟子曰人之於身也兼所愛兼所愛則兼所養也無尺寸之膚不愛焉則無尺寸之膚不養也所以考其善不善者豈有他哉於己取之而已矣體有貴賤有小大無以小害大無以賤害貴養其小者為小人養其大者為大人今有場師舍其梧檟養其樲棘則為賤場師焉養其一指而失其肩背而不知也則為狼疾人也飲食之人則人賤之矣為其養小以失大也飲食之人無有失也則口腹豈適為尺寸之膚哉

趙岐謂大者心志是也

公都子問曰鈞是人也或為大人或為小人何也孟子曰從其大體為大人從其小體為小人曰鈞是人也或從其大體或從其小體何也曰耳目之官不思而蔽於物物交物則引之而已矣心之官則思思則得之不思則不得也此天之與我者先立乎其大者則其小者弗能奪也此為大人而已矣

其外不為物所引內則思而得之立乎其大者也

大者不立其為小人也無疑矣

孟子曰有天爵者有人爵者仁義忠信樂善不倦此

天爵也公卿大夫此人爵也古之人脩其天爵而人
爵從之今之人脩其天爵以要人爵既得人爵而棄
其天爵則惑之甚者也終亦必亡而已矣
莫之貴而貴者故曰天待人而後得者故曰人顛
倒錯謬失其本心者皆喪天爵者也
孟子曰欲貴者人之同心也人人有貴於己者弗思
耳人之所貴者非良貴也趙孟之所貴趙孟能賤之
詩云既醉以酒既飽以德言飽乎仁義也所以不願
人之膏粱之味也令聞廣譽施於身所以不願人之
文繡也

是亦天爵之義在我者重則外物輕
孟子曰仁之勝不仁也猶水勝火今之為仁者猶以
一杯水救一車薪之火也不熄則謂之水不勝火此
又與於不仁之甚者也亦終必亡而已矣
一日暴之十日寒之亦猶是也
孟子曰五穀者種之美者也苟為不熟不如荑稗夫
仁亦在乎熟之而已矣
日新而不已則熟
孟子曰羿之教人射必志於彀學者亦必志於彀大
匠誨人必以規矩學者亦必以規矩

不以法式則不可以語學盡法式然後可以至乎
成其中其巧則成矣教者不能與人中巧在夫學
者勉與不勉耳
告子章句下
任人有問屋廬子曰禮與食孰重曰禮重色與禮孰
重曰禮重曰以禮食則飢而死不以禮食則得食必
以禮乎親迎則不得妻不親迎則得妻必親迎乎屋
廬子不能對明日之鄒以告孟子孟子曰於答是也
何有不揣其本而齊其末方寸之木可使高於岑樓
金重於羽者豈謂一鉤金與一輿羽之謂哉取食之

重者與禮之輕者而比之奚翅食重取色之重者與
禮之輕者而比之奚翅色重往應之曰紾兄之臂而
奪之食則得食不紾則不得食則將紾之乎踰東家
牆而摟其處子則得妻不摟則不得妻則將摟之乎
任人之所言者利害也孟子之所言者禮義也苟
以利害言則何止乎重而已
曹交問曰人皆可以為堯舜有諸孟子曰然交聞文
王十尺湯九尺今交九尺四尺以長食粟而已如何
則可曰奚有於是亦為之而已矣有人於此力不能
勝一匹雛則為無力人矣今曰舉百鈞則為有力人

矣然則舉烏獲之任是亦為烏獲而已矣夫人豈以不勝為患哉弗為耳徐行後長者謂之弟疾行先長者謂之不弟夫徐行者豈人所不能哉所不為也堯舜之道孝弟而已矣子服堯之服誦堯之言行堯之行是堯而已矣子服桀之服誦桀之言行桀之行是桀而已矣曰交得見於鄒君可以假館願留而受業於門曰夫道若大路然豈難知哉人病不求耳子歸而求之有餘師

　　道若大路人皆由之在為與不為而已

公孫丑問曰高子曰小弁小人之詩也孟子曰何以

孟子解下　四五

言之曰怨曰固哉高叟之為詩也有人於此越人關弓而射之則己談笑而道之無他疏之也其兄關弓而射之則己垂涕泣而道之無他戚之也小弁之怨親親也親親仁也固矣夫高叟之為詩也曰凱風何以不怨曰凱風親之過小者也小弁親之過大者也親之過大而不怨是愈疏也親之過小而怨是不可磯也愈疏不孝也不可磯亦不孝也孔子曰舜其至孝矣五十而慕

　　疏之戚之至情也於親而不用其仁烏在其孝也

宋牼將之楚孟子遇於石丘曰先生將何之曰吾聞秦楚構兵我將見楚王說而罷之楚王不悅我將見秦王說而罷之二王我將有所遇焉曰軻也請無問其詳願聞其指說之將何如曰我將言其不利也曰先生之志則大矣先生之號則不可先生以利說秦楚之王秦楚之王悅於利以罷三軍之師是三軍之士樂罷而悅於利也為人臣者懷利以事其君為人子者懷利以事其父為人弟者懷利以事其兄是君臣父子兄弟終去仁義懷利以相接然而不亡者未之有也先生以仁義說秦楚之王秦楚之王悅於仁義而罷三軍之師是三軍之士樂罷而悅於仁義也

孟子解下　四六

為人臣者懷仁義以事其君為人子者懷仁義以事其父為人弟者懷仁義以事其兄是君臣父子兄弟去利懷仁義以相接也然而不王者未之有也何必曰利

　　當是時以利害誘說為能者多矣天下知利而不知義故孟子拔本塞源而救之其與人言也一斷之以正而已

孟子居鄒季任為任處守以幣交受之而不報處於平陸儲子為相以幣交受之而不報他日由鄒之任見季子由平陸之齊不見儲子屋廬子喜曰連得間

矣問曰夫子之任見季子之齊不見儲子為其為相
與曰非也書曰享多儀儀不及物曰不享惟不役志
于享為其不成享也屋廬子悅或問之屋廬子曰季
子不得之鄒儲子得之平陸

禮者宜而已

淳于髡曰先名實者為人也後名實者自為也夫子
在三卿之中名實未加於上下而去之仁者固如此
乎孟子曰居下位不以賢事不肖者伯夷也五就湯
五就桀者伊尹也不惡汙君不辭小官者柳下惠也
三子者不同道其趨一也一者何也曰仁也君子亦

孟子解下　四七

仁而已矣何必同曰魯繆公之時公儀子為政子柳
子思為臣魯之削也滋甚若是乎賢者之無益於國
也曰虞不用百里奚而亡秦穆公用之而霸不用賢
則亡削何可得與曰昔者王豹處於淇而河西善謳
緜駒處於高唐而齊右善歌華周杞梁之妻善哭其
夫而變國俗有諸內必形諸外為其事而無其功者
髡未嘗覩之也是故無賢者也有則髡必識之曰孔
子為魯司寇不用從而祭膰肉不至不稅冕而行不
知者以為為肉也其知者以為為無禮也乃孔子則
欲以微罪行不欲為苟去君子之所為衆人固不識
也

淳于髡未嘗知仁亦未嘗識賢也宜乎其言若
是

孟子曰五霸者三王之罪人也今之諸侯五霸之罪
人也今之大夫今之諸侯之罪人也天子適諸侯曰
巡狩諸侯朝於天子曰述職春省耕而補不足秋省
斂而助不給入其疆土地辟田野治養老尊賢俊傑
在位則有慶慶以地入其疆土地荒蕪遺老失賢掊
克在位則有讓一不朝則貶其爵再不朝則削其地
三不朝則六師移之是故天子討而不伐諸侯伐而

孟子解下　四八

不討五霸者摟諸侯以伐諸侯者也故曰五霸者三
王之罪人也五霸桓公為盛葵丘之會諸侯束牲載
書而不歃血初命曰誅不孝無易樹子無以妾為妻
再命曰尊賢育才以彰有德三命曰敬老慈幼無忘
賓旅四命曰士無世官官事無攝取士必得無專殺
大夫五命曰無曲防無遏糴無有封而不告曰凡我
同盟之人既盟之後言歸于好今之諸侯皆犯此五
禁故曰今之諸侯五霸之罪人也長君之惡其罪小
逢君之惡其罪大今之大夫皆逢君之惡故曰今之
大夫今之諸侯之罪人也

孟子歷陳五霸諸侯之罪與夫逢君之惡者當時莫知其罪也世衰道微非孟子其誰制之

魯欲使慎子為將軍孟子曰不教民而用之謂之殃民殃民者不容於堯舜之世一戰勝齊遂有南陽然且不可慎子勃然不悅曰此則滑釐所不識也曰吾明告子天子之地方千里不千里不足以待諸侯諸侯之地方百里不百里不足以守宗廟之典籍周公之封於魯為方百里也地非不足而儉於百里太公之封於齊也亦為方百里也地非不足也而儉於百里今魯方百里者五子以為有王者作則魯在所損乎在所益乎徒取諸彼以與此然且仁者不為況於殺人以求之乎君子之事君也務引其君以當道志於仁而已

孟子詳六

　當時之君臣莫或知此天下所以紛紛而戰爭之不息也

孟子曰今之事君者曰我能為君辟土地充府庫今之所謂良臣古之所謂民賊也君不鄉道不志於仁而求富之是富桀也我能為君約與國戰必克今之所謂良臣古之所謂民賊也君不鄉道不志於仁而求為之強戰是輔桀也由今之道無變今之俗雖與之天下不能一朝居也

　不改其道而變其俗則終不可治

白圭曰吾欲二十而取一何如孟子曰子之道貉道也萬室之國一人陶則可乎曰不可器不足用也曰夫貉五穀不生惟黍生之無城郭宮室宗廟祭祀之禮無諸侯幣帛饔飧無百官有司故二十取一而足也今居中國去人倫無君子如之何其可也陶以寡且不可以為國況無君子乎欲輕之於堯舜之道者大貉小貉也欲重之於堯舜之道者大桀小桀也

白圭曰丹之治水也愈於禹孟子曰子過矣禹之治水水之道也是故禹以四海為壑今吾子以鄰國為壑水逆行謂之洚水洚水者洪水也仁人之所惡也君子過矣

孟子詳下

　事不師古何以永世以治稅治水之言觀之白圭可謂妄人矣

孟子曰君子不亮惡乎執

　君子所執者信也舍信則何所依據也

魯欲使樂正子為政孟子曰吾聞之喜而不寐公孫丑曰樂正子強乎曰否有知慮乎曰否多聞識乎曰否然則奚為喜而不寐曰其為人也好善好善足乎

曰好善優於天下而况魯國乎夫苟好善則四海之内皆將輕千里而來告之以善夫苟不好善則人將曰訑訑予既已知之矣訑訑之聲音顏色距人於千里之外士止於千里之外則讒諂面諛之人至矣與讒諂面諛之人居國欲治可得乎

好善優於天下真知言哉

陳子曰古之君子何如則仕孟子曰所就三所去三迎之致敬以有禮言將行其言也則就之禮貌未衰言弗行也則去之其次雖未行其言也迎之致敬以有禮則就之禮貌衰則去之其下朝不食夕不食飢

餓不能出門戶君聞之曰吾大者不能行其道又不能從其言也使飢餓於我土地吾恥之周之亦可受也免死而已矣

士之仕也必歸於正道聽言為上禮貌次之至於免死則下矣

孟子曰舜發於畎畝之中傅說舉於版築之間膠鬲舉於魚鹽之中管夷吾舉於士孫叔敖舉於海百里奚舉於市故天將降大任於是人也必先苦其心志勞其筋骨餓其體膚空乏其身行拂亂其所為所以動心忍性曾益其所不能人恒過然後能改困於心衡於慮而後作徵於色發於聲而後喻入則無法家拂士出則無敵國外患者國恒亡然後知生於憂患而死於安樂也

困窮拂鬱能堅人之志而熟人之仁以安樂失之者多矣

孟子曰教亦多術矣予不屑之教誨也者是亦教誨之而已矣

教者或抑或揚或與或不與各因其才而篤之故也

盡心章句上

孟子曰盡其心者知其性也知其性則知天矣存其心養其性所以事天也殀壽不貳脩身以俟之所以立命也

或曰心或曰性或曰天一理也自理而言謂之天自稟受而言謂之性自存諸人而言謂之心盡其心則知性知天矣存之養之所以得天理也殀壽不貳其心者所以立命

孟子曰莫非命也順受其正是故知命者不立乎巖墻之下盡其道而死者正命也桎梏死者非正命也

雖曰命也又必知其正與不正君子所言者正命也又其上則義而已不曰命

孟子曰求則得之舍則失之是求有益於得也求在我者也求之有道得之有命是求無益於得也求在外者也

求在我者則必得之求在外者則有不得之理是以君子猶以命為外也以之為外所以行一不義殺一不辜雖得天下亦不為也

孟子曰萬物皆備於我矣反身而誠樂莫大焉強恕而行求仁莫近焉

萬物皆備天理也反身而誠謂行而無不慊於心也強恕而行誠之者也

孟子曰行之而不著焉習矣而不察焉終身由之而不知其道者衆也

誰能出不由戶何莫由斯道也然而行之而不明曉習矣而不省察由道而不知者衆也

孟子曰人不可以無恥無恥之恥無恥矣

人知其所恥然後能改過遷善

孟子曰恥之於人大矣為機變之巧者無所用恥焉不恥不若人何若人有

為機變之巧以自欺者何若人之有

孟子曰古之賢王好善而忘勢古之賢士何獨不然樂其道而忘人之勢故王公不致敬盡禮則不得亟見之見且由不得亟而況得而臣之乎

人君能下賢而好善賢者不慕勢而好利以如是而相遇然後可以有為於時

孟子謂宋句踐曰子好遊乎吾語子遊人知之亦囂囂人不知亦囂囂曰何如斯可以囂囂矣曰尊德樂義則可以囂囂矣故士窮不失義達不離道窮不失義故士得己焉達不離道故民不失望焉古之人得志澤加於民不得志脩身見於世窮則獨樂其身達則兼善天下

古之人得志澤加於民不得志則脩身見於世此其所以囂囂也如此則無怨尤不改樂

孟子曰待文王而後興者凡民也若夫豪傑之士雖無文王猶興

言君子之特立也

孟子曰附之以韓魏之家如其自視欿然則過人遠矣

有過人之識則不以富貴為事

孟子曰以佚道使民雖勞不怨以生道殺民雖死不怨殺者

以佚道勞民乘屋播穀之類是也以生道殺民除害去惡之類是也此其所以不怨

孟子曰霸者之民驩虞如也王者之民皞皞如也殺之而不怨利之而不庸民日遷善而不知為之者夫君子所過者化所存者神上下與天地同流豈曰小補之哉

臣聞之師曰所過者化身所經也所存者神心所主也立之斯立道之斯行綏之斯來動之斯和是以其民皞皞爾

孟子曰仁言不如仁聲之入人深也善政不如善教之得民也善政民畏之善教民愛之善政得民財善教得民心

仁言出於上之言也仁聲得於下之聲也善政制民善教化民也

孟子曰人之所不學而能者其良能也所不慮而知者其良知也孩提之童無不知愛其親者及其長也無不知敬其兄也親親仁也敬長義也無他達之天下也

良知良能與生俱生者也仁義出於人心之所同然君子不失是而達之天下耳

孟子曰舜之居深山之中與木石居與鹿豕遊其所以異於深山之野人者幾希及其聞一善言見一善行若決江河沛然莫之能禦也

聞一善言見一善行而若決江河非無我何以臻此

孟子曰無為其所不為無欲其所不欲如此而已矣

羞惡是非之心人皆有之不失其心而已

孟子曰人之有德慧術智者恒存乎疢疾獨孤臣孽子其操心也危其慮患也深故達

達謂達盡事理

孟子曰有事君人者事是君則為容悅者也有安社稷臣者以安社稷為悅者也有天民者達可行於天下而後行之者也有大人者正己而物正者也

以事君為容悅者佞臣也以安社稷為悅者忠臣也天民則若伊尹傅說之未遇也所過者化所存者神大人其能之矣

孟子曰君子有三樂而王天下不與存焉父母俱存兄弟無故一樂也仰不愧於天俯不怍於人二樂也

得天下英才而教育之三樂也君子有三樂而王天
下不與存焉
父母俱存兄弟無故樂得於天也仰不愧俯不怍
樂得於己也得天下英才而教育之樂施諸人也
孟子曰廣土衆民君子欲之所樂不存焉中天下而
立定四海之民君子樂之所性不存焉君子所性雖
大行不加焉雖窮居不損焉分定故也君子所性仁
義禮智根於心其生色也睟然見於面盎於背施於
四體四體不言而喻
君子之學性而已豈以窮達而加損哉四體不言

孟子解下　五七

而喻可僞爲哉非孟子深造之不能爲是言也
孟子曰伯夷辟紂居北海之濱聞文王作興曰盍歸
乎來吾聞西伯善養老者太公辟紂居東海之濱聞
文王作興曰盍歸乎來吾聞西伯善養老者天下有
善養老則仁人以爲己歸矣五畝之宅樹墻下以桑
匹婦蠶之則老者足以衣帛矣五母雞二母彘無失
其時老者足以無失肉矣百畝之田匹夫耕之八口之
家足以無飢矣所謂西伯善養老者制其田里教之樹
畜導其妻子使養其老五十非帛不煖七十非肉不
飽不煖不飽謂之凍餒文王之民無凍餒之老者此

之謂也
王政之始先本於民無凍餒其本不治未有能成
善政者也孟子見之明言之屢也
孟子曰易其田疇薄其稅斂民可使富也食之以時
用之以禮財不可勝用也民非水火不生活昏暮叩
人之門戶求水火無弗與者至足矣聖人治天下使
有菽粟如水火菽粟如水火而民焉有不仁者乎
富歲子弟多賴凶歲子弟多暴民無常產則無常
心勢使之然也故知禮義生於富足
孟子曰孔子登東山而小魯登太山而小天下故觀

孟子解下　五八

於海者難爲水遊於聖人之門者難爲言觀水有術
必觀其瀾日月有明容光必照焉流水之爲物也不
盈科不行君子之志於道也不成章不達
臣聞之師曰水之瀾日月之照言道之無窮也瀾
水之湍急之所也水之源無窮是以有瀾日月之
明無窮是以必照盈科而行成章而達美在其中
而暢於四支篤實而有輝光之謂也惟無窮者爲
然
孟子曰雞鳴而起孳孳爲善者舜之徒也雞鳴而起
孳孳爲利者蹠之徒也欲知舜與蹠之分無他利與

善之間也

善之與利毫釐之間耳苟利心一萌則去善遠矣

孟子曰楊子取為我拔一毛而利天下不為也墨子兼愛摩頂放踵利天下為之子莫執中執中為近之執中無權猶執一也所惡執一者為其賊道也舉一而廢百也

執中之難也苟執一則為賊道故孔子曰天下國家可均也爵祿可辭也白刃可蹈也中庸不可能也孔子之所謂中者時中也子莫之執中其殆執一乎

孟子解下

乳

孟子曰飢者甘食渴者甘飲是未得飲食之正也飢渴害之也豈惟口腹有飢渴之害人心亦皆有害人能無以飢渴之害為心害則不及人不為憂也

飢渴之害有欲存焉故也況於心有好樂則為害也大矣無心害者其可謂君子矣

孟子曰柳下惠不以三公易其介

介大也

孟子曰有為者辟若掘井掘井九軔而不及泉猶為棄井也

君子之所為貴乎有成也五穀不熟不如荑稗亦猶是也

孟子曰堯舜性之也湯武身之也五霸假之也久假而不歸惡知其非有也

性之者與道一也身之者履之也及其成功則一也五霸則假之而已是以功勳如彼其卑也

公孫丑曰伊尹曰予不狎于不順放太甲于桐民大悅太甲賢又反之民大悅賢者之為人臣也其君不賢則固可放與孟子曰有伊尹之志則可無伊尹之志則篡也

聖人之志豈易量哉

孟子解下

卒

公孫丑曰詩曰不素餐兮君子之不耕而食何也孟子曰君子居是國也其君用之則安富尊榮其子弟從之則孝弟忠信不素餐兮孰大於是

不素餐兮刺無功而受祿之詩也其君安富尊榮子弟孝弟忠信則有功也孰若

王子墊問曰士何事孟子曰尚志曰何謂尚志曰仁義而已矣殺一無罪非仁也非其有而取之非義也居惡在仁是也路惡在義是也居仁由義大人之事備矣

士不能居仁由義則不足名之為士

孟子曰仲子不義與之齊國而弗受人皆信之是舍簞食豆羹之義也人莫大焉亡親戚君臣上下以其小者信其大者奚可哉

孟子可謂善觀人矣

桃應問曰舜爲天子皐陶爲士瞽瞍殺人則如之何孟子曰執之而已矣然則舜不禁與曰夫舜惡得而禁之夫有所受之也然則舜如之何曰舜視棄天下猶棄敝蹝也竊負而逃遵海濱而處終身訢然樂而忘天下

聖人之心至公至當而已

孟子觧下　六一

孟子自范之齊望見齊王之子喟然嘆曰居移氣養移體大哉居乎夫非盡人之子與孟子曰王子宮室車馬衣服多與人同而王子若彼者其居使之然也況居天下之廣居者乎魯君之宋呼於垤澤之門守者曰此非吾君也何其聲之似我君也此無他居相似也

睟然見於面盎於背居天下之廣居者也學者所以變氣質不居者不可謂之學故孟子每言夫居焉

孟子曰食而弗愛豕交之也愛而不敬獸畜之也恭敬者幣之未將者也恭敬而無實君子不可虛拘

苟無其實是偽恭敬而已何足以留君子

孟子曰形色天性也惟聖人然後可以踐形

臣聞之師曰盡得天地之正氣者人而已盡人理然後稱其名衆人有之而不知賢人知之而不盡能踐形者聖人而已

齊宣王欲短喪公孫丑曰爲朞之喪猶愈於已乎孟子曰是猶或紾其兄之臂子謂之姑徐徐云爾亦教之孝弟而已矣王子有其母死者其傅爲之請數月之喪公孫丑曰若此者何如也曰是欲終之而不可

孟子觧下　六二

得也雖加一日愈於已謂夫莫之禁而弗爲者也

三年之喪天下之通喪聖人制禮其可改乎

孟子曰君子之所以教者五有如時雨化之者有成德者有達財者有答問者有私淑文者此五者君子之所以教也

君子之教各因其才而誨之是亦不倦之意

公孫丑曰道則高矣美矣宜若登天然似不可及也何不使彼爲可幾及而日孳孳也孟子曰大匠不爲拙工改廢繩墨羿不爲拙射變其彀率君子引而不發躍如也中道而立能者從之

教者能引而不能發其發則在其人也孔子稱顏
淵曰亦足以發
孟子曰天下有道以道殉身天下無道以身殉道未
聞以道殉乎人者也
以道殉身施之天下也以身殉道獨善其身也殉
乎人則何有於己烏在其為道
公都子曰滕更之在門也若在所禮而不答何也孟
子曰挾貴而問挾賢而問挾長而問挾有勳勞而問
挾故而問皆所不答也滕更有二焉
有所挾則受道之心不專所以不答也
孟子解下　奎
孟子曰於不可已而已者無所不已於所厚者薄無
所不薄也其進銳者其退速
觀人必自其本
孟子曰君子之於物也愛之而弗仁於民也仁之而
弗親親親而仁民仁民而愛物
於物則愛之於民則仁之於親則親之此之謂差
等何以有是差等一本故也無僞也
孟子曰知者無不知也當務之為急仁者無不愛也
急親賢之為務堯舜之知而不徧物急先務也堯舜
之仁不徧愛人急親賢也不能三年之喪而緦小功
之察放飯流歠而問無齒決是之謂不知務
知務者知輕重大小之義也
盡心章句下
孟子曰不仁哉梁惠王也仁者以其所愛及其所不
愛不仁者以其所不愛及其所愛公孫丑曰何謂也
梁惠王以土地之故糜爛其民而戰之大敗將復之
恐不能勝故驅其所愛子弟以殉之是之謂以其所
不愛及其所愛也
高宗伐鬼方三年克之天下不以為不仁為其所
得為故也戰國之戰伐以不義而并吞耳仁不仁
孟子解下　谿
之效於斯可見
孟子曰春秋無義戰彼善於此則有之矣征者上伐
下也敵國不相征也
征也者王者之正天下也春秋之際敵國相殘耳
皆王者之罪人也
孟子曰盡信書則不如無書吾於武成取二三策而
已矣仁人無敵於天下以至仁伐至不仁而何其血
之流杵也
讀書者不攷其理而惑其文則何獨武成哉
孟子曰有人曰我善為陳我善為戰大罪也國君好

仁天下無敵焉南面而征北狄怨東面而征西夷怨
曰奚為後我武王之伐殷也革車三百兩虎賁三千
人王曰無畏寧爾也非敵百姓也若崩厥角稽首征
之為言正也各欲正己也焉用戰
武王之伐商也順乎天而應乎人人皆稽首歸之
各欲正己也焉用戰見為人君者當法武王而已
孟子曰梓匠輪輿能與人規矩不能使人巧
規矩法度可以告者也巧則在其人雖大匠亦末
如之何也已
孟子曰舜之飯糗茹草也若將終身焉及其為天子
孟子盡下　七五
也被袗衣鼓琴二女果若固有之
非聖人至命則不能臻此
孟子曰吾今而後知殺人親之重也殺人之父人亦
殺其父殺人之兄人亦殺其兄然則非自殺之也一
間耳
出乎爾者反乎爾者也故曰一間觀其存心則然
孟子曰古之為關也將以禦暴今之為關也將以為
暴
古今之為關亦猶王者之征伐與當時之征伐也
孟子曰身不行道不行於妻子使人不以道不能行
於妻子
妻子至親且近而不能行況可行於他人乎故曰
其身不正雖令不從
孟子曰周于利者凶年不能殺周于德者邪世不能
亂
中庸言凡事豫則立此之謂也
孟子曰好名之人能讓千乘之國苟非其人簞食豆
羹見於色
好名之人非有德者也
孟子曰不信仁賢則國空虛無禮義則上下亂無政
孟子盡下　七六
事則財用不足
三者以仁賢為本無仁賢則禮義政事處之皆不
以道
孟子曰不仁而得國者有之矣不仁而得天下未之
有也
當時之君見不仁而得國者不知天下之不可以
是取也
孟子曰民為貴社稷次之君為輕是故得乎丘民而
為天子得乎天子為諸侯得乎諸侯為大夫諸侯危
社稷則變置犧牲既成粢盛既潔祭祀以時然而旱

乾水溢則變置社稷
君以民為本當時諸侯不知國君社稷或有時變置也
孟子曰聖人百世之師也伯夷柳下惠是也故聞伯夷之風者頑夫廉懦夫有立志聞柳下惠之風者薄夫敦鄙夫寛奮乎百世之上百世之下聞者莫不興起也非聖人而能若是乎而况於親炙之者乎
百世之下聞其風者莫不興起聖人之功大矣
孟子曰仁也人也合而言之道也
為人而不進仁何足以言人人與仁合則道也臣

聞之師曰世之不知仁久矣醫家所謂四支不仁者可以知仁矣
孟子曰孔子之去魯曰遲遲吾行也去父母國之道也去齊接淅而行去他國之道也
聖人去父母之邦與他國如此則於禮義輕重可知
孟子曰君子之戹於陳蔡之閒無上下之交也
君子無上下之交則國與時可知矣
貉稽曰稽大不理於口孟子曰無傷也士憎茲多口詩云憂心悄悄慍于羣小孔子也肆不殄厥慍亦不殞厥問文王也
文王孔子大聖人也不能免群小之慍而况其下者乎顧自處者如何盡其在我者而已
孟子曰賢者以其昭昭使人昭昭今以其昏昏使人昭昭
大學之道在自昭明德而施於天下國家其有不順者寡矣欲以昏昏而使人昭昭未之有也
孟子謂高子曰山徑之蹊閒介然用之而成路為閒不用則茅塞之矣今茅塞子之心矣
仁義人心之所固有安可舍其良心哉或作或輟

而欲成德是茅塞之類也
高子曰禹之聲尚文王之聲孟子曰何以言之曰以追蠡曰是奚足哉城門之軌兩馬之力與
城門之軌豈兩馬之力哉歲久而用多也高子以追蠡言之失之矣
齊饑陳臻曰國人皆以夫子將復為發棠殆不可復孟子曰是為馮婦也晉人有馮婦者善搏虎卒為善士則之野有衆逐虎虎負嵎莫之敢攖望見馮婦趨而迎之馮婦攘臂下車衆皆悦之其為士者笑之
孟子嘗勸齊王發棠邑之倉以賑貧窮其後齊饑

陳臻謂孟子將復為之也不知聖賢之事為其所
當為而已矣
孟子曰口之於味也目之於色也耳之於聲也鼻之
於臭也四肢之於安佚也性也有命焉君子不謂性
也仁之於父子也義之於君臣也禮之於賓主也智
之於賢者也聖人之於天道也命也有性焉君子不
謂命也
性者言其有命命者言其有性盖以人生所欲者
君子不專以言性人之當為者君子不專以言命
君子所能衆人所病究言其理有教存焉此其所

以或言性而不言命或言命而不言性也
浩生不害問曰樂正子何人也孟子曰善人也信人
也何謂善何謂信曰可欲之謂善有謂己之謂信充
實之謂美充實而有光輝之謂大大而化之之謂聖
聖而不可知之謂神樂正子二之中四之下也
自可欲之善至於聖而不可知之神上下一理擴
充之至於神則不可得而名矣莊子又謂有神人
焉非也
孟子曰逃墨必歸於楊逃楊必歸於儒歸斯受之而
已矣今之與楊墨辯者如追放豚既入其苙又從而

招之
聖賢不為已甚者
孟子曰有布縷之征粟米之征力役之征君子用其
一緩其二用其二而民有殍用其三而父子離
民為邦本取之無度則危矣
孟子曰諸侯之寶三土地人民政事寶珠玉者殃必
及身
寶得其寶者安寶失其寶者危
盆成括仕於齊孟子曰死矣盆成括盆成括見殺門
人問曰夫子何以知其將見殺曰其為人也小有才

未聞君子之大道也則足以殺其軀而已矣
小有才智而昧於理義鮮能免於殺身之害
孟子之滕館於上宮有業屨於牖上館人求之弗得
或問之曰若是乎從者之廋也曰子以是為竊屨來
與曰殆非也夫子之設科也往者不追來者不距苟
以是心至斯受之而已矣
苟以是心至皆在所教者誨人不倦也又見孟子
答小人而有理
孟子曰人皆有所不忍達之於其所忍仁也人皆有
所不為達之於其所為義也人能充無欲害人之心

而仁不可勝用也人能充無穿窬之心而義不可勝用也人能充無受爾汝之實無所往而不為義也士未可以言而言是以言餂之也可以言而不言是以不言餂之也是皆穿窬之類也

孟子謂未可以言而言是以言餂之可以言而不言是以不言餂之論其心實然也推廣其仁義之良心者則皆誠之謂也

孟子曰言近而指遠者善言也守約而施博者善道也君子之言也不下帶而道存焉君子之守脩其身而天下平人病舍其田而芸人之田所求於人者重

而所以自任者輕

正心誠意以至於平天下理一而已君子得其本故曰不下帶而道存焉芸人之田者不求諸己者也

孟子曰堯舜性者也湯武反之也動容周旋中禮者盛德之至也哭死而哀非為生者也經德不回非以干祿也言語必信非以正行也君子行法以俟命而已矣

反之者脩為而復性也反之而至於動容周旋中禮則至矣行法者在己命則聽之而已不以繫乎已也惟能及之者為然

孟子曰說大人則藐之勿視其巍巍然堂高數仞榱題數尺我得志弗為也食前方丈侍妾數百人我得志弗為也般樂飲酒驅騁田獵後車千乘我得志弗為也在彼者皆我所不為也在我者皆古之制也吾何畏彼哉

以重則外輕或問孔子畏大人孟子說大人則藐之何也曰孟子方其陳說君前不直則道不見故藐之

孟子曰養心莫善於寡欲其為人也寡欲雖有不存

焉者寡矣其為人也多欲雖有存焉者寡矣

臣聞之師曰不欲則不惑所欲則不待沉溺也有所向者即謂之欲

曾晳嗜羊棗而曾子不忍食羊棗公孫丑問曰膾炙與羊棗孰美孟子曰膾炙哉公孫丑曰然則曾子何為食膾炙而不食羊棗曰膾炙所同也羊棗所獨也諱名不諱姓姓所同也名所獨也

誠孝之至然也公孫丑之言陋矣

萬章問曰孔子在陳曰盍歸乎來吾黨之士狂簡進取不忘其初孔子在陳何思魯之狂士孟子曰孔子

不得中道而與之必也狂獧乎狂者進取獧者有所
不為也孔子豈不欲中道哉不可必得故思其次也
敢問何如斯可謂狂矣曰如琴張曾皙牧皮者孔子
之所謂狂矣何以謂之狂也曰其志嘐嘐然曰古之
人古之人夷考其行而不掩焉者也狂者又不可得
欲得不屑不潔之士而與之是獧也是又其次也孔
子曰過我門而不入我室我不憾焉者其惟鄉原乎
鄉原德之賊也曰何如斯可謂之鄉原矣曰何以是
嘐嘐也言不顧行行不顧言則曰古之人古之人行
何為踽踽涼涼生斯世也為斯世也善斯可矣閹然

媚於世也者是鄉原也萬章曰一鄉皆稱原人焉無
所往而不為原人孔子以為德之賊何哉曰非之無
舉也刺之無刺也同乎流俗合乎污世居之似忠信
行之似廉潔衆皆悅之自以為是而不可與入堯舜
之道故曰德之賊也孔子曰惡似而非者惡莠恐其
亂苗也惡佞恐其亂義也惡利口恐其亂信也惡鄭
聲恐其亂樂也惡紫恐其亂朱也惡鄉原恐其亂德也
君子反經而已矣經正則庶民興庶民興斯無邪慝
矣

君子之取於狂獧者蓋以狂者志大而可與進道
獧者有所不為而可與有為也所惡於鄉原者為
其似是而非也似是而非所以非之無舉刺之無
刺則其惑人也滋甚矣故曰德之賊焉君子則必
反經而已非萬章反覆辯問後世何以明之

孟子曰由堯舜至於湯五百有餘歲若禹皐陶則見而
知之若湯則聞而知之由湯至於文王五百有餘歲
若伊尹萊朱則見而知之若文王則聞而知之由文
王至於孔子五百有餘歲若太公望散宜生則見而
知之若孔子則聞而知之由孔子而來至於今百有
餘歲去聖人之世若此其未遠也近聖人之居若此
其甚也然而無有乎爾則亦無有乎爾

見而知之見而知此道也聞而知之聞而知此道
也孟子自謂聞孔子之道而卒不得行焉故曰然
而無有乎爾則亦無有乎爾雖嘆而不怨豈能已
也哉傷時而已以是終篇門人蓋亦有識之者與

施先生孟子發題一卷

宋 施德操撰

宋刻《横浦先生文集》附刻本

施先生孟子發題

天生聖賢蓋將以祐斯文也故其所作必卓然有所建明余甞竊怪夫自孔子没諸子百家分散四起操觚牘挾徒黨駕其說於天下人人自以爲得聖人之道其說卒不明惟孟子一書乃與六經孔氏之說並傳世之學者至號之爲孔孟嗚呼何其盛也晚聞師說始知其立言之意果不與百家衆說同其論道德之旨果不詭於六經孔氏之說其所以有補於天下後世其功果不細而世之學者至號曰孔孟其說果不誣嗚呼天之生斯人也其果有意於斯文乎古人謂其書包羅天地揆叙萬類仁義道德性命禍福粲然靡所不載固也然私竊論之孟子有大功四孰謂大功四道性善一也明浩然之氣二也闢楊墨三也黜五霸而尊三王四也是四者發孔氏之所未談述六經之所不載遏邪說於横流啓人心於方惑則余之所謂卓然建明者此其尤盛者乎自古聖人未甞劇談性是以諸子之說紛然其間曰惡曰善曰混曰三品曰無分於善不善爭論四出要其歸皆以氣爲性者

也豈真識所謂氣哉孟子於衆說之中獨發之曰人性善自孟子談人性善始覺天下之人皆與天地等皆與堯舜等雖頑嚚猥瑣昏愚朴陋皆得爲道德之歸與向之善惡之論者功用如何哉此孟子所以爲知性之言而大有補於斯人也然後世談性莫盛於釋氏釋氏談性明體而不明用自喜怒哀樂以前釋氏宜知之喜怒哀樂已發之後則釋氏置之不論此所以功用爲缺然然則欲明性善乎正在喜怒哀樂之後不然則寂然不動之時善惡安在孟子兼其用而發之始覺四端之用沛然見於日用間堯舜禹湯文武周孔之事業皆自此建立人性如此古人未發也孟子獨發之此一大功也自古論道德者自性命之理達之於父子君臣自治心脩身推之於天下國家以至天地萬物幽明鬼神何所不至特不言養氣孟子於衆說之中獨論浩然之氣自孟子談浩然之氣始覺聖賢所以爲聖賢以有此氣孰謂此氣外物不困者是也有一物可困於吾則所存者喪矣所以爲聖賢者如何亦有是氣也方充然自得於心雖不可名狀要其爲物中正勇健廣大堅固故行之於富貴富貴不能困之使淫行之於憂患憂患不能困之使戚行之於聲色聲色不能困之使流行之於威武威武不能困之使懼行之於事物紛擾之地則事物紛擾不能困之使亂凡物之自外至者雖雜然並進而吾之胷中卓然皆有所主而非智力所及者曾子之大勇孟子之不動心非以此氣存焉乎故曰至大至剛以直世之人不明此氣往往認其氣血之彊以謂浩然者於是以倨傲爲大以淩暴爲剛以悻悻者爲直若然則世之凶人暴德皆得浩然之氣矣嗚呼噫嘻孰能真識吾所謂直剛大之德乎則外物不困而天理渾然故其氣之充於吾身也睟然見於面盎然發於背沛然見於周旋動作之間古人之大有爲於世者皆出於此其塞於天地則日月爲之光明山川爲之秀發萬物爲之繁滋祆祥疾癘爲之衰息其氣如此古人未發也而孟子獨發之此又一大功也當戰國之時斯道既喪邪說並作於是有所謂縱橫之家有所謂刑名之家有所謂楊墨之家縱橫之家鄙

覆變詐舞一世於口舌之上而刑名之家深刻慘毒納天下於刀鋸之下使當時之民没身塗炭水火之中而不能出實二家之爲至於楊墨之家雖云其道過差然推其心亦本於爲善耳比之二家豈不賢甚矣哉然孟子置二家不問反區區於楊墨其故何哉蓋二家之失易見而楊墨之禍難知譬若疾病然發狂悶亂惴惴若不朝夕而未必能死膏肓之病四肢固無恙飲食起居如平日此庸醫之所忽而倉公扁鵲之所望而走也何則縱横之家誰不知其飜覆之惡刑名之家誰不知其慘毒之惡君子雖不問終於破壞而已至於墨子之兼愛則近吾聖人之仁楊氏之爲我則近吾聖人之義惟其在於近似天下莫知其非此孟子不得不辨也且天下之道莫大於君父君父之道隆則治之所由起君父之道微則亂之所由生治亂之機實係於此墨氏之道豈必無父推其兼愛之過必至於無父楊氏之道豈必無君推其爲我之過必至於無君君子知微知章知柔知剛推其所從來極其所由往必至於此故孟子斷之曰無父無君然後楊墨之失方明而異端之説方破使天下後世人倫不隕而天理以全此又一大功也聖人之門惟論一心術霸者之心術如何哉余嘗借威公而論之威公九合諸侯一正天下此五霸之雄也然當時狄伐衛力可救而不救又狄伐邢力可救而不救及衛之亡也率諸侯而城衛邢之亡也率諸侯而城邢不救於未亡之前乃城於已亡之後其設心以謂救亂之功小而存亡之功大故棄其難而成吾功聖人知其心故於救邢書曰齊侯宋師曹師次于聶北救邢以明齊侯實無救邢之心故擁衆而不進也未亡之前力可救而不救待其宗廟既已煨燼社稷既已顛覆人民既已塗炭乃徐起而收其存亡之功此何心哉公子慶父之亂魯國幾殆書曰齊仲孫來春秋或書來朝或書來聘或直書來諸侯以禮來則曰來朝大夫以禮來則曰來聘至直書來蓋不與其來也猶曰無禮云爾夫齊仲湫來寧魯難聖人曷爲不與其來蓋仲湫之來名爲寧魯難實欲窺魯耳何以知之威公問曰魯可取乎仲湫曰猶秉周禮聖人知

其心故書曰齊仲孫來夫魯之難仁人君子所以惻然動心者也威公乃外收寧難之名內實欲乘其危而取其國此何心哉苟爲不然司馬子魚何爲謂宋襄公曰齊威存三亡國以屬諸侯義士猶曰薄德由此觀之五覇之心可知矣孟子曰雞鳴而起孳孳爲善者舜之徒也雞鳴而起孳孳爲利者跖之徒也欲知舜跖之分無他利與善之間也夫舜跖之分雖小夫女子所能知至善利疑似雖明哲有不辨然則威公城楚丘以存衛城夷儀以存邢仲湫以存魯豈非仁人君子之事然推其心爲利乎爲善乎將爲舜之徒乎抑爲跖之徒乎五覇之道如此然當時不知而惟五覇之爲貴故孟子斷之曰以德行仁者王以力假仁者覇而天下之心術正此又一大功也嗚呼堯舜之道自孔子傳之曾子曾子傳之子思子思傳之孟子自孟子得其傳然後孔子之道益尊而曾子子思之道益著其所以發明斯文開悟後世者至深矣顧余不敏何足以窺其髣髴是四者之功所聞於師說如此然則世之談孟子者孰不曰仁義而不知仁義果何物也胡不於赤子入井之時識其所謂人性善乎胡不於無不慊心之時識其所謂浩然之氣乎胡不於其顙有泚之時識其所謂楊墨之非乎胡不於齊王不忍觳觫之時識其所謂王者之心而黜其覇者之心乎此皆聖人心術之要孟子直指以示人學者於此了然能明此心而存之以誠敬養之以持久窮之以學問而漸磨之以師友則庶乎真識孟子之仁義矣不然雖白首七篇之中猶曰未讀此書可也

海昌施先生隱君子也諱德操字彥執與横浦游從頗厚文章學問亦其輩流也病廢而没識者悲之生平論著甚富未暇裒録偶得其孟子發題輙鋟木以廣其傳使學者嘗此一臠亦可以知先生之大畧里人郎曄晦之書于穀齋

尊孟辨三卷續辨二卷別録一卷

宋 余允文撰

清道光金山錢氏輯印《守山閣叢書》本

尊孟辨

欽定四庫全書提要

尊孟辨三卷續辨二卷別錄一卷宋余允文撰允文字隱文建安人陳振孫直齋書錄解題載是書卷數與今本合朱彝尊經義考僅云附載朱子全集中而條下註闕字蓋自明中葉以後已無完本矣今考永樂大典所載凡辨司馬光疑孟者十一條附史剡一條辨李覯常語者十七條鄭厚叔藝圃折衷者十條續辨則辨王充論衡刺孟者十條辨蘇軾論語說者八條此後又有原孟三篇總括大意以反覆申明之其尊孟辨及續辨別錄之名亦釐然具有條理蓋猶完書今約略篇頁以尊孟辨爲三卷續辨爲二卷別錄爲一卷冠原序於前而繫朱子讀余氏尊孟辨說於後首尾完具復還舊觀亦可謂久湮復顯之祕帙矣考朱子集中有與劉共父書稱允文干預宋家產業出言不遜恐引惹方氏復來生事令陳吳二婦作狀經府告之則允文蓋武斷於鄉里者其人品殊不足重又周密癸辛雜識載晁說之著論非孟子建炎中宰相進擬除官高宗以孟子發揮王道說之何人乃敢非之勒令致仕然則允文此書其亦窺伺意旨迎合風氣而作非眞能闢邪衛道者歟然當羣疑蠭起之日能別白是非而定一尊於經籍不爲無功但就其書而觀固卓然不磨之論也

尊孟辨原序

道不明由無公議也議不公由無眞儒也冠圓履方孰不爲儒誦詩讀書孰不學道必有得焉而後能自信必自信而後信於人目或蔽於所見耳或蔽於所聞耳目之蔽心之蔽也公議何有哉易曰問以辨之中庸曰辨之弗明弗措也道之不明久矣辨其可已乎昔戰國有孟軻氏願學孔子術儒術道王道言稱堯舜辭闢楊墨唱天下以仁義聖人之道蝕而復明孟子力也孟氏沒斯道將晦七篇之書幸免秦火後之讀其書者雖於時措之宜未能盡識至其翕然稱曰孔孟豈可厚誣天下後世以爲無眞儒無公議哉噫道同則相知道不同則不相知蘭陵荀卿大儒也以性爲惡以禮爲僞異哉其所爲道無惑乎不知孟氏併與十二子而非之也本朝先正司馬溫公與夫李君太伯鄭君叔友皆一時名儒意其交讀孟氏而篤信其書矣溫公則疑而不敢非太伯非之而近於詆叔友詆之而遂乎罵夫溫公之疑其意猶俟後學有以辨明之彼二君子昧是意其失至此人之譏誚不卹也豈以少年豪邁之氣詆呵古人而追悔不及歟伊川程先生謂孟子有泰山巖巖之氣象乃知非而詆詆而罵者殆猶煙霧蓊興時爲蔽之耳何損於巖巖余懼世之學者隨波逐流蕩其心術仁義之道益泯於是取三家之說折以公議而辨之非敢必人之信姑以自信而已命之曰尊孟辨俟有道者就而正焉隆興紀元初春望日建安余允文隱之序

尊孟辨卷上　　四庫全書原本　　守山閣叢書　經部

宋余允文撰　　金山錢熙祚錫之校

溫公疑孟

疑曰孟子稱所願者學孔子然則君子之行孰先於孔子孔子歷聘七十餘國皆以道不合而去豈非非其君不事歟孺悲欲見孔子孔子辭以疾豈非非其友不友乎陽貨爲政於魯孔子不肯仕豈非不立於惡人之朝乎爲定哀之臣豈非不羞汙君乎爲委吏爲乘田豈非不卑小官乎舉世莫知之不怨天不尤人豈非遺佚而不怨乎飲水曲肱樂在其中豈非阨窮而不憫乎居鄉黨恂恂似不能言豈非由由然與之偕而不自失乎是故君子邦有道則見無道則隱事其大夫之賢者友其士之仁者非隘也和而不同遯世無悶非不恭也苟無失其中雖孔子由之何得云君子不由乎

余氏辨曰孟子曰伯夷隘柳下惠不恭隘與不恭君子不由原孟子之言非是瑕疵夷惠也而清和之弊必至於此蓋以一於清其流必至於隘一於和其流必至於不恭其弊如是君子豈由之乎苟得其中雖聖人亦由之矣觀吾孔子之行時乎清而清時乎和而和仕止久速當其可而已是乃所謂時中也是聖人之時者也詎可與夷惠同日而語哉或謂伯夷制行以清下惠制行以和救時之弊不得不然亦非知夷惠者苟有心於制行則清也和也豈得至於聖哉夷之清惠之和蓋出於天性之自然特立獨行而不變遂臻其極致此其所以爲聖之清聖之和也孟子固嘗以百世之師許之矣慮後之學者慕其清和而失之偏於是立言深救清和之弊大有功於名教疑之者誤矣朱子曰觀吾夫子之行時乎清而清時乎和而和仕止久速當其可而已是乃所謂時中也是聖人之時者也詎可與夷惠同日而語哉五十八字愚欲刪去而補之曰然此不待別求左驗而是非乃明也姑即溫公之所援以爲說者論之固已曉然矣如溫公之說豈非吾夫子一人之身而兼二子之長歟然則時乎清而非一於清矣是以清而不隘時乎和而非一於和矣是以和而未嘗不恭其曰聖之時者如四時之運溫涼和燠各以其序非若伯夷之清則一於寒涼柳下惠之和則一於溫燠而不能相通也以是言之則於是溫公之所援以爲說者乃所以助孟子而非攻也又曰苟有心於制行至章末愚欲刪去而易之曰使夷惠有心於制行則方且勉强修爲之不暇尚何以爲聖人之清和也歟彼其清且和也蓋得於不思不勉之自然是以特立獨行終其身而不變此孟子所以直以爲聖人而有同於孔子也又恐後之學者慕其清和而失之一偏於是立言以救其末流之弊而又曰乃所願則學孔子也其抑揚開示至深切矣亦何疑之有

疑曰仲子以兄之祿爲不義之祿蓋謂不以其道事君而得之也以兄之室爲不義之室蓋謂不以其道取於人而成之也仲子蓋嘗諫其兄矣而兄不用也仲子之志以爲吾既知其不義矣然且食而居之是口非之而身享之也故避之居於於陵於陵之室與粟身織屨妻辟纑而得之也非不義也豈當更問其築與種者誰歟以所食之鵝兄所受之饋也故哇之豈以母則不食以妻則食之耶君子之責人當探其情仲子之避兄離母豈所願耶若仲子者誠非中行亦狷者有所不爲也孟子過之何其甚耶

余氏辨曰陳仲子弗居不義之室弗食不義之祿夫孰得而

非之居於於陵以彰兄之過與妻同居而離其母人則不爲也而謂仲子避兄離母豈所願耶殊不曉其說仲子之兄非不友孰使之避仲子之母非不慈孰使之離烏得謂之豈所願耶仲子齊之世家萬鍾之祿世有之矣不知何爲諫其兄以其祿與室爲不義而弗食弗居也謂仲子爲狷者有所不爲避兄離母可謂狷乎孟子深闢之者以離母則不孝避兄則不恭也使仲子之道行則天下之人不知義之所在謂兄可避母可離其害教也大矣孟子之言履霜之戒也歟

朱子曰温公云仲子嘗諫其兄而兄不用然且食而居之是口非之而身享之也故避之又曰仲子有所不爲也愚謂口非之而身享之一時之小嫌狷者之不爲一身之小節至於父子兄弟乃人之大倫天地之大義一日去之則禽獸夷狄矣雖復謙小嫌守小節亦將安所施哉此孟子絶仲子之本意隱之之云仲子之兄非不友孰使之避仲子之母非不慈孰使之離愚謂致使不慈不友亦無逃去之理觀舜之爲法於天下者則知之矣

疑曰孔子聖人也定哀庸君也然定哀召孔子孔子不俟駕而行過位色勃如也足躩如也過虛位且不敢不恭況召之有不往而他適乎孟子學孔子者也其道豈異乎夫君臣之義人之大倫也孟子之德孰與周公其齒之長孰與周公周公之於成王成王幼周公負之以朝諸侯及長而歸政北面稽首畏事之與事文武無異也豈得云彼有爵我有德齒可慢彼哉孟子謂蚳鼃居其位不可以不言言而不用不可以不去已無官守無言責進退可以有餘裕孟子居齊齊王師之夫師者導人以善而救其惡者也豈得謂之無官守無言責乎若謂之爲貧而仕耶則後車數十乘從者數百人仰食於齊非抱關擊柝之比也詩云彼君子兮不素餐兮大賢所爲百世之法也余懼後之人挾其有以驕其君無所事而貪祿位者皆援孟子以自況故不得不疑

余氏辨曰孟子將朝王王使人來曰寡人如就見者也有寒疾不可以風朝將視朝不識可使寡人得見乎探王之意未嘗知以尊德樂道爲事方且恃萬乘之尊不肯先賢者之屈故辭以疾欲使孟子屈身先之也孟子知其意亦辭以疾者非驕之也身可屈道其可屈乎其與君命召不俟駕而行異矣又孟子曰天下有達尊三朝廷莫如爵鄉黨莫如齒輔世長民莫如德夫尊有德敬耆老乃自古人君通行之道也人君所貴者爵爾豈可慢夫齒與德哉若夫伊尹之於太甲周公之於成王此乃大臣輔導幼主非可與達尊概而論也又孟子謂蚳鼃爲士師職所當諫諫之不行則當去爲臣之道當如是也爲王之師則異矣記曰君之所不臣於其臣者二而師處其一尊師之禮詔於天子無北面非所謂有官守有言責者也其進退豈不綽綽然有餘裕哉孟子以道自任一言一行未嘗少戾於道意謂人君尊德樂道不如是則不足與有爲而謂挾其有以驕其君無所事而貪祿位者過矣

朱子曰温公云孔子聖人也定哀庸君也然定哀召孔子孔子不俟駕而行過位色勃如也足躩如也過虛位且不敢不恭況召之有不往而他適乎孟子學孔子者也其道豈異乎夫君臣之義人之大倫也孟子之德孰與周公其齒之長孰與周公周公之於成王成王幼周公負之以朝諸侯及長而歸政北面稽首畏事之與事文武無異也豈得云彼有爵我有齒

德可慢彼哉愚謂孟子固將朝王矣而王以疾要之則孟子辭而不往其意若曰自我而朝王則貴貴也貴貴義也而何不可之有以王召我則非尊賢之禮矣如是而往於義何所當哉若其所以與孔子異者則孟子言之詳矣恐溫公亦未深考耳孟子達尊之義愚謂達者通也三者不相值則各伸其尊而無所屈一或相值則通視其重之所在而致隆焉故朝廷之上以伊尹周公之忠聖耆老而祗奉嗣王左右猶子不敢以其齒德加焉至論輔世長民之任則太甲成王固拜手稽首於伊尹周公之前矣其迭爲屈伸以致崇極之義不異於孟子之言也故曰通視其重之所在而致隆焉唯可與權者知之矣官守言責一職之守耳其進退去就決於一事之得失知一言之從違者也若爲師則異於是矣然亦豈不問其道之行否而食其祿耶觀孟子卒致爲臣而歸齊王以萬鍾留之而不可得則可見其出處大概矣

疑曰孟子知燕之可伐而必待能行仁政者乃可伐之齊無仁政伐燕非其任也使齊之君臣不謀於孟子孟子勿預知可也沈同既以孟子之言勸王伐燕孟子之言倘有懷而未盡者安得不告王而止之乎夫軍旅大事民之死

生國之存亾皆繫焉苟動而不得其宜則民殘而國危仁者可忍坐視其終委乎

余氏辨曰沈同問燕可伐孟子荅之曰可伐者言燕之君臣擅以國而私與受其罪可伐沈同亦未嘗謂齊將伐之也豈可臆度其意預告之曰以齊無善政不可伐燕歟且言之不可不愼也久矣彼欲伐人之國未嘗與己謀苟逆探其意而沮其謀政恐不免貽禍矣或謂其勸齊伐燕孟子已嘗自明其說意在激勸宣王使之感悟而行仁政爾孟子荅問之際抑揚高下莫不有法讀其書者當求其立言垂訓之意而究其本末可也朱子曰聖賢之心如明鑑止水來者照之然亦照其面我者而已矣固不能探其背而逆照之也沈同之問以私而不及公問燕而不及齊惟以私而問燕故燕之可伐孟子之所宜知也惟不以公而問齊故齊之不

可伐孟子之所不宜對也溫公疑孟子坐視齊伐燕而不諫隱之以爲孟子恐不免貽禍故不諫溫公之疑固未當而隱之又大失之觀孟子言取之而燕民悅則取之取之而燕民不悅則勿取然則燕之可取不可取決於民之悅否而已使齊能誅君弔民拯之於水火之中則烏乎而不可取也哉

疑曰經云當不義則子不可不爭於父傳云愛子教之以義方孟子曰父子之閒不責善不責善是不諫不教也可乎

余氏辨曰孟子曰古者易子而教之非謂其不教也又曰父子之間不責善父爲不義則爭之非責善之謂也傳曰愛子教之以義方豈自教也哉胡不以吾夫子觀之鯉趨而過庭孔子告之不學詩無以言不學禮無以立鯉退而學詩與禮非夫子自以詩禮訓之也陳亢喜曰問一得三聞詩聞禮又

聞君子之遠其子孟子之言正與孔子不約而同其亦有所受而言之乎朱子曰子雖不可以不爭於父觀內則論語之言則其諫也以微隱之說已盡更發此意尤佳

疑曰告子云性之無分於善不善猶水之無分於東西此告子之言失也水之無分於東西謂平地也使其地東高而西下西高而東下豈決導所能致乎性之無分於善不善謂中人也瞽瞍生舜舜生商均豈陶染所能變乎孟子云人無有不善此孟子之言失也丹朱商均自幼及長所日見者堯舜也不能移其惡豈人之性無不善乎

余氏辨曰孟子曰人性之善猶水之下也人無有不善水無有不下蓋言人之性皆善也繫辭曰一陰一陽之謂道繼之者善也成之者性也是則孔子嘗有性善之言矣中庸曰天

命之謂性樂記曰人生而靜天之性也人之性禀於天曷嘗有不善哉荀子曰性惡揚子曰善惡混韓子曰性有三品皆非知性者也犧生犂胎龍寄蛇腹豈常也哉性一也人與鳥獸草木所受之初皆均而人爲最靈爾由氣習之異故有善惡之分上古聖人固有禀天地剛健純粹之性生而神靈者後世之人或善或惡或聖或狂各隨氣習而成其所由來也遠矣堯舜之聖性也朱均之惡豈性也哉夫子不云乎唯上智與下愚不移非謂不可移也氣習漸染之久而欲移下愚而爲上智未見其遽能也詎可以此便謂人之性有不善乎

疑曰孟子云白羽之白猶白雪之白白雪之白猶白玉之白告子當應之云色則同矣性則殊矣羽性輕雪性弱玉

性堅而告子亦皆然之此所以來犬牛人之難也孟子亦可謂以辨勝人矣

余氏辨曰孟子白羽之白與白雪白玉之同異者蓋以難告子生之謂性之說也告子徒知生之謂性言人之爲人有生而善生而惡者殊不知惟民生厚因物有遷所習不慎流浪生死而其所禀受亦從以異故有犬牛人性之不同而其本性未始不善也猶之水也其本未嘗不清所以濁者土汩之耳澄其土則水復清矣謂水之性自有清濁可乎孟子非以辨勝人也懼人不知性而賊仁害義滅其天理不得已而爲之辨孝經曰天地之性人爲貴以言萬物之性均惟人爲貴耳性之學不明人豈知自貴哉此孟子所以不憚諄諄也朱子

尊孟辨卷上　七

曰此二章蓋未甚曉恐隱之之辨亦有未明處

疑曰禮君不與同姓同車與異姓同車嫌其偪也爲卿者無貴戚異姓皆人臣也人臣之義諫於君而不聽去之可也死之可也若之何以貴戚之故敢易位而處也孟子之言過矣君有大過無若紂紂之卿士莫若王子比干箕子微子之親且貴也微子去之箕子爲之奴比干諫而死孔子曰商有三仁焉夫以紂之過大而三子之賢猶且不敢易位也況過不及紂而賢不及三子者乎必也使後世有貴戚之臣諫其君而不聽遂廢而代之曰吾用孟子之言也非篡也義也其可乎或曰孟子之志欲以懼齊王也是又不然齊王若聞孟子之言而懼則將愈忌惡其貴戚聞

諫而誅之貴戚聞孟子之言又將起而蹈之則孟子之言○案以上十一字原本脫去據朱子文集補不足以格驕君之非而適足以爲篡亂之資也其可乎

余氏辨曰道之在天下有正有變堯舜之讓湯武之伐皆變也或謂堯舜不慈湯武不義是皆聖人之不幸而處其變也禪遜之事堯舜行之則盡善子噲行之則不善矣征伐之事湯武行之則盡美魏晉行之則不美矣伊尹之放太甲霍光之易昌邑豈得已哉爲人臣者非不知正之爲美或曰從正則天下危從變則天下安然則孰可苟以安天下爲大則必曰從變可唯此最難處非通儒莫能知也尹光異姓之卿擅自廢立後世猶不得而非之況貴戚之卿乎紂爲無道貴戚

尊孟辨卷上　八

如微子箕子比干不忍坐視商之亡而覆宗絶祀反覆諫之不聽易其君之位孰有非之者或去或奴或諫而死孔子稱之曰商有三仁焉以仁許之者疑於大義猶有所闕也三仁固仁矣其如商祚之絶何季札辭國而生亂孔子因其來聘貶而書名所以示法春秋明大義書法甚嚴可以監矣君有大過貴戚之卿反覆諫而不聽則易其位此乃爲宗廟社稷計有所不得已也若進退廢立出於羣小閹寺而當國大臣不與焉用彼卿哉是故公子光使專諸弑其君僚春秋書吳以弑不稱其人而稱其國者歸罪於大臣也其經世之慮深矣此孟子之言亦得夫春秋之遺意歟　朱子曰隱之云三仁於大義有關此恐未然蓋三仁之事不期於同自靖以獻於先王而已以三仁之心行孟子之言孰曰不可然以其不期同也故不可以一方論之況聖人之言仁義未嘗偏舉言仁則義在其中矣今徒見其曰之以仁而不及義遂以爲三子猶有偏焉恐失之徹也此篇大意已正只此數句未安

疑曰君子之仕行其道也非謂禮貌與飲食也昔伊尹去湯就桀豈能迎之以禮哉孔子栖栖皇皇周遊天下佛肸召欲往公山弗擾召欲往彼豈爲禮貌與飲食哉急於行道也今孟子之言曰雖未行其言也迎之有禮則就之禮貌衰則去之是爲禮貌而仕也又曰朝不食夕不食君曰吾大者不能行其道又不能從其言也使飢餓於我土地吾恥之周之亦可受也是爲飲食而仕也必如是是不免於鬻先王之道以售其身也古之君子之仕也殆不如此

余氏辨曰孔子之於魯衛始接之以禮則仕及不見悅於其君則去豈可謂不爲禮貌而仕歟爲魯司寇不用從而祭燔肉不至不稅冕而行豈可謂不爲飲食而仕歟孔子進以禮退以義得之不得曰有命孰謂孔子栖栖皇皇不爲禮貌與飲食哉孟子曰迎之有禮則就禮貌衰則去又曰朝不食夕不食周之亦可受者則是言也未嘗或戾於吾孔子之所行如曰不爲飲食則嘗慕夷齊可也又何仕爲聖賢固不專爲飲食其所以爲飲食云者爲禮貌耳而謂古之君子能辟穀者耶不顧廉恥而苟容者耶誦孟子之言而不量其輕重之可否何說而不可疑　朱子曰孟子言所就三所去三其上以言之行不行爲去就此仕之正也其次以禮貌衰未衰爲去就又其次至於不得已而受其賜則豈君子之本心哉蓋當是時舉天下莫能行吾言矣則有能接我以禮貌而周我之困窮者豈不善於彼哉是以君子以爲猶可就也然孟子蓋通上下言之若君子之自處則在所擇矣孟子於其受賜之節又嘗究言之曰飢餓不能出門戶則周之亦可受也明未至於如是之貧則不可受免死而已矣言受之有限不求饜餘明不多受以是而觀則温公可以無疑於孟子矣而隱之所辨引孔子事爲證恐未然也

疑曰所謂性之者天與之也身之者親行之也假之者外有之而內實亡也堯舜湯武之於仁義也皆性得而身行之也五霸則强焉而已夫仁所以治國家而服諸侯也皇帝王霸皆用之顧其所以殊者大小高下遠近多寡之閒耳假者文具而實不從之謂也文具而實不從其國家且不可保況於霸乎雖久假而不歸猶非其有也

余氏辨曰仁之爲道有生者皆具有性者同得顧所行如何耳堯舜之於仁生而知之率性而行也湯武之於仁學而知之體仁而行也五霸之於仁困而知之意謂非仁則不足以

治國家服諸侯於是假而行之其實非仁也而謂皇帝王霸皆用之顧其所以殊者大小高卑遠近多寡之間耳何所見之異也孟子之言曰堯舜性之湯武身之五伯假之假之而不歸烏知其非有正合中庸所謂或安而行或利而行或勉強而行及其成功一也孟子之意以勉其君爲仁耳惜乎五伯假之而不能久也朱子曰隱之以五伯爲困知勉行者愚謂此七十子之事非五伯所及也假之之情與勉行固異而彼於仁義亦習聞其號云爾豈眞知之者哉將公云假者文具而實不從之謂也文具而實不從其國家且不可保況於霸乎雖久假而不歸猶非其有也愚謂當時諸侯之於仁義文實俱喪惟五伯能具其文耳亦彼善於此之謂也又有大國資強輔因竊仁義之號以合諸侯則孰敢不從之也哉彼其有王者作而以仁義之實施焉則爝火之光其息久矣孟子謂久假而不歸烏知其非有正謂當時之人不能察其假之之情而遂以爲眞有之耳此正溫公所惑而反以病孟子不亦謬哉

疑曰虞書稱舜之德曰父頑母嚚象傲克諧以孝烝烝乂不格姦所貴乎舜者爲其能以孝和諧其親使之日進以善自治而不至於惡也如是則舜爲子瞽瞍必不殺人矣若不能止其未然使至於殺人執於有司乃棄天下竊之以逃狂夫且猶不爲而謂舜爲之乎是特委巷之言也殆非孟子之言也且瞽瞍既執於皋陶矣舜烏得而竊之使負而逃於海濱皋陶外雖執之以正其法而內實縱之以予舜是君臣相與爲僞以欺天下也惡得爲舜與皋陶哉又舜既爲天子矣天下之民戴之如父母雖欲遵海濱而處民豈聽之哉是皋陶之執瞽瞍得法而亡舜也所亡益多矣故曰是特委巷之言殆非孟子之言也

余氏辨曰桃應之問乃設事耳非謂已有是事也桃應之意蓋謂法者天下之大公舜制法者也皋陶守法者也脫或舜之父殺人則如之何孟子荅之曰執之者士之職所當然也舜不敢禁者不以私恩廢天下之公法也夫有所受云者正如爲將閫外之權則專之君命有所不受士之守法亦然蓋以法者先王之制與天下公共爲之士者受法於先王非可爲一人而私之舜不得私其父將寘之於法則失爲人子之道將寘而不問則廢天下之法寧并棄天下願得竊負而逃處於海濱樂以終其身焉更忘其爲天子之貴也當時固無是事彼既設爲問目使孟子不荅則其理不明孟子之意謂天下之富天子之貴不能易事父之孝遂荅以天下可忘而父不可暫捨所以明父子之道也其於名教豈曰小補之哉朱子曰龜山先生言曰周無是事此只是論舜心耳愚謂執之而已矣非洞見皋陶之心不能言也此一章之義見聖賢所處無所不用其極所謂止於至善者也隱之之辨專以父子之道爲言卻似實有此事於義未瑩

史劉曰堯以二女妻舜百官牛羊事舜於畎畝之中瞽瞍與象猶欲殺之使舜塗廩而縱火舜以兩笠自扞而下又使舜穿井而實以土舜爲匿空出他人井劉曰頑嚚之人不入德義則有之矣其好利而畏害則與衆不殊也或者舜未爲堯知而瞽瞍欲殺之則可矣堯已知之四嶽舉之妻以二女養以百官方且試以百揆而禪天下焉則瞽瞍豈不欲利其子爲天子而尚欲殺之乎雖欲殺之亦不可得已藉使得殺之瞽瞍與象將隨踵而誅雖甚愚人必不

為也此特閭父里嫗之言而孟子信之過矣後世又承以為實豈不過矣哉史剡又一篇疑舜與益無避之之事辨在後常語中

余氏辨曰萬章問曰父母使舜完廩捐階瞽瞍焚廩使浚井出從而揜之象曰謨蓋都君咸我績牛羊父母倉廩父母干戈朕琴朕弤朕二嫂使治朕棲象往入舜宮舜在牀琴象曰鬱陶思君爾忸怩舜曰惟茲臣庶汝其於予治卽繼曰不識舜不知象之將殺已與孟子荅曰奚而不知也象憂亦憂象喜亦喜又問曰然則舜僞喜者與荅曰彼以愛兄之道來故誠信而喜之奚僞焉且夫舜未為堯知瞽瞍與象殺之可也堯既知之象焉得而殺之溫公云閭父里嫗之言固然矣萬章既以為誠有是事如謂其必無而不荅則兄弟之道孰與明之乎孟子荅之云云者以見聖人之心不藏怒不宿怨唯知有兄弟之愛而已使天下後世明兄弟之道者孟子之功大矣讀孟子者不求其明教之意而謂其信之過是亦不思之甚也朱子曰則兄弟之道孰與明之乎以下至終篇愚欲易之曰不如因其所問而告之亦可以見仁人之於兄弟之心矣蓋仁人之於兄弟不藏怒不宿怨唯知有兄弟之愛而已今不求孟子之意而以信之太過疑之是以筋骨形容之不善而棄天下馬也

尊孟辨卷上終

尊孟辨卷中

李公泰伯常語

常語曰堯傳之舜舜傳之禹禹傳之湯湯傳之文武周公文武周公傳之孔子孔子傳之孟軻軻之死不得其傳焉如何曰孔子死不得其傳矣彼孟子者名學孔子而實偕之者也焉得傳敢問何謂也曰孔子之道君君臣臣也孟子之道人皆可以為君也天下無王霸言僞而辯者不殺諸子得以行其意孫吳之智蘇張之詐孟子之仁義其原不同其所以亂天下一也

余氏辨曰大道之傳至吾夫子然後大成夫子没百餘歲楊朱墨翟各持所見以惑後學朱之為我則偏於為義翟之兼愛則偏於為仁聖人之道自是而晦孟軻氏出以仁義之言解其蔽斯道復明不幸六藝之文厄於秦火由漢以來佛老顯行聖道不絕如綫韓愈氏斷然號於世曰軻之死不得其傳夫道不可斯須離而其在於人心者固常自若豈眞不傳哉蓋以道之大要在乎仁義自孟子没未有倡為仁義之說者此道所以為不傳也謂孟子名學孔子而實偕之妄矣又謂孫吳之智蘇張之詐與孟子之仁義一於亂天下且仁義之與智詐不啻冰炭之異非可槩而論遂併以仁義為亂天下所見之謬如是烏知帝王所傳之道哉朱子曰孔子傳之孟軻軻之死不得其傳此非深知所傳者何事則未易言也夫孟子之所傳者何哉曰仁義而已矣孟子之所謂仁義者何哉曰仁人心也義人路也曰惻隱之心仁之端也羞惡之心義之端也如斯而已矣然則所謂仁義者又豈外乎此心哉堯舜之所以為

堯舜以其盡此心之體而已禹湯文武周公孔子傳之以至於孟子其間相望有或數百年者非得口傳耳授密相付屬也特此心之體隱乎百姓日用之間賢者識其大不賢者識其小而體其全且盡則爲得其傳耳雖窮天地亘萬世而其心之所同然若合符節由是而出宰制萬物酬酢萬變莫非此心之妙用而其時措之宜又不必同也故堯舜與賢而禹與子湯放桀文王事殷武王纂受孔子作春秋以翼衰周孟子說諸侯以行王道皆未嘗同也又何害其相傳之一道而孟子之所謂仁義者亦不過使天下之人各得其本心之所同然者耳李氏以蘇張孫吳班焉蓋不足以窺孟子之藩籬而妄議之也推此觀之則其所譏亦不難辨矣

常語曰孟子曰五霸者三王之罪人也吾以爲孟子者五霸之罪人也五霸率諸侯事天子孟子勸諸侯爲天子苟有人性者必知其逆順耳矣孟子當周顯王時其後尚且百年而秦并之嗚呼忍人也其視周室如無有也

余氏辨曰孟子說列國之君使之行王政者欲其去暴虐行

仁義而救民於水火耳行仁義而得天下雖伊尹太公孔子說其君亦不過此彼五霸者假仁義而行陽尊周室而陰欲以兵強天下孟子不忍斯民死於鬬戰遂以王者仁義之道詔之使當世之君不行仁義而得天下孟子亦惡之矣豈復勸諸侯爲天子哉大抵入人之罪必文致其事巧爲鍛鍊無所不至謂孟子爲忍人入罪也多矣其知有天誅鬼責之事乎朱子曰李氏罪孟子勸諸侯爲天子正爲不知時措之宜隱之之辨已得之但少發明時措之意又所云行仁義而得天下雖伊尹太公孔子說其君亦不過此此語亦未盡害若云行仁義而天下歸之乃理勢之必然雖欲辭之而不可得也又辨中大抵入人之罪以下疑可刪去

常語曰孔子曰桓公九合諸侯不以兵車管仲之力也如其仁如其仁又曰管仲相桓公霸諸侯一匡天下民到于今受其賜微管仲吾其被髮左衽矣而孟子謂以齊王猶反手也功烈如彼其卑故曰管仲曾西之所不爲嗚呼是猶見人之鬬者而笑曰胡不因而殺之貨可得也雖然他人之鬬者耳桓公管仲之於周救父祖也而孟子非之奈何

余氏辨曰孔子謂管仲如其仁言仲之似仁而非仁也又謂微管仲吾其被髮左衽言仲有攘卻夷狄之功也至謂其小器奢僭不知禮言仲之不能圖大致遠也夫奢僭不知禮之人豈得爲仁乎其所以九合諸侯者假仁而行以濟其不仁耳宜曾西之所不爲也昔成湯以七十里爲小國之諸侯伊尹相之以王於天下齊以千里之國而相管仲管仲得君之

專行國政之久功烈如彼其卑童子且羞稱之況大賢乎有好功利者必喜管仲仁者不爲也管仲急於圖霸藉周室以爲之資耳謂桓公管仲之於周如救父祖吾弗信之矣朱子曰夫子之於管仲大其功而小其器邵康節亦謂五霸者功之首罪之魁也知此者可與論桓公管仲之事矣夫子言如其仁者以當時王者不作中國衰夷狄橫諸侯之功未有如管仲者故許其有仁者之功亦彼善於此而已至於語學者立心致道之際則其規模宏遠自有定論豈曰若管仲而休耶會西之恥而不爲蓋亦有說矣李氏又有救父祖之說愚以爲桓公管仲救父祖之圖而私其財以爲子舍之藏者也故周雖小振而齊亦寖強矣夫豈誠心惻怛而救之哉孟子不與管仲或以是耳隱之以爲小其不能相桓公以王於天下恐不然齊桓之時周德雖衰天命未改革命之事未可爲也孟子言以齊王猶反手自謂當年事勢且言已志非爲管仲發也

常語曰或曰然則湯武不爲歟曰湯武不得已也契相土之時詎知其有桀哉后稷公劉古公之時詎知其有紂哉

夫所以世世種德以善其身以及其國家而已湯武之生不幸而遭桀紂放之殺之而莅天下豈湯武之願哉仰畏天俯畏人欲遂其爲臣而不可得也由孟子之言則是湯武修行仁義以取桀紂爾嗚呼吾乃不知仁義之爲篡器也又仲虺之誥成湯放桀於南巢惟有慙德曰予恐來世以台爲口實孔子謂武盡美矣未盡善也彼順天應人猶觤觤如此而孟子固求之其心安乎哉

余氏辨曰仁義者人心之所同好不仁不義者人心之所同惡豈惟人心好惡爲然天心亦如之湯武爲順天應人之舉放桀伐紂豈得已哉孟子閔戰國之際人之道不立矢口成言無非仁義而謂孟子以仁義爲篡器斯言一發天下以談仁義爲諱則人將遺其親後其君而同於禽獸夷狄之類矣言其可不慎乎湯有慙德仲虺之誥言之詳孔子雖以武爲未盡善而終憲章之故彖易之革曰湯武革命順乎天而應乎人其論仁政德教必以三代爲稱首曷嘗謂湯武不可爲歟惜乎戰國之君以孟子爲迂闊不能求爲湯武三代之治不可復見此僻儒得以妄生譏議也朱子曰隱之此辨甚精但所云矢口而言無非仁義兩句說事意未盡不若云教諸侯行仁義以救百姓倒懸之急因言其效以爲苟能行此則天下必將歸之至於仁孚義達而天下之人各得其本心之所同然者則三代之治何以加此

常語曰三分天下有其二以服事殷周之德其可謂至德也已矣又曰有君民之大德有事君之小心書序伊尹既醜有夏復歸于亳孟子亦曰五就湯五就桀伊尹也夫周

顯王未聞有惡行特微弱耳非紂也而齊梁不事之非桀也而孟子不就之嗚呼孟子之欲爲佐命何其躁也

余氏辨曰三分天下有其二以服事商者文王亦俟上天之休命爾使其歷數在躬天命之人歸之文王雖欲盡臣節予知其不能焉此武王所以謂文王誕膺天命九年而大勳未集也伊尹樂堯舜之道而耕莘湯三聘之乃幡然而改意其五就云者是必湯得伊尹而貢之使之事桀聘問往來至於五就也且王者之迹熄而詩亡詩亡然後春秋作則知王者之賞罰不行乎天下而自列於侯邦也周之衰微久矣仲尼生靈王之時猶不去魯而事周至於顯王則又微弱矣孟子安得去齊而事周乎今有人焉父不能主其家諸子各營別業不事其父有以孝悌之道訓之使其子知有孝悌雖未能事其父則亦不敢悖逆矣苟不知出此乃相其父曰汝爲父之尊曷不治其子使事已歟吾恐諸子悖逆之心自是而生矣是無異劉文公與萇弘欲合諸侯以城成周與夫張儀欲挾天子以令天下也孟子肯爲是舉乎借使當時有湯武爲之君孟子爲之佐命興仁義之化則天下復見商周之盛治而三王可四矣何其幸耶夫何孟子不遇其時不見諸行事徒託之空言猶足扶衞聖道七篇之書與詩言相爲表裏曷謂其躁哉朱子曰李氏謂周顯王未聞有惡行特微弱耳而孟子不使齊梁事之以是咎孟子愚謂周以失道寖微寖滅孔子作春秋雖云尊周然貶天子以達王事二百四十二年之間亦屢書矣至於顯王之時天下不知有周室蓋人心離而天命改久矣是時行王者作亦不待滅周而後天下定於一也聖人心與天同而無所適莫豈其眷眷於已

廢之變胡而使斯人坐蒙其禍無已哉皋陶曰天聰明自我民聰明天明畏自我民明畏達于上下敬哉有土知此則知天矣聖人之心豈異是耶隱之只以衰微二字斷周之不可事正在李氏詆罵中而所謂以孝悌訓之則子必能事其父乃謂使諸侯事周也孟子本無此意

常語曰大哉孔子之作春秋也援周室於千仞之壑使天下昭然知無二王削吳楚之葬辟其僭號也諱貿戎之戰言莫敢敵也微孔子則春秋不作微春秋則京師不尊爲人臣子不當如是哉嗚呼孟子其亦聞之也哉首止之會殊會王世子尊之也其盟復舉諸侯尊王世子而不敢與盟也洮之盟王人微者也序乎諸侯之上貴乎王命也美哉齊桓其深知君臣之禮如此夫使孟子謀之則桓公偃然在天子之位矣世子王人爲亡虜之不暇孰與諸侯相先後哉

余氏辨曰春秋之時周室衰微天王不能自立以至下堂而見諸侯當是時徒擁其虛位爾孔子歷聘七十二君未嘗說之使尊周室及夫公山氏之召乃曰如有用我者吾其爲東周乎此聖人之知幾也嗚呼知幾其神矣乎苟惟說諸侯使之尊周諸侯不得自肆而强者必生變則是速其滅周也先見之幾豈陋儒所能知哉或曰齊晉尊周非歟曰齊晉志在霸業不得不尊周也孟子距孔子之時又百有餘歲則周之微弱可知矣若管仲之功可爲孔子爲之矣孔子不爲孟子安得爲之乎孔子作春秋寓一王之法正天下之名分使亂臣賊子知所懼孟子以王者仁義之道說諸侯使之知有君臣父子而杜僭竊篡弑之禍正得夫春秋之旨但學者有所未究爾又孟子曰以力假仁者霸以德行仁者王孟子未嘗不欲當時之君脩德而不尚力豈復使諸侯偃然在天子之位哉齊桓之於管仲學焉而後臣之任賢之專固無愧於湯武惜乎桓公無王者之量管仲無王佐才徒相與謀託周室以號天下而成霸者之業爾爲君而內亂醜惡爲臣而亡禮僭奢何足道哉首止之會尊王世子復舉諸侯而不敢與盟洮之盟序王人於諸侯之上以尊王命者臣之禮固盡矣其志在於圖霸不得不爾盜亦有道其是之謂乎朱子曰孔子尊周孟子不尊周如冬裘夏葛飢食渴飲時措之宜異爾此齊桓不得不尊周亦迫於大義不得不然夫子筆之於經以明君臣之義於萬世非專爲美桓公也孔孟易地則皆然李氏未之思也隱之以孟子之故必謂孔子不尊周又似諸公以孔子之故必謂孟子不合不尊周也得時措之宜則並行而不相悖矣

常語曰或曰仲尼之徒無道桓文之事者吾子何爲與之曰衣裳之會十有一春秋也非仲尼修乎木瓜衛風也非仲尼刪乎正而不譎魯語也非仲尼言乎仲尼亟言之其徒雖不道無歉也嗚呼霸者豈易與哉使齊桓能有終管仲能不侈則文王太公何愧焉詩曰采葑采菲無以下體益聖人之意也

余氏辨曰周衰王者之賞罰不行乎天下諸侯擅相侵伐强凌弱衆暴寡是非善惡由是不明人欲肆而天理滅矣吾夫子憂之乃因魯史而修春秋以代王者之賞罰是是而非非善善而惡惡誅姦諛於旣死發潛德之幽光是故春秋成而

亂臣賊子懼觀夫二百四十二年之間書會者無國無之惟齊之會以尊王室爲辭夫子屢書之攘戎狄而封衛衛人思之作木瓜之詩夫子取之伐楚責包茅之貢不入問昭王南征不復夫子有正而不譎之言夫子亟言之者以是時無能尊王室故進之爾然以權詐有餘而仁義不足功止於霸此夫子之徒所以無道之也儗人必於其倫謂使齊桓能有終管仲能不侈則文王太公何惡過矣朱子曰春秋序桓績蓋所謂彼善於此論語論桓文之事猶曰師也過商也不及使當時無端木氏之問則今之說者必有優劣之分矣詩錄木瓜仰春秋序績之意亦以善衛人之情也豈以齊桓之事爲盡可法哉李氏詆孟子而甚畏齊桓管仲至以文王太公比之反易顛倒如此真由不識聖賢所傳本心之體故不抑王道之大而易怵於功利之淺陋

常語曰孟子曰盡信書則不如無書仁人無敵於天下以

至仁伐至不仁而何其血之流杵也曰紂一人惡耶衆人惡耶衆皆善而紂獨惡則紂亡久矣不待周也夫爲天下逋逃主萃淵藪同之者可遽數耶紂亡則逋逃者曷歸乎其欲拒周者又可數耶血流漂杵未足多也或曰前徒倒戈攻于後以北故荀卿曰殺者皆商人非周人也然則商人之不拒周審矣曰如皆北也焉用攻又曰甚哉世人之尚異也孔子非吾師乎衆言讙讙千徑百道幸存孔子吾得以求其是虞夏商周之書出於孔子其誰不知孟子一言人皆畔之畔之不已故今人至取孟子以斷六經矣嗚呼信孟子而不信經是猶信他人而疑父母也

余氏辨曰魯語曰俎豆之事則嘗聞之矣軍旅之事未之學也孔子之意可見矣客有問陶宏景注易與本草孰先陶曰注易誤不至殺人注本草誤則有不得其死者世以爲知言唐子西嘗曰宏景知本草而未知經注本草誤其禍疾而小注六經誤其禍遲而大前世儒臣引經誤國其禍至於伏尸百萬流血千里武成曰血流漂杵武王以此自多之辭當時倒戈攻後殺傷固多非止一處豈至血流漂杵乎孟子深慮戰國之君以此藉口故曰盡信書則不如無書而謂血流漂杵未足爲多豈示訓之意哉經注之禍正此類也反以孟子爲畔經是亦惑矣謂虞夏商周之書出於孔子人宜取信詩非孔子之刪乎雲漢之詩曰周餘黎民靡有孑遺信斯言也是周無遺民也請以此說爲證

常語曰或曰然則舜避堯之子於南河之南禹避舜之子於陽城何如曰堯不聽舜讓舜受終于文祖舜不聽禹讓禹受命于神宗或二十有八載或十有七年歷數在躬既決定矣天下之心既固結矣又何避乎禹舜未相避也由孟子之言則古之聖人作僞者也好名者也王莽執孺子手流涕歔欷何足哂哉

余氏辨曰舜受堯之遜禹受舜之遜雖歷年久然舜格于文祖乃在卒堯喪之後書曰月正元日者言是月始卽正云爾則禹之卽正從可知也舜禹服喪畢退而避之歸其位於子理所宜然孟子之言益非臆說亦必有所據舜禹大聖人也豈固欲爲天子哉天與之人與之有不可得而辭避者如以

此爲僞則舜讓子德弗嗣禹拜稽首固辭皆以其作僞可乎朱子曰此二段辨已得之可無議者也

常語曰或曰以德行仁者王王不待大湯以七十里文王以百里何如曰皆孟子之過也大雅曰瑟彼玉瓚黃流在中九命然後錫以玉瓚秬鬯帝乙之時王季爲西伯以功得受此賜周自王季中分天下而治之矣奚百里而已哉商頌曰玄王桓撥受小國是達受大國是達率履不越遂視既發相土烈烈海外有截帝命不違至于湯齊契之時已受大國相土承之入爲王官伯以長諸侯威武烈烈四海之外率伏截爾整齊商自相土威行乎海外矣奚七十里而已哉嗚呼孟子之教人教人以不知量也哉

余氏辨曰孟子曰湯以七十里文王以百里蓋言亳豐皆小國也雖王季相土常爲伯以長諸侯而其受封之初乃七十里百里爾固未嘗闢土地并吞諸侯之國也而謂大雅曰瑟彼玉瓚黃流在中九命然後受此賜王季西伯中分天下而治矣奚止於百里商頌曰相土烈烈海外有截契之時已受大國相土承之入爲王官伯以長諸侯威行乎海外矣奚止七十里遂以是爲孟子之過教人以不知量余所未喻朱子曰瑟彼玉瓚黃流在中詩說恐未然就使如其言則隱之之辨已得之矣

常語曰或曰父母使舜完廩捐階瞽瞍焚廩使浚井出從而揜之象曰謨蓋都君咸我績牛羊父母倉廩父母干戈朕琴朕弤朕二嫂使治朕棲象往入舜宮舜在牀琴象曰鬱陶思君爾忸怩舜曰惟茲臣庶汝其于予治有諸曰書云瞽子父頑母嚚象傲克諧以孝烝烝乂不格姦又曰負罪引慝祗載見瞽瞍夔夔齋慄瞽瞍亦允若瞽象未嘗欲殺舜也瞽象欲殺舜刃之可也何其完廩浚井之迂其亦有所慮矣象猶能慮則謂二嫂者帝女也奪而妻之可乎堯有百官牛羊倉廩以備事舜於畎畝之中而不能衛其女乎雖其見奪又無吏士無刑以治之乎舜以父母之不愛號泣於旻天父母欲殺之幸而得脫而遽鼓琴何其樂也是皆委巷之說而孟子之聽不聰也此一段辨在溫公史剡

常語曰舜誕敷文德舞干羽于兩階七旬有苗格則孟子之譏武成宜矣哉曰以天下征一國以天子征諸侯如孟賁搏童子遲速在我修文德以待其來可也大雅曰以爾鉤援與爾臨衝以伐崇墉臨衝閑閑崇墉言言執訊連連攸馘安安以方伯伐諸侯固有訊有馘武王以諸侯伐天子奚不用戰哉牧野詩云檀車煌煌駟騵彭彭維師尚父時維鷹揚涼彼武王是也此一段無辨大凡著書立言非蓋前賢有議見未到處宜與之辨明如前段云瞽瞍象欲殺舜刃之可也何其完廩浚井之迂此可爲訓耶又謂武王以諸侯伐天子奚不用戰其言之不祈如是何足辨之哉

常語曰或曰孟子之言諸侯實不聽之也訒迂闊者乎曰迂闊有之矣亦足憚也孟子謂諸侯能以取天下矣位卿大夫豈不能取一國哉爲其君不亦難乎然滕文公嘗行孟子之道矣故許行陳相目之曰仁政曰聖人其後宗叙

不聞滕侯之得天下也孟子之言固無驗也

余氏辨曰滕文公嘗行孟子之道矣既而許子爲神農之言告文公文公與之處孟子蓋嘗闢之以從許子之道是相率而爲僞惡能治國家則知文公行孟子之道不克終矣當是時許行稱之曰仁政曰聖人亦不可謂行孟子之言無驗其後不聞滕侯之得天下夫天下大物也豈可必得哉然滕侯亦未嘗禮孟子使爲輔相而授以國政此不足爲孟子疵朱子曰鄒已得之

常語曰孔子與賓牟賈言大武曰聲淫及商何也對曰非武音也有司失其傳也若非有司失其傳則武王之志荒矣武王之志猶不貪商而孟子曰文王望道而未之見謂商之祿未盡也病其有賢臣也文王貪商如此其甚則事君之小心安在哉豈孔子之妄言哉孔子不妄孟子之誣文王也

余氏辨曰孟子曰文王視民如傷望道而未之見蓋言文王之仁望治道而未之見爾趙岐釋之曰殷祿未盡尚有賢臣道未得至故望而不致誅於紂此岐之失也讀孟子而識其意正岐之失可也而乃用岐之說攻孟子謂孟子誣文王之貪商豈理也哉欲加人以罪援他事以實之其不仁甚矣朱子曰望道而未之見而與如古人多通用此句與上文視民如傷爲對孟子之意曰文王保民之至而視之猶如傷體道之極而望之猶如未之見其純亦不已如是愚意謂然不書隱之以爲何如

常語曰或曰孟子之心以天下積亂久矣諸侯皆欲自雄苟說之以臣事周孰能喜也故揭仁義之竿而湯武爲之餌幸其速售以拯斯民而已矣曰孟子不肯枉尺直尋謂以順爲正者妾婦之道其肯屑就之如此乎夫仁義又豈速售之物也子噲不得與人燕子之不得受燕於子噲固知有周室矣天下之所廢必若桀紂周室其爲桀紂乎盛之有衰若循環然聖王之後不能無昏亂尚賴臣子扶救之爾天下之地方百里者有幾家家可以行仁義人人可以爲湯武則六尺之孤可託者誰乎孟子自以爲好仁吾知其不仁甚矣

余氏辨曰湯居亳小國也伊尹相湯使之伐夏救民桀雖無道天子也君也湯雖有道諸侯也臣也伊尹何不說湯率諸侯而朝夏乎行李往來至於五就觀時察變蓋已熟矣不得已而爲伐夏之舉致湯於王道固非盛德之事後世莫有非之者以能躬行仁義順天應人故也自非伊尹之聖安能任其責哉文王在豐亦小國也文王之於紂與湯之於桀事體均也其所以異者時焉而已觀其得太公而師事之伐崇過莒戡黎雖曰三分天下有其二以服事殷亦以歷數未歸得以盡其臣節至武王則赫然有翦商之志又況商紂罪惡貫盈又過於桀而此十亂之賢爲之輔相雖欲率諸侯遵文考之道而事紂莫可得矣此所以興牧野之師而建王業也孟子之於列國說之以行仁政者不過言治岐之事而已說之使爲湯武者不過以德行仁而已說之以行王道者不過乎

使民養生喪死無憾而已未嘗說之使伐某國誅某人開疆拓土大統天下而爲王也若孟子者眞聖人之徒歟識通變之道達時措之宜不肯枉尺直尋柰何時君咸謂之迂闊於事終莫能聽納其說仁義之道不獲見於施設以濟斯民所以不免後世紛紛之議嗚呼說其君使爲湯武以爲不仁而乃以桓公管仲爲仁乖謬如是安得有道之士與之正曲直哉朱子曰辨已得之但李氏所云家家可以行王道人人可以爲湯武則六尺之孤可託者誰乎此三句當略與之辨愚謂王道即堯舜禹湯文武周公孔孟相傳之道由周公而上上而爲君由孔子而下下而爲臣固家家可以得而行矣湯武適遭桀紂故不幸而有征伐之事若生堯舜之時則豈將左洞庭右彭蠡而桀然有不服之心耶其在九官羣后之列濟濟而和可知矣如此則人人爲湯武又何不可之有

常語曰孟子曰紂之去武丁未久也其故家遺俗流風善政猶有存者又有微子微仲王子比干箕子膠鬲皆賢人也相與輔相之故久而後失之也尺地莫非其有也一民莫非其臣也然而文王猶方百里起是以難也齊人有言曰雖有智慧不如乘勢雖有鎡基不如待時今時則易然也今之學者曰自天子至於庶人皆得以行王道孟子說諸侯行王道非取王位也應之曰行其道而已乎則何必紂之失也何憂乎善政之存何畏乎賢人之輔尺地一民皆紂之有何害諸侯之行王道哉齊宣王問曰人皆謂我毀明堂毀諸已乎孟子對曰夫明堂者王者之堂也王欲行王政則勿毀之矣行王政而居明堂非取王位而何也君親無將不容纖芥於其間而學者紛紛強爲之辭過矣

余氏辨曰不談王道樵夫猶能笑之孰謂學而爲士反不知王道乎謂之王道者即仁義也君行王道者以仁義而安天下也君行霸道者以詐力而服天下也孟子說其君以仁義不猶愈於說其君尚詐力歟且天下不可以詐力得也尚矣得民心斯得天下假仁義而行民心且不可得況能王天下乎仁義之道萬世之所常行天下之所共由民生之所日用也今乃謂自天子至於庶人皆得以行王道爲非果何理耶觀其應學者之言皆增損其詞而非譏孟子君子無取焉子貢欲去告朔之餼羊孔子曰爾愛其羊我愛其禮蓋自文公廢告朔之禮祭而孔子不去其羊者欲使後世見其羊猶能識其禮羊亡禮亦亡矣孟子欲勿毀明堂其意亦猶是也明堂在泰山之下周天子巡狩諸侯之所適在齊地非齊之建立也存之不爲僭亦可以見王政之大端如以諸侯不用而毀之則後世之君不惟不知王政將謂後世不可復行矣此孟子所以勸齊勿毀之也而謂孟子勸齊宣居明堂取王位抑何燭理不明而厚誣孟子歟朱子曰李氏此段之意不謂天子庶人不可並行王道但謂孟子所論文王興紂之事爲不然爾當辨之曰孟子之時有信行王道者必有天下其勢與文王不同非謂文王計欲取紂而不能也人人可以行王道已辨於前但孟子時行王道者必有天下其時措之不同又不可執一而論譬之之辨假未中李氏之失也

常語曰學者又謂孟子權以誘諸侯使進於仁義仁義達則尊君親親周室自復矣應之曰言仁義而不言王道彼說之而行仁義固知尊周矣言仁義可以王彼說之則假

仁義以圖王唯恐行之之晚也尙何周室之顧哉嗚呼今之學者雷同甚矣是孟子而非六經樂王道而忘天子吾以爲天下無孟子可也不可無六經無王道可也不可無天子故作常語以正君臣之義以明孔子之道以防亂患於後世爾人知之非我利人不知非我害悼學者之迷惑聊復有言

余氏辨曰泰伯曰天下無孟子可也不可無六經無王道可也不可無天子噫是果泰伯之說耶使其說行害理傷教也大矣余請易之曰無六經則不可而孟子尤不可無嘗試言之易詩書禮樂春秋之六經所以載帝王之道爲致治之成法固不可無也孟子則闢楊墨距詖行放淫辭使邪說者不得作然後異端以息王道以明堯舜禹湯文武周孔之業不墜此孟子所以爲尤不可無也經曰天子作民父母以爲天下王史曰天子建中和之極其可無之乎夫所謂王道者天子之所行六經之所載孟子之所說者是也孰謂其可無哉無王道則三綱淪九法斁人倫廢而天理滅矣世之學者稍有識見不爲此言豈好事者假設淫辭託賢者之名以行於世乎學者宜謹思之朱子曰李氏難學者謂孟子以權誘諸侯之說孟子本無此意是李氏設問之過當略明辨之天下可無孟子不可無六經可無王道不可無天子聽之之辨已得之愚又謂有孟子而後六經之用明有王道而後天子之位定有六經而無孟子則楊墨之仁義所以流也有天子而無王道則桀紂之殘賊所以禍也故嘗譬之六經如千斛之舟而孟子如運舟之人天子猶長民之吏而王道則吏師之法今曰六經可以無孟子天子可以無王道則是舟無人吏無法將焉用之矣李氏自以爲悼學者之迷惑而爲是言曾不知已之迷惑也亦甚哉

終

尊孟辨卷下

鄭氏叔友藝圃折衷

折衷曰孟軻非賢人仲尼之徒無道桓文之事者聞誅一夫紂矣未聞弒君三宿出晝於予心猶以爲速沈同問燕可伐與吾應之曰可此孟子之罪也

余氏辨曰周衰之末戰國縱橫用兵爭強以相侵奪當世處士務先權謀以爲上賢先王大道陵遲隳廢異端並起若楊朱墨翟放蕩之言以干時惑衆者非一此趙岐之說也天下豈復有王道哉豈復知有仁義哉幸而有唱爲仁義之說者猶足以使亂臣賊子逡巡退縮不敢自肆而況孟子治儒術承三聖以仁義之道說於諸侯思濟斯民不幸而其說不行而商周之盛治不可復見其與假仁而行急於功利者有間矣可謂非賢人乎又舉數條以爲孟子之罪余於溫公疑孟李公常語辨之矣誅一夫紂即泰誓所謂獨夫受也三宿出晝孔子去魯之意也如之何以爲孟子之罪乎朱子曰仲尼之徒無道桓文之事者聞誅一夫紂矣沈同問燕可伐此三事已辨於疑孟常語中矣雖出於一事當於第九段辨之此段辨孟軻非賢人之句亦須引孟子所傳之說今只以楚氏題辭爲據恐未足以折談者之辭也

折衷曰春秋書王存周也孔子曰如有用我者吾其爲東周乎此仲尼之本心也孟軻非周民乎履周之地食周之粟常有無周之心學仲尼而叛之者也周德之不競亦已甚矣然其虛位猶拱而存也使當時有能倡桓文之舉則文武成康之業庸可庶幾乎爲孟軻者徒以口舌求合自

媒利祿者亦使務是而已矣奈何今日說梁惠明日說齊宣說梁襄說滕文皆啗之使之爲湯武之爲此軻之賊心也譬父病亟雖使商臣爲子未有不望其生者如之何其直寘諸不救之地哉軻忍人也辨士也儀秦之雄也其資薄其性慧其行輕其說如流其應如響豈君子長者之言哉其自免於蘇張范蔡申韓李斯之黨者挾仲尼以欺天下也使數子者皆咈其素矯其習竊仁義兩字以藉口是亦孟軻而已矣要之戰國縱橫捭闔之士皆發冢之人而軻能以詩禮也是故孟軻誦仁義猶老錄公之誦法也老錄公誦法賣法者也軻誦仁義賣仁義者也安得爲仲尼之徒歟嗟夫孔子生而周尊孟軻生而周絕何世人一視

孔孟之心記曰擬人必於其倫寧從漢儒曰孔墨

余氏辨曰父子主乎親君臣主乎義不可以一槩論先儒謂宗子有君道試摭其說古者諸侯之子弟異姓之卿大夫立嫡子爲大宗族人宗之有人焉宗其繼別子之所自出則立爲大宗百世不遷也不幸大宗者恣爲驕侈荒耽酒色橫逆殘暴子弟不能慨諫諍之不聽益又甚焉夫欲說其族者將使之率子弟事之助其爲惡歟將使之躬行孝悌收合其親屬歟至於衆族之歸已而易其大宗於義苟可爲亦不得辭此伊尹之相湯呂望之相武而其用心正有類此自平王東遷周德不競爲天子者雖無驕侈殘暴之事然不能振皇綱但擁虛位而已孔子歷聘七十二君未嘗一言說其君率諸

侯而尊周以力假仁爲霸者事孔子不肯爲也而所以作春秋者爲天下之無主也不然何以降黍離於國風乎其所以降雅爲風者亦其自取也孔子豈有心哉孔子曰如有用我者吾其爲東周乎乎疑詞其不爲東周也明矣公山弗擾召孔子孔子欲往遂言如有用我不爲東周則說之以西周之王道也必矣又嘗有其或繼周者之語孔子豈能必其周之祚不移乎逮戰國時周室衰微抑又甚矣孟子則學孔子者也夫豈肯效管仲假仁而圖霸哉又況當時之君爭地爭城侵奪篡弒不復知有君父矣其視仁義爲何等事也天下之民死於戰鬬死於賦歛死於徭役不知其幾孟子說梁惠齊宣梁襄滕文使之爲湯武行仁義其心在於救民而未嘗說

之以富國强兵用征伐而取天下也乃謂孟子叛仲尼之道有僻周之心妄矣又謂孟子爲賣仁義而有賊心不猶愈於不知仁義而非之乎墨氏兼愛不知有父乃欲從漢儒曰孔墨誤後之學者必此言矣朱子曰此與李氏常語所以詆孟子者大指略同前之辨詳矣辨曰父子主親君臣主義不可一槩論甚當但喻宗子事云恣爲驕侈以下數句不類周衰事識當改之乃爲盡善鄭引孔子言吾其爲東周乎爲字當作去聲讀先儒有作平聲讀者隱之之說是也但謂欲說弗擾以王道則非孔子之心也降黍離作春秋不知聖有繼周之意否此一節更望見教也鄭以孔孟並稱爲不倫而欲以墨配孔則益非其倫也大抵未知孟子所傳者何事故其論議辯顛倒如此也

折衷曰吉人惟知爲善而已未嘗望其報也爲善而望其報是今世委巷溺浮圖者之處心也孟子勸滕文公曰苟爲善後世子孫必有王者矣是心何心哉武王伐紂而利

之非太王王季文王之本心也孔子謂泰伯三以天下讓亦曰周之有天下泰伯不襲封也其遜國也祇其所以爲天下也歟夫泰伯惟知季歷之賢可以纘緒保邦而吾不若也如使泰伯包藏禍商之心也夫何至德之足云

余氏辨曰善者福之淫者禍之天之道也吉人爲善固不望報而天必報之以福可以天道難信而不足信歟孟子勸滕文公爲善謂後世子孫必有王者非但告之以周家之事是亦以天道告之也使周不積德行仁則子孫未必蕃衍雖欲伐紂而利之不可得矣況能卜世三十卜年八百乎公治獄多陰德猶能逆知其子孫必有興者當戰國之際人倫棄而天理滅不知爲善之利今以孟子之言爲非則將何以勸其君耶乃謂周之有天下由泰伯之不襲封也使人人遜國如泰伯無季歷之賢以繼之則覆宗絕祀矣季札之事可不監諸朱子曰孟子言若夫成功則天也君如彼何哉彊爲善而已矣初無望報之心也苟爲善後世子孫必有王者矣乃爲太王避狄而言易大傳曰積善之家必有餘慶書曰作善降之百祥亦豈望報乎

折衷曰孟子謂沈同曰子噲不得與人燕子之不得受燕於子噲有仕於此而子悅之不告於王而私與之吾子之祿爵夫士也亦無王命而私受之於子則可乎大夫爵祿制於諸侯是誠古之道也孟軻既教齊梁滕之君使自爲湯武則是諸侯未嘗受命於天子也沈同不敢以爵祿私人齊制之也子噲不敢以燕私人將復誰制之哉何孟軻獨能約燕以王制而不能約齊梁滕於古道也

余氏辨曰孟子告沈同曰子噲不得與人燕子之不得受燕於子噲有仕於此而子悅之不告於王而私與之吾子之祿爵夫士也亦無王命而私受之於子則可乎者是約燕於王制也其意曷嘗不存周哉勸齊梁滕之爲湯武者正欲其行仁義而知有王制云爾豈可謂夏商在上而湯武不得行仁義歟湯武行仁義無一言及之唯罪湯武之征伐掩善揚惡豈得爲公論亦可謂處變事而不知其權者也勸其君行仁義以爲不道者余知之矣彼非以仁義爲不美也但急於近功謂仁義爲迂闊不切時務不若進富國强兵之術也若其誠然商鞅之徒爲之孟子不爲也朱子曰諸侯受國於天子故子噲之讓爲無王天子受命於天故文王受命作周不受於紂而無罪辨謂鄭氏以仁義爲迂闊則未然第恐若商鞅之談帝道爾

折衷曰今之諸侯取於民雖不義不可謂禦人於國門之外取非其有賊義也取充其類盡義也是輕重之等也是孟軻原情以處罪也至未能什一去關市之征復與攘雞同科何任情出入而前後自戾也如此

余氏辨曰孟子謂今之諸侯賦斂於民不由其道而與禦人而奪之貨何異取非其有爲盜取充其類爲義之盡猶未爲盜是輕重之等是誠孟子能原情以處罪也至於戴盈之問未能什一去關市之征請輕之以待來年孟子設攘雞之喻以答之而曰如知其不義斯速已矣何待來年者意謂戴盈之徒知其非而不能速改矣以此譏之豈得爲任情出入前後自戾歟鄭氏專以偏見曲說而非詆孟子學無師承其蔽

也如此卒爲名教之罪人也惜哉朱子曰辨得之矣

折衷曰析直薪者不費斧訟直理者不費詞脅論二十篇如聖君咨俞如嚴父教戒莊而親簡而當焉孟子以游辭曲說簧鼓天下其荅陳代告子萬章公孫丑之問皆困而遁遁而支離想當時酬酢之際必沮氣赧顏無所不至所謂浩然者安在哉近世歐陽永叔王介甫蘇子瞻之徒僻好其書嗚呼斯文衰矣

余氏辨曰析直薪者不費斧訟直理者不費辭爲是說者正俗所謂不哭之孩孰不能抱是知常而不知變者也戰國之時處士横議異端並起聞孟子談仁義其不駭且疑者幾希陳代告子萬章公孫丑之徒見識不及孔門弟子遠甚酬荅之際安得不諄複告之理苟明矣何患乎辭之費乃謂歐陽永叔王介甫蘇子瞻僻好孟子之書爲斯文之衰識見之優劣可知矣朱子曰疑歐陽氏蘇氏未得爲眞知孟子者亦隨其所見之淺深志焉而樂道之耳隱之辨得之矣

折衷曰悟云迷失也安云病人也治云亂世也喜之之辭也無憂無懼喜孰云來哉孟子曰霸者之民驩虞如也王者之民皞皞如也愚曰王者之民驩虞如也帝者之民皞皞如也齊晉驅民於鋒鏑湯武拯民於塗炭唐虞措俗於恬愉是故商周之書若有矜喜色虞書二典如平居對語憂賀之容不形焉

余氏辨曰孟子勸齊梁滕之君爲湯武乃痛詆之謂孟子賣仁義納君於不道而欲易孟子之言曰王者之民驩虞如也帝者之民皞皞如也又云齊晉驅民於鋒鏑湯武拯民於水火抑何前後之言自相戾歟已不能事父兄而責人以孝悌之道有未至亦其蔽也痳而狂言祇足以駭童稚及長者聞之付一笑耳朱子曰此辨其義但已不能事父兄以下文意隱晦似未條暢愚謂學者當先識聖人相傳大體然後充其所至之淺深則不出乎大路而義理精矣帝王無二道而民之蒙化不能無淺深孟子言之固當有辨但鄭謂王者之民驩虞如也則是未識王者氣象彼語堯舜亦徒好高爾非眞知堯舜者也

折衷曰孫子十三篇不惟武人之根本文士亦當盡心焉其詞約而縟易而深暢而可用論語易大傳之流孟荀揚著書皆不及也以正合以奇勝非善也正變爲奇奇變爲正非善之善也卽奇爲正卽正爲奇善之善也

余氏辨曰昔吾夫子對衛靈公以軍旅之事未之學荅孔文子以甲兵之事未之聞及觀夾谷之會則以兵加萊人而齊侯懼費人之亂則命將士以伐之而費人北嘗曰我戰則克而冉有亦曰聖人文武並用孔子豈有眞未學未聞哉將以軍旅甲兵之事非所以爲訓也乃謂孫子十三篇不惟武人之根本文士所當盡心其詞可用論語易大傳之流孟荀揚著書皆不及是啓人君窮兵黷武之心庸非過歟誣吾夫子已甚矣何立言之不審也朱子曰此段亦不必辨但斯人薄三王罪孟子而尊堯舜似矣乃取孫武之書厠之易論語之列何其駁之甚哉愚前所謂鄭氏未能眞知堯舜而好爲太高之論以駭世若商鞅之談帝道於是信矣

折衷曰京師坐鬻者愚遠方之人直百必索千酬之當其直則售意其知價也知價不可復愚酬之過其直則不售

意其不知價也不知價則唯吾之愚必極其所索而後售孟軻抱縱橫之具飾以仁義行鬻於齊齊王酬之以客卿且曰我欲中國而授孟子室養弟子以萬鍾軻慾齊王不知價者遂愚齊王求極所索而後售齊王徐而思軻之言曰王如用予則齊王猶反掌開闢以來無是理是必索高價者悔而不酬軻亦覺齊王之稍覺也卷而不售抱以之他徐而自思曰齊王之酬我其直矣矯然不售行將安鬻遲遲吾行三宿出晝冀齊王呼已而還直是又市井販婦行鬻魚鹽果菜之態京師坐鬻猶有體小兒方啼而怒進以飯推而不就俟其怒歇而飢也赧然望人進之矣軻之去齊留齊兒態也夫

余氏辨曰子貢曰有美玉於斯韞匵而藏諸求善賈而沽諸子曰沽之哉沽之哉我待賈者也吾夫子大聖人也猶待賈而沽況孟子乎孟子抱仁義之道較其美非止荊玉之比也急於求售而獻非其人未免刖足爾孰若珍其貨而後市乎孟子三宿出齊乃孔子去魯之意萬一齊王省悟聽納其說舉安天下之民而其價豈止十五城之重哉乃謂孟子索直於齊如市販婦兒之態不若京師坐鬻者猶有體其言過矣

朱子曰詆孟子未有若此言之顯者辯說自絕而於日月何傷乎有不必辯矣然欲與之辯則亦有說孟子之稱孔子曰可以仕則仕可以止則止可以久則久可以速則速而孔子之自言曰無可無不可又曰我待賈者也今以夫子之事觀之則斯言皆非虛語矣孟子學孔子而得其傳焉其去齊之果而出晝之遲皆天理之自然而未嘗有毫髮私心也非知其所傳者何事則何足以語是哉

折衷曰秦始皇漢武帝唐太宗欲無夷狄韓愈欲無釋老孟子欲無楊墨甚哉未之思也天不唯慶雲瑞雪景風時雨而霜雹降焉地不唯五穀桑麻而荑稗鉤吻生焉山林河海不唯龜龍麟鳳而鴟梟豺狼蛟鼉出焉古今豈有無小人之國哉作易者其知道乎

余氏辨曰秦始皇漢武帝唐太宗欲無夷狄是皆好大喜功窮兵黷武之過○案以上二十五字原本脫去據朱子文集補孟子欲無楊墨韓子欲無釋老○案朱子文集此下有豈愛摩頂放踵利天下爲之十一字疑尚有脫文一則爲義之偏其過至於無君一則爲仁之偏其過至於無父先王大道由是榛塞孟子辟而闢之然後廓如也釋氏生西竺漢明帝始求事之老氏生周末西漢竇后始好尚之自晉梁以及於唐其教顯行韓公力排斥之然後大道得不泯絕有識之士謂洪水之害害於人身邪說之害害於人心身之害爲易見尙可避者心之害爲難知溺其說者形存而生亡矣自非知識高明孰知其害而務去之乎韓公謂孟子距楊墨而其功不在禹下唐之史臣謂韓公排釋老而其功與孟子齊而力倍之詎不信夫且夫唐虞三代之盛時未嘗有所謂釋老楊墨者苟欲其無亦不爲過而謂地不唯五穀桑麻而荑稗鉤吻生焉世豈有種五穀桑麻而不去荑稗鉤吻者歟若孟子者正務去荑稗鉤吻之害而欲五穀桑麻之有成也今乃立異論以攻之是誠何心哉予懼聖道之不明故不得不與之辨或曰二三君子近世最爲知名者後學多宗其議論孟子

之書講之孰矣非之詆之不徒爲是紛紛也理有窒礙可得而隱乎予辨則辨矣其如招咎何荅之曰予貧且賤固知其不免也然吾夫子之道得孟氏而益尊使其可非可詆則吾夫子之道何能而益尊歟世之學者貴耳賤目厭常好怪往往喜其立論之異誠以孟子爲不足學羞稱王道恥言仁義叛道亂倫淪胥爲夷狄禽獸之歸矣予爲此憂不得已而與之辨務明仁義而已矣是我咎我遑恤乎哉遑恤乎哉朱子曰知堯舜孔孟所傳之正然後知異端之爲害也深而息邪距詖之功人矣彼曰景風時雨與戾氣旱蝗均出於天五穀桑麻與荑稗鉤吻均生於地此固然矣人生其間混然中處盡其燮理之功則有景風時雨而無戾氣旱蝗有五穀桑麻而無荑稗鉤吻此人所以參天地贊化育而天地所以待人而爲三才也孟子之闢異端其志亦若此而已聖人作易以立人極其義以君子爲主故爲君子謀而不爲小人謀觀泰否剝復名卦之意可見而曰古今豈有無小人之國哉嗚呼作易者其如道乎其不知易者甚哉○案朱子文集孟子之闢異端下有如宣王之攘夷狄七字其志若此而已下有豈秦始皇漢武帝之比哉十字

尊孟辨卷下終

尊孟續辨原序

余作尊孟辨出以示諸友或曰溫公之疑辨焉可也李鄭之說不根奚足辨哉余曰予以李鄭二子名位勳業之卑歟何爲不足辨彼亦文士也今欲明大道示至公苟於貴賤尊卑有所汰擇是亦徇時態之所爲其心已不公矣道胡爲而明又況常語折衷之文盛行於世陳次公且謂劉歆以詩書助王莽荀文若說曹孟德以王伯乃孟子一體以常語有大功於名教傳說亦謂孟子教諸侯叛天子爲非孔子之志盡信書不如無書之說爲今之害以常語不作孰爲究明如溫公之疑曾無稱述之者豈可謂此可辨而彼不足辨哉或又曰近世如何深之刪孟晁說之詆孟劉原父道原張俞輩皆非譏孟子然皆不取信後學茲固不足辨如後漢王充著論衡而有刺孟篇近世蘇公軾作論語說而與孟子辨者○案疑脫八字學者誦習其書以媒進取者總總也可無辨乎余曰諾遂取王之刺者十蘇之辨者八併辨之以爲尊孟續辨雖然孟子之書如日星麗天有目者皆知尊之豈待余之辨而後尊耶曰尊孟云者余自謂也有見聞與余同者當共尊之矣乾道八年夏六月甲寅寓東陽毋自欺齋書

宋余允文撰　金山錢熙祚錫之校

王充刺孟（後漢王充著論衡有刺孟篇）

孟子見梁惠王王曰叟不遠千里而來將何以利吾國乎孟子曰仁義而已何必曰利夫利有二有貨財之利有安吉之利惠王曰何以利吾國何以知不欲安吉之利而孟子徑難以貨財之利也易曰利見大人利涉大川乾元亨利貞尚書曰黎民尚亦有利哉皆安吉之利也行仁義得安吉之利孟子不且詰問惠王何謂利吾國惠王言貨財之利乃可荅若設令惠王之問未知何趣孟子徑荅以貨財之利如惠王實問貨財孟子無以驗效也如問安吉之利而孟子荅以貨財之利失對上之指違道理之實也

余氏辨曰戰國之君所尚者權謀所利者爭地爭城而已豈知所謂仁義哉孟子逆知其意告之以仁義之利未見其違理也使惠王知安吉之利以孟子雖以貨財爲非是則何以亦曰仁義而已矣何必曰利自無具眼見理不明求前哲之言而刺之多見其不知量也

齊王問時子曰我欲中國而授孟子室養弟子以萬鍾使諸大夫國人皆有所矜式子盍爲我言之時子因陳子而以告孟子孟子曰夫時子惡知其不可也如使予欲富辭十萬而受萬是爲欲富乎夫孟子辭十萬失謙讓之理也夫富貴者人之所欲也不以其道得之不居也故君子之於爵祿也有所辭有所不辭豈以已不貪富貴之故而以距當受之賜乎

余氏辨曰孟子之仕欲行道也非爲爵祿而仕也如充之言既有得富貴之道當受其賜不計其道之行與否豈孟子之志哉抑不知辭十萬如何是失謙遜之理

陳臻問曰前日於齊王餽兼金一百鎰而不受於宋餽七十鎰而受於薛餽五十鎰而受前日之不受是則今日之受非也今日之受是則前日之不受非也夫子必居一於此矣孟子曰皆是也當在宋也予將有遠行行者必以贐辭曰歸贐予何爲不受當在薛也予有戒心辭曰聞戒故爲兵戒歸之備乎（案此句文義未明然論衡原本亦同余氏蓋因其舊文）予何爲不受若於齊則未有處也無處而餽之是貨之也焉有君子而可以貨取乎夫金餽或受或不受皆有故非受之時已貪當不受之時已不貪也金有受不受之義而室亦宜有受不受之理今不曰已無功若已致仕受室非理而曰已不貪富引前辭十萬以況後萬前當受十萬之多安得辭之彭更問曰後車數十乘從者數百人以傳食於諸侯不亦泰乎孟子曰非其道則一簞食而不可受於人如其道則舜受堯之天下不以爲泰受堯之天下孰與十萬舜不辭天下者是其道也今不曰受十萬非其道而曰已不貪富貴失謙讓也安可以爲戒乎

余氏辨曰孟子於受金不受金之際皆合義充以貪不貪爲

說謬也妄也
沈同以其私問曰燕可伐與孟子曰可子噲不得與人燕子之不得受燕於子噲有仕於此而子悅之不告於王而私與之吾子之祿爵夫士也亦無王命而私受之於子則可乎何以異於是齊人伐燕或問曰勸齊伐燕有諸曰未也沈同問燕可伐歟吾應之曰可彼然而伐之如曰孰可以伐之則應之曰爲天吏則可以伐之今有殺人者或問之曰人可殺與則將應之曰可彼如曰孰可以殺之則應之曰爲士師則可以殺之今以燕伐燕何爲勸之也夫或問孟子勸王伐燕不誠是乎沈同問燕可伐與此挾私意欲自伐之也知其意慊於是宜曰燕雖可伐須爲天吏乃可以伐之沈同意絶則無伐燕之計矣不知有此私意而徑應之不省其語是不知言也公孫丑問曰敢問夫子惡乎長孟子曰我知言又問何爲知言曰詖辭知其所蔽淫辭知其所陷邪辭知其所離遁辭知其所窮生於其心害於其政發於其政害於其事雖聖人復起必從吾言矣孟子知言者也又知言之所起之禍其極所致之禍見彼之問則知其措辭所欲之矣知其所之則知其極所當害矣

余氏辨曰此段已於溫公之疑辨之矣此刺全無意義

孟子有云民舉安王庶幾改諸子曰望之孟子所去之王豈非前所不朝之王哉是何其前輕之疾而後重之甚也如非是前王則不去而於後去之是後王不肖甚於前而去三日宿於前不甚不朝而宿於景丑氏何孟子之操前後不同所以爲王終始不一也

余氏辨曰出處君子之大致去就賢者之大節孟子於此可謂知輕重矣顧其所謂猶權稱也充之刺則出處之致去就之節且未知詎知孟子之操行歟哉

且孟子在魯魯平公欲見之嬖人臧倉毀孟子止平公樂正子以告曰行或使之止或尼之行止非人所能也予之不遇魯侯天也前不遇於魯後不遇於齊無以異也前歸之天今則歸之於王孟子論稱寬何定哉夫不行於齊王不用則若臧倉之徒毀讒之也此亦止或尼之也皆天命不遇非人所能也去何以不徑行而留三宿乎天命不當遇於齊王不用其言天豈爲三日之間易命使之遇乎在魯則歸之於天絶意無冀在齊則歸之於王庶幾有望夫如是不遇之議一在人也或曰初去未可以定天命也冀三日之間王復追之天命或將在三日之間故可也夫言如是齊王初使之去者非天命乎如使天命在三日之間魯平公比三日亦將棄臧倉之議更用樂正子之言往見孟子孟子歸之於天何其早乎如三日之間公見孟子孟子奈前言何乎

余氏辨曰魯不遇歸之天齊不遇歸之王有旨哉覩此兩字則孟子可謂全乎聖智矣充不於篇意之求乃謂其論稱何定疏矣

孟子去齊充虞塗問曰夫子若有不豫色然前日虞聞諸夫子曰君子不怨天不尤人曰彼一時此一時也五百年必有王者興其間必有名世者矣由周以來七百有餘歲矣以其數則過矣以其時考之則可矣夫天未欲平治天下也如欲平治天下當今之世舍我其誰也吾何爲不豫哉孟子言五百年有王者興何以見乎帝嚳王者而堯又王天下堯傳舜舜又王天下舜傳於禹禹又王天下四聖之王天下也繼踵而興禹至湯且千歲湯至周亦然始於文王而卒傳於武王武王崩成王周公共治天下由周至孟子之時又七百歲而無王者五百歲必有王者之驗在何世乎云五百歲必有王者誰所言乎論不實事考驗信

浮淫之語不遇去齊有不豫之色非孟子之賢效與俗儒無殊之驗也五百年者以爲天出聖期也又言以天未欲平治天下也其意以爲天欲平治天下當以五百年之間生聖王也如孟子之言是謂天故生聖人也然則五百歲者天生聖人之期乎如是其期天何不生聖聖王非其期故不生孟子猶言之孟子不知天也自周以來七百餘歲矣以其數則過矣以其時考之則可矣何謂數過何謂時可乎數則時時則數矣數過過五百年也從周到今七百餘歲踰二百歲矣設或王者生失時矣又言時可何謂也云五百年必有王者興又言其間必有名世與王者同乎異也如同何爲再言之如異名世者謂何等也謂孔子之

徒孟子之輩教授後生覺悟頑愚乎已有孔子與已生矣如謂聖臣乎當與聖同時聖王出聖臣見矣言五百年而已何爲言其間如不謂五百年時謂其中間乎是謂二三百年之時也聖不與五百年時聖王相等夫如是孟子言其間必有名世者竟謂誰也夫天未欲平治天下也如欲平治天下舍予而誰也言若此者不自謂當爲王者有王者若爲王臣矣爲王者臣皆天也已命不當平治天下不浩然安之於齊懷恨有不豫之色失之矣

余氏辨曰充之論揚雄法言詳之矣孟子言五百歲王者興大槩以三代之世言之也五百歲之間豈無名世者出焉如伊傅周召之徒非名世者乎以其間必有名世爲孟子自謂何不可之有

彭更問曰士無事而食可乎孟子曰不通功易事以羨補不足則農有餘粟女有餘布子如通之則梓匠輪輿皆得食於子於此有人焉入則孝出則悌守先王之道以待後世之學者而不得食於子子何尊梓匠輪輿而輕爲仁義者哉曰梓匠輪輿其志將以求食也君子之爲道也其志亦將以求食與曰子何以其志爲哉其有功於子可食而食之矣且子食志乎食功乎曰食志曰有人於此毀瓦畫墁其志將以求食也則子食之乎曰否曰然則子非食志食功也夫孟子引毀瓦畫墁者欲以詰彭更之言也知毀瓦畫墁○案以上十四字原本脫去今依論衡補無功而有志彭更必不食也

雖然引毀瓦畫墁非所以詰彭更也何則諸志欲求食者毀瓦畫墁不在其中不在其中則難以詰人矣夫人無故毀瓦畫墁此不癡狂則遨戲也癡狂之人志不求食遨戲之人亦不求食求食者皆多人所共得利之事以作此鬻賣於市得賈以歸乃得食焉今毀瓦畫墁無利於人何志之有有知之人知其無利固不爲也無知之人與癡狂比固無其志夫毀瓦畫墁猶比童子擊壤於塗何以異哉擊壤於塗者其志亦欲求食乎此尚童子未有志也巨人博戲亦畫墁之類也博戲之人其志復求食乎博戲者尚有相奪錢財錢財衆多已亦得食或時有志夫投石超距亦畫墁之類也投石超距之人其志有求食者乎然則孟子

之詰彭更也未爲盡之也如彭更服孟子之言可謂禦人以口詰矣

余氏辨曰彭更不知食志食功之義孟子引毀瓦畫墁之事證之詎可謂禦人以口給哉人而不知義理徒肆強辨此乃禦人以口給王充之刺孟適以自刺耳

匡章曰陳仲子豈不稱廉士哉居於陵三日不食耳無聞目無見也井上有李螬食實者過半矣扶服往將食之三咽然後耳有聞目有見也孟子曰於齊國之士吾必以仲子爲巨擘焉雖然仲子惡能廉充仲子之操則蚓而後可者也夫蚓上食槁壤下飲黃泉仲子所居之室伯夷之所築與抑亦盜跖之所築與所食之粟伯夷之所樹與抑亦盜跖之所樹與是未可知也曰是何傷哉彼身織屨妻辟纑以易之也曰仲子齊之世家兄戴蓋祿萬鍾以兄之祿爲不義之祿而不食也以兄之室爲不義之室而弗居也辟兄離母處於於陵他日歸則有饋其兄生鵝者已頻顣曰惡用是鶃鶃者爲哉他日其母殺是鵝也與之食之其兄自外至曰是鶃鶃之肉也出而吐之以母則不食以妻則食之以兄之室則不居以於陵則居之是尚爲能充其類也乎若仲子者蚓而後充其操者也夫孟子之非仲子也不得仲子之短矣仲子怪鵝而吐之者豈爲在母則不食乎乃先譴鵝曰惡用鶃鶃者爲哉他日其母殺以食之其兄曰是鶃鶃之肉仲子恥負前言即吐而出之而兄不

告則不吐不吐則是食於母也謂之在母則不食失其意矣使仲子執不食於其母鵝膳至不嘗食也今既食之知其爲鵝怪而吐之故仲子之吐鵝也恥食不合己志之物也非負親親之恩而欲勿母食也又仲子惡能廉充仲子之操則蚓而後可者也夫蚓上食槁壤下飲黃泉是謂蚓爲至廉也仲子如蚓乃爲廉潔耳今所居之宅伯夷之所築所食之粟伯夷之所樹仲子居而食之於廉潔可也或時食盜跖之所樹粟居盜跖之所築室汙廉潔之行矣用此非仲子亦復失之室因人故粟以屨纑易之正使盜之所樹築已不聞知今兄之不義有其操矣操見於衆昭皙見論故避於陵不處其宅織屨辟纑不食其祿也而欲使

仲子處於陵之地避若兄之宅吐若兄之祿耳聞目見昭晢不疑仲子不處不食明矣今於陵之宅不見築者爲誰粟不知樹者爲誰何得成室而居之得成粟而食之孟子非之是爲太備矣仲子所居或時盜之所築仲子不知而居之謂之不充其操唯蚓然後可者也夫盜室之地中亦有蚓焉食盜宅中之槁壤飲盜宅中之黄泉蚓惡能爲可乎在仲子之操滿孟子之議魚然後乃可夫魚處江海之中食江海之土海非盜所鑿土非盜所聚也然則仲子有大非孟子非之不能得也夫仲子之去母避兄與妻獨處於陵以兄之宅爲不義之宅以兄之祿爲不義之祿故不處不食廉潔之至也然則其徒○案徒字論衡作從於陵歸候母也宜自齋食而行鶃膳之進也必與飯俱母之所爲飯者兄之祿也母不自有私粟以食仲子明矣仲子食兄祿也伯夷不食周粟餓死於首陽之下豈一食周粟而以汙其潔行哉仲子之操不若伯夷而孟子譏之若蚓乃可失仲子操所當比矣

余氏辨曰此段已於溫公疑孟子辨之矣以仲子有大非夫仲子之非更有大於避兄離母者乎謂歸候母宜齋食而行此何足以刺孟子

孟子曰莫非天命也順受其正是故知命者不立乎巖牆之下盡其道而死者爲正命也桎梏而死者非正命也夫孟子之言是謂人無觸値之命也順操行者得正命妄行

尊孟續辨卷下

蘇子辨孟爲論語說與孟子辨

說曰子曰回也其心三月不違仁其餘則日月至焉而已矣孔子曰吾之於人也誰毁誰譽如有所譽者其有所試其於顔子試之也熟而觀之也審矣蓋嘗默而察之閱三月之久而其顛沛造次無不一出於仁者是以知其終身之弗叛也君子之觀人也必於其所不慮焉觀之其所慮者容有僞也雖終身不得其眞故三月之久則必有備慮之所不及者矣僞之與眞無以異君子賤之何也有大利害臨之則敗也孟子曰堯舜性之也湯武身之也五霸假之也久假不歸安知其非有也假之與性其本亦異矣豈論其歸與不歸哉使孔子視之不終日而決不待三月也何不知之有

余氏辨曰孟子之言久假不歸者進人與爲善也謂其五霸本假仁而行使其行之又行之而終始焉則雖未能如堯舜性之亦可與湯武身之相侔矣其可謂之非仁乎故言焉知其非有也不謂東坡之學識而爲是辨也楊子不云乎假儒衣書服而讀之三月不歸孰曰非儒亦久假不歸之意也

說曰予曰富而可求也雖執鞭之士吾亦爲之如不可求從吾所好凡物之可求者求而得不求則不得也仁義未有不求而得者是以知其可求也故曰仁遠乎哉我欲仁斯仁至矣富貴有求而不得者有不求而得者是以知其

不可求也故曰富而可求也雖執鞭之士吾亦為之如不可求從吾所好聖人之於利未嘗有意於求也豈問其可不可哉然將直告之以不求則人猶有可得之心特迫於聖人而止耳夫迫於聖人而止則其止也將有時而作矣故告之以不可求者曰使其可求雖吾亦將求之以為高其閈閎固其扃鐍不如開門發篋而示之無有也而孟子曰食色性也有命焉君子不謂性也仁義命也有性焉君子不謂命也君子之教人將以其實何謂不謂之有夫以食色為性則是可以求得也而君子禁之以仁義為命則是不可以求得也而君子強之禁其可求者強其不可求者天下其孰能從之故仁義之可求富貴之不可求理之

誠然者也如以可為不可以不可為可雖聖人不能

余氏辨曰東坡此說可謂不明孟子性命之說也食與色固性之所欲也欲有不可得而享者命也仁與義固性之所稟也然亦不可得而行者亦命也所欲在彼所稟在我在我者可必在彼者不可必也求之有道得之有命是富貴在彼可求而不可必也求則得之舍則失之是仁義在我可求而可必也（○案原本脫求則下九字又可必上行不字並依文義刪補）孔子自謂富而可求與不可求者故為其言本乎性命之理也今乃以聖人未嘗有意於求豈問其可不可云者是以聖人之言猶有機心存焉聖人豈有機心哉東坡於孟子性命之說略不致思率爾而辨併與孔子之意失之

說曰子貢問政子曰足食足兵民信之矣子貢曰必不得已而去於斯三者何先曰去兵曰必不得已而去於斯二者何先曰去食自古皆有死民無信不立孟子較禮食之輕重禮重而食輕則去食食重而禮輕則去禮惟色亦然而孔子去食存信曰自古皆有死民無信不立不復較其輕重何也曰禮信之於食色如五穀之不殺人今有問者曰吾恐五穀殺人欲禁之如何必荅曰吾寧食五穀而死不禁也此孔子去食存信之論也今荅曰擇其殺人者而禁之其不殺人者勿禁也五穀安有殺人者哉此孟子禮食輕重之論也禮所以使人得妻也廢禮而失妻者皆是緣禮而不得妻者天下未嘗有也信所以使人得食也棄

信而失食者皆是緣信而不得食者天下未嘗有也今立法不從天下之所同而從其所未嘗有以開去取之門使人以為禮有時而可去取也則將各以其私意權之其輕重豈復有定物從孟子之說則禮廢無日矣或曰舜不告而娶則以禮則不得妻也曰此孟子之所傳古無是說也凡舜之塗廩浚井不告而娶皆齊魯間野人之語考之於書舜之事父母蓋烝烝乂不至於姦無是說也使不幸而有之則亦非人理之所期矣自舜以來如瞽瞍者蓋亦有之為人父而不欲其子娶妻者未之有也故曰緣禮而不得妻者天下無有也或曰嫂叔不親授禮也嫂溺而不援曰禮不親授可乎是禮有時而去取也曰嫂叔不親授禮

也嫂溺援之以手亦禮也何去取之有
余氏辨曰禮之於天下其猶權衡歟萬事取正於禮猶萬物取平權衡也豈無輕重哉東坡恃其聰敏持胷臆之見肆傾河之辨謂孟子較禮食之輕重非是徒費其辭終不能以勝孟子況孟子初未嘗言禮之有去取也今曰吾寧食五穀而死不禁爲孔子去食存信之論則是孔子以不去食而爲信也昔人有不食嗟來之食而死者曾子聞之曰微與其嗟也可去其謝也可食又居喪之禮頭有瘡則沐身有瘍則浴有疾則飲酒食肉孟子禮食輕重之意也自黃帝唐堯皆立四妃舜以不告而娶不立元妃止二妃焉記曰舜葬於蒼梧之野二妃未之從也考之經史可以槩見不告而娶不可謂古無是說爲人父有溺於私愛而逐出其子者而謂不欲其子娶妻未之有吾弗知之矣嫂溺援之以手非禮也權也東坡以爲禮豈不有妨風敎乎若然則人將幸其有類此者吾得以行權焉非所以爲訓也
說曰季康子問政於孔子曰如殺無道以就有道何如孔子對曰子爲政焉用殺子欲善而民善矣君子之德風小人之德草草上之風必偃雖堯舜在上不免於殺無道然君子終不以殺人爲訓民之不幸而自蹈於死則有之吾未嘗殺孟子言以生道殺民雖死不怨殺者使後世暴君汙吏皆曰吾以生道殺之故孔子不忍言之
余氏辨曰古先哲王設爲刑辟罪之大者必加諸戮然先王之心未嘗不欲生之也至於殺之乃出於不得已耳苟惟常以生生之道存心而民自蹈刑辟雖死不怨殺者此禮之常也是唐虞三代之君皆以生道殺民觀諸典謨可見彼暴君汙吏視殺人如刈菅然使用孟子以生之言藉口則亦知所戒懼矣如曰孔子不忍言殺即康誥酒誥考之而文武周公皆忍也何爲獨責孟子
說曰子貢問曰何如斯可謂之士矣子曰行己有恥使於四方不辱君命可謂士矣曰敢問其次曰言必信行必果硜硜然小人哉抑亦可以爲次矣立然諾以爲信犯患難以爲果此固孔子之所小也孟子因之故曰大人者言不必信行不必果此非孔子所謂大人也大人者不立然諾而言未嘗不信也不犯患難而行未嘗不果也今以不必信爲大是開廢信之漸非孔子去食去兵之意也
余氏辨曰東坡可謂有心於辨孟子也孟子前論禮食色之輕重東坡則增禮可去之說此論言行不必信果之說東坡則去其惟義所在之句豈得爲公論哉誠如東坡之言則是尾生與女子期爲是孔子與蒲人盟爲非也東坡文章妙天下學者仰之不啻如泰山北斗其蔽如此豈不誤後學乎
說曰或問子產子曰惠人也子產爲鄭作封洫立謗政鑄刑書其死也教子太叔以猛其用法深其爲政嚴有及民之近利無經國之遠猷故渾罕叔向皆譏之而孔子以爲惠人不以爲仁蓋小之也孟子曰子產以乘車濟人於溱

洧惠而不知爲政蓋因孔子之言而失之也子產之於政整齊其兵賦環治其城郭道路以時修其橋梁則有餘矣豈以乘車濟人哉禮曰子產衆人之母也能食之而不能敎此又因孟子之言而失之也

余氏辨曰此段宜無足辨東坡何以見其不以乘車濟人故揣摸立說爲子產緩頰但可以驚愚耳更不思後人之議已也

說曰樂則韶舞放鄭聲遠佞人鄭聲淫佞人殆鄭衞之聲與佞人等孟子曰今樂猶古樂何也使孟子爲政豈能存鄭聲而不去也哉其曰今樂猶古樂特因王之所悅而入其言耳且不獨此也好色好貨好勇是諸侯之三疾而孟子皆曰無害從吾之說百姓惟恐王之不好也譬之於醫以藥之不可行也而以其嗜爲藥可乎使聲色與貨而可以王則利亦可以進仁義何拒梁惠之深乎此豈非失其本心也哉

余氏辨曰孔子告顏子以樂則韶舞者取其盡善盡美也後王所遭之時不同豈得並用韶舞乎若以韶樂可通古今則三代之樂不宜有異也孟子謂今樂猶古樂蓋言樂不苟作當與民同樂詎可謂今之樂皆鄭衞不可奏歟使百姓憂戚雖奏古樂其能獨樂乎好色好貨與勇固是諸侯之三疾孟子亦因其疾而用藥可謂善醫者矣苟不因人之所嗜專投不可口之藥隨服隨嘔何益於治疾哉

說曰子曰性相近也習相遠也子曰惟上知與下愚不移性可亂而不可滅可滅非性也人之叛其性至於桀紂盜跖極矣然其惡必自其所喜怒其所不喜怒未嘗爲惡也故木之性上水之性下木抑之可使輪囷下屬抑之者窮未嘗不上矣水激之可使濺湧上達激之者窮未嘗不下也此孟子之所見也孟子有見於性而離於善易曰一陰一陽之謂道繼之者善也成之者性也成道者性而善繼之耳非性也性如陰陽善如萬物物無非陰陽者而以萬物爲陰陽則不可故陰陽者視之不見聽之不聞而非無也今以其非無即有而命之則凡有者皆物矣非陰陽也故天一爲水而水非天一也地二爲火而火非地二也人性爲善而善非性也使性而可以謂之善則孔子言之矣苟可以謂之善亦可以謂之惡故荀卿之所謂性惡者蓋生於孟子而揚雄之所謂善惡混者蓋生於二子也性其不可以善惡命之故孔子之言曰性相近也習相遠也而已夫苟相近則上智下愚曷爲不可移也曰有可移之理無可移之資也若夫吾弟子由之論也曰雨於天者水也流於江河蓄於坎井亦水也積而爲塗泥者亦水也指泥塗而告人曰是有水之性可也曰吾將候其清而飮之則不可是之謂上智與下愚不移吾爲論語說與孟子辨者八吾非好辨也以孟子爲近於孔子也世衰道微老莊楊墨之徒皆同出於孔子而乖離之極至於胡越今與老莊

楊墨辨雖勝之去孔子尚遠也故必與孟子辨辨而勝則達於孔子矣

余氏辨曰有一眞之性有萬殊之性〇案此下疑脱一眞之性四字本性也無形之可見無聲之可聞天地得之爲天地鬼神得之爲鬼神人得之爲人物得之爲物莫非性也是不可指名者也萬殊之性人物之性也其在人則有聖狂愚智之别剛柔緩急之異其在鳥獸則有猛鷙者有搏擊者其在草木則有曲直者有寒温者是皆氣習使然非性之本然也論性之本無不善也性猶水也人與鳥獸草木生於性猶龍與龜魚鰕蟹之生於水也人爲靈矣失其性則不靈況鳥獸草木乎龍爲神矣失其水則不神況龜魚鰕蟹乎明乎此則性之爲性思過半矣性本不可擬倫以水喻性亦贅也釋老氏之談空説妙廣譬博喻千變萬化而莫究其端六通四闢而無所不攝使人可駭可慕而莫測其所以然而然者其言性之體用可謂極其至矣中庸曰君子語大天下莫能載語小天下莫能破豈但釋老能言哉雖然未若吾儒自本性中有仁義禮智四端之善擴而充之於日用常行之際而全乎廣大精微之致求其所自得雖所造有淺深一旦豁然而悟性天光明無所染著一貫之道可以坐而進及夫言行動天地舉措移陰陽皆吾性之流通也如此然後可以言性善矣人皆知水之必清火之必明而乃疑性未必善何其惑也孟子不獨言性善而言情與才皆善矣故曰乃若其情則可以爲善矣若夫爲不善非才之罪蓋推本而言也東坡以性自是性善自是善乃謂性如陰陽善如萬物萬物異哉此喻無惑乎以孟子之言爲非也繼之以萬物無非陰陽者而以萬物爲陰陽則不可誠如所言則是善無非性者而以善爲性則不可此又暗合乎孟子之言矣又謂有者皆物矣非陰陽也然非陰陽何以有物猶非性何以有善似是之辨若之何而能勝孟子乎至於唯上知與下愚不移則曰有可移之理無可移之資既言無可移之資胡爲而有可移之理子由之喻似矣亦未嘗至也世之學者尊信東坡學其文而酷好其議論予輒與之辨其能免嗤誚乎今雖不我知異時必有知我者矣

尊孟續辨卷下終

尊孟辨別錄　　守山閣叢書　經部

宋余允文撰　　金山錢熙祚錫之校

原孟上

聖人未嘗有意於立言卒不免於有言者蓋知道易立言難故也何則聖人曾天下不自爲已私任天下之道不自爲已責生斯世也適斯時也道之不明不行有罪焉此孟子之書所以作也晚周之澤竭爲君者不以堯舜爲法而以桓文爲法爲臣者不以伊周存心而以儀秦存心爲學者不以孔子爲師而以楊墨爲師是以國之法度刑政舉措施爲士之行已去就辭受取舍學者之好惡得失一切倒置而不循其本孟子適丁斯時以堯舜禹湯文武伊孔聖人其聞見而相知以心相傳以道一而已矣所謂一者仁義也生而有之之謂性虛而藏之之謂心由而行之之謂道學而得之之謂德設而至之之謂志浩而養之之謂氣身之之謂行聲之之謂言制而用之之謂法正已而物正之謂政舉而措之天下之民謂之事業無適而非是也孔子歿斯道傳之在已既不自以爲已私也則仁心惻然而生不忍天下若是又自以爲已責也則義心憤然而生欲正天下之若是遂其性之所有心之所藏道之所由德之所得志之所志氣之所養身之所以行口之所以言以欲陳善以直行已以正適宜以正天下之本其有言利而不知本者與之言仁義之利言勇而不知本者與之言仁義之勇言政而不知本者與之言仁義之政欲富貴而不知本者與之言仁義之富貴言性而不知本者與之言仁義之性語道而不知本者與之言仁義之道天下之本既明由是好利者惡其末好勇者惡其力移粟易牛知其政之失瞷間龍斷知其行之惡爲我兼愛知其習之非仁內義外者知其性之非聖人之道既暗復明諸子之僞既作復息孟氏之力也其書所載坦然具在學者誦其書非徒誦其言而已要因言以觀其行因行以觀其氣因氣以察其志因志以操其心因心以明其德因德以知其道苟知其道雖歷世千百皆可以相傳得志則推而用之舉而措之與民由之兼而濟之不得其志則著之於書由之於行獨行其道私淑諸人也

原孟中

亂世者甚則開時者應違道者衆則任道者責戰國之時聖人不作泯泯棼棼謀勝者王力勝者霸言異者賢行異者聖君臣上下皆以相勝成俗則語治者安取道語道者安取治自彼自我自非自是而莫能統一孟子學聖人之道而至乎聖人者將坐視天下之溺而不與聖人同憂乎且塗御守神處乎陰遺照藏諸用於寂然之中是志於自爲而已抵時乘光隨感隨應其糠粃土苴必將甄陶堯舜而後已此其仁於爲物也乃以道而自任游說諸侯之間勿視於巍巍之崇辨析於百家諸子之說而不惑於紛紛之異以直養氣順養心性流於末則吾反其本命滅於故則吾順其正是以虛而明

以一而貫縱橫闔闢無施不可如響斯荅如鑑斯照莫之期而常自然則偏於道者其能至此乎彼有得聖人之一體或具體而微與夫伯夷之清伊尹之任皆不能無偏也宜孟子之不願學也孟子由聖人之道以明聖人之遠者必稱堯舜學聖人之近者必稱孔子復敦朴於彌殘之餘振道德於滅裂之後非深探而言之則天下孰從而歸乎是以言近而指遠守約而施博父子足以明仁君臣足以明義夫婦足以明別長幼足以明序朋友足以明信反經以興俗居中以制外使楊墨不得其志鄉愿不得其名非私意自爲也而時人猶未之知至於執其迹而議之者紛紛如也故辭受皆是而陳臻疑其非言動皆禮而王驩以爲簡尹士不知去就之有道

而不悅臧倉不知貧富之不同而謂非賢陳代以枉尺直尋其可爲公孫丑以管晏之功爲可許皆不知孟子者夫如是不得已而辨之蓋有聖人之道而又有聖人之時則不必以道徇時無聖人之時而有聖人之道則不必以時徇道徇道而不可得則亦視天而已矣孔子以文王既沒文不在茲乎孟子以天未欲平治天下舍我其誰皆以天爲已任則吾之若天者豈得逆廢興之理哉蓋文王既沒五百歲而後有孔子孔子不生則文王之道不幾於喪乎孔子既沒百有餘歲而後有孟子孟子不生則孔子之道不淪於邪說暴行乎是天未喪道而聖人所以出聖人之物物也而言之所以著孔子之道雖不信於當年而澤流於萬世以言之存也荀子以爲非由於言而不知者也楊子以爲不異於孔子由其言而知之者也若夫修其真以治身而意有不能致則又君子當神遇而心會耳

原孟下

愚嘗讀黍離之詩見其大夫所謂知我者謂我心憂不知我者謂我何求以是知方是之時人未盡愚也猶有知者存焉讀園有桃之詩見其大夫所謂不知我者謂我士也驕以是知方是之時天下之人無智不愚矣孔子之時無以異於黍離之時也故人之於君子也或知之或不知之此孔子所以有言而無辨孟子之時無以異於園有桃之時故人之於君子也莫之能知此孟子非特有言而已又有辨焉夫舉世多

智則雖不言而道自明雖不辨而事已白君子奚事於言辨哉舉世多愚則雖不言不辨不可得也故孔子曰予欲無言而未嘗不言孟子曰予豈好辨而未嘗不辨者以其勢之所適而已孟子之言或有以自處或有以處人或有以明其不一之爲一或有以明其不同之爲同其辨或有以自明或有以明人其言或有以導其上或有以導其下此七篇之大略也是故非孔子之聖則不學而期以管仲之功則不爲其處已也可謂高而不卑矣非堯舜之道不陳而問以桓文之事則不對其處人也可謂高而不卑矣或爲帝或爲王或以去或以不去其事疑若不一也而謂之一焉所以明其不一之爲一也或爲師或爲臣或以憂或以不憂其迹疑若不同也

而謂之同焉所以明其不同之爲同也其交也或報或不報非嚴其爲守而輕其爲相也以往來之禮不可以不行也其餽也或受或不受非無愧於少而有愧於多也以取舍之義不可以不明也皆與王驩言也而獨不與之言以附之非其正而不可以苟從也莫與章子遊也而獨與之遊以異之非其惡而不可以苟同也臧倉之毀有所不恤以行止之在天也尹士之譏有所不顧以去就之在我也若是之類其辨之以自明也以舜爲臣堯與瞽瞍則是誣之以無父無君也以孔子主癰疽與瘠環則是誣之以無義無命也以傳啓爲私子則是不知因天之所與而與之也以伐紂爲弒君則是不知因天之所欲亡而亡之也以不誅弟之惡爲不仁則是可以匿怨其所愛也以不知兄之叛爲不智則是可以逆詐其所敬也說詩者或以告之爲是而以不告爲非則是未知其不告爲無後也或以怨之爲非而以不怨爲是則是未知其不怨爲愈疏也若是之類皆有以辨之者所以明其古之事於今也以儀衍爲大丈夫則是爲臣下者可以不忠不信也以仲子爲廉士則是爲子弟者可以不孝不恭也由夷之之言則是墨者之說可以與儒合也由陳相之言則是異端之言得與吾道抗也以奪兄之食爲可則是禮不可行以援嫂之溺爲不可則是權之不可用言性者或以善之爲非是人之性有惡而無善也或以義之爲外是人之性有仁而無義也若此之類皆有以辨之者所以明其今之事於後也以仁爲安宅則所居者不可曠於仁以義爲正路則所由者不可舍於義所居者苟不曠於仁所由者苟不舍於義則雖諸侯爲之不已可以至於王雖士充之不厭可以至於大人以諸侯爲之不已可以至於王故告諸侯也常申之以王者之道而又使其臣之則召焉師之則勿召蓋尊德樂道不如是亦不可至於王矣此所以導於上也以士而充之不厭可以至於大人故其言士也常終之以大人之事而又使其役之則往焉召之則不往蓋尊德樂義不如是不可至於大人矣此所以導於下也方是時梁惠齊宣之徒告之以仁義諭之以仁術不爲不切矣而莫之能行能行之者滕文而已然滕文能行其小者而不能行其大事故其卒也申之以湯武之功業則亦無所近其道可謂不用於上矣若萬章陳臻之徒其諭之取舍示之去就不爲不詳矣而莫之能學所能學之者樂正子而已然樂正子之學能至於信而不能善故其卒也申之以顏閔之德行則亦無所及其道可謂不傳於下矣其道不用於上不傳於下其言也其辨也不可不載之後世其載之後世者亦曰先鈍者固不能無後利生窮者固不能無死達昔者顏子死子曰天喪予蓋門人能傳孔子之道者顏淵而已此孔子所以悼痛之也顏淵之後能學孔子之道而傳之者孟子而已然顏淵與孔子則見而學者也孟子於孔子則聞而學者也見而學之者其成之也易聞而學之者其至之也難而孟子乃能至焉自非其所知有以合乎生而知

之其所行有所合乎安而行之者孰能與此蓋伯夷之清無可者也柳下惠之和伊尹之任無不可者也孔子於此三者莫適守焉隨其時而已其去齊也接淅而行非不清也其去魯也遲遲而行非不和也其曰如有用我者吾其爲東周乎非不任也孟子居齊三卿之中名實未加於上下而去之亦可謂清矣其去齊也三宿而後出晝亦可謂之和矣其曰如欲平治天下舍我其誰亦可謂任矣此所謂學孔子而至焉者其學孔子者非特此而已或合之以其言或合之以其行或反之以其言或反之以其行而未嘗有所拘也衛靈公問陳孔子對以俎豆梁惠王問利國孟子對以仁義此合之以其言也孔子於童子則見焉而於孺悲則不見孟子於夷之

書尊孟辯後

李　紱撰

溫公作疑孟者也然溫公行事光明正大粹然儒者疑孟之作蓋其見有未及心有未安故不敢自欺欺人附會隱忍亦正無損其爲儒者也余隱之作尊孟辯以駁溫公者也然朱子與劉共甫書謂其干預宋家產業出言不遜恐引惹方氏復來生事令陳吳二婦作狀經府告之其鄙悖至于如此蓋實未嘗爲儒者之學道聽塗說雖曰尊孟究不得齒于儒者也今之尊朱而詆陸王者大率隱之之流耳可發一笑固無足與辯也

尊孟辨說

陳振孫撰

建安余允文隱之撰以司馬公有疑孟及李覯泰伯常語鄭厚叔折衷皆有非孟之言故辨之爲五卷後二卷則王充論衡刺孟及東坡論語說中與孟子異者亦辨焉

經義考余氏允文尊孟辨通考七篇存闕○按余氏尊孟辨五卷今惟辨溫公疑孟十一條史剡一條李泰伯常語十七條鄭叔友藝圃折衷十條附載晦庵全集中

尊孟辨說

四庫提要補正

胡玉縉撰

尊孟辨三卷續辨二卷別錄一卷

辨李覯常語者十七條冠原序於前而繫朱子讀余氏尊孟辨說於後

黃式三儆居集讀李氏常語云其駁孟子之說大略以齊桓管仲尊周室孟子勸齊梁以王當周顯王時距周滅之年尙遠不得藐視周室如此余隱之嘗辨之朱子復辨之矣雖然李氏揚桓公管仲以抑孟子尊孟者遂過抑齊桓管仲過抑之則孔聖所稱桓公正管仲仁皆屬皮毛之相豈不復令人疑孔聖乎余氏申孟子勸齊梁以王之說朱子已議其非朱子則謂孔子尊周孟子不尊周由於時措之宜殆未必然也周顯王十六年戊辰齊威王與梁惠王同稱王旋罷三十四年丙戌齊宣梁惠會於徐州復稱王自此諸國多稱王孟子於愼靚王元年辛丑適梁二年壬寅適齊此時二國之稱王久矣有王之名無王之實孟子乃勸其行王政耳民所歸往謂之王行仁政而民必歸往孟子自就民心言之也孟子言撻秦楚何嘗言必黜周命也乎知是者諸說之疑皆渙解而冰釋

尊孟辨提要補正　一